本书出版获浙江省哲学社会科学重点研究基地"浙江大学中国开放型经济研究中心"的资助

现代工业社会与经济体制选择

当代六大工业国的经济成长与体制演进（第二版）

赵伟 著

The Modern Industrial Society and the Choice of Economic System:
The Economic Growth and Evolution of the Economic System of the Contemporary Six Industrial Countries

中国社会科学出版社

图书在版编目（CIP）数据

现代工业社会与经济体制选择：当代六大工业国的经济成长与体制演进 / 赵伟著. -- 2 版. -- 北京：中国社会科学出版社，2025. 1 -- ISBN 978-7-5227-3771-3

Ⅰ. F414

中国国家版本馆 CIP 数据核字第 202476M93B 号

出 版 人	赵剑英
责任编辑	周　佳　闫行骏
责任校对	胡新芳
责任印制	李寡寡
出　　版	中国社会科学出版社
社　　址	北京鼓楼西大街甲 158 号
邮　　编	100720
网　　址	http://www.csspw.cn
发 行 部	010-84083685
门 市 部	010-84029450
经　　销	新华书店及其他书店
印　　刷	北京君升印刷有限公司
装　　订	廊坊市广阳区广增装订厂
版　　次	2025 年 1 月第 2 版
印　　次	2025 年 1 月第 1 次印刷
开　　本	710×1000　1/16
印　　张	23.5
字　　数	375 千字
定　　价	126.00 元

凡购买中国社会科学出版社图书，如有质量问题请与本社营销中心联系调换
电话：010-84083683
版权所有　侵权必究

第二版　序言

这是一本外国经济史书，是关于当代六个工业化大国经济成长与经济体制演进的历史叙事，六个工业化大国分别为英、美、法、德、日以及苏俄①。

本书第一版印行于1994年秋，系那之前十数年间我从事外国经济史教学与研究工作的一个结晶，也是我跨入学术之门最初十余年间所主攻的专业之一。1980年，我以"同等学力"资质考取兰州大学经济系外国经济史专业研究生，师从著名经济学家刘天怡教授，研究发达国家经济史。1982年夏，我毕业后随即留校任教，开始给本科生讲授外国经济史。那些年，中国高校正在从"文化大革命"的破坏中恢复过来，百废待兴，各学科普遍缺乏能够跟得上时代的教材。外国经济史属于冷门，课程体系僵化，教材老旧。仅有的一部统编教科书，还系"文化大革命"前1965年出版的。1980年的第二版，体例基本沿用了旧版，改动不是很大。该书沿袭了苏联和中国20世纪五六十年代关于近现代世界经济史的主流观点，按照"主义"划分历史阶段并分国叙事。将16世纪以来的全球经济史分为三个大的阶段，分别为"资本主义确立与上升发展时期""帝国主义时期"，以及"资本主义总危机时期"。同时把资本主义与市场经济捆绑在一起，把市场经济视为资本主义特有的经济体制，并断定市场经济将随着资本主义的灭亡而灭亡，而资本主义已经进入其最高阶段即垄断阶段，陷入了全面危机或曰"总危机"，因而行将就木。

---

① 1922年12月30日至1991年12月25日期间的苏联和在那之前及之后的俄罗斯。

然而，随着中国对外开放门户的迅速扩大和国内外学术交流的活跃，尤其是随着中国与西方国家对外经贸联系的恢复、经济特区的建立和引进外资，人们对外部世界的了解越来越多，主流媒体的报道也趋于客观。当代资本主义市场经济国家的经济普遍呈现空前的繁荣，面对这样的现实，前述外国经济史的分期与叙事，难以令人信服。由此激发了我重构外国经济史叙事体系，更新课程内容的冲动。最初先试着撇开"主义"线索，按照工业化萌发与演进的主线讲述，后来受新制度经济学的启示，开始留意经济体制与经济增长之间的关系，逐步摸索出了一个新的体系，这便是以工业化与经济增长为主线，兼顾经济体制与经济政策的调整对于经济增长的作用。经过将近十年的探索，终于形成一个较为完整的新框架。

这个框架的最终成型，进而写出一本专著并得以顺利出版，多半受益于那个时代，因此本书在很大程度上可谓时代的产物。三个时代大潮对本书框架的酝酿、叙事史料的整理和最终成书，尤其是得以公开出版，起了关键的作用。第一个是改革开放第一个十年的思想解放大潮。由1978年党的十一届三中全会前夕真理标准大讨论掀起的解放思想大潮，到20世纪80年代中后期进入高潮，自由学术探索与创新氛围开始形成，这为我们那一代学人打破此前僵化的意识形态所设学术樊篱、勇于探索，创造了难得的时代氛围。恰是这种时代氛围，促使我开始了重构外国经济史体系的探索。第二个是出国留学浪潮。1978年国家恢复公费派遣出国留学制度，到20世纪80年代中后期趋于常规化。我也有幸赶上了这个时代大潮，先后于1988—1990年、1993年两度公派赴英国深造，系统地研习了现代经济学理论，实地考察了工业革命的一些重要产业遗址，收集了大量外国经济史史料，尤其是欧美经济史史料，奠定了本书的一些素材。第三个是1992年邓小平南方谈话后的新一轮思想解放浪潮。我们知道，邓小平南方谈话的一个重要论点是给"主义"和资源配置形式解了套："计划经济不等于社会主义，资本主义也有计划；市场经济不等于资本主义，社会主义也有市场。计划和市场都是经济手段。"[①] 不久后召开的党的十四大，确立了中国经济体制改革的目

[①] 《邓小平文选》第三卷，人民出版社1993年版，第373页。

标模式，就是建立有中国特色的社会主义市场经济。由此打破了中国经济学研究的一个长期禁锢，为市场经济和现代经济学正了名。恰是这种时代氛围，使这本对市场经济体制持肯定态度的书得以公开出版。

本书第一版的出版距今已过了整整30年。30年后想着修改再版，主旨只有一个，这便是分享，分享我从经济史跨入宽泛的经济学领域所获益处，分享研究经济学尤其是审视现实经济问题具备良好的经济史知识素养的益处。希望给那些即将或正在跨入经济学之门的青年学子们提供一本精练的外国经济史读本，从经济史叙事中受益。

前已述及，我是从外国经济史跨入宽泛的经济学之门的。40多年前考研，我在迷茫中选了外国经济史，后来相继拓展至世界经济、国际经济学（国际贸易与对外直接投资）和区域与空间经济学等多个领域，自感在每个领域都有一些独到的见解或创意。而这些独到见解或曰创意的灵感，都有经济史的影子，得益于早年在外国经济史领域所下的功夫。实际上，在经济史方面的学术训练，对我本人知识体系的构建以及创新思维的形成，都颇有益处。后来当我读到约瑟夫·熊彼特的《经济分析史》时，不无吃惊地发现，我的知识构建，多半暗合了这位经济学大师的洞见："科学的经济学和其他一切对经济课题进行思考、谈论与著述的人们的区别，在于掌握了技巧或技术，而这些技术可分为三类：历史、统计和'理论'。"值得注意的是，熊彼特把历史放在第一位。他所说的历史，主要指经济史。他的原话是："如果让我重新开始研究经济学，并在这三门学科中任选一种，那么我就选择经济史。"[①]

学点经济史对于研究经济学究竟有什么益处？熊彼特曾列了以下三条理由。一是有助于理解经济现象。"如果一个人不掌握历史事实，不具备适当的历史感或所谓历史经验，他就不可能指望理解任何时代（包括当前）的经济现象。"二是有助于了解经济与非经济事实之间的联系。"历史的叙述不可能是纯经济的，它必然要反映那些不属于纯经济的制度方面的事实；因此，历史提供了最好的方法让我们了解经济与非经济的事实是怎样联系在一起的，以及各种社会科学应该怎样联系在

[①] ［美］约瑟夫·熊彼特：《经济分析史》第一卷，朱泱、孙鸿敬、李宏译，商务印书馆1996年版，第28、29页。

一起。"三是有助于发现和纠正经济学理论错误。"我相信目前经济分析中所犯的根本性错误,大部分是由于缺乏历史经验,而经济学家在其他条件方面的欠缺倒是次要的。"① 我们知道,熊彼特的第三条理由给罗纳德·科斯关于灯塔的研究做了最好的佐证。科斯通过对英格兰早期灯塔建造史的考证,推翻了经济学家们借助理论武断地把灯塔归入公共产品的谬误,证明即便是像灯塔此类看上去外部性很强的产品,只要产权清晰地予以界定,也能为私人机构所投资并提供。② 我很认同熊彼特的上述说法,实际上近些年计量热驱动的经济学研究产生的许多谬误,都是因为对历史事实及其彼此的关联缺乏应有的知识所致。

基于多年学术研究的经验,我的个人感悟是,学点外国经济史尤其是工业化大国的经济史,对于审视我们当今所置身其中的世界经济和中国经济,至少有两个益处。一个是有助于看清世界经济发展的大势。作为一本经济史书,虽然讲的都是过往的旧事,而我们当今面对的现实世界已经发生了巨大的变化,但书中所述历史事实及相应的理论提炼并未过时,对认识及判断当代工业化国家目前和未来若干年社会经济发展及制度演进大势,依然具有很强的启示意义。当今世界经济在很大程度上依然由工业化国家主宰,认识了工业化国家经济发展与体制演进的大势,也就在很大程度上认识了世界经济发展与经济体制演进的大势。

另一个是有助于认识中国总体经济及区域经济现实,提出好的政策与体制改革建议。亚当·斯密说得好:"被看作政治家或立法家的一门科学的政治经济学,提出两个不同的目标:第一,给人民提供充裕的收入或生计,或确切地说,使人民能够自己给自己提供这样的收入或生计;第二,给国家或社会提供充裕的收入,使公务得以进行。"③ 也就是说,经济学家关于裕民富国的思想必须通过政治家或立法家的行动去实现。就这个意义而言,给政府决策部门咨政建言是经济学研究者的重要责任。什么是好的体制改革与政策建议?就是能够"接地气"的建

---

① [美]约瑟夫·熊彼特:《经济分析史》第一卷,朱泱、孙鸿敬、李宏译,商务印书馆1996年版,第28页。

② Ronald Coase, "The Lighthouse in Economics", *Journal of Law and Economics*, Vol. 17, No. 2, 1974.

③ [英]亚当·斯密:《国民财富的性质和原因的研究》下卷,郭大力、王亚南译,商务印书馆1972年版,第3页。

议。"接地气"的建议必须基于健全的经济理论，同时能准确地把握历史与现实。中国是工业化与市场化的后来者，先行工业化国家过往经济发展与市场经济体制演进的历史，对中国经济发展尤其是体制改革具有很大的启示意义。这一点已为改革开放以来的历史，尤其是党的十四大确定市场化改革目标模式以来的发展历史所充分证明。虽然经过党的十四大以来明确的市场化改革推动，中国经济已经跃上了一个新的台阶，经济总量跃升至世界第二，人均 GDP 也接近世界银行划定的"高收入经济体"门槛，但中国经济距真正的发达经济体还有很大差距。发达经济体过往经济增长与经济体制演化的历史，依然对我们认识当下与把握未来具有启示意义。

此次修订过程中，我重新审视了第一版的体系框架，感觉依然成立，因而予以保留。这一版的修订主要着力于以下三个方面。一曰增补，主要是史料的增补。第一版史论结合，但论多于史，以致对一些历史事实的叙述过于简单，有些甚至一笔带过。本次修订，补充了一些关键史料，尽可能形成完整而连贯的历史叙事，增加可读性。二曰深化，主要是理论分析的深化。30 年前我对现代经济学的认识还限于皮毛，30 年后有了较为全面而更深的理解，基于新的理解，对制度与经济增长之间关系的分析得以深入。三曰纠错。30 年前，限于参考文献的不足，对一些历史事实的考证不够充分，乃至有以讹传讹的谬误；30 年后，得益于数字化的中外文图书资料，可以进行仔细地甄别，去伪存真。

值得指出的是，本次修订对于六大工业化国家的历史叙事，仍然限于 20 世纪 90 年代初之前，而未扩展到最近 30 年。如此处理，主要出于这样的考虑，即主题与历史分期的尽可能吻合。本书主题为现代工业社会与经济体制选择，关于工业社会的时间下限，学术界尚无定论。传统的观点是把制造业加服务业主宰的社会称作工业社会，近年有一种倾向，越来越多的学者将信息技术革命性突破并迅速进入人们的经济生活以来的社会称作"信息社会"。这个历史转折恰恰发生在 20 世纪 90 年代中期之后。我们知道，从 20 世纪 90 年代中期开始，信息技术发生了革命性的突破，数字化、互联网、移动通信迅速进入人们的日常生活，继而是人工智能的方兴未艾。这样一个时代，继续称作工业社会是否合适？这有待时间给出答案。多半出于这个考虑，本次修订，未对历史下限予以扩展。

本书第二版的顺利出版，得益于我在浙江大学工作的同事兼朋友们的热情鼓励和支持。史晋川教授、张旭昆教授、曹正汉教授对本书书名提出了颇有启发意义的建议。特别要感谢黄先海教授，对于本书出版给予慷慨的课题经费支持。但需要说明的是，本书所含论题的研究和书稿的撰写与修订并未纳入任何基金项目之列，全然出于个人学术兴趣，因而不带有项目导向的功利特征，不受项目预设目标的羁绊。

一本书的出版还离不开编辑的辛劳，感谢周佳编辑认真而敬业的工作。还要感谢浙江省社科联董希望博士，是他向中国社会科学出版社推荐了本书。当然，本书第一版原本就是在这家出版社出的，此次修订后再版，中国社会科学出版社也是我的首选。

赵 伟

2024 年 5 月 17 日写于浙江大学紫金港校区成均苑七幢

第一版　序言

由传统农业社会向现代工业社会的过渡以及工业社会自身的不断发展完善，是最近两个多世纪以来人类社会经济发展的一条主线。到目前为止，在一些发达的工业化国家中，上述演进过程业已经历了两个阶段：第一个阶段是农业社会的逐步解体和工业社会渐次取而代之的大变革阶段；第二个阶段是在工业社会产生之后，其自身不断渐进发展的阶段。但就全球范围来说，无论是前一个阶段，还是后一个阶段，都还没有全部完成。纵观当今世界，各种各样的国家和地区，实际上均处于上述演进的不同阶段，由此展示出一幅传统社会经济向现代社会经济转化的全景。

长时期以来，经济学界特别是西方经济学者对经济发展理论和现代工业社会的考察研究，论著不少，由此也形成了一些不同的学说与流派。但是，如果仔细分析一下当代流行的几种经济发展理论，就不难看出，尽管各派理论观察问题的角度有所不同，但它们涉及的命题，都在不同程度上与一个历史和现实的发展过程相联系，这就是从传统经济转变为现代经济。所不同的是，在线性阶段模型那里，关注的焦点在于变革初始条件以及持续变革条件的创造；在结构主义那里，关注的焦点在于社会经济变革过程中各种经济成分的重新组合；而在国际依附模型那里，则把现代工业经济发展程度作为区别"中心"与"外围"最重要的标志。

上述情况表明，进行发展理论的研究，必须将工业社会的成长过程与其经济体制的演进统筹考虑。如果抓住了工业化与工业社会成长这一命题，也就抓住了当代发展问题的基本核心。赵伟同志的这本书正是从这一点出发，来规划其整体框架的。所做的选题切合实际，十分得当。从宏观的角度来看，经济发展过程离不开制度（或体制）的创新，这是当代经济学的一项重要发现。然而，关于创新本身的考察重点，在一些经济学家那里则经历了比较长时间的变化：20世纪前半期，以约瑟夫·熊彼特为代表的经济学家所注重的是微观层次尤其是企业层次的创新。20世纪70年代以来，欧美一些经济学家开始对中观层次的创新进行研究，提出了一系列金融创新理论。但是关于宏观层次的创新，仍然受到冷落，一直未被世人重视。尽管在比较经济体制学那里，由于学科本身就是以不同经济体制为比较研究对象，但其所做的比较，一般也仅限于横向方面，很少从纵向进行比较；至于将经济体制与特定的生产力发展阶段联系在一起进行综合的考察，则更为鲜见。因此，如本书这样把经济体制的不断创新视为经济发展的必然内涵，将工业社会成长与经济体制演进联系起来进行纵向考察，从而使学科研究深入新的领域，应该说这是很有意义的创新之举。本书给我留下的一个深刻印象是，它通过对当今世界六大工业化国家经济发展与经济体制演进的实证分析，以相当充分的史实和论据得出了一个令人信服的结论——市场经济体制是唯一与现代工业社会相适应的经济体制。这种经济体制从它最初形成时起，就一直处于不间断地变化与创新过程之中。正是由于这种持续不断的创新，才赋予经济体制以极大的活力。当前，中国正处在建立社会主义市场经济体制改革新时期，上述这个结论的理论意义和实践意义都是不可低估的。此外，书中所揭示的发达工业国经济体制不断创新的历史进程，也可以使我们从中受到启迪，认识到中国社会主义市场经济体制的建立将是一个长期而艰巨的过程。

值得提出的是，本书作者赵伟副教授是一位严谨勤奋、勇于探索的青年学者，他长期从事欧美经济和发展经济学的教学与研究工作，近年致力于工业化方面的研究，已有不少成果。此前，曾与人合著《通向市场经济工业国之路——工业化比较研究》。该书把世界主要国家和地区已经完成和尚未完成的工业化放在一个统一的体系之中，进行比较研究。还对中国的工业化问题，提出了一系列有益的见解，是国内集中探讨工业化诸问题并进行比较研究的最早论著。本书是继前书之后的又一本学术专著，书中不仅全面地论述了工业社会的兴起和发展，并且从经济体制与工业社会成长二者的关系入手，进而展示六大工业国的经济成长与体制演变过程。这就使问题的探讨又向前迈进了一步，无疑是工业化研究的一个新突破。同时，在一定意义上也为外国经济史学科的研究开辟了新的路径。

基于上述原因，我十分乐意将赵伟同志的这本专著介绍给学术同仁。同时，希望赵伟同志在这个学术领域不断奋进开拓，取得新的成果。

朱克炔[①]

1994年6月30日于北京大学中关园

[①] 朱克炔先生2008年去世，生前系北京大学经济系外国经济史教授，曾任中国经济史学会外国经济史专业委员会主任。

目　录

导言　工业社会与经济体制……………………………………… 1

上篇
工业社会的起源、扩散与早期经济体制

第一章　现代工业社会的起源……………………………………… 7

　　第一节　中世纪农业制度的解体及其深远影响…………… 7

　　第二节　重商主义与工业社会前提条件的创造…………… 13

　　第三节　封建专制制度的衰亡与政治体制变革…………… 18

　　第四节　第一个工业社会的产生…………………………… 24

第二章　现代工业社会的扩散（上）……………………………… 32

　　第一节　新大陆的反响：北美独立与工业化前提条件的创造… 33

　　第二节　美国工业化的起步及其国内区域扩散…………… 40

　　第三节　旧大陆的萌动：法国社会经济的转型…………… 49

第三章　现代工业社会的扩散（下）……………………………… 60

　　第一节　德国工业化的起步………………………………… 60

　　第二节　俄国工业化的起步与早期进展…………………… 66

第三节　日本工业化的起步与早期突破 ………………………… 75

第四章　工业社会的早期经济体制 ……………………………… 85

第一节　经济体制：概念与分类 …………………………………… 85
第二节　第一个工业社会的经济体制 ……………………………… 89
第三节　工业社会扩散中的经济体制选择 ………………………… 95

中篇

工业社会的成型与经济体制危机

第五章　英国："世界工厂"的盛衰与体制调整 ………………… 109

第一节　"世界工厂"的盛极而衰及其"遗产" ………………… 109
第二节　"英国病"及其早期症状 ………………………………… 116
第三节　"世界工厂"盛衰变化中的政策转型与体制调整 ……… 122

第六章　美国：大萧条与经济体制调整 ………………………… 128

第一节　大萧条前夕的繁荣与工业社会扩张 …………………… 128
第二节　大萧条及其原因 ………………………………………… 133
第三节　罗斯福"新政"与市场经济体制的大调整 …………… 138
第四节　"二战"与政府全面干预经济的总演练 ……………… 144

第七章　德国：经济动荡与体制崩溃 …………………………… 147

第一节　经济体制的弊端及其影响 ……………………………… 147
第二节　经济动荡与体制的重新选择 …………………………… 151
第三节　纳粹经济体制的试验及其崩溃 ………………………… 156

第八章　法国：战争、经济萧条与工业化的反复 ……………… 162

第一节　第一次世界大战与工业化的后退 ……………………… 163
第二节　重建、萧条与工业化的走走停停 ……………………… 165

第三节　第二次世界大战与工业化的再次受挫……………… 171

第九章　日本：体制的痼疾与经济崩溃……………………… 175

第一节　日本经济体制的痼疾及其反市场隐患……………… 175
第二节　经济动荡与经济体制的非市场化发展……………… 180
第三节　军事统制经济体制的建立与日本经济的崩溃……… 184

第十章　苏联：计划经济体制的最初试验…………………… 190

第一节　计划经济体制的建立及其特点……………………… 191
第二节　工业化战略的确定与计划型工业化起步…………… 198
第三节　工业化的基本进程及其特点………………………… 202

下篇

工业社会的扩展与经济体制创新

第十一章　美国："混合经济"体制及其面临的新问题……… 211

第一节　凯恩斯主义与美国"混合经济"体制的形成……… 211
第二节　工业社会的进一步发展及其产生的新问题………… 218
第三节　经济"滞胀"与经济体制的再次调整……………… 222

第十二章　英国：从"福利国家"到医治"英国病"的
体制调整……………………………………………… 232

第一节　国有化与"福利国家"的形成……………………… 232
第二节　"英国病"的恶化与经济体制危机………………… 237
第三节　宏观经济政策的调整与体制创新…………………… 244

第十三章　德国：社会市场经济体制及其创新……………… 252

第一节　统制经济的终止与向社会市场经济转型…………… 253
第二节　社会市场经济体制的成型与工业社会的扩张……… 257

第三节　经济的周期性衰退与体制创新……………………264

第十四章　法国：政府计划与市场体制的共容……………274
　　第一节　计划指导型市场经济体制的形成及其特点………274
　　第二节　工业社会的扩展及其面临的新问题………………282
　　第三节　经济"滞胀"与体制创新 …………………………289

第十五章　日本：政府指导型市场经济体制的形成及其变化……297
　　第一节　统制经济的终结与市场经济基础的确定…………297
　　第二节　政府指导型市场经济体制的形成与
　　　　　　工业社会的扩张……………………………………306
　　第三节　经济动荡与体制创新………………………………315

第十六章　苏联：计划经济体制的创新及其失败…………324
　　第一节　经济体制的僵化及其最初表现……………………325
　　第二节　经济体制的危机与早期改革………………………330
　　第三节　体制改革的失败与苏联解体………………………338

主要参考文献……………………………………………………350

第一版　后记……………………………………………………354

第二版　后记……………………………………………………357

导言　工业社会与经济体制

现代工业社会是在传统农业社会基础上产生的一种全新的人类文明。自从工业社会发端以来，全球社会经济演进的主线便是由工业社会取代农业社会，工业化与现代化成了许多后发型国家的一个梦。这种演进在迄今为止的二百多年里，一直未曾中断过，且有不断加速之势。与此同时，工业社会本身也在经历着由幼稚形式向成熟形式，由初步成型到高度发达的自我发展、自我完善的演化进程。当今世界经济仍然是工业社会所主导的经济，尽管未来学家一再预言，工业社会将为新的社会，比如信息社会所取代，但迄今为止，它的发展仍然看不到尽头。

在现代工业社会的形成与成长过程中，可以同时看到两种并行不悖的发展或演进：一种是科学技术、社会生产力的突飞猛进所引致的社会经济结构、人口结构和人们物质文化生活水平的巨大变化，人类视野的急剧扩大；另一种是经济体制的演进和创新。自大卫·休谟和亚当·斯密以来，经济学对这两种演进的关注经久不衰。但就相对意义而言，对前者的关注要多于后者，在中国和苏联经济体制转轨之前，后者在很大程度上受到学术思维的冷落。随着苏联这个最坚固的计划经济堡垒的解体和中国等一批曾经坚持计划经济的国家宣布放弃原有经济体制，向市场经济过渡，经济体制问题逐渐成为学术研究的热点。因为事情已经变得越来越清楚：经济体制在很大程度上决定着经济绩效。

回望历史不难发现，在现代工业社会的成长及其全球地理扩散的历史演进中，曾经出现过多种多样的经济体制，但对全球经济以及国际政治影响最为深刻的经济体制，则首推两种：一种是市场经济体制，另一种是计划经济体制。前者从第一个工业社会萌发时起就形成了，后者则是在工业社会动荡与市场经济体制危机的大背景下，作为市场经济体制的替代形式被创造出来。但是，经过苏联60多年时间的试验，中国和其他一些国家30多年时间的实践，最终证明这种体制是低效率的。中国过往四十多年的体制改革与经济的快速发展充分证明：市场经济体制是人类社会迄今为止所寻觅到的一种最具效率的资源配置方式，也是唯一适应现代工业社会发展要求的一种经济体制；要想实现工业化与现代化，让大众摆脱贫困并走上富裕之路，必须走市场化道路，让市场在资源配置中起决定性作用。但对这个基于大量历史事实的逻辑的认识和承认，在包括中国在内的不少国家，曾经经历了痛苦的过程。

工业社会和市场经济的发轫迄今已有200多年，但学术界对这两种演进的考察与审视多半仍是分割的。其中经济史学家们偏重于工业社会演进与现代经济增长的纵向考察，理论经济学家们则侧重于审视提升资源配置效率的因素，进行纯粹的制度分析，更多是体制的横向比较。而将上述两种历史演进作为一个整体，研究经济体制选择并追踪其演进的脉络，则基本上是一片空白。本书的一大主旨，恰在于从经济史和制度及政策分析的交汇处切入，就工业社会演进与经济体制变迁，进行历史与理论合一的考察，借以弥补这片空白，同时可望梳理出一些理论脉络，据以更深入地认识现实，更准确地预期未来。

200余年的工业社会成长，较为清晰地呈现出四大阶段。第一阶段始于18世纪中叶，到19世纪结束之际告一段落，是现代工业社会的产生与最初的全球扩散时期，工业社会一经产生便显示出它主宰世界的能量。第二阶段贯穿于整个20世纪上半叶，是现代工业社会的震荡时期。两次世界大战、经济大萧条、国际经济秩序的空前混乱，几乎使工业文明毁于一旦。第三阶段由"二战"后延续到"冷战"结束，是现代工业社会的扩张时期。西方工业化国家经济的飞速发展，人民生活水平的大幅度提高，是这一时期的主要特征。工业社会显示出"大难不死"之后新的、更高水平的繁荣。第四阶段以苏联解体及"冷战"结束为标志展开，目前仍在持续。这个阶段，以互联网为代表的信息技术的革命性突破，把世界带入了全球化的新阶段。以苏联、中国两大计划经济国家为代表的经济体制转型，宣告了计划经济试验的失败。随着中国工业化与现代化的突飞猛进，社会主义市场经济无与伦比的优势彰显无遗。

与现代工业社会成长的上述四个阶段相适应，全球范围内工业化国家的经济体制演进也经历了四个阶段。第一阶段，单一的自由市场经济体制，这是工业社会最初所选定的经济体制。第二阶段，市场经济体制危机与体制多样化。由于对市场经济体制的怀疑，一些国家另辟蹊径，选择了别的经济体制，包括日本和德国的军事统制经济体制、苏联的计划经济体制。第三阶段，经济体制的竞赛与创新。这种创新在市场经济国家和计划经济国家都在进行，但最终的结果两样：前者的创新促成了经济的空前繁荣；后者的创新短期内虽然取得了引人瞩目的经济增长，但很快显现出病态，在苏联和东欧国家归于失败。第四阶段，全球经济体制的市场化归一。当然这种归一主要是就资源配置形式而言的，就连中国这样坚持本国特色的社会主义市场经济体，也明确宣布要让市场在资源配置中起决定性作用。

上述第四阶段离我们最近，实际上是我们目前所处的时代，展开的时间也不是太长，许多方面的发展趋势尚处在未定状态，学界对于这个阶段社会经济发展特征的认识争议颇多。所有争议中，最大的争议是，这个阶段究竟是取代工业社会的信息社会或别的什么社会（如人工智能）的降临，还是工业社会的延续？此类争议尚有待时间给出答案，故而对于第四阶段，暂时略而不述。这里将主要聚焦于前三个阶段。将工业社会的步步发展与其前三个阶段的经济体制演进统筹考虑，便形成了本书的基本框架。这个框架由三部分构成：（1）现代工业社会的起源、扩散与早期经济体制；（2）工业社会的成型与体制危机；（3）工业社会的扩张与经济体制的创新。

由于目前真正完成由传统农业社会向现代工业社会过渡的国家并不占多数，因此，这里只选了当代史上六个最大且在经济体制选择与演化方面具代表性的工业化国家。相信这些国家的经济成长和经济体制演进具有典型意义，它们的经验对中国深化经济体制改革和工业化现代化的进一步扩展，仍然具有一定的借鉴意义。

上篇

工业社会的起源、扩散与早期经济体制

现代工业社会起源于西北欧一隅，最初它是和一个岛国的名字联系在一起的，这个岛国便是英国。在18世纪之前，英国只是英伦三岛的一部分，它对苏格兰的统治尚不稳固，即使在工业革命发生过程中，变革也主要发生在英格兰地区。

从许多方面来看，英国似乎并不具备一种伟大文明发祥地的特征。它的国土面积很小，当时只有十几万平方千米；人口不多，18世纪中叶，英格兰和威尔士的人口加在一起只有650万人左右，整个不列颠群岛的人口也就800多万人。① 而在变革的最初，人口更少。变革之前英国的社会经济发展程度，也属于较低水平，当印度、中国等亚洲文明古国早已在享受农业社会所创造的伟大文明的时候，不列颠岛上的居民尚处在荒蛮时代。即使在工业社会产生前一个世纪，英国的社会经济发展程度仍处在中国、印度等文明古国之下。这样的一个国度，似乎不可能孕育领先于全球的文明，因为此前的农业文明都是与一些大陆、大河和众多的人口聚居地区联系在一起的，古埃及、古印度、古中国甚至古希腊、罗马，概莫能外。然而，历史的巨变就是这样令人不可思议：工业社会，这个人类迄今所创造的最辉煌的文明社会，就孕育于这样一个国度。

---

① 关于18世纪中叶英国人口数量有多种估计，最有影响的是阿诺德·汤因比（Arnold Toynbee，1852—1883年）的综述，他引用了多位研究者的估计，英格兰和威尔士加总的人口从600多万人到800多万人不等。其中，芬莱森（John Finlaison）的估计是，1750年为603.9万人；但著名的纪实农业经济学家阿瑟·杨（Arthur Yang，1741—1820年）的估计是，1770年英格兰与威尔士有人口850万人（参见 Arnold Toynbee, *Lecture on the Industrial Revolutionof England*, 1884）。

不仅如此。现代工业社会的区域扩散模式也同样出人意料。它不是首先为农业文明程度发展最高的国家和地区所接受,而是最先到达农业文明发展程度相对较低的地区,为这些地区的社会所接受。于是后来我们不无遗憾地看到,当北美、澳新这些只有一二百年文明史的区域已经进入工业化时代的时候,印度、中国这些有数千年文明史的国度,仍然停留在农业文明时代。直到今天,这两类地区之间的经济文化差异仍然存在。

工业社会的产生与全球空间扩散的路径特点多半说明,由传统农业社会向现代工业社会的过渡,初始条件远不限于已有社会经济发展所达到的程度,更不限于地理的、人口的因素,而毋宁说,它在很大程度上取决于已有社会经济结构与体制的可变性。难以设想,一种僵化的社会经济结构尤其是经济体制,会孕育出截然不同的一种新型文明。因此,对工业社会起源、扩散的考察,应该以对它所赖以发生的社会经济结构、经济体制的变化为起点。不仅如此,工业社会本身要求一种与其相适应的全新的经济体制。因此,随着工业社会的产生,旧的中世纪的经济体制便被抛弃了,代之而起的是一种新型的经济体制。

第一章　现代工业社会的起源

现代工业社会起源于不列颠群岛，并不是历史的偶然。各种社会科学对英格兰工业化的纵向考察都一再揭示，在 18 世纪中叶，不列颠最先具备了一场社会经济巨变的所有主要条件。其中，有政治的、经济的和科学技术的条件。正是这些社会经济条件的合力作用，促成了一种空前文明的诞生。

第一节　中世纪农业制度的解体及其深远影响

虽然不列颠群岛孤悬于大西洋东北一隅，但它自古以来就不是孤立存在的，而是欧洲不可分割的一部分。自中世纪初以来，欧洲大陆上发生的每一件大事，都无一例外地会在这个岛国产生回响。因此，不列颠的中世纪社会经济制度，尤其是它的农业制度，完全是从欧洲大陆搬来的，而农业制度是中世纪一切社会制度的基础。但是，自中世纪晚期开始，这个岛国的农村社会尤其是农业制度与欧洲的传统制度越来越格格不入了。14 世纪末，当农奴制在欧洲大陆正盛之时，英国的农奴制就"已经不存在了"[1]；16 世纪末，当大陆上的农奴制开始动摇时，英国则已经"有了一个就当时情况来说已经很富有的'资本主义租地农场主'阶级"[2] 了。这些变化，把大陆各国远远地抛在了后面。

农奴制（serfdom）源自罗马帝国奴隶制，是欧洲中世纪占统治地

---

[1] 马克思：《资本论》第一卷，人民出版社 1975 年版，第 784 页。
[2] 马克思：《资本论》第一卷，人民出版社 1975 年版，第 813 页。

位的生产关系。英国的农奴制是从欧洲大陆照搬来的。农奴制的基本特征是，封建领主占有土地，以奴役性条件把份地给农奴，把劳动者束缚在土地上，进行繁重的农业劳动。农奴制下农村社会的基本组织形式是庄园，其规模大小不一，拥有的农户从几十户到上百户不等。庄园往往按某种定式布局：中心是领主高大的住宅、战时避祸的城堡和公用的磨房、教堂等建筑，四周是农奴和依附农的低矮房舍。村庄之外，则是耕地和公用牧场、林地。耕地分为两部分：一部分为领主保有地，另一部分为农奴的份地。与此相适应，农奴的劳动时间也一分为二：一部分用于自己份地的耕作，另一部分在领主土地上服劳役。此外，由于中世纪基督教规定农奴也必须去教堂做礼拜，这使农奴和领主一样，每周必须把一天献给他们的"上帝"。

英国的农奴制状况在11世纪末的一份人口与财富调查文件中得到较完整的反映。这份调查文件由"征服者威廉"（William the Conqueror）下令完成，系一份关于英格兰和威尔士财富调查的报告，完成于1086年。这个调查报告详细记录了各地人口、大小领主们的土地与财产及其收益情况，补充了那之前隐瞒的大量农地和不动产，成了对领主们征税的一份依据，威慑意义极大，因而被领主们称为《末日裁判书》（Doomsday Book）①。按照《末日裁判书》的记载，英格兰人口大约有150万人，其中90%以上为农村居民。农村劳动人口分为以下四种身份。

第一种是自由佃农（free tenants）和索克曼（Sokeman）。前者又称自由农（free peasants），拥有迁徙的自由，他们与领主的关系靠租地合约维系；后者多半系丹麦定居者的后裔，诺曼征服前就存在了，诺曼征服后，构成农村自由农的重要成分。索克曼一般拥有自己的土地，并可自由买卖财产，只须向其领主缴纳货币租金或向庄园法庭提供服务，而无须服劳役，身份与自由佃农几乎没有差异。

第二种是维兰（villein），也就是农奴。他们依附于领主的土地，没有迁徙自由。但在12世纪中叶之前，他们的自由人身份较强，"是

---

① 又译《末日审判书》，是威廉一世对英格兰财富、人口状况进行调查的原始记录或提要，分"大末日裁判书"与"小末日裁判书"两卷，最初称为"对英格兰的描述"，12世纪之后被称为"末日裁判书"，以示人们在该调查面前无可求告。

生来自由而只是不能出卖份地的人"。12世纪中后期，维兰遭遇农奴化逆流，逐渐失去身份自由，须为领主服劳役并缴纳名目繁多的捐税，由此而最终沦为名副其实的农奴。①

第三种是茅屋农（cottar），原本为庄园外来户，在庄园外围自行垦殖一小块地耕种，搭建茅屋居住。这种农村居民只在英格兰南部可见，别的地区鲜有。

第四种是奴隶。对领主存在人身依附关系，没有人身自由。中世纪早期，英国的奴隶多半是日耳曼人征服罗马帝国后流放到不列颠岛的罗马原住居民。奴隶主要从事为领主家庭服务的家务劳作，后来逐步演变为家仆。

上述四种农村劳动者，自由佃农拥有较大的自由度，但不如维兰富裕，茅屋农实际上是贫穷的依附农，奴隶人数很少，被称作维兰的农奴构成农村人口的主体。根据《末日裁判书》分析，当时英格兰乡村自由租地农占劳动人口的12%，维兰占41%，奴隶占劳动人口的比例不到10%。

上述农村社会结构，在14世纪中叶之后迅速归于解体。解体的直接原因是一场大瘟疫，但深层的原因则是商品货币关系的浸入。1347—1353年的大瘟疫——黑死病（Black Death）袭击了整个欧洲，夺去了欧洲1/3的人口，英国人口损失比率更大。大瘟疫之后，英国劳动力奇缺，农村劳动者不愿再忍受领主的盘剥，纷纷逃往他地，寻求更优惠的租地条件，领主们试图恢复旧的奴役制度的努力归于失败，于是农奴制不可避免地崩溃了。

农奴制崩溃之后的英国农村，领主们虽然照旧掌握着经济和政治上的统治权，但农村劳动者的地位发生了根本性变化。15世纪，按照经济地位和他们对领主承担的义务，英国农民可以分为以下三种类型。

第一种为佃册农（copy-holders），又译"公簿持有农"。实则为世袭的租地农，系原来的维兰演变而来的农民。他们租种领主的土地，在庄园法庭备有一份案卷，载明他们租种土地的权利与义务，他们本人也持有一份文契或佃册。这种租地可以世代继承。一般来说，只要他们履

---

① 孙立田：《中世纪英国维兰土地权利考察》，《世界历史》2006年第5期。

行约定的义务，领主便无权加租夺佃。

第二种是自由农（free-holders），亦称"自由持有农"。他们是原来自由农和索克曼的延续，农奴制瓦解后，身份照旧。

第三种是茅屋农，他们在农奴制时代属于外来户，住在庄园的边缘，占有一块公有地，自建茅屋居住，主要靠为领主和富裕维兰做佣工维持生计。农奴制瓦解之后，其经济状况照旧，为农村最贫穷的居民。

客观来说，这三种类型的农村居民，虽然贫富差距悬殊，但其经济地位大体一致，都属于自耕农。关于这一点，至少有两个根据可以证明：其一，虽然这三种农民所耕种的土地在所有权上并不是划一的，但他们对土地的使用权都一样牢固，他们都可以世代继承并转让这种使用权；其二，这三种农民均具有充分的人身自由，不受土地的束缚。英国著名经济史学家约翰·克拉潘的研究证明："一个自耕农可能是一个小地主，即拥有相当多的土地的世袭地持有农，他可能自己拥有小量的土地……，也可能是佃册农。有些地方所有的自耕农都是佃册农。"[①] 马克思把这些农民称为"自由的自耕农"。[②]

一般认为，在商品货币经济的作用下，自耕农很容易发生两极分化，英国的情形自然也不例外。15世纪，商品货币关系确已深深浸入英国的农村经济生活中，最重要的标志是地租的货币化。实际上不仅地租、工资、捐税等也由实物形式改成了货币形式，而且相当一部分农业生产被纳入市场，呈现产业化趋向，其中最突出的莫过于养羊。

英国的自然环境大多不适宜农耕而适合于养羊，因此养羊业早就和种植业有机地结合在了一起。羊毛和毛皮的生产自古就带有商业特征，还在诺曼征服（1066年）[③]之前，英格兰便已出口羊毛；而"当弗兰德新兴工业城市崛起以后，它和英格兰之间一种自然发生的商品交换便兴盛起来"，其中交换的大宗是羊毛和毛纺织品，因为低地国家不适合

---

① ［英］约翰·克拉潘：《简明不列颠经济史：从最早时期到一七五〇年》，范定九、王祖廉译，上海译文出版社1980年版，第163页。

② 马克思的原话是："在英国，农奴制实际上在十四世纪末期已经不存在了。当时，尤其是十五世纪，绝大多数人口是自由的自耕农，尽管他们的所有权还隐藏在封建的招牌后面。"参见《资本论》第一卷，人民出版社1975年版，第784—785页。

③ 即由诺曼人（Normans）建立的诺曼底王朝（House of Normandy）第一任国王威廉一世对英格兰的军事征服，时在1066年。

养羊。① 大瘟疫之前，羊毛出口已构成英国"外汇"收入的主要来源，养羊相对于种植活动收入更高，受到从贵族到王室的普遍重视，以至从富有的领主到一般农奴——维兰，均青睐于养羊。大瘟疫之后，随着农奴制的瓦解和自耕农经济的兴起，领主的羊群几乎绝迹，代之而起的是自耕农的羊群。15—16世纪，养羊业得到进一步发展，出售羊毛成为大部分农村居民取得货币收入的主要途径。与此同时，部分自耕农的种植业也和市场发生了频繁的联系。农产品的出售一旦变得频繁起来，货币一旦成为自耕农收入的重要形式，市场力量必然会在农业生产中发挥作用。正是在商品经济的冲击下，英国农村的自耕农阶级逐渐发生两极分化：一部分小农由于种种原因放弃了土地，成为雇农或农村手工业者；另一部分则迅速致富，兼并邻人的耕地，成为富农。富农通过长期合约租进领主的土地，成为所谓的租地持有农（lease-holders），并且使用雇佣劳动，实际上成了租地农场主。

不仅如此，养羊业还孕育了英国的农村手工业。在农奴制瓦解之前，羊毛纺织就已经是相当一部分农村居民的家庭副业；农奴制瓦解之后，家庭纺织与农业生产的结合，一度成为英国自耕农的一大生产特征。到了15世纪，羊毛纺织品贸易的兴盛和收入的增加，诱使大批农村居民放弃了种植活动，以毛纺织业作为主业。

起初，纺织工匠只是在农闲时纺织，并将产品拿到附近集市出售；后来，一些商人深入农村收购纺织品，运往远地市场甚至出口。逐渐地，生产者定期向商人交货，商人向生产者赊销原料和工具，从而形成一种发庄制（putting out system）。这种制度"以商业资本中间经纪人为代理，将原料分发给仍然在自己家里或小业主的作坊里进行生产"的劳动者。② 利用这种制度，一个商人往往控制着一个地区的许多手工业者。在发庄制度下，手工业者实际上已变成了工资劳动者，他们在一个商人控制下，进行从羊毛纺织到织布、印染的各道工序。事实上这是一种分散的工场手工业组织形式，它是资本主义工业的原始组织形式。

---

① ［英］约翰·克拉潘：《简明不列颠经济史：从最早时期到一七五〇年》，范定九、王祖廉译，上海译文出版社1980年版，第147页。

② A. E. Musson, *The Growth of British Industry*, New York Holmes and Meier, 1978, p. 14.

英国传统农业社会的消亡，自耕农作为一个阶级的消失，也是与养羊业以及羊毛纺织业的发展联系在一起的。为了养羊，从13世纪开始，一些庄园主和自由农便不时把公有牧场用篱笆圈围出一部分，占为己有。到了15世纪末，终于形成一种抢占圈围公有地的运动，参与圈占土地的人几乎全是自耕农。这就是圈地运动的起源。圈地运动在英国历时300多年，并在17—18世纪掀起高潮。在这两个世纪，圈占土地的目的由以养羊为主逐步变为以发展近代资本主义农场为主。正是在这个意义上，英国学者把圈地运动解释为"公有地和牧场转变为现代模式的围以篱笆的小园田和联合农场的过程"①。这个过程实际上也是英国农业资本主义化的过程。② 何为资本主义？马克斯·韦伯说得好，资本主义是"一种满足需要的供应方法"，也就是企业方法。他写道，"哪里有用企业方法来供应人类集团所需要的工业，哪里就有资本主义存在，而不管需要的内容是什么"，"一个合理的资本主义企业，就是一个附有资本会计制度的企业，也就是根据现代簿记和结算的方法来确定它的收益能力的一个机构"。③

圈地运动中圈占的土地开始仅限于公有地，后来扩及教会土地和租佃农的土地，从而危及自耕农存在的基础。圈地运动在资产阶级革命前是非法的，在革命后则变成了合法行为，通过议会立法来进行。一般程序如下：如果一个地区有一位乡绅带头向议会提出圈地申请，又有若干居民附和，议会便会通过法案，批准该地区的圈地申请。在圈占耕地的过程中，土地所有者往往把自己的土地一块块圈起来，赶走上面的佃户，出租给资本主义农场主或牧场主经营。因此，圈地运动最终铲除了自耕农阶级。马克思认为，它是用暴力圈占农民土地，迫使直接生产者与土地分离、土地与资本合并的过程，是原始积累的一种形式。④

这样，经过几个世纪的圈地运动和农业资本主义化的推进，到18世纪中叶之前，英国中世纪农奴制瓦解过程中形成的庞大自耕农群体，

---

① 《简明不列颠百科全书》第6卷，中国大百科全书出版社1986年版，第713页。
② 赵伟：《英国农业资本主义化道路初探》，《兰州大学学报》1983年第3期。
③ [德]马克斯·韦伯：《经济通史》，姚曾廙译，上海三联书店2006年版，第173页。关于资本主义的界定，可参见赵伟《"资本主义"一词的定义与界定》，《金融博览》2018年第2期。
④ 马克思：《资本论》第一卷，人民出版社1975年版，第801页。

已所剩无几了。自农奴制瓦解之后，由于商品货币关系渗入农村，英国传统的农业生产制度和农村社会结构一直处在不断的变化过程中，这种变化破坏着旧体制存在的基础，孕育着社会经济巨变的基础因素。

第二节　重商主义与工业社会前提条件的创造

商业与贸易是现代工业社会存在的基础，没有发达的内外贸易，工业社会是不可能出现的。英国之所以最先实现了由农业社会向工业社会的转变，不仅由于它的中世纪农业制度的瓦解较早，而且还在于它利用了中世纪末期以来的所有有利机会，开拓了无比广阔的海外市场。而贸易本身的发展，又促成了一系列导致社会经济巨变之必要条件的产生。

近代商业的发展，最早开始于欧洲大陆。商业的发展既是欧洲近代民族国家经济政策的起点，又是这种政策的结果。而这种政策的最初形式，便是重商主义政策。重商主义既是西欧各国经济政策的实践，又是一种经济思想。其基本主张是，金银是财富的唯一代表，对外贸易是获取金银的主要源泉，而外贸政策的基本原则应是少买多卖。这种政策的起源可以追溯到14世纪地中海北岸的一些城邦国家，当时热那亚、威尼斯和比萨等城邦国家围绕地中海贸易中的金银控制展开争夺，严格限制本国金银外流。15世纪，西欧许多国家都开始变相实施重商主义政策，鼓励出口贸易的发展。其中，最突出的是法国。英国也属于最早实施重商主义政策的国家之一，15世纪初叶就严格限制金银的输出。1440年颁布的法令规定：外国商人装运货物到英国，须将全部价款换成英国货物运出；英国商人赴海外经商，至少须将部分所得以现金形式汇回国内。[①] 而爱德华四世治下（1461—1483年）的英格兰法律，更将输出金银列为重罪之一。但这仅是开始，英国重商主义政策的第一次大规模实践，是在伊丽莎白一世女王治下（1558—1603年）进行的，在那个被史学家称作"英格兰的黄金时代"，实施了系统地保护工商业并追求贸易顺差的重商主义政策。

[①]　[德] 马克斯·维贝尔：《世界经济通史》，姚曾廙译，上海译文出版社1981年版，第296页。

重商主义政策的盛行导致了西欧尤其是英国社会的一系列变化。第一个变化是地理大发现。地理大发现是在欧洲人寻找新的商业机会的过程中发生的，因此无疑可视为西欧国家追求重商主义政策的一个延展结果。新航路的开辟和新大陆的发现，极大地开阔了欧洲人的地理视野，由此掀起了海外殖民与掠夺财富的历史。第二个变化是商人、手工业者社会地位的提高，因为这些人能给国家赚回金银财富。而商人、手工业者社会地位的提高，无疑有利于工商业的发展。第三个变化是封建贵族地位的动摇。封建贵族靠农业文明维持消费，面对迅速致富了的工商业家族，失去了往日的荣耀，因为他们对增加国家的财富（金银）所发挥的作用相对变小了。

值得注意的是，重商主义政策在西欧促成的所有上述变化，对有关国家的影响则是极不相同的。有些国家由于地理大发现而急剧衰落了，有些国家则得益于某些变化，而英国从所有这些变化中都得到了好处。从地理大发现开始，不到两个半世纪，英国由欧洲的三流国家迅速上升为一流经济强国。

地理大发现对英国经济发展创造的机会主要表现在两个方面：一个方面是，它将世界贸易中心由地中海移至大西洋东岸，改变了英国的经济地理区位，使其由远离世界贸易航路变为世界贸易航路要冲，这个变化无疑为英国创造了无限的商业机会；另一个方面是，它促使欧洲大陆工业中心北移，由意大利移至法国北部和低地国家（即卢森堡、比利时、荷兰）。英国与这一地区隔海峡相望，这无疑有利于英国工商业的发展。

地理大发现创造的这两个重要机会被英国牢牢抓住，借以开辟了广阔的海外市场，发展了富有竞争力的手工业。16—17世纪，英国政府批准了许多海外贸易垄断公司，其中著名的有1553年成立的"非洲公司"，专营对非洲的贸易；1554年成立的"莫斯科公司"，专营对在这不久前（1547年）由莫斯科大公国蜕变而来的沙皇俄国的贸易；1579年成立的"东陆公司"，专营对斯堪的那维亚国家的贸易；1579年成立的"土耳其公司"，专营对中东地区的贸易。而最有名的贸易垄断公司，则是1600年成立的"东印度公司"，它垄断了对印度、中国等远东国家的贸易。各种垄断公司的利润是惊人的，比如东印度公司贩卖香料的生意，一趟可获取 9—25 倍的纯利。公司的组织形式则是股份制。比如东印度公司，成立时就有 218 个股东和 24 个"受托人"。

为了发展国内手工业，尤其是毛纺织业，自 16 世纪起，英国便敞开国门吸引海峡彼岸的工匠，而大陆上的每一次战乱，都促使大批手工工匠移居英格兰，其中以 16 世纪中后期移入的工匠最多。据估计，在 16 世纪中叶西班牙镇压尼德兰革命期间，就有 3 万多名尼德兰工匠移居英格兰，而在 1562—1598 年法国镇压胡格诺（Huguenot，实为新教加尔文派教徒）的漫长战乱中，逃往英国的胡格诺工匠也数以万计。这些工匠不仅带来了技术，还带来了资金和生产工具。由于海峡对岸大批工匠的移入，英国的手工业得到迅速的发展，到 17 世纪末，其手工业无论在规模上还是在技术上，都跃居欧洲各国之首。

在重商主义政策和地理大发现一起导致的海外扩张与殖民热潮中，英国也得到极大的利益。地理大发现之前，英国的海上活动远远弱于西班牙、荷兰等国家；地理大发现后，它开始发展海外扩张力量，不到一个世纪，英国便敢于向当时的海上霸主西班牙挑战，并在 1588 年联合荷兰击溃西班牙的"无敌舰队"。此后便不断积蓄力量，对所有海上竞争对手一一进击，先后打败葡萄牙、荷兰和法国。到工业革命开始前夕，英国已取得海上霸主的地位，并在北美和印度建立了广阔的殖民地。殖民地对英国工业社会产生的意义是二重的：一方面它是市场，另一方面它是原料和资本供应地。不仅如此，海上争霸与开辟殖民地的过程本身就是攫取资本资源的过程。为了削弱西班牙、葡萄牙等国的海外势力，英国还从事政府支持的海上抢劫活动，主要抢劫对象是西、葡两国运载白银的"白银舰队"或香料贸易船队。

这种海盗活动多以"股份公司"形式组织，"股东"不仅有一般商人、贵族，也有王室参与。据估计，1585—1604 年，英国每年有一两百艘武装船只出海，专门从事打劫西班牙商船的生意，其中绝大多数海盗持有英国王室颁发的"私掠许可证"（Letter of Marque and Reprisal）①。最著名的英国海盗是德雷克（France Drake，1540—1596 年），

---

① 16 世纪至 19 世纪中叶，西欧许多国家的政府都颁给本国航海家此类许可证，授权他们对威胁本国利益的异国尤其是敌国商船进行攻击和劫掠。1853—1856 年克里米亚战争结束后，在签署《巴黎和约》后不久，列强发布联合声明，宣布废除政府颁发私掠许可证的做法。

他的海上劫掠行径得到伊丽莎白一世女王的强力支持，持有女王颁发的"私掠许可证"，以半官方身份对敌国商船进行抢劫，被称作"皇家海盗"。德雷克数次虏获西班牙运送金银财宝的"宝船"，收获颇丰。其中，大半以投资分成的名义献给女王，获封骑士爵位。

重商主义政策还促成了对现代工业社会具有极其深远影响的一个重要条件的产生，这便是有利于资本形成的各种社会机制的创造。现代工业社会的产生和发展，需要巨额的、连续不断的投资，因此资本形成是个关键因素。虽然海外掠夺可以获得货币财富，但要使货币财富转化为资本，则需要具备一定的社会机制或环境；否则，得到的货币也会失去，它不会转化为巨大的生产力。由此不难理解如下历史事实：在殖民掠夺中获得货币财富最多的国家，如西班牙、葡萄牙等，并未成为工业社会的发祥地。英国的情况则不同，它在发展海外贸易和国内工业的过程中，发展了一系列有利于资本形成的社会经济机制或制度。其中，最重要的莫过于以下几种机制。

（1）现代金融体制。它使分散在私人手中的货币通过银行集中起来，形成足以进行投资的资本。1694年英格兰银行的创立，就为这样一种金融制度奠定了基础，而这种金融制度又是现代信用制度的基础。

（2）现代股份筹资制度。股份公司产生于荷兰。在英国，第一次股份投资热潮发生在17世纪的最后10年，其原因是，1687—1688年，一家股份公司打捞了一艘西班牙装有财宝的沉船，获利一万倍，从而引起股份投资热。1695年，英格兰的股份公司猛增到150家。股份筹资在早期曾出现过欺诈行为，有名的是"南海泡泡"（South Sea Buble）事件。南海公司是英国一家股份制殖民公司，这家公司因吹嘘它在南海殖民贸易活动的成功前景，吸引了大批股民，引致股价在短期内上涨了15倍左右。后来发现公司亏损，股民纷纷抛售股票，结果股价大跌，大批投资者受损。这个事件曾一度引起英国人对股票投机的恐惧，1734年议会通过法令禁止股票投机，此后，股份投资和股票交易逐渐转入正轨，成了私营企业筹措资本的主要机制。

（3）现代保险制度。保险事业的创立，不但为资本形成开辟了一条新的道路，而且可使业已形成的资本免遭意外事故的损失，使投资者更为安全。现代保险事业几乎同时产生于德、英两国。1676年，德国商人开办的汉堡火险室（Hamburger Feuerkasse）被认为是欧洲第一家保险公司。1666年发生的伦敦大火烧毁了1.3万多座房屋，催生了伦敦针对居民住宅的火险业。1681年，外科医生出身的经济学家尼古拉斯·巴本与11位朋友联手建立了英国第一家保险公司——"房屋保险事务所"（Insurance Office for Houses）。由于伦敦大火留下的可怕记忆，这家保险公司一开张就吸引了五千多个家庭投保，由此促进了英国保险业的形成。最初的保险公司主要从事房产保险，1706年产生了第一家生命保险公司，18世纪上半叶，保险业务已扩及财产、货物及海运等广泛的商业领域。工业革命发生前夕，现代保险业已经作为英国一个新兴的服务业在兴起。

政府在资本形成机制的创造方面，也发挥了重要作用。其中，现代财政制度赖以维持的公债制度和税收制度，不仅对资本的形成起了直接的杠杆效应，而且对现代商业银行的产生和发展起了间接的推动作用。马克思写道："公债……像挥动魔杖一样，使不生产的货币具有了生殖力，这样就使它转化为资本，而又用不着承担投资于工业、甚至投资于高利贷时所不可避免的劳苦和风险。"公债还"使交易所投机和现代的银行统治兴盛起来。"① 现代中央银行体制发端于英国，1694年建立的英格兰银行，原本就是替政府管理和经营债务的。自从有了英格兰银行，英国政府再也没有发生过国债违约。由此大大提升了公债的信用，公债的发行与交易迅速活跃起来。英格兰债券市场史料显示，恰是在英格兰银行成立之后，公债成了英国政府筹措战争经费的重要手段。18世纪上半叶，英国的公债总额由2000多万英镑猛增到8100万英镑，相当于同期财政年收入的10倍左右。

为了经营公债，英国政府建立了一整套行之有效的制度，保证了公债的按期兑付，从而使公债成为私人部门投资的主要对象。承销公债的银行则迅速兴盛起来。与公债制度并行的是国债制度，它主要与国际信用制度相关，通过国际信用，英国在18世纪头76年中，从荷兰筹借到巨额的资本。无论是公债还是国债，都必须以现代税收制度为基础。从18世纪开始，消费税就成为英国政府占第一位的税项。1715年，在

---

① 马克思：《资本论》第一卷，人民出版社1975年版，第823页。

550万英镑的财政总收入中,消费税就占了230万英镑,关税占170万英镑,其余则来自土地税。[①] 至于工业投资,则完全是免税的。这种税收制度,无疑是在鼓励资本形成。而鼓励投资、抑制消费,恰是现代税收制度的主要特征之一。

在上述一系列有利于资本形成的机制产生的同时,现代企业制度也开始萌生。在形形色色的股份公司产生的基础上,企业家们创造了责任有限公司制。1633—1634年,伦敦一家水产商行在请求增资时发表声明,保证新加入的资本不负担以往的损失,由此开创了责任有限制之先河。进入18世纪,有限责任公司纷纷取代无限责任公司。有限责任公司更有利于保护投资者的利益,它对资本形成也起到某种推动作用。

在重商主义政策所促成的所有上述工业社会产生的前提条件中,最具深远影响的条件莫过于,它为英国工业开辟了广阔无比的世界市场,并且把英国的手工业生产与世界市场紧密地连接了起来。正是世界市场的巨大需求,推动着手工业去寻找新的增加产出的手段。于是,一场技术变革成了不可避免的事情,而技术的变革,则推动了全部社会经济结构的变化,包括经济体制的变化。

第三节 封建专制制度的衰亡与政治体制变革

中世纪农业制度的解体和重商主义在英国的大行其道,一个重要的历史背景是政治体制的变迁,变迁的主线是王权专制制度不时被削弱直至最终解体,让位于君主立宪的近代民主体制。这个进程也是在工业革命发生前半个多世纪就已完成的。因此在很大程度上可以认为,恰是政治体制的先行变革与近代民主体制的建立,为第一个工业社会的萌生和崛起创造了优越的政治环境。

中世纪英国的封建专制制度是由诺曼王朝(1066—1154年)确立的。诺曼王朝是由"征服者威廉"建立的,时在1066年。在那之前,历经罗马人统治(43—410年)和蛮族分支盎格鲁—撒克逊人战乱频仍

---

① [英]约翰·克拉潘:《简明不列颠经济史:从最早时期到一七五〇年》,范定九、王祖廉译,上海译文出版社1980年版,第400页。

的立国历史（406—1066年），英格兰虽然也形成了封建专制制度的一些因子，但都不甚稳固。只是到了诺曼王朝初期，专制制度才臻于完善。其中两个方面最为突出。一个是确立了土地的层层分封制。"征服者威廉"（威廉一世）没收了撒克逊王国原有贵族几乎全部的土地，以随时应召率军替国王打仗为条件分封给自己的宠臣和军事将领等新的领主，后者再以服兵役为条件将土地分赐给骑士，建立了完善的骑士领有制。后经详细土地丈量和财产调查形成的《末日裁判书》的登记与固化，将几乎所有土地都纳入了王权主宰的分封制下。另一个是确立了王权至高无上的地位。同样通过土地分封，不仅把世俗封建领主及其领地上的民众变成了自己的臣民和农奴，还把教会系统的大主教和主教也变成了实际上听命于诺曼王朝的封臣，使他们与罗马教皇保持了一定的距离，由此形成了几乎不受制约的王权专制。

这种看起来相当牢固的专制制度，却在后来领主与专制王权长期的拉锯式冲突中逐渐衰落了，并最终归于解体。

有一种说法，认为英国封建王权专制制度的解体与近代民主政治的确立，也是推行重商主义政策促成的。在追求重商主义政策的过程中，英国形成了一大批经济实力雄厚的新贵族，这些人的利益与资产阶级一致。随着经济实力的壮大，他们要求和封建王朝及旧贵族分享政治权力，最终引发了重新分配权力的革命，即1640年资产阶级革命。[①]

然而，历史的发展比这个推论要复杂得多。大量关于英国政治史的史料表明，导致王权专制制度被削弱并最终为近代民主制度所取代的，是一个领主与王权之间拉锯式的漫长抗争进程，这个进程经历了四个半世纪。在这个历史进程中，三个重要历史事变起了关键的推动作用。耐人寻味的是，这三个重要历史事变，在很大程度上是由几位强势独裁者的倒行逆施引出的，他们试图强化王权专制的努力，结果适得其反。

第一个事变是《大宪章》的产生。《大宪章》（Great Charter）是英国贵族与专制王权矛盾激化而妥协的产物。导致激化的诱因，是一位好战的独裁者的倒行逆施。这位独裁者便是"金雀花"王朝的第三位继承人约翰一世（John Ⅰ，1166—1216年）。

[①] 樊亢、宋则行主编：《外国经济史》，人民出版社1965年版，第61-62页。

由威廉一世创立的诺曼王朝,到1154年因无继承人而为来自法国安茹家族的亨利二世所取代,史称"安茹王朝"。安茹是法语,意为金雀花,故而又称"金雀花王朝"(House of Plantagenet)。约翰一世是金雀花王朝的第三位国王,在位17年,以独断专行和屡屡失败著称。对外频繁发动战争,对内残酷镇压,随意加税及剥夺封臣财产,结果引发贵族和民众的恐慌与愤怒,政局大乱。领主们联合起事,发动了反抗国王的内战。1215年,在内战中败北的约翰一世被迫在伦敦西部埃格姆市郊的兰尼米德(Runnymede)签署了由大贵族起草的约束其权力的《大宪章》,以结束内战。但几个礼拜之后反悔,宣布废弃《大宪章》,并得到罗马教皇的声援。结果内战再起,直到1216年约翰去世。同年继位的亨利三世(1216—1272年)承认了《大宪章》的主要条款。他在位期间,分别于1217年和1225年颁布了两个版本的《大宪章》。到他去世的1272年,《大宪章》最终成为英国法律。他的儿子爱德华一世于1297年颁布了第四个版本的《大宪章》,作为"肯定法案"的一部分归入英国法律体系之中。

《大宪章》共包括63个条款,其中两方面的内容最为重要。一方面是限制王权,尤其是国王随意征税的权力。规定只有国民(实则为贵族议会)同意才可征税。另一方面是建立所谓的"正当程序"制度,规定任何自由人未经司法裁决,不得被随意逮捕、监禁、剥夺财产及遭受别的强制手段。[①] 这样,《大宪章》第一次将王权置于法律之下,为英国后来君主立宪制的建立奠定了制度基础。

与《大宪章》几乎同时产生的是议会制度,世界上第一个议会也是英格兰贵族限制王权斗争的产物。亨利三世后期,1258年,其妹夫德·蒙福特(Simon de Montfort,1208—1265年)难以忍受国王的独断专行,率贵族武装闯宫,逼迫亨利召开贵族会议。随后在牛津召开的由15名大贵族组成的会议,迫使国王签署了一个约束王权的条约,史称《牛津条例》(Provisions of Oxford)。根据该条例建立了议会(parliament),最初由15名大贵族和另外选出的12名大贵族组成。条例还规

---

① 第40条规定:"任何自由人,如未经其同级贵族之依法裁判,或经国法判决,皆不得被逮捕、监禁及没收财产,剥夺法律保护权,流放,或加以任何其他损害。"

定，议会每年召开3次，商讨国家大事。1265年，德·蒙福特主持召开了第一次议会。参加者除了贵族（男爵）、高级教士，还包括每郡两名骑士，以及每个自由市选出的两名市民代表。议会制由此形成。

虽然《牛津条例》后因亨利三世的反悔和贵族维权战争的失败而遭到废除，但议会制深入英国人心，被继续保留了下来。恰是断续存在的议会，成了后来英国贵族及民众与专制王权对抗的一个重要依托。

第二个事变是1640年革命，马克思称之为资产阶级革命。这也是因专制王朝与贵族之间矛盾的激化而引起的，矛盾激化始作俑者则是两位倒行逆施、试图强化王权专制的君主。1603年，伊丽莎白一世女王去世，都铎王朝第一任国王亨利七世外孙的后裔，斯图亚特家族的詹姆士六世以苏格兰国王身份继承英格兰王位，号称詹姆士一世。这是一位狂热的君权神授论者，刚一继位就试图推翻《大宪章》的核心要义，他写的《神权》（1603年）一书，宣布是国王创造了法律，而非法律创造了国王，把王权置于法律之上。宣称即便国王滥用权力，民众也只能被迫接受。继位后召开的第一届议会上，就宣布下议院没有立法权，只有国王才有立法权。由此引起贵族议会的强烈不满。任内为加征赋税三度召开议会，都因在王权与议会孰大孰小问题上的巨大分歧而解散，由此埋下了与议会冲突的伏笔。1625年詹姆士一世死去后，其子查理一世（Charles I，1625—1649年在位）继位，他比其父有过之而无不及，依然把王权凌驾于议会之上。与其父詹姆士一世一样，他也以解散议会相要挟逼迫议会批准征税，遭到议员反对而多次解散议会，并从1629年开始进入一个无议会统治时期，直到1640年。1640年4月，为筹措军费镇压苏格兰起义，查理一世再次召开议会，但在征税和王权制衡问题上对立严重而再次解散。史称"短期议会"。同年10月，查理一世与苏格兰人签订停战协定，被迫答应在签署最终合约之前须按天支付补偿金。为筹集这笔费用，他不得不再次召开议会，结果给了议员们重新聚集与谴责暴政的机会。这届议会一直延续到1653年4月，史称"长期议会"。一般认为，"长期议会"的召开，标志着英国革命的开始。

革命的高潮是内战和查理一世被送上断头台。1642年1月，面对议会贵族和伦敦居民不断高涨的愤怒，查理一世出走约克，同年8月

22日在诺丁汉聚集王党军队，宣布向议会开战，内战随之爆发。经过六年两个回合的残酷战争，1648年8月，议会军队最终打败王党军，击溃支援查理的苏格兰军队，赢得了战争的胜利。1649年1月，经议会审判，查理一世被处死。同年2月，议会通过决议，废除上院和王权；5月，宣布建立共和体制。资产阶级革命告一段落。

第三个事变是"光荣革命"。发生在1688年，实则是一场不流血的政变。这场革命最终确立了英国的君主立宪制。革命也是由一位"开倒车"的君主引起的。1649年5月宣布的共和体制名不副实，实际上为内战中脱颖而出的议会军统帅克伦威尔（Oliver Cromwell，1599—1658年）主宰，很快演变为军事独裁体制。其最高权力机构是国务委员会，克伦威尔先任国务委员会主席，后驱散议会，自任护国主。1658年克伦威尔病逝，其子继位，高级军官阵营分裂，英国政局再次陷入动荡之中，议会中的复辟派占据上风。他们联络保皇党出身的苏格兰驻军司令乔治·蒙克（George Monck，1608—1670年）率军回返伦敦，与亡命法国的查理一世的儿子查理·斯图亚特达成复辟协议。1660年4月，查理发表《布雷达宣言》，宣布赦免向新国王表示效忠的一切参加革命者，认可革命期间被拍卖的土地产权，保障宗教自由。同年5月，查理在伦敦登基，自封查理二世，斯图亚特王朝复辟。然而，复辟国王一上台便抛弃承诺，开始反攻倒算，将克伦威尔的尸体挖出在绞刑架上斩首示众，以弑君罪逮捕了参与审判查理一世的数十位在世的革命党人，或判处重刑，或予以处死。继而改组国会，清洗了不信奉国教的议员。1661年召开的新议会，基本上由王党分子和信奉国教者组成。国际关系方面，亲近信奉天主教的法国，把克伦威尔从西班牙手中夺取的敦刻尔克卖给法国，而与商业利益密切的荷兰开战。如此倒行逆施，再次引起议会分裂，民主派重新集结。1679年召开的新议会，民主派占据上风，提出了一个《排除法案》（Exclusion Bill），意在排除信奉天主教的查理二世的弟弟约克公爵的王位继承权。查理立即解散议会。议会以支持和反对《排除法案》分成两派（后世被分别称作"辉格党"和"托利党"）。1685年查理病逝，信奉天主教的其弟约克公爵詹姆士继位，称詹姆士二世。詹姆士二世比其兄还要强势，一上台便武力镇压了反对他的叛乱者和辉格党贵族，先后处死、流放了1100多人。并以强硬手腕不断扩大王权，扩张王家常备军，建立专制法庭，鼓励天主教扩展，逮捕了上书反对国王重用天主教教徒的七名教区主教。遭到普遍的反对，议会中反对和维护王权的两派重新联合，秘密联络荷兰国王威廉夫妇。威廉系詹姆士二世长女玛丽的丈夫，玛丽又是詹姆士二世的合法继承人。1688年11月，威廉率600艘军舰和1.5万名士兵过海登陆英国，受到高级军官、贵族和乡绅的普遍欢迎。詹姆士二世众叛亲离，甚至连其二女儿和女婿也投向了威廉，不得不逃往法国。1689年2月，议会宣布双王统治，威廉和玛丽同时为国王和女王。不久之后的1689年，议会通过《权利法案》（全称《国民权利与自由和王位继承宣言》，而后在1701年通过《王位继承法》。其中前一部法律明确限制了国王的权力，赋予议会以立法权、财政权、军事权和司法监督等重要权力；后一部法律对英国王位继承提出了若干限制性规定。一般认为，这两个法案的颁布，奠定了英国君主立宪政治体制的基石。

这样，经过长达400多年的拉锯式抗争和不流血的"光荣革命"，英国率先完成了从封建王权专制到现代民主国家的政治体制转型，确立了现代国家政治体制的基本原则。其中，第一条是代表人民的议会在上，代表政府的王权在下的原则，这一原则的引申，便是有限政府原则；第二条是法律至上，无论王权还是代议制政府，都不能超越法律授予的权限，由此引出的是对政府行为的硬约束，即法无授权不可为；第三条是人民生命、财产和自由权力不受侵犯，由此确立了现代国家与政府的使命，就是保护人民的生命、财产和自由权力。同时代最有影响的英国启蒙思想家约翰·洛克（John Locke，1632—1704年）的理念得以实现。洛克特别强调财产权。他在1689年出版的《政府论》中写道："人们联合成为国家和置身于政府之下的重大的和主要的目的，是保护他们的财产。"[①]

要知这还是17世纪末，相比之下，海峡对岸的法兰西尚处在封建专制制度的强盛期，要发生堪与英国相比拟的政治革命，还得推后一百多年，而后来掀起工业化浪潮的其他列强，要么封建专制比法兰西还强

[①] 北京大学哲学系外国哲学史教研室编译：《十六—十八世纪西欧各国哲学》，商务印书馆1975年版，第477页。

势,要么尚处在殖民地早期。

就政治制度及关联的社会环境来看,第一个工业化国家非英国莫属。单就确立财产所有权这一个方面而言,英国就走在了所有其他国家的前面。道格拉斯·诺斯说得好,"有效率的经济组织在西欧的发展,恰是西欧发展与西方兴起的原因所在","有效率的组织需要在制度上作出安排和确立所有权"①。

第四节　第一个工业社会的产生

由农业社会向工业社会的过渡,最初是从英格兰的农村开始的。具体来说,是从分散在农村的家庭手工业的技术变革开始的。1733年,英格兰西北部兰开郡的乡村钟表匠约翰·凯伊(John Kay)发明"飞梭"(Flying Shuttle),织布效率提高一倍,造成传统纺织业手工纺纱与织布之间劳力搭配的失衡。在"飞梭"问世之前,一个织布匠只需4—6名纺纱工供纱,便可维持正常的工作时间;"飞梭"发明之后,一名织布工匠需9—10名纱工供纱。这造成纱线供不应求,以致引发全国性的"纱荒","纱荒"则促使人们去寻找新的效率更高的纺车。1751年,伦敦皇家学会(Royal Society)甚至悬赏50英镑,给予"发明一部最好的、能同时纺六根棉纱且只需一人照管的机器"的人。② 14年之后方有人在这方面取得突破,这便是兰开郡的乡村木匠杰姆士·哈格利沃斯(James Hargreaves)。他发明了一部有8个纺锭的手摇多轴纺纱机,取名"珍妮机"(以其女儿名字命名)③。自那以后,纺纱机与织布工具的改进形成竞赛局面,相互促进,不断取得突破,从而带动了一场技术革命。这便是被后人称为"工业革命"的一场经济社会大变革

---

① [美]道格拉斯·诺斯、[美]罗伯斯·托马斯:《西方世界的兴起》,厉以平、蔡磊译,华夏出版社1999年版,第5页。
② [德意志联邦共和国]鲁道夫·吕贝尔特:《工业化史》,戴鸣钟等译,上海译文出版社1983年版,第19页。
③ 实际上这两项发明最初的命运并不乐观,都被担心丧失工作的、愤怒的邻居们给捣毁了。其中凯伊发明的第一部"飞梭"织布机被邻近的手工织布匠们毁掉了,他本人也差点遭遇不测。而哈格利沃斯发明的第一部纺纱机也遭遇类似的命运。他不得不避走他乡,在兰开郡一个偏僻的小村庄里重新制作了一架。

的开端。

　　这场变革的发生并不令人十分吃惊，因为自地理大发现以来的200多年间，英国已经具备了发生一场社会经济尤其是技术巨变的条件。但出人意料的是，工业革命并没有从文化最为发达、经济实力最为雄厚的英格兰东南地区开始，而是从经济发展程度相对较低的西北部开始的；它并没有从英国乃至西欧的经济中心城市伦敦开始，而是从农村开始的。更出人意料的是，技术变革并没有从英国最发达的、受到政府全力支持的毛纺织工业开始，而是从技术水平相对较低的、受到政府政策忽视的棉纺织工业开始的。说得更明确一些，英国的工业革命发端于一种为政府政策所不大关注的"乡镇工业"。

　　然而若仔细地审视可以清楚地看到，事情的发展完全是合乎逻辑的。虽然英格兰东南地区的社会经济文化发展程度最高，经济实力最强，但到了18世纪，西北地区才是在商业上开放程度最高的地区。这主要是由于它在地理上距新大陆最近，是英国乃至整个欧洲向美洲进行殖民与贸易活动的中转站。利物浦就是靠这种地理优势迅速发展起来的，在17世纪初，它不过是个小渔港，100多年之后，即18世纪上半叶，它已经上升为仅次于伦敦的第二大港，人口超过两万人。进出利物浦港的船舶，几乎全都与殖民地贸易有关。其中，运自殖民地的棉花，大多是在利物浦周转，而后运销欧洲大陆和英国内地。正是靠了紧邻利物浦港的地理优势，以曼彻斯特为中心的兰开郡，迅速发展了遍布乡村的手工棉纺织工业。与英国传统的毛纺织业比起来，棉纺织工业属外来工业，尚未受到中世纪遗留下来的行会规则的束缚，受政府的干预亦较少。与此不同，毛纺织工业一直被看作英国出口的重头工业，受到政府政策的全力保护，业已形成某种垄断，技术革新很难发生。这样，在面对不断扩大的内外市场需求的情况下，棉纺织业后来居上，迅速发生了技术变革。不仅如此，棉纺织工业在英国还是作为替代进口的工业发展起来的，它在一开始便同时受到来自国内与海外两个方面的竞争压力：在国内，受到毛纺织业的激烈竞争；在国外，受到印度精良棉织品的竞争。其处境可想而知，如果不进行技术改进，就难以生存下去。正由于上述原因，一场改变世界面貌的变革，注定要从这个新兴的分散在英格兰乡村的且依靠进口原料的工业发生。

"工业革命"（Industrial Revolution）①是后来人们对英国发生的改变人类社会经济面貌的这场变革的概括性术语。客观来说，这个术语至少包含三层意思：其一是指工业技术的变革，此变革导致了一系列新兴工业部门的产生；其二是指社会经济结构的变革，此变革导致了农业、畜牧业地位的急剧下降和人口的城市化；其三是整个社会面貌的变化，此变革导致工业文明取代农业文明居于统治地位。

上述第一个层次的变革即工业技术变革显然是最为基础的。自从哈格利沃斯的"珍妮机"问世，棉纺织业中的技术变革便一发而不可收。不到20年时间，产生了一大批提高劳动生产率的发明。其中，纺纱方面最有影响力的发明有两项。一项是1769年问世的水力纺纱机，它由一名叫阿克莱特（Richard Arkwright）的理发师窃取木匠海伊斯的发明设计而制成。这项发明彻底改变了纺纱业的面貌，使它不再依赖人力，而依赖自然力，从而使纺纱业走出家庭，实现工厂化生产。阿克莱特利用这项发明，在德比附近建立了第一座水力纺纱厂，10年之后即1779年，这家纱厂拥有几千枚纱锭，雇佣着300名工人。②另一项发明是1779年问世的走锭精纺机（mule）。这是由一位乡绅的儿子萨缪尔·克隆普顿（Samuel Crompton）发明的，这种机器兼有多轴纺纱机与水力纺纱机二者之长处，由于其"杂交"特性，故取名"缪尔"（原意为骡子）。"缪尔"能纺出细密结实的纱，后经改进，可安装300—400个纱锭。走锭精纺机的问世，实际上已使纺纱机达到完善的地步，后来的各种机械纺纱机，都是由这种机器改进而来的。

织布方面最重要的发明，莫过于动力织机（power loom）。它是由一位名叫埃德蒙特·卡特赖特（Edmund Cartwright）的牧师在1785—1787年发明并付诸实施的，这是一种靠畜力带动的自动织布机。1787年，卡特赖特利用这项发明办了一家织布厂，安装了20架动力织布机。动力织机工厂的产生，也结束了手工织布的历史，实现了织布的工厂化。

---

① 一般认为，"工业革命"一词是恩格斯在《英国工人阶级状况》（1845年）一书中首次提出的。

② [法]保尔·芒图：《十八世纪产业革命：英国近代大工业初期的概况》，杨人楩等译，商务印书馆1983年版，第176页。

这样，到了 18 世纪 80 年代末，棉纺织业已完成走出家庭分散生产，实现工厂化集中生产的技术变革。剩下的变革只有一步，即找到一种取代畜力和水力的动力，使它走出河谷和乡村。这种动力便是蒸汽。蒸汽机是瓦特（James Watt，1736—1819 年）的发明，时在 1782 年。1785 年，纺纱厂首次采用蒸汽机。1806 年，曼彻斯特建成第一家以蒸汽机为动力的大型织布厂。

蒸汽机的问世不仅表明人类找到了一种新的动力，还标志着一个新时代的开始，即机械化时代的开始。由此而导致了一大批现代工业部门的产生，这些部门与传统手工业截然不同。蒸汽机的制造需要铁，于是迫使传统制铁业发生技术革命，结束了木炭冶铁时代，开始用焦炭炼铁，并采用蒸汽鼓风炉。由于这些发明，冶铁业终于走出大森林，加入都市工业的行列，并在很短的时间内成为英国的一个骨干工业。1760—1810 年，英国的生铁产量增加了 20 多倍；蒸汽机的运转需要煤，因而极大地带动了采煤业的发展。由于矿井采用了蒸汽抽水机、蒸汽掘进机，煤产量得到大幅度提高：1800 年已超过 1000 万吨，1830 年超过 1600 万吨，采煤业成为工业领域又一个支柱性产业。

煤炭和工业原料的长途运输需要发达的交通运输系统，于是在英国掀起了创建现代运输系统的一场交通运输业革命。交通运输革命从挖掘运河开始，后扩展到蒸汽船、远洋汽轮的建造和铁路的修建。1759—1830 年，挖通 4665 英里长的运河，将英格兰主要区域联为一体。1802 年，威廉·西明顿（William Symington）采用瓦特蒸汽机制造出世界上第一艘蒸汽动力轮船"夏洛蒂·邓达斯"号；1811 年，受美国人富尔顿发明的蒸汽船成功航行的刺激和推动，英国开始了内河航运的蒸汽船时代。1838 年，一家铁路公司投资建造出一艘可横跨大西洋的远洋蒸汽邮轮"大西号"（Great Western），第一次航行只花了 14 天半的时间就抵达纽约。交通运输业的最大变革是铁路的修筑。1814 年，史蒂芬森（George Stephenson，1781—1848 年）发明了蒸汽机车"火箭号"，时速达 58 千米。1825 年，史蒂芬森在英国建成世界上第一条铁路，即斯托克到达灵顿的铁路，全长 21 英里（约 34 千米），采用他自己发明的"火箭号"机车，由此开启了陆上运输的铁路时代，掀起了修建铁路的投资热潮。25 年后的 1850 年，英国的铁路长度已超过 1 万千米，

1870年达到2.45万千米，形成了链接英国主要城市的铁路网络。

由此可见，工业革命过程中的技术变革和现代工业部门的形成是互为动力的：一种发明导致另一种发明，一个部门的技术变革导致另一个部门的技术变革。不仅如此，一个新的重要工业部门的产生，都会带动整个工业的技术改造和迅速扩展。于是，正如经济史学家罗斯托（Walt Whitman Rostow）的研究所揭示的那样，在英国工业的早期巨变中，有三大骨干工业曾经相继扮演过"主导工业"的角色：第一个是棉纺织工业，它作为"主导工业"的时间是1780年至19世纪60年代；第二个是冶铁工业，它作为"主导工业"的时间上迄1780年，下至19世纪80年代；第三个是铁路工业，它作为"主导工业"的时间是1830年至19世纪70年代。[①]

事实上，从19世纪初开始，技术革命已呈现出一种永无止境的发展趋势。到19世纪中叶，这种趋势进一步明朗化，英国每年都有一大批新的发明产生和一大批新的技术专利登记在案。现代工业一旦产生，便一步不停地向更高层次发展，这显然是工业社会不同于农业社会的一个最突出特征。

与技术变革、现代工业部门产生并行不悖的是第二个层次的变革，即产业结构的变革。工业革命发生之前，英国产业结构的特征和所有农业社会毫无二致，农业是占绝对优势的经济部门。经济史学家们的研究显示，1770年，按国民收入的产业部门结构计算，英格兰和威尔士的农业占45%，工业（手工业）占24%，服务业占31%。考虑到英国当时有十分发达的海外贸易业和圈地运动对传统农业结构的破坏，其农业所占比重之高，表明这个部门仍然是占头等地位的经济部门。但到了1841年，产业结构发生了彻底的变化，当年农业创造的国民收入占总额的22%，工业上升到34%，服务业上升到44%。[②] 就业结构的变化更为明显：1801—1841年，农业劳动力在总劳动人口中的比重下降了12个百分点，工业则上升了10个百分点。1841年，工业就业人口占总就

---

① Walt W. Rostow, *The World Economy: History and Prospect*, Austin and London: University of Texas Press, 1978, P. 379.

② ［美］西蒙·库兹涅茨：《现代经济增长》，戴睿、易诚译，北京经济学院出版社1989年版，第78页。

业人口的39%，服务业占38%，农业降至23%。① 到1870年，无论在产值方面还是在就业方面，农业都变得无足轻重了。它的产值不足工业产值的1/3，它所创造的增加值只占国民生产总值（GNP）的10%左右，就业人口也降至15%以下。② 产业结构变化之大由此可见一斑！

实际上，工业革命改变了英国社会经济的所有主要方面。第一，它不仅创造了一个在规模上大于农业的现代工业部门，而且还创造了一种新型的工业组织制度，即工厂制度（factory system）。与传统手工业产业组织相比，工厂制度的特点是机械化大规模生产。它以机器生产为中心，1788年，英国已建成143座装有机器的纺纱厂，1813年有2400台动力织布机在运转，1861年猛增到40万台；它的规模和劳动生产率是任何手工工场所无法比拟的。1780年，曼彻斯特就建立了一座雇佣600个工人的纱厂。19世纪下半叶，纺织厂的一般雇佣人数均在百人以上。它的平均劳动生产率是手工纺织业的40倍；它与庞大的投资相联系，是一般手工业者可望而不可即的；它对工人的劳动技能要求较低，但对劳动者的纪律要求较严。由于所有这些特点，在工厂制度下，雇员与雇主的鸿沟变大且在某种程度上不可逾越了。

第二，它结束了远古以来人类人口再生产极其缓慢的时代，开创了人口快速增长的时代。中世纪数百年时间，英伦三岛的人口增长几乎是停滞的，甚至在工业革命开始前夕，人口的增长也不快，1740—1750年只增长了3%。但工业革命期间，每10年的人口增长幅度最低为8%，最高为18%，且呈加速增长之势。结果，1750—1821年，英国的人口由600多万人增加到1200万人以上，翻了一番；1871年达到2271万人。这还不包括大量的外向移民：仅1815—1880年，移往海外的英国人口就达800多万人。无怪乎托马斯·马尔萨斯（Thomas Robert Malthus，1766—1833年）在《人口原理》一书中，惊呼人口在以几何级的数量增长，呈现爆炸态势！

---

① ［美］西蒙·库兹涅茨：《现代经济增长》，戴睿、易诚译，北京经济学院出版社1989年版，第95页。

② 库兹涅茨的研究揭示，1841—1901年，农业在英国GNP中所占比重由22%降为6%，在总劳动力中所占比重由23%降为9%。参见［美］西蒙·库兹涅茨《现代经济增长》，戴睿、易诚译，北京经济学院出版社1989年版，第78、95页。

第三，它创造了空前巨大的工业城市和众多的城市人口。工业革命开始前，除了伦敦之外，英国很少有一万人以上的城市。到了1840年，曼彻斯特和利物浦两座城市的人口均超过70万人，伯明翰人口超过20万人，谢菲尔德为11万人。1861年，伦敦的人口超过300万人，同年英国居住在10万人口以上大城市的人，就占其居民总数的1/3以上。

第四，工业革命不仅赋予了英国工业支配整个国民经济的能力，而且赋予英国经济支配世界经济的能力。到了19世纪六七十年代，英国工业成为贸易的唯一支柱，农产品的输出几乎停止，整个国民经济状况完全以工业生产的扩张与收缩为转移。与此同时，英国成了所谓的"世界工厂"。它向世界各地输出工业制成品，从全世界输入原料和农产品。它的工业产值在1860年占到全世界工业产值的36%，对外贸易占世界贸易总额的20%。

第五，工业革命使英国的国民生产总值得到大幅度提高，其中最为突出的是，尽管人口以加速之势在增长，但人均国民生产总值的增长仍然很快。据库兹涅茨推算，从1780年到1881年的一个世纪期间，按照不变价格计算的英国国民产值增长了12倍，人口增长了3.4倍，人均产值增长了3.5倍。[①] 而按照罗斯托的估算，18世纪中叶，英国的人均GNP大约为10英镑，1850年增加到90英镑左右，[②] 即一个世纪增加了8倍。这是任何农业文明时代所无法比拟的。人均国民生产总值大幅度增加的最终结果，必然是生活水平的普遍提高。尽管工业革命初期，由于急剧的社会巨变，使相当一部分手工业者和自耕农的生活一度陷入困境，但到了19世纪下半叶，英国国民的平均生活水平无疑是全球之冠。按照1990年"国际美元"购买力，有学者推算认为，1870年英国人均GDP[③]已经达到3191美元，比当时西欧12个已经开始工业化的国家的

[①] [美]西蒙·库兹涅茨：《现代经济增长》，戴睿、易诚译，北京经济学院出版社1989年版，第64页。

[②] Walt W. Rostow, *The World Economy: History and Prospect*, Austin and London: University of Texas Press, 1978, P.375.

[③] 本书所引GNP和GDP数据均据原文。联合国在1993年版《国民经济核算体系》（"System of National Accounts 1993"）中将国民产出核算指标由GNP（国民生产总值）改为GDP（国内生产总值）。

平均水平高出53.0%，比美国高出30.5%（见表1-1）。反映生活水平的恩格尔系数分析表明，19世纪80年代，在英国国民的消费支出中，食品已降至34.2%，[①] 即使按战后的标准，这已呈现出富裕型消费特征。因为直到20世纪80年代，联合国粮农组织仍把恩格尔系数为30%—40%的国家定为"富裕型经济"。直到今天，许多发展中国家还远未达到这种消费结构。

表1-1　　　　工业社会初期的英国人均GDP国际比较

（单位：1990年美元/人）

	1820年	1870年		1820年	1870年		1820年	1870年
奥地利	1218	1863	丹麦	1274	2003	法国	1230	1876
比利时	1319	2697	芬兰	781	1140	德国	1068	1821
意大利	1117	1499	荷兰	1821	2753	挪威	1104	1432
瑞典	1198	1664	瑞士	1198	1664	英国	1707	3191
西欧12国平均	1270	2086	美国	1257	2445	中国	600	530

资料来源：[英]安格斯·麦迪森：《世界经济千年史》，伍晓鹰等译，北京大学出版社2003年版，第170页表A1-c，第209页表A3-c。

[①]　[美]西蒙·库兹涅茨：《现代经济增长》，戴睿、易诚译，北京经济学院出版社1989年版，第829页。

第二章　现代工业社会的扩散（上）

18世纪中叶在英国发生的一系列技术变革和随之开启的由农业社会向工业社会的过渡，到19世纪初才为欧洲大陆和由英国移民聚居的北美"新大陆"所感受到，而作为概括不列颠经济社会巨变的术语——工业革命，是在这场巨变开始80年之后即19世纪40年代，才为人们所接受。这一方面是由于，这场社会经济变革在最初是极其缓慢的，几十年的技术变化才促成社会经济结构的显著变化；另一方面在于，习惯了传统农业社会的国家尤其是欧洲大陆国家，对这场变革的认识需要时间。至于工业社会的地域扩散，至少是在它开始半个世纪之后。具体来说，直到19世纪初，它才开始向北美和西欧扩散，更大的影响则不早于19世纪20年代，即在英国1825年废除机器出口禁令之后。这已经是工业革命开始70多年之后的事了。至于世界其他地区，要接受到工业社会扩散的影响，还须再等待50—100年。

现代工业社会的全球地理扩散，大体上是按照以下时间序列发生的：

19世纪上半叶，北美和西欧大陆。

19世纪下半叶，中欧、东欧和东亚的日本。

20世纪30年代，拉丁美洲、中国东北及东南沿海有限的地域。

20世纪40—50年代，中国各主要地区、印度等亚洲国家。

不难看出，工业社会的全球地域扩散，和它在英格兰的最初发生一样，并不是从中世纪农业文明最昌盛的地区开始的，而是从中世纪农业文明相对薄弱的地区开始的。那些曾经发展了辉煌农业文明的国家，要接受现代工业文明，必须先与传统决裂，创造接受工业文明扩散的适宜条件。如果说美国属于前一种类型的国家，那么法国、德国、俄国乃至日本，则属于后一种类型的国家。对后一种类型的国家来说，与传统制度、传统社会观念决裂的时间越早，工业文明的发端便越早。

工业革命在英国发生大约半个世纪之后，才在英国之外找到了两个扩散地域，这便是新大陆的美利坚和旧大陆的法兰西。从许多方面来看，新旧大陆的这两个国家是截然不同的：美国在18世纪70年代之前还是欧洲的殖民地，经济上严重依赖欧洲尤其是英国；法国则从中世纪以来，就是西欧的重要经济文化中心之一，其经济实力可与任何一个欧洲大国相抗衡。它也是一个重要的殖民帝国，在北美曾经拥有广阔的殖民地。然而，在实现由农业社会向现代工业社会的经济社会变革过程中，美国比法国来得要迅速、要彻底。从19世纪头十年开始，在不到一个世纪里，美国就由一个经济上处于依附地位的国家变为一个在世界经济中居主导地位的工业强国。相比之下，法国的社会经济转变则步履维艰，自工业化起步以来，进展一直很慢，在欧洲和世界经济中，一直扮演着一个二三流经济大国的角色。事实上，美国是继英国之后第一个顺利实现了由农业社会向工业社会转变的国家。美国本是英国的殖民地，这两个国家在上述转变过程中的历史联系，是值得特别关注的。

第一节　新大陆的反响：北美独立与工业化前提条件的创造

美英两国在由农业社会向工业社会过渡方面的历史联系，源于北美作为英国殖民地的历史背景。其中一个突出的背景是，北美殖民地是以英国移民为主体而开拓的。这就使它在许多方面，尤其是在经济组织、社会结构以及文化方面，不同于欧洲其他列强在新大陆开拓的殖民地。事实上，早在英国人涉足北美殖民之前，英国本土的中世纪经济制度就已经解体，移植到殖民地的制度，本身就打上了英国自14世纪以降社会经济变化的烙印；在整个殖民过程中，英国本土的每一项重大社会经济变革，都可以在新大陆这块殖民地找到影子。因此，在一定程度上可以说，美国后来迅速实现由农业社会向工业社会转型的诸多前提条件，是从殖民地时期就准备好了的。

英国人在北美殖民与建立领地的历史始于16世纪末17世纪初。1607年，104名英格兰人漂洋过海到达詹姆士河（James River）入海口，在那里修建了第一个定居点，并将其称作詹姆士墩（Jamestown）。以此为据点拓展开来，建立了弗吉尼亚殖民地。此系英国人在北美建立的第一块殖民地。1620年，102名以清教徒为主的英国人乘坐"五月花号"在马萨诸塞的普利茅斯登陆，建立了一个新的定居点，后来扩展为马萨诸塞殖民地。登陆之前，船上的41名自由男子签署了一份文件，约定将建立公民自治、自行制定公正的法律和规章制度以及自我管理的社会。这便是著名的《五月花号公约》。一般认为，这个公约，提出了后来美国独立宣言和宪法的基本理念。那之后掀起了英国人在北美殖民开拓的浪潮，到1733年，英国人在北美一共建立了13块殖民地，其中最后一块，就是1733年建立的佐治亚殖民地。[①] 到美国脱离英国而独立建国前夕，13块殖民地总面积约为80万平方千米，总人口为240万人左右。

从地理上看，13块殖民地位于纵贯北美南北的阿巴拉契亚山以东至大西洋沿岸的狭长地带。自北向南依次分为三个片区：北部新英格兰四块殖民地，最初由清教徒开拓的马萨诸塞发端；中部四块殖民地，包括后来成为美国经济心脏地带的纽约、新泽西等地，主要由英王特许的独占公司开拓；南部五块，由英国人建立的定居点弗吉尼亚的詹姆斯敦为起点开拓而成。三个片区的13块殖民地与英国王室的隶属关系也不尽相同，大体上分为三种类型。第一种是英王直辖，这类殖民地又称"皇家殖民地"（Royal Colony）。顾名思义，由英国国王派遣的大臣直接管辖。第二种是授权管辖，此类殖民地又称"特许殖民地"（Proprietary Colony），由英王授权的权臣代为治理。第三种是自治殖民地（Self-governing Colony），由英王特许的商业公司管辖，内部实行自治。

18世纪40年代之后，13块殖民地的商人和民众反抗宗主国的盘剥与限制商业自由的不满情绪迅速高涨，在社会精英们的鼓动与引领下走向联合抗英，与宗主国的矛盾不断上升，进而激化，直至爆发挣脱宗主国控制的独立战争。1773年12月16日发生波士顿倾茶事件，又称

---

① 英国人开拓的领地最初有16块，后经合并，到1734年形成13块互不隶属的殖民地。

"波士顿茶党"（Boston Tea Party）事件，一帮追求贸易与经济自由的殖民地义士将东印度公司运来的一整船茶叶倒入大海，以此抗议英国议会1773年颁布的《茶税法》。随之招致宗主国报复性压制：1774年3月，英国议会通过了被称作"强制法令"（Coercive Acts）的四项法令（分别为《波士顿港口法》《马萨诸塞政府法》《司法法》《驻营条例》），授权英军可进入殖民地民宅搜查，取消马萨诸塞湾省的自治地位，封闭北美最大港口波士顿港。强制法令直接促成了殖民地的联合反抗，同年9月5日—10月26日，13个殖民地的代表在费城召开了第一次大陆会议，通过了《联盟条例》（Articles of Association）。这个条例又称《权利宣言》，宣布抵制宗主国的盘剥，要求自治。1775年4月，北美民兵为阻止英军捣毁反抗力量的武器弹药库，在马萨诸塞州的莱克星顿打响了反抗英国武力镇压的第一枪，由此拉开了独立战争的序幕。次年7月，北美13个殖民地的政治精英代表召开的第二次大陆会议通过并发表《独立宣言》，标志着美国朝着独立建国迈出的关键一步。经过六年多的独立战争，终于在1782年11月获得胜利与事实上的独立；次年9月与英国签署《巴黎和约》，英国政府被迫承认美国独立。

独立之前一个半世纪的殖民开拓，殖民地作为宗主国原料产地、商品销售市场以及过剩人口和有识之士迁移创业佳地的三重地位，决定了殖民地大众商业意识及相应的市场体制与英国本土变革的紧密联系，为北美市场化与后来的工业化创造了良好的前提条件。所有的前提条件中，三个条件最为关键。

第一个条件是商业化农业的建立。由中世纪生存性农业（Subsistence Agriculture）向近代商业化农业（Commercialized Agriculture）转变，在欧洲经历了好几个世纪。在不列颠群岛，从14世纪农奴制解体开始，商业化农业初露头角，但在进入18世纪之后，即在圈地运动进入高潮之后，才取得突破性进展，生存性农业最终让位于商业化农业。但是在北美殖民地，农业生产一开始就是按照商业化组织，以获取利润为目的。这是因为，殖民地本身是重商主义政策的产物，寻找资本积累的源泉和新的商业致富机会，是殖民主义者的主要目的。但是，英国人在北美所抢占的殖民地，既不同于西班牙、葡萄牙等殖民列强在中南美洲建立的殖民地，也有别于东方的印度。这里既缺乏资本积累的贵金属资源，也缺乏诱人的商业机会，仅有的皮毛生意尚处在法兰西商人的垄断之下。这里最为丰裕的是广阔而肥沃的处女地，以及适宜农耕的气候。于是，英国殖民主义者便不得不围绕土地做文章，希望通过对北美肥沃土地的利用，生产出欧洲需要的农产品，以此为基础创造新的商业机会。这样，北美殖民地的农业，从一开始就是按照商业化农业的目标要求来开拓的。殖民事业也主要是由一些垄断贸易公司一手经办的。

1607年建立的詹姆士敦，即是由总部设在伦敦的一家贸易公司——弗吉尼亚公司经办的。这家公司是由伦敦的几位冒险商人投资组建，并获得英国国王在北美殖民的授权，是把移民去新大陆当作一项获取利润的投资事业来做的，"很多过去投资东印度公司的人，正是投资弗吉尼亚公司的人"[①]。不仅如此，即便首个自由移民移居地——普利茅斯的第一批移民，也就是前述乘坐"五月花号"在普利茅斯登陆的以清教徒为主的102名移民，也得益于一帮同情清教运动的伦敦商人的资助。而1630年建立的马萨诸塞殖民地，更是由一家股份公司经营的。

对于皇家特许贸易垄断公司来说，投资于北美殖民地的创建，其目的十分明确，就是发展商业化的农业。因为和拉美地区相比，那时在北美发现的金银等贵金属矿产很少，而土地资源极其丰裕。只有商业化的农业生产，才有可能给他们的投资带来丰厚的利润。

北美商业化农业的建立与发展，始于南部，而后扩及中部和北部。南部农业是以经济作物的种植和出口为起点的，因此从一开始就带有鲜明的商业化特征：单一型专业化种植业。最早建立的两块殖民地弗吉尼亚和马里兰，以种植烟草为主。据考证，早在1607年，英国人刚在弗吉尼亚立住脚跟，就开始种植烟草。1616年，弗吉尼亚的烟草种植已非常普及，以致冲击了粮食的基本供给。总督不得不宣布，每人必须种植2英亩粮食作物以保证殖民地粮食自给，方可扩大烟草种植。到1700年，弗吉尼亚和马里兰两块殖民地出口烟草近3500万磅。1766年，这两块殖民地全部农产品出口总值为88万英镑，其中烟草一项就占了76.8万英镑。后来建立的北卡罗来纳、南卡罗来纳两块殖民地，

---

① [美] 吉尔伯特·C. 菲特、[美] 吉姆·E. 里斯：《美国经济史》，司徒淳、方秉铸译，辽宁人民出版社1981年版，第33页。

除了种植烟草,把蓝靛种植作为最主要的农业活动。由于蓝靛是英国纺织业不可缺少的染料,因此受到殖民当局的高度重视。种植蓝靛不仅可以从销售中获利,而且还可得到殖民当局和英国议会的双份奖励,因而发展很快。有关统计数据显示,1747—1748年,从查尔斯顿港输出的蓝靛达到13.83万磅。甚至大米等粮食作物的生产也被纳入商品生产的轨道,因为大米在葡萄牙和西印度群岛有很好的销路,于是很快在北美南部得到大面积种植。1770年,南卡罗来纳、北卡罗来纳和佐治亚三块殖民地输出大米15万桶(每桶合31.5加仑)。商业化农业的发展促成了大规模种植园的产生和发展,种植园经济虽然依靠早已过时的奴隶制来维持,但奴隶制丝毫不影响种植园农业的商业化特征。

中部殖民地农业一开始就是按照英国本土业已产生的资本主义大农场制来组织的,大农场本身就属于商业化农业最有效的组织形式之一。1765年,宾夕法尼亚一般农场的平均规模为135—500英亩。农场生产的相当一部分粮食依赖市场销售,因此中部殖民地素有北美"面包殖民地"之称。1763年之前,纽约农民每年出口小麦、面粉25万桶,宾夕法尼亚每年出口35万桶。中部殖民地还生产供出售的蔬菜、水果和肉类。1750年,仅供应殖民地城市的蔬菜水果就达七八千马车。

北部新英格兰殖民地建立之初的农业,商业化程度较低。这一方面是由于这里的气候、土壤条件,无法生产中部和南部有利可图的农作物;另一方面是由于,从第一批清教徒移居此地之日起,新英格兰便成为欧洲尤其是英格兰和爱尔兰贫困自耕农的天堂。自耕农在本土从事农业,主要以满足家庭消费需求为目的,移居新大陆后,最初仍以开辟生存性农业为直接目的。但即使如此,农业生产与市场的联系从来就没有中断过,且得到不断扩大。因为移民们要从欧洲输入制造品,就得寻找可供出口的当地产品。新英格兰地区虽然不适宜种植热带、亚热带作物,但拥有广阔的森林、丰富的渔场和优良的牧场。于是在农业之外,发展了木材、捕鱼和畜牧业。木材可以直接输往英国;渔产品则运往加勒比海地区,售予西班牙和葡萄牙殖民地;牲畜尤其是马则作为役畜输出。与此同时,在新英格兰的众多家庭农场中,食品、肉食加工和酿酒逐步作为主要的家庭手工业发展了起来。随着移民的增加和贸易城市的扩大,这个产业成为城市生活的基本支柱。殖民地城市居民的吃穿等基本消费，都与家庭农场建立了不可分割的联系。家庭手工业的崛起，使新英格兰在独立之前就成了北美殖民地一个重要的手工制造业中心。与自给自足的农业生产不同，新英格兰的家庭农场通过家庭手工业与商业城市之间的紧密联系，把相当一部分农产品加工后运往远地市场销售，使种植业生产也被纳入商业化生产的轨道。

北美工业化的第二个条件，是广泛的世界贸易联系的建立。殖民地从一建立，就与宗主国之间存在广泛的贸易联系。虽然英国政府从建立殖民地之初，就一直试图将殖民地的直接贸易限制在它们与宗主国的贸易圈子之内，为此先后制定了《航海条例》（1651年）和《列举商品法》（1660年），宣布非经英国政府许可，外国商人不得与英国殖民地通商；进出殖民地的商品，必须用英国船只装运，并禁止某些重要经济作物输往英国的竞争对手国。即使如此，殖民地与英国之外的欧洲国家以及殖民地之间的直接贸易联系，也一直在扩大。北美独立前夕，最有利可图的"三角贸易"的迅速发展，就是最明显的例证。在高额利润的驱使下，殖民地的商人将甜酒直接运往非洲换取黑奴，将黑奴运往西印度群岛卖掉，再购买西印度群岛的砂糖和糖浆，运回殖民地换甜酒，作为下一次生意的起点。不仅如此，中部殖民地一直是西印度群岛重要的大米及粮食供应地，它们的贸易也带有直接贸易的特征。另外，烟草、蓝靛等重要工业原料的贸易，虽然处在英国政府的严格限制之下，由英国商人垄断，但是，这种垄断贸易也将殖民地经济与一个广阔的世界市场联系在一起了。殖民地的产品不仅直接行销英国市场，还通过英国商人在利物浦等地转口，运销整个欧洲市场。垄断贸易养肥了一大批英国商人，使他们有可能将更多的资本投向殖民地，这在一定程度上也有利于殖民地经济的发展。到独立前夕，对外贸易成为北美殖民地货币收入的重要源泉，离开外贸，殖民地便无法生存下去。这种广泛的贸易联系，外向型特征的经济，无疑是现代工业社会产生和存在的最重要条件之一。

第三个条件是一个富有开拓精神、集合了欧洲许多国家和民族文化背景的新型民族的形成。这个新型民族就是移民及其后代自称的美利坚人（American）。从1607年英国人建立北美殖民据点詹姆斯敦开始，移民便成为殖民地人口增长的主要源泉。据估计，1607年，殖民地的欧洲移民人口只有200多人，1610年也只有210人，此后便开始迅速增加，1700年达到27.5万人，1750年达到120.7万人，1770年达到220.5万人。就是说，在一个半世纪里增加了一万倍。美国开国元勋本杰明·富兰克林（1706—1790年）估计，在独立战争爆发前夕，北美殖民地的人口大约每20—25年翻一番。移居殖民地的人口，虽然以英国人（主要是英格兰人、苏格兰人）为主，但从18世纪开始，非英国居民的移民大量增加，其中尤以爱尔兰人、德意志人和荷兰人居多。1750年，非英国移民占白人移民总数的20%—40%。这些欧洲移民绝大多数原本为贫穷的自耕农或圈地运动导致的失地农民，其中许多人当初连去北美的船票都付不起，不得不与船主订立契约，以"契约仆人"（indentured servants，又译"契约奴"）身份移往新大陆。契约仆人须承诺抵达北美后卖身为奴4—7年，以抵偿赴美船费。与"契约仆人"制度相联系的是"赎身制度"（redemption system）和白人仆役市场。前者适应了那些有望在抵达新大陆后获亲友赎身的贫穷移民的要求，后者则类似黑奴交易市场，以便将那些无法赎身的白人契约仆人卖掉。据估计，仅在1750—1775年，以契约仆人身份移居宾夕法尼亚的欧洲人就有6万多人，其中1/3左右为法国人，一半以上是爱尔兰人。而独立前夕的整个北美殖民地，"至少一半的白人是作为非自由人来到的"[①]。这些人在本土穷困潦倒，怀着新的生存、致富希望移居新大陆。他们憎恶旧大陆的过时制度，憧憬新大陆的自由生活，相信通过自己的勤奋劳动可以过上富裕的生活。而在面临全球由农业社会向工业社会过渡的巨变前夕，这样的民族无疑最容易接受变革的信息。不仅如此，源源不断的移民尤其是不列颠移民，一直在不断地将英国本土产生的新思想、新观念带往殖民地，使殖民地在独立之前就做好了社会经济巨变的某些准备。

上述三个条件，对促成美国独立后在较短时间内就走上工业社会之路所发挥的作用是显而易见的：商业化农业的发展不仅为现代工业创造了广阔的市场和可靠的国内原料供给部门，还为创办工商业开辟了广阔的资本积累源泉；广泛且常规化的世界贸易联系，使殖民地在前工业社

[①] M. A. Jones, "Immigration", in Glenn Porter ed., *Encyclopedia of American Economic History*, New York: Charles Soribnerg Sons, 1980, p.1069.

会已形成专业化程度和区域化分工程度都较高的农业生产体系,使它的前工业社会以开放经济为主要特征,这就使美国在独立之后,能够利用业已发展的广泛贸易联系,从世界贸易的扩张中得到好处,其中最大的好处莫过于赚取外汇,获取海外市场;一个富有创新精神且不断由年富力强新移民补充的民族,不但成为社会经济巨变的能动因素,而且往往站在巨变的前沿,这就为美国最终赶超欧洲国家、成为世界第一大工业国,奠定了基础。

在独立之后的最初几十年里,美国社会经济的发展仍在不断扩充上述条件。独立之后的向西扩张为商业化农业开辟了新的土地,无论是南部的种植园经济还是北部的家庭农场经济,都在西部(中西部)地区找到了新的疆域,得到迅速发展。农产品的出口也仍然是美国获取外部资源的主要源泉之一。1790—1860年,每年输出农产品所赚取的货币收入,由1500万美元猛增到3亿美元左右。1856—1860年,仅出口棉花一项,就占出口总额的54%。与此同时,移民涌入仍然是美国人口增长的主要来源。人口统计资料显示,1790年,美国总人口为392.9万人,1860年增加到3144万人,70年间增长了7倍多,其中直接移入的人口就达500多万人。正是源源不断的移民人口,尤其是在旧大陆已接受过工业文明训练的技术工人和富有冒险精神的企业家移民,为美国经济的发展和变革提供了充足的劳动力。殖民地时期建立的广泛的国际贸易联系,在独立后成为推动美国经济迅速发展和工业社会起步的重要因素。正是发达的对外贸易,使美国得以在全国性市场尚未完全形成之前,就已迈出了由农业社会向工业社会过渡的第一步。

第二节 美国工业化的起步及其国内区域扩散

独立之前北美13块殖民地的对外贸易虽然较为发达,但它们之间的贸易联系较少,这全然是由英国海外殖民制度安排造成的。这种制度安排服务于一个核心目标,就是不允许殖民地形成相对独立的经济体系,而将其培育成彼此分割的、在经济上均依赖宗主国的经济附庸。结果直到独立,这13块殖民地之间一直未形成统一的市场。它们与英国本土之间的贸易联系,建立在典型的殖民地与宗主国之间的国际经济分工模式基础之上。英国本土是制造业中心，殖民地是农业等初级产品生产基地，二者之间的贸易内容是工业制成品对初级产品。这种国际经济分工模式到了 20 世纪下半叶，演变为发达国家与发展中国家之间的国际分工模式。从这个意义上来说，独立之初美国在国际分工中的地位，和今日许多发展中国家的地位相似。众所周知，对于发展中国家来说，要改变自己在上述国际分工模式中的不利地位，突破口只有一个，就是减少或切断它们来自发达工业国的某些工业品进口，以国内生产替代之，这便是走进口替代之路。美国独立之初，正是按照这一模式取得了由农业社会向工业社会转型的突破。

美国实现经济起飞的进口替代之路不是人为设计的，而是独立过程中和独立之后一系列政治经济形势所促成的。促使美国走上进口替代工业化之路的因素较多，当推首位的因素莫过于两个。一个是争取彻底政治独立的对外战争，这种战争除了独立战争，还应包括 1812—1814 年的第二次英美战争。独立战争爆发之前，北美需要的工业制成品几乎全部依赖进口，当地手工业十分落后，产品主要供家庭消费。殖民地的丰富矿藏和木材资源虽促成了冶铁业的大发展，但由于英国殖民当局的严格控制，铁器加工基本上是一片空白，殖民地连一颗铁钉都不能生产。1776—1783 年的独立战争，促成了美国手工制造业的初步发展。战时英美贸易中断达 8 年之久，英国制造品供应几乎断绝，迫使美国人去生产急需的工业制成品。结果到战争结束时，手工业已走出农村，形成集中的生产中心。战后 20 多年里，英国工业品卷土重来，给美国的新生工业带来巨大威胁，但正是这种竞争，促使了美国手工业竞争力的提升。19 世纪初，当美国工业受到英国正在兴起的机械制造品的严重威胁时，欧洲的形势帮了美国的忙：法国大革命之后英法关系的急剧恶化波及英美关系。1807 年法国拿破仑政府宣布对英国实行"大陆封锁"，美国积极响应，次年对英实行"禁运"。之后是第二次英美战争，直到 1815 年才与英国恢复了正常的贸易联系，使英美贸易又中断 8 年时间。这给美国工业创造了一个绝好的发展机会，使进口替代工业得到迅速扩张。

促使美国走上进口替代工业化之路的另一个主要因素，是新独立的美国政府所推行的保护主义贸易政策。保护主义贸易政策的实施初衷并非在于发展工业，而在于解决政府的财政困难。独立之初，邦联政府便陷入持续不断的财政危机之中。为了摆脱财政入不敷出的困境，美国政府不得不将眼光放在进口贸易关税上，因为进口贸易曾是独立前北美获利最大的部门。美国政府首次征收关税是在18世纪80年代，但最初税率较低。1789—1812年，税率只有6%—15%。第二次英美战争期间提高到10%—30%，此后直到1828年，不断提升关税税率。其中在1824年，可征税进口品的平均关税率达到50%左右，1828年超过60%，这是美国历史上最高的关税率。[①] 高关税率使美国国内工业品的发展受到有效保护，替代进口的工业发展成为有利可图的事。大量史实表明，正是两次独立战争和保护关税政策，促成了美国工业化的起步，而这种工业化在一开始，就表现为进口替代模式。

但是，由于独立前业已形成的区域经济专业模式以及南北部经济对英国经济依赖程度的巨大差异，因此由战争、保护主义政策而促成的进口替代工业化，在美国独立之初的南北两大经济区域之间，并不是同时起步、平行推进的。相反，这两大经济区域的经济发展，一开始就表现为非平行的：面对有利的市场，北部以新英格兰几个州为中心，很快走上进口替代工业化之路；南部则无动于衷，继续扩展其种植园农业经济。与此同时，第三个经济区域也迅速形成，这便是随着美国领土扩张和"西进运动"而崛起的广阔的西部。西部的领土比东部多6倍以上，是一片极其广阔的地区。在人口达到一定规模和基本交通网络形成之前，它与东部经济的差异是无法弥合的，工业化在这个地区的起步也是不可能的。

由于上述原因，美国进口替代工业化，在起步后的半个世纪左右仅限于东北部地区，具体来说，直到1861年内战爆发，南部、西部还没有明显的工业化起步迹象。在南部，从19世纪初开始，棉花迅速取代烟草成为占首位的经济作物，利用奴隶劳动和不断向西扩张得到的肥沃处女地所生产的棉花，成本极其低廉，在欧洲市场极富竞争力，这使美国南部成为英国机器纺织业的最大原料供应产地。另外，出售棉花所得

---

① Albert W. Niemi, Jr., *U.S. Economic History*, Chicago: Rand Mc. Nally College Publish Company, 1975, p. 88.

收入，则主要用于进口英国的机器制造品。结果到内战爆发前夕，美国南部与英国的贸易联系多于与北部的联系。在西部，领土扩张直到19世纪40年代才进入尾声，50年代的淘金热（gold rush）带动了移民的大批西移，但在内战之前仍处于初级开发阶段。

东北部工业化是以棉纺织工业的技术变革和迅速发展起步的，罗斯托的研究指出，美国工业化是在纺织业立足于新英格兰之后，才以此为中心得到稳定扩张的，时在1816年之后。但在1805—1815年，棉纺织业曾经历了最迅速的扩张，并在1820年上升为带动整个工业发展的主导产业，其主导地位直到19世纪70年代才被取代。[1] 由于棉纺织工业的迅速发展，内战爆发之前，美国东北部已成为新大陆最大的制造业中心。1860年，大西洋北部各州拥有工业企业7万个，资本6.61亿美元，产业工人90万人。这个地区占全国制造业企业的半数、就业工人的3/4和投资的2/3。[2] 与此同时，该地区还发展了规模巨大的冶铁工业，该工业在40年代上升为推动全国工业发展的另一个主导工业。它的交通运输业也最为发达，内战前，全国一半以上的运河网、公路网都在东北地区。而在已建成的3万英里铁路中，大部分也分布于东北部各州。到1860年，东北部地区已形成相当完备的铁路网。这个地区的就业结构，也已发生了根本性变化，它的制造业就业人口多于农业就业人口，而该年全国平均就业结构中，制造业仍比农业少10%左右。所有这些情形都表明，在内战爆发之前，美国东北部地区已经基本实现了区域工业化。这种区域工业化几乎完全是对英国工业化的模仿或移植，纺织工业、冶铁工业、铁路修建技术都是从英国引进的，创业性企业家和技术工人也主要是由来自英国的移民充任的，工厂制度也与英国工业革命中所创造的制度相似。正因如此，美国东北部工业在技术上创新较少，直到1860年，制造业中使用蒸汽动力的程度远远低于运输业，制造业的主要动力仍是水力。然而，切不可小看东北部区域工业化在内战后对美国全国工业化进程的作用。正是这个地区的战前工业化突破，为

---

[1] Walt W. Rostow, *The World Economy: History and Prospect*, Austin and London: University of Texas Press, 1978, pp. 385, 393.

[2] ［美］吉尔伯特·C. 菲特、［美］吉姆·E. 里斯：《美国经济史》，司徒淳、方秉铸译，辽宁人民出版社1981年版，第253页。

全国工业化的迅速扩散奠定了坚实的基础，创造了必不可少的前提条件。

值得一提的是，美国工业化起步并获得区域突破的进程，是伴随着领土扩张展开的。1776年7月4日，在北美13个殖民地的代表发布脱离英国的独立宣言之际，13个州加起来的领土面积只有大约80万平方千米。1783年，英国承认13个州独立，并确认东起大西洋沿岸、西止密西西比河、北接加拿大五大湖区、南至佛罗里达北界的领土，为新生的美国所有。由此，建国之际的美国国土面积为230万平方千米。那以后的领土，都是通过扩张得来的，最主要的领土扩张如下：

1803年，美国趁法国拿破仑政府忙于"欧战"、财政吃紧之机，以8000万法郎（相当于1500万美元）购得路易斯安那，面积为260万平方千米，使其领土增加了一倍多。

1819年，美国以500万美元从西班牙手中购得佛罗里达半岛，面积为15万平方千米。

1836—1845年，策动德克萨斯脱离墨西哥加入合众国，获得领土100万平方千米。

1848—1852年，以战争为胁迫，从墨西哥手中低价购入160万平方千米的领土，后来建立了新墨西哥和加利福尼亚两州。

1867年，以720万美元的价格从沙皇俄国手中购得阿拉斯加，面积为150万平方千米。

这样，到19世纪60代，美国国土面积已经超过910万平方千米，比建国时多了近三倍。

值得注意的是，由于工业化发端于美国东北部大西洋沿岸新英格兰地区并率先在那里取得突破，因此，工业社会在美国明显地分为两个阶段，呈现二重意义的地域扩散。两个阶段以1860年为界：二重意义扩散的第一重是，1860年之前承接了前宗主国英国的工业社会扩散，获得区域突破；第二重是，1860年之后，由东北部新英格兰地区及邻近的大西洋沿岸别的地区向全国扩散，主要是向中西部和南部地区扩散。

工业社会由东北大西洋沿岸地区向全国扩散，其最大动力来自两大经济热潮：一个是西部开发，另一个是南部的重建。

西部开发是"西进运动"的后续。"西进运动"（Westward Movement）是个混合概念，包含了领土扩张、向西移民、驱赶与掠杀土著印第安人，把西部大片无主土地变为私有土地的过程。这个运动发起于19世纪初叶，在1860年前后进入高潮。那之后则掀起了对西部土地和资源的开发热潮，历时半个多世纪，到20世纪初叶基本完成。

南部重建源自南北战争的破坏，而南北战争多半是两种不同政治经济制度的决战。前已论及，殖民地时期，南部各州建立了基于蓄奴制的种植园经济，大批黑人作为种植园主的私人财产固着在种植园。这与北方自由市场经济下的自由劳工市场格格不入，也与信奉基督教新教的广大北方居民的价值观相冲突，几乎导致国家分裂。1861年2月，主张废奴的林肯就任总统不久，在当时的34个州中，南方7个蓄奴州率先宣布脱离合众国成立邦联，继而有四个州加入，另有两个州（密苏里和肯塔基）部分参与，这样一共有13个蓄奴州全部或部分脱离合众国，加入邦联。北方19个自由州在林肯总统率领下宣布维护国家统一。[1] 由此引发了一场大战，美国史上称作内战（Civil War）。内战历时5年整，1861年4月开战，1865年4月结束。以双方61.8万人的死亡（其中北方36万人，南方25.8万人）和45.2万人的伤残（其中北方27.52万人，南方13.7万人）为代价，维护了合众国宪法，同时实现了南北制度的统一。

战争期间，林肯于1862年9月和1863年1月分两步颁布黑奴解放令，使大批黑奴获得自由人身份。同时于1862年5月颁布《宅地法》，规定每户移民只要缴纳10美元手续费，即可无偿占有不超过160英亩的西部无主土地，由此使西部移民可免费获得土地。战争中南部经济遭到重创，随着战争的结束，重建经济成为南部的头等大事，也是推动美国工业化区域扩散的重要动力之一。

大规模的西部开发和南部经济重建这两大进程，不但推动美国在内战之后短短数十年内迅速形成了广阔而统一的国内市场，而且促成了工业化的区域扩散。其中，南部的重建最终切断了南部农业经济与英国工业经济之间长期形成的依赖关系，把它变成了北部工业品的重要市场，迫使南部也走上进口替代工业化之路。而西部的大规模开发，则以其肥

---

[1] 其余几个南方蓄奴州在战事进程中或保持中立，或继续留在合众国。

沃、廉价的土地吸引了数量空前的移民，使这一地区的农业开发水平和人口规模迅速达到工业化起步的基本水平。

值得一提的是，内战后的工业化进程与区域扩散中联邦政府政策所发挥的重要作用。所有政策中，三个方面的政策发挥了积极的推动作用。其一是防止地方（主要是各州）政府限制州际贸易的立法与政策，由此促成了一个免于地方保护主义冲击的国内统一大市场的形成。实际上在美国强烈的政治分权体制下，地方政府和地方议会限制州际贸易的冲动屡屡发生，但很快就被联邦政府、联邦议会和最高法院的积极干预消除。其二是关税保护政策，将内战前在北方已经开启的贸易保护政策扩展到南方，有力地保护了国内制造业的发展，促成了工业化的区域扩散。其三是坚持金本位制，保证了美元与主要国家货币（特别是英镑）之间汇率的稳定，进而为美国与欧洲资本市场之间的整合铺平了道路。除了这类政策，内战后以赠与土地的方式鼓励修建铁路投资的政策，也为全国统一大市场的形成与扩展提供了坚实的物质条件。[①] 客观地看，无论南部还是西部，内战后的经济起飞，是以迅速扩展的铁路网修建为先导的。

工业社会在美国的扩散和工业化的全面推进，无论与东北沿海新英格兰地区的早期工业化相比，还是与英国的工业化相比，都产生了一些新的特点，其中最引人注目的当属两大创新趋势。

第一大创新是工业技术、工业生产制度的创新。美国和德国是第二次科技革命的主要发源地，电力、汽车、现代通信手段都是在19世纪下半叶工业化的全面扩展中被发明或引入，并很快形成新兴工业部门。在所有技术创新中，对现代工业发展影响最为深远的，是互换性零件制或标准化工业品生产制度的创立，这是美国工业的独创。互换零件制首创于美国的火器生产业，19世纪下半叶迅速推广到机械制造业，并为欧洲国家所引入，因此称为"美国制度"。由于这一生产工艺的问世，

---

① 按照联邦法案，每修通一英里铁路就拨给铁路公司沿线两旁各宽10英里（有时甚至是30英里）的无主土地。有研究显示，仅1862—1871年，联邦政府就拨给铁路公司2亿英亩左右的土地。铁路公司得到土地后，往往分割成小块再以高价售出，将出卖土地的收入投入铁路修筑中。参见赵伟《略论美国西部开发中的几项政府政策》，《西北人口》1985年第2期。

许多复杂的机器生产变得简单了,并且实现了大规模生产,导致了机械制造业的革命性变革:制造机器不再像英国工业革命时期那样,依靠手艺人的高超技艺,而依靠专用设备和普通雇佣工人。因此,与标准化生产直接联系在一起的是机床业的迅速崛起,而机床等工作母机制造业的兴起又推动了整个工业的技术进步。这样,从19世纪下半叶起,技术创新在美国工业中已蔚然成风,且渐入佳境。仅每年注册登记的专利,就从数百件猛增到上万件。与此同时,技术创新的主体开始由个人转向团体,尤其是企业。19世纪60年代,几乎所有的专利都是由个人登记的;20世纪初,企业登记的专利已上升到半数以上。

第二大创新是产业组织的创新,这方面最具代表性的是以公司制取代工厂制度,将商业中的股份责任有限公司制移植到工业中,并在此基础上,创办联合公司和控股公司制,发展巨型企业。内战前,美国东北部的工业化主要围绕纺织业展开,其技术是从英国照搬来的,其工业生产组织制度也是模仿英国的。因此,那里所确立的企业制度是工厂制度。工厂制度彻底铲除了手工工业盛行的基础,在雇主与雇员之间划出了一条深深的鸿沟,使手工工人上升为雇主的希望化为泡影。然而工厂制下的企业仍然是小规模的,它的投资来源有限,仅限于少数积累了一定数额资本的人。内战之后,随着铁路在全国的延伸,钢铁、石油、通讯、电力、汽车等工业的迅速崛起,工厂制越来越不适应筹措资本的需要,于是商业中早已盛行的有限责任公司制迅速在工业部门得到推广。1860年,工业公司还属凤毛麟角;到了1899年,工业公司的产值已占到全国工业总产值的2/3左右。有限责任公司制的最大优点,就是它的投资来源极其广阔。它既能吸引大投资者,也能吸引小投资者。在公司制下,资本的所有权和经营权开始分离,这种分离为企业家创造了广阔的活动天地。公司制还为企业巨型化创造了前提条件,正是在公司制普及的同时,美国工业开始走上集中和垄断之路。通过控股,工业部门的大型企业迅速增加,它们在工业生产中的主导地位迅速确立。1904年,年产值在100万美元以上的工业企业只占美国工业企业总数的0.9%,但这些公司雇佣的工人占全部工业工人总数的25.6%,它们的产值占工业总产值的38%。大企业的兴起一方面提高了美国工业的规模经济效益,另一方面增强了美国工业的国际竞争力。虽然这些企业的垄断活动在初期曾经引出某些弊端，但大部分为政府的适时干预所纠正。事实证明，大企业的兴起对美国经济发展起到的推动作用，远远大于它产生的负效应。

正是前述一系列因素，外加不断地技术创新和产业组织创新，使美国在很短的时间内实现了工业化在全国范围内的推进，一跃成为世界第一工业大国。到19世纪90年代，无论是工业规模还是经济总规模，均已超过英国。麦迪森（Angus Maddison）的比较经济史数据显示，1860年美国GDP还明显低于英国，只相当于英国的84.8%，但20年之后的1880年，便超越英国成为世界第一大经济体。该年美国GDP相当于英国的133.4%，1900年美国经济规模相当于英国的1.69倍。第一次世界大战前夕，则相当于英国的两倍（见图2-1）。

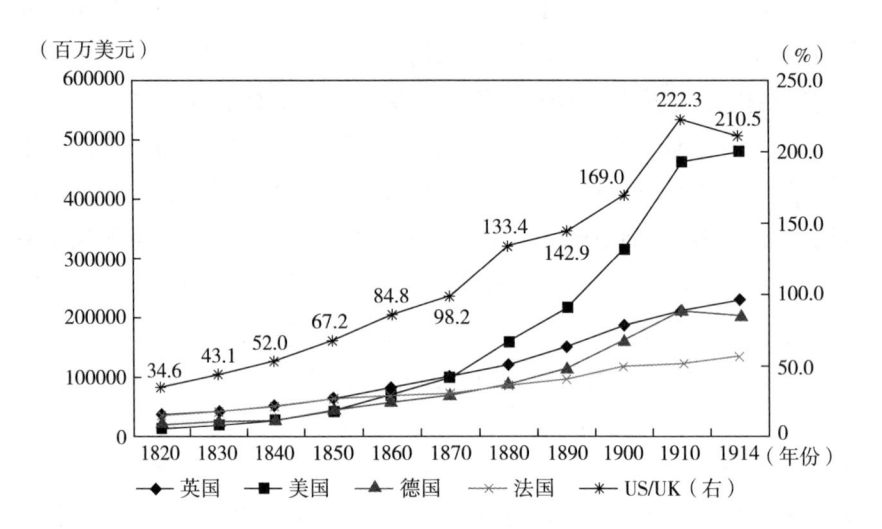

图2-1 美国与英、法、德GDP比较

注：按照2010年美元购买力计算。

资料来源：Angus Maddison, *Historical Statistics of the World Economy*, 2003，数据可从Angus Maddison纪念网页（http://www.ggdc.net/maddison/oriindex.htm）查询。

工业化期间，尤其是南北战争之后，虽然经历了潮水般的移民涌入和人口的爆炸式增长，但由于工业化促成的经济增长速度更快，美国的人均GDP增长更多。结果到20世纪初工业化进入尾声之际，其人均

GDP也赶上了英国。麦迪森的比较历史研究显示，1903年美国人均GDP略微超过英国，该年英美两国的人均GDP分别为4400美元和4500美元（按照1990年"国际美元"），而在第一次世界大战结束之际，美国则明显超过英国。1919年，英美两国人均GDP分别为4870美元和5680美元，美国超出英国16%以上。这标志着美国作为世界第一工业强国地位的最终确立。此后一个多世纪以来，美国一直保持着这个地位。它的产业和经济优势地位的长期保持，无疑与工业社会形成过程中在科学技术、产业组织等方面的大众创新意识和有利于创新的一系列制度环境的形成密不可分。这种大众意识和制度环境，恰是21世纪以来学术界认识到的所谓"创新型国家"的重要内涵。

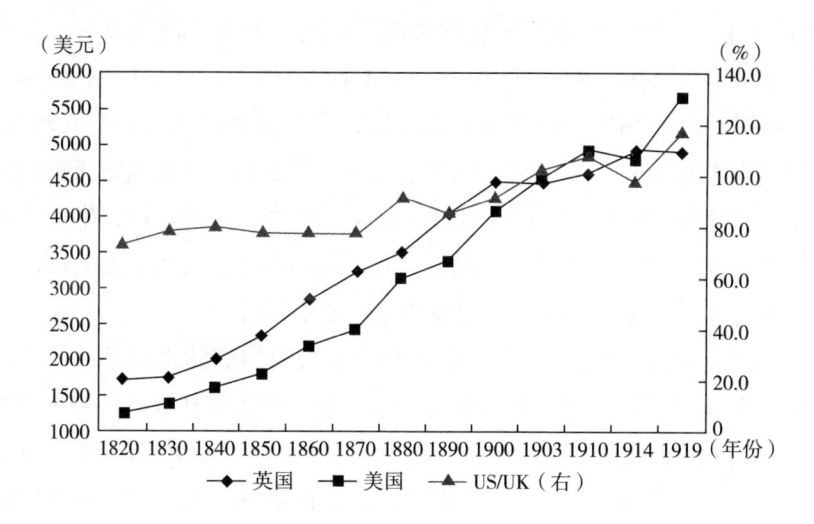

图 2-2　美、英两国人均 GDP 变化比较

注：按照 2010 年美元购买力计算。

资料来源：Angus Maddison, *Historical Statistics of the World Economy*, 2003, 数据可从 Angus Maddison 纪念网页（http://www.ggdc.net/maddison/oriindex.htm）查询。

第三节　旧大陆的萌动：法国社会经济的转型

法兰西与英格兰隔海相望，中间只横着一条海峡，最窄的地方不到34千米。从地理上来说，海峡对岸轰轰烈烈的变革应该最先被这个国家感受到。然而,工业社会扩散至法国,并不比美国早。并且,法兰西由农业社会向工业社会的过渡要比美国逊色得多,其中的缘由值得深思。

一 工业化前提条件的创造

客观来说,英、法两国社会经济的巨大差距产生于18世纪中叶之后。在18世纪中叶之前,法国的经济实力曾经位居欧洲各国前列,与海峡对岸的英国相比毫不逊色。

中世纪晚期法国曾长期保持欧洲第一人口大国的记录。据估计,1400年法兰西总人口为1700万人,17世纪维持在2000万人以上,1789年达到2800万人,大约是英国人口的两倍,超过俄国。17世纪到18世纪中叶,法国也曾经历过数次持续时间不等的工商业繁荣,尤其是在路易十四统治期间(1638—1715年),财政大臣科尔贝尔(Jean-Batiste Colbert,1619—1683年)力主实施了较为系统的重商主义政策,积极保护与鼓励工商业发展,促成了巴黎、马赛和里昂等城市工商业的繁荣。18世纪中叶,巴黎人口为65万人,居欧洲城市之首,生产并出口许多精美昂贵的奢侈品。里昂、马赛、波尔多等上升为重要的国际贸易口岸,其中马赛还是重要的金融中心,建有多家银行。

但是,从18世纪中叶起,英国开始了轰轰烈烈的工业革命,法国却陷入社会经济停滞与政治动荡的境地,连年卷入对外战争。结果到该世纪末,与英国相比,法国在经济上已落后了一大截。1789年大革命前夕,法兰西总体上仍是个农业国,总人口的90%以上生活在乡村,城市人口占比不到10%,城市人口中的20%以上陷入贫困。

为何同属西欧,又为近邻,海峡对岸的英国经济在发生革命性的变革,海峡另一边的法国的经济却在原地踏步呢?原因是多方面的,其中核心的因素在于政治制度。在法兰西封建专制制度的束缚下,"时代的气氛对发展较重要的工业远不如海峡那边的英国有利"[1]。所谓不利的时代气氛,实际上就是尚不具备现代工业社会或工业化起步的前提条件。

---

[1] [德意志联邦共和国]鲁道夫·吕贝尔持:《工业化史》,戴鸣钟等译,上海译文出版社1983年版,第58页。

要理解法国专制制度，尤其是这种制度在 18 世纪逆历史潮流的强化，得对其形成的历史脉络有个基本了解。而要了解法国专制制度形成与强化的脉络，须置于法兰西全部历史背景之下。

法兰西作为民族国家形成的历史源自罗马帝国，具体而言，是罗马帝国解体后多民族冲突与融合的产物。罗马治下的法兰西称作高卢（Gaule），高卢既是个族群概念，也是个地理区域概念。罗马学者记载的高卢地区有三个主要的民族语言族群：高卢人、阿基塔尼人（Aquitani）和贝尔加人（Belgae）。其中最大、最有特点的族群是高卢人，他们属于凯尔特人，来自英伦诸岛，操高卢语。公元前 2 世纪后期，罗马共和国将高卢南部吞并，设立了一个行省。接下来，公元前 58 年至公元前 51 年，罗马帝国的奠基者凯撒（Gaius Julius Caesar, BC 100—AD 44 年）率军对高卢其余部分发动了持续的战争，最终征服了高卢全境，设立多个行省分而治之。同时为防备高卢人联合起来闹独立，迁入众多罗马人，形成"罗马—高卢"融合的文明，高卢迅速融入罗马帝国。

罗马帝国后期，日耳曼蛮族的一支法兰克人入侵并移居高卢，奠定了法兰克人在该地区统治的基础。五世纪后期，也就是西罗马帝国解体（公元 476 年）后的 481—486 年，一位姓克洛维的酋长（史称克洛维一世）率法兰克人击溃了西罗马在高卢的残余势力，建立了墨洛温王朝，定都巴黎。法兰克王国由此开始。这个王国延续到 843 年，在查理曼大帝治下（768—814 年）统一西欧大部分地区。公元 843 年，查理曼大帝的孙子，王国的三位继承人签署《凡尔登条约》，将帝国一分为三，分称东、中、西法兰克王国。三个王国存在的历史都不长，却奠定了后世三个大国的基础。这便是意大利、德意志（日耳曼）和法兰西。

中世纪大部分时间，法兰西处在领主分治而王权衰弱的状态。国王统治一度仅限于巴黎周边的狭小地域，而大部分地区的领主们都很强势，自行统治。中世纪后期，王权上升。14 世纪 30 年代，英王干预法兰西王位继承权挑起的百年战争（1337—1453 年），对法兰西民族国家的统一和专制体制的形成起到了关键的推动作用。17 世纪中叶到 18 世纪初路易十四统治期间（1643—1715 年），极大地强化了专制制度。在海峡彼岸的英格兰抛弃王权专制，建立了君主立宪政体，继而掀起了一场轰轰烈烈的工业革命之际,法兰西的政治体制却在逆历史潮流而动,到大革命前夕,也就是路易十六统治期间,专制政体达到了登峰造极的地步。正是专制制度,严重阻碍着社会经济的发展。

专制王朝治下的法兰西社会,在政治制度方面最突出的一个特征是森严的等级制度。大革命前法国社会有四个主要阶层。第一个是教士,即天主教神职人员,其社会地位最高。大革命前夕,这个阶层的人数大约为10万人,占法国当时总人口的0.4%左右。但他们通过天主教会控制着大约40%的财富和1/10的耕地。第二个为分散在各地的贵族,主要是拥有世袭封号及地产的领主,其总数约为40万人,占总人口的1.6%左右,他们拥有全国1/4以上的耕地。第三个是农民。法国有重农的传统,农民的权利有一定保障,可以自由迁徙,受到一定的社会尊重。18世纪末,农村人口为2000多万人,占总人口的84%以上。第四个阶层是城市工商业者,包括大小商人、手工业者及其雇工。法兰西的城市原本是由工商业者开拓的,自中世纪开始就享有较高的自治地位。18世纪,工商业者受各种行会管制,连同城市劳动者,总人口大约为400万人。

上述四个阶层被划分为三个等级:第一等级为教士,第二等级为贵族,而农民和城市里的工商业者则被笼统地归入第三等级。前两个等级占总人口的比重只有2%左右,却占有全国35%的土地,享有政治上的特权,几乎无须缴纳国税。而占人口总数98%左右的第三等级,享有的政治权力很小,却负担了几乎全部的税收。1302年,法兰西国王腓力四世在与罗马教皇的冲突中为争取地方势力的支持,首次设立三级议会,规定上述三个等级参加议会的代表人数,三个等级的划分由此制度化。

尽管工商业者掌握着一定的财富,但其社会地位低下,有钱人宁可花钱买贵族封号,也不愿投向工商业。这严重阻碍了法国工商业的发展。

不仅如此,在专制王朝统治下,法国将借助重商主义政策所发展的工商业,甚至海外殖民所获取的巨额货币财富,大半纳入了王室与封建贵族的囊中,用于他们的挥霍性消费和无休止的对外战争。到大革命前夕,路易十六治下的法兰西,实际上处在经济凋敝、财政入不敷出的境地。筹措因对外战争而亏空的财政，恰是路易十六在 1789 年召开三级议会的一个重要原因，那之前这个议会已经被关闭了 175 年。

除了不利于现代工商业发展的政治制度，中世纪封建割据形成的惯性，导致了国内市场的分割。在城市工商业中，存在非常强势的行会，通过行会规则限制着行业内的竞争和技术进步。有记载显示，当时从奥尔良贩酒到诺曼底，售价须提高 20 倍才有赚头。另有记载，1800 年，每公担大米从印度运到英国，只需花费 12 法郎的运费，但从布列塔尼到洛林，不足 150 法里（约 600 千米）的距离，即使花 40—50 法郎，也难以找到承运人。① 1789 年，巴黎一个地区的行会就多达 40 余个。行会章程严格禁止内部竞争，限制采用新技术、扩大生产规模。这些，都遏制着近代工业的产生。

由于不具备工业化的内在社会环境或基本的前提条件，尽管当时法国有最有利的外部环境和发展工业的最好机会，却未能利用，像英国那样实现工业化与经济起飞。因此在工业化路程上，法国晚了半个多世纪。

法国工业化的前提条件，是由一场震撼世界的政治革命创造的。这场政治革命便是 1789 年爆发的大革命。一般认为，法国大革命以 1789 年 4 月 27 日全国"三级会议"的召开为标志拉开序幕，而以 7 月 14 日巴黎民众武装起义攻打"巴士底狱"为标志开始，到 1799 年 11 月 9 日（共和八年雾月十八日）拿破仑·波拿巴发动政变为标志告一段落。前后十余年时间，法国人民经历了社会震荡、恐怖统治、共和及对外战争。虽然那之后又经历了拿破仑军人政府独裁、帝制，以及波旁王朝复辟等社会震荡与政治上的反复，但大革命期间推动的一系列政治经济与社会改革，大部分得以保留，并在拿破仑统治时期得以巩固。不仅对那以后的法国社会经济演进产生了巨大而长远的影响，还推动了欧洲文明的进步，产生了广泛而持久的世界性影响。

大革命期间推行的改革很多，其中最重要的改革当不少于以下五项：

---

① ［法］费尔南·布罗代尔：《十五至十八世纪的物质文明、经济与资本主义》第三卷，施康强、顾良译，生活·读书·新知三联书店 1993 年版，第 690 页。

第一项是土地改革和废除封建特权。1789年8月,国民议会通过法案,宣布废除一切封建特权。规定所有阶层都须缴税,农民可通过赎买方式获得先前租种的贵族土地。后在吉伦特派和雅各宾派相继统治期间,议会通过多个土地法令,勒令乡村领主缴出封建契约并予以焚毁,使原来的租地农民甚至无地村民都无偿获得了小块土地。[①] 土地改革使大革命后的法国形成了一个庞大的拥有自有耕地的自耕农阶层。1790年6月,制宪议会废除了亲王、世袭贵族、封爵等各种权贵头衔,以及与这些头衔联系在一起的封建特权。

第二项是发布《人权宣言》,实行有限的普选。1789年8月,制宪议会颁布《人权宣言》,宣布"人们生来就是自由的,拥有平等的权利"。这种权利包括"自由、安全、财产和抵抗欺压",以及"法律面前人人平等"。并宣布认可宗教宽容,保证言论和出版自由。法国《人权宣言》的核心理念产生了持久的世界性影响。1791年颁布的第一部宪法确立了通过公民选举产生立法议会的原则,虽然选举权只限于所谓的"积极公民",即缴税的公民,但公民选举权的确立是个划时代的进步。

第三项是政治体制改革。1791年10月,立法议会取代制宪议会,随之通过法案宣布建立君主立宪制,实行三权分立。1792年9月,法国军队打败外国干涉军,由普选产生的国民公会于9月21日开幕,9月22日宣布成立法兰西第一共和国。1793年1月,国民公会经过审判,以叛国罪处死路易十六。之后不久,1793年6月,法国颁布第一部共和国宪法,即《1793年宪法》。虽然之后的数十年间,法国经历了拿破仑帝制和旧王朝的复辟,但大革命开创的共和制在法兰西业已生根。经过近一个世纪共和制与帝制的反复较量,到1879年推翻最后一届帝制,次年建立第三共和国,共和制最终得以确立。

第四项是政教关系的改革与信仰自由原则的确立。大革命发生后的第二个月,即1789年8月,第三等级成立的国民议会便发布法令,废除教会征收的什一税,给教士支付薪金。1789年10月和1790年3月,

---

① 雅各宾派公布的三个土地法令宣布,领主须在三个月内缴出封建土地契约并焚毁之,没收逃亡贵族地产并分小块出售,按人口平均分配村庄周围公有林地。参见侯建新《大革命前后法国农民土地产权问题——从托克维尔的一个误判谈起》,《史学集刊》2021年第5期。

取代国民议会的制宪议会先后两次颁布法令没收并出售教会土地。1790年7月，制宪议会颁布《教士公民组织法》，开启了天主教会世俗化与民主化的进程。1791年5月通过《信仰自由法》，保障信仰自由，随后被1791年9月颁布的《宪法》重申。1791年12月，立法议会宣布承认法国东部犹太教徒为法国公民。至此，法国首次实现了信仰自由和宗教宽容。这些改革，虽然在拿破仑称帝和波旁王朝复辟期间有所后退，但政教分离、信仰自由等原则得以确立。1830年，"七月王朝"① 颁布的宪章规定：天主教是绝大多数法国人信仰的宗教，但并非国教；各教派一律平等。

第五项是财政改革，这方面最重要的成果之一是确立公平税收原则。

大革命高潮时期的一系列改革，在其后的拿破仑执政时期（1799—1804年，拿破仑任第一执政官），尤其是在拿破仑第一帝国（1804年5月—1815年3月）期间，除了共和制以外，绝大部分都得以延续和强化，其中许多改革都为《拿破仑法典》（1804年）所确认。就工业社会起步必不可少的前提条件来看，除了确立私有产权、法律面前人人平等等重要理念，拿破仑时期促成的有利环境，当不少于以下几个方面：

第一个方面涉及国内市场的统一和制造业的保护。即废除内地关卡，统一全国关税，并实行保护关税政策。在拿破仑一世时期（1799—1815年），实施全面的保护政策，同时作为针对英国的大陆封锁政策的一部分，禁止输入英国工业品。而波旁王朝（1815—1830年）和奥尔良王朝（1830—1848年）统治时期，实行选择性保护措施：鼓励机器及其他先进设备的输入，限制一般工业品进口。

第二个方面涉及现代金融体制的建立。即创建现代商业银行体系，规范证券交易市场，确立资本主义信用制度，由此奠定了资本形成的重要制度基础。法国第一家按照资本主义股份制原则组建的现代商业银行，是1800年创立的法兰西银行。这个银行最初是私人股份制银行，

---

① "七月王朝"又称奥尔良王朝，系1830年七月革命之后建立的一个君主立宪制王朝，延续到1848年2月被推翻并为法兰西第二共和国所取代。

后来得到政府特许，允许发行钞票、贴现银行券、代理国库业务，并在全国各地遍设分行，执行中央银行和商业银行的双重职能。继法兰西银行之后，一大批地方性商业银行和非银行金融组织相继问世。1826年，仅法兰西银行的分支机构就超过200多家，另有众多较小的私人股份银行，商业银行交易额达到60亿法郎，1850年达到90亿法郎。在拿破仑第一帝国时期，还通过立法对中世纪就已产生的混乱的证券交易进行了规范，建立了第一家近代意义的证券交易所，即巴黎证券交易所。1807年颁布的《商法典》，赋予股票经纪人独享政府债券和其他商业票据经纪的权利，同年巴黎证券交易所奠基，1827年建成并正式挂牌，上市公司由1807年的数家增加到1830年的63家。

第三个方面属于鼓励工商业发展的体制与机制的构建，主要建树不少于三：（1）创立专利制度，保护个人发明，时在1791年。该年颁布的专利法，是欧洲大陆最早的一部专利法。（2）设立管理工商业活动的专门机构，以协调工业发展。1801年，拿破仑执政府建立"奖励民族工业协会"，1810年设立"工厂作坊管理委员会"，1811年设立工商部。（3）通过举办工业博览会等活动，引导国民从事工商业活动。

所有这些制度环境与时代气氛，无不有利于工业化的推进和现代工业社会的萌发。一场政治革命，创造了经济革命的前提条件，现代工业社会在法兰西萌发与成长的社会经济环境最终具备。

二 工业化的起步及其早期进程

法国的工业化起步于大革命时期，到第二次世界大战爆发前夕基本完成，历时140年左右。其间经历了许多曲折，大体上呈现出以下几个阶段：

从大革命开始到1848年为第一个阶段，为工业化起步时期。1789年大革命爆发之后，新政府对工商业一直持积极鼓励的政策。后来的几届政府虽在政治信仰上不尽相同，但鼓励工商业发展的态度始终如一，社会政治环境极有利于近代工业发展。但是，由于连年战争和社会动乱，法国尚不具备发展近代工业的和平环境。工业化的起步延宕了十几年，直到1815年拿破仑一世政权被推翻，波旁王朝复辟之后，法国才出现了较长的和平时期。在波旁王朝和奥尔良王朝先后存续的33年和平时期（1815—1848年），法国的工业化才得以缓缓起步。

法国的工业化也是从棉纺织业开始的，但棉纺织业中早就引进了英国的"飞梭"和机械纺车。大革命前大约有900架机械纺车，革命后得到较快的发展，1805年增加到12500架。到19世纪40年代末，全国已有棉纺织厂500多家、纺织机11.6万台、纱锭350万枚；丝织业有机器9万余台。工业化扩展的顺序也与英国大体一致：先带动其他轻工业，再波及机器制造业，接着是其他重工业。冶铁、机器的使用以及铁路修建成为这一阶段工业化的落点。生铁产量在1818年只有11万吨，1848年猛增到40万吨；1820年有蒸汽机39台，1848年达到5212台，总功率为6.5万马力；1831年法国开始修筑第一条铁路，全长39千米，1848年已修通1391千米。

1848—1870年为工业化的第二个阶段，工业化曾掀起过一个小高潮。1848年，一场全面经济危机触发社会动荡，国王被迫退位，法兰西第二共和国成立。1852年，拿破仑一世的侄子、第二共和国总统路易·波拿巴效仿拿破仑一世发动政变称帝，建立法兰西第二帝国，自称拿破仑三世。此后的近20年间，法国政局又恢复了相对平静的局面，工业化得到扩展。这一时期，工业化的重点是重工业和铁路运输的发展。20年时间里，煤、铁产量提高两倍。1870年，煤产量达到1346万吨，生铁产量达到138万吨。但钢的产量仍然很低，只有10万吨，主要用于制造刃具。1870年，铁路长度达到17924千米，比1848年增加11倍多。

工业化的第二个阶段到1870年被打断。1870年，自不量力的拿破仑三世对普鲁士宣战，发动普法战争，战争以法国的失败告终。第二帝国崩溃，连拿破仑三世也当了俘虏。战后建立第三共和国，法国彻底告别帝制。

1870—1914年，可以看作工业化的第三个阶段。第三个阶段工业化环境又趋于恶化，恶化的直接原因有二。其一是割地赔款损失及其溢出效应。普法战争失败，将工业发达且煤铁要素丰裕的阿尔萨斯—洛林割让给德国，并赔款50亿法郎。这不仅直接减少了法国的国民产出，还间接导致了与这两个地区产业联系密切的相邻区域工商业的衰败。其二是战败对民众情绪的负面影响，直接导致社会混乱。大众悲观失望情绪高涨，投资萎缩，发展经济的激情受挫。

由此，普法战后，法国大约有近十年的时间，工业持续徘徊。然而值得注意的是，战败并未摧毁法国战前业已形成的工商业体系，更未损伤其市场经济的制度基础。因而在短期徘徊之后的19世纪80年代，重新迎来一次繁荣。到20世纪初，法国的工业化得到进一步的推进。工业化推进的标志如下：

其一是工业中的机械化程度得到进一步提升。1870年，各种工业动力机的总功率为33.6万马力，1890年增加到86.3万马力，1910年达到291.3万马力，1913年突破350万马力大关。

其二是煤铁工业获得新的扩张，产量大增。虽然战后丧失了阿尔萨斯—洛林这一重要矿产、冶金基地，但战后不久，法国铁、钢、煤的产量重新出现较快速的增长势头。1870—1913年，生铁产量由138万吨增加到907万吨，钢产量增加到469万吨，煤的开采量由1346万吨增加到4000万吨以上。

其三是工业产值增加显著。统计数据显示，1870—1913年，工业产值指数由34增加到100，几乎增加了两倍。

法国工业化的进一步发展还表现在经济总规模的较快增长上。按当年价格计算，1870—1913年，法国的国民收入增长了50%以上，人均GDP增长了85%左右。按照1980年不变的法郎价值推算，1886年人均GDP大约为8879法郎，1911年增长到12455法郎；而按照1990年美元价值推算，1870年法国人均实际GDP约为1858美元，1913年增加到3452美元，在欧美几个大国中，仅次于美、英、德位居第四。[①]

但是，直到第一次世界大战爆发，法国的工业化还不能算完成。它的城市化率（城市人口占总人口的比重）不足50%，以农业为主的第一产业仍然是最大的产业部门，这个部门的就业占总就业的41.9%，大多数人口仍然以农业为生，工业产值在总产值中的比重还不算高。工业化的扫尾工作实际上是在两次世界大战之间的和平时期进行的，部分进程甚至延续到"二战"之后。因此，两次世界大战之间的和平发展时期，可视为法国工业化的第四个阶段。

[①] Thelma Liesner ed., *One hundred Years of Economic Statistics*, London：Hollen Street Press Ltd., 1989, p. 305.

法国向工业社会的转型是在一种极其不利的环境下进行的。第一，频繁发生的战争给社会经济一而再、再而三地破坏，工业化进程是伴随着反复的战争破坏与战后重建推进的。从大革命爆发到1939年，欧洲每一次大的战争，都毫无例外地给法国带来创伤。每次战后的重建，都或大或小地推动了法国的工业化进程。第二，工业化推进过程中的人口增长始终比较缓慢，劳动力持续供给不足。1800年，英、法两国人口各为1610万人和2430万人，法国比英国多出820万人；1850年，英、法人口各为2750万人和3580万人，法国仍比英国多出830万人；但到了1900年，人口对比却发生了逆转性变化，该年英国人口为4100万人，法国只有3900万人，英国超过法国。在这期间，法国与德国的人口对比形势也发生了不利的变化。1850年，法、德人口几乎相等；半个世纪后，德国人口却大幅度超过法国，1900年德国人口比法国多出1700万人。第三，自然资源，尤其是现代工业赖以为生的煤铁资源严重不足。

虽然有如此多的不利因素，但法国工业化仍在一步步地推进。工业社会成长过程中人均国民收入的增长速度，并不比德、英等国逊色太多。这一点曾一度令经济史学家们迷惑不解。然而回头去看，根本的原因在于法国大革命后形成的坚实的私有产权和由此衍生的市场经济体制。这种体制即便在国家政治混乱的情形下，也能激发企业家精神，从而推动着产业与经济的发展。

美国、法国两国由农业社会向工业社会转型的不同经历显然表明，在工业社会的全球扩散中，旧文明的包袱越轻，与传统体制决裂的时间越早，这种扩散就来得越快。

第三章　现代工业社会的扩散（下）

从19世纪中叶开始，工业社会的地域扩散波及中欧，其代表是德意志的工业化起步。此后不久，俄国和日本经过政治剧变或有限的改革，也造就了工业社会扎根、扩散的内在条件，工业化几乎同时在这两个国家起步。

第一节　德国工业化的起步

在近代欧洲几个大国中，德国的工业化来得较迟。当英国已经掀起轰轰烈烈的工业革命时，德意志尚处在四分五裂的状态。甚至在邻近的法兰西工业化起步数十年之后，德国还未统一起来。境内诸侯割据，关卡林立，不利于贸易的发展和统一市场的形成，更别说工业化的起步了。

一　工业化前提条件的创造

德意志或日耳曼（Deutsches，German[①]）原本是个地理和民族特征合一的概念。据认为，这个称谓是罗马征服者朱丽叶斯·凯撒（Gaius Julius Caesar, BC 100—BC 44年）最先提出的。凯撒把他所征服的莱茵河以西地区称作高卢（Gaule），而将莱茵河以东未能征服的地区称作日耳曼尼亚（Germania）。西罗马帝国灭亡后崛起的法兰克征服了日耳曼其余地区，建立了庞大的法兰克王国。公元843年，法兰克王国的三位继承者三分天下。莱茵河以东的日耳曼人聚居地称作东法兰克，由卡

[①] 一般认为这两个词的含义一样，Deutsches 为德语，German 系英语。

洛林王朝统治。到 911 年，国王改为从部落公爵中选举产生。公元 962 年，奥拓一世（Otto I）即位，加冕为第一位神圣罗马帝国的皇帝，宣布自己为神圣罗马帝国衣钵的继承者。神圣罗马帝国疆域实际上就是东法兰克，也是后来德意志帝国的主要部分。中世纪晚期，区域领主和教区主教们的权势日盛，皇权被极大削弱。1517 年后，马丁·路德（Martin Luther，1483—1546 年）领导的新教改革引发了神圣罗马帝国南北两部分的宗教对抗，信奉新教的北方和信奉天主教的南方各邦之间最终发生了旷日持久的战争，史称三十年战争（1618—1648 年）。三十年战争导致了德意志南北两部分 1/4 的人口和一半左右的男子死亡，神圣罗马帝国名存实亡。德意志分裂为众多独立公国，其中较大的是普鲁士、巴伐利亚、萨克森和奥地利。

　　直到 19 世纪初，在英国工业革命业已进入高潮、法国工业化也已起步之际，德意志还处在四分五裂的状态，数百个封建公国各自为政。这严重地阻碍了贸易的扩展和手工业的发展。同样由于分裂，无力进行海外殖民。因此直到 19 世纪初，德意志"在海外殖民和贸易上，商业资本的蓄积量，颇为微小"，"金融资本——特别是银行组织——未曾充分发展"[1]。这些因素，表明德意志还不具备工业化的社会环境或前提条件。

　　德意志工业化的前提条件是在 19 世纪上半叶形成的，也得益于法国大革命的冲击。法国大革命后期的拿破仑政府通过战争与征服，把法兰西建立的新制度推广到了欧洲的大部分地区。"在法国人征服的各处，他们都按照本国的方式进行了改革，具体措施包括：废除农奴制、提倡法律面前人人平等；确立新的司法制度（《拿破仑法典》），没收教会财产；通过废除内地税和征收统一的对外关税以创建全国性的市场，建立更为合理的税收体系；普及世俗的初等教育，发展现代中学、专科学校和大学，以及促进科技协会和科学文化的发展。"[2] 拿破仑的统治虽然随着滑铁卢战役的失败而终结，但他率领法国人在欧洲种下的民主与现代文明的种子并未随着他的失败而褪去。德意志后来的快速工

---

[1] ［日］加田哲二：《德国社会经济史》，徐汉臣译，商务印书馆 1936 年版，第 159 页。
[2] Robert C. Allen, *Global Economic History：A Very Short Introduction*, Oxford University Press, 2011, Chpt. 4.

业化和政治统一的条件，在很大程度上都是和拿破仑推动的改革联系在一起的。恰是法兰西的拿破仑，把德意志的数百个独立小国合并为 38 个邦国。而在拿破仑帝国战败之际，则有多达 41 个德意志邦国存在，包括奥地利、普鲁士、巴伐利亚、汉诺威、符腾堡、萨克森六个王国，以及不来梅、法兰克福、汉堡和吕贝克四个自由城市。1815 年，为保障德意志各邦国的共同安全，解决神圣罗马解体及拿破仑战败后面临的共同问题，德意志各邦国联合成立德意志联邦。这是个松散的带有邦联特征的政治联合体。其权力核心是由各邦国公使参加的公使大会，同时还邀请了丹麦、英国及荷兰等国的国王代表出席。会址设在美因河畔法兰克福，主席由奥地利主席团兼任。联邦成立之后，所有重大问题须经代表大会一致同意才能做出决定。

联邦会议宣布，各成员国负有共同抵御外敌入侵的义务。最有意义的是对公民权利的统一和自由权力的确认。宣布成员国公民可在联邦境内任一邦国购置地产并就业，在各邦国之间迁移无须重复缴税，不因宗教信仰不同而遭受歧视，等等。

政治统一奠定了德意志工业化的重要基础。

随着德意志联邦的成立与政治上趋于统一，德意志地区的经济一体化也迅速启动，而经济一体化在一定程度上促成了一个松散的德意志经济区的形成。一体化与两个因素紧密联系在一起。一个因素是德意志关税同盟（Deutscher Zollverein）的创立。关税同盟从 1818 年开始筹划，就在这一年，德意志最大的邦国普鲁士率先颁布法令，废除内地税，实施"普鲁士税则"，朝着建立德意志统一关税制度迈出了第一步。1828 年，普鲁士与黑森—达姆施塔特邦签署第一个自由贸易协定；同年，德意志中部几个邦国效仿此举，建立了类似的关税区。1833 年，德意志 38 个邦国联合达成协议，决定建立德意志关税同盟。同盟从 1834 年 1 月 1 日开始运作。这个同盟所包括的土地和人口，占了全德意志的 3/4 以上。

"关税同盟"的建立，第一次在后来的德国大部分国土上实现了商业贸易的自由，同时对外实行统一关税。这实际上是一个经济共同体的形成。统一经济区的形成，使德意志业已启动的政治统一成为一种不可逆转的趋势。

另一个因素是铁路的修建。德国铁路最初与近代制造业的关系不大，而与军事及政治上的考虑关系甚密。由于这个特点，德国现代交通体系的创建，要先于制造业中技术、组织变革的发生。德意志的第一条铁路是在1835年修建的，从纽伦堡到富尔特，全长仅5英里。10年之后的1844年，已修通铁路500英里（约合804千米）。1848年，通车里程为2600千米，1850年，仅普鲁士的国营铁路就超过6000千米，远在法国之上。铁路的贯通对于德国统一市场形成的意义与关税同盟一样重大。某种程度上可以说，关税同盟第一次将分裂的德意志联成一个松散的一体化市场，而铁路则给这个体系上了一条"保险带"。

在统一的德意志经济区形成的同时，工业化发端的其他社会环境也得到改善，其中最重要的环境之一无疑是资本形成的加速。资本形成受到许多因素的推动，比如海外贸易的扩大，外来投资的增加等。但对普鲁士来说，在19世纪最后30年，战争赔款收入构成了一个令人瞩目的外来资本源泉。

增加了的货币收入还刺激了银行业的发展。银行业在德国的发展历史要晚于法国，且在一开始就受到官方的严格控制。普鲁士第一家股份制商业银行，是成立于1848年的普鲁士银行，其股本大部分属于私人股东，其决策权却完全为政府官员所把持。在那之前，巴伐利亚和萨克森两个邦国已经发展了私人商业银行。随着德意志经济区的形成，银行业迅速繁荣起来。有史料表明，光是普鲁士银行，在1851年1—8月，存款额就从475万塔勒增加到933万塔勒。1872年之前，后来主宰德国金融业的一些银行业巨头多已创立，包括德国商业银行（成立于1870年）、德意志银行（成立于1870年）和德累斯顿银行（成立于1872年）。各银行都开办了众多的分支机构。现代金融业的创立及其迅速发展，加快了货币转化为资本的进程。这些无疑都有利于工业化条件的创造。

与此同时，农地改革也成了加速资本形成的有力杠杆。1850年3月，普鲁士政府颁布《调整法》，重新确定了农村社会的经济关系。该法令宣布取消农民与土地占有无关的一切封建义务，赎买与土地占有联系在一起的那些封建义务，如强制劳役和地租等。农民赎买封建义务可采取两种方法：一种是交纳巨额赎金，另一种是出让土地以抵偿赎金。大部分农民选择了前一种方法。源源不断的"赎金"流入土地所有者手中，成了乡村地主进城创办实业的原始资本。

二 工业化的起步与工业社会的迅速形成

德意志的工业化起步于19世纪四五十年代，但其高潮是在1850年之后掀起的。从1850年到20世纪初，近代工业迅速建立，社会经济结构急剧变化。到20世纪初，工业化基本完成。工业化进程短促而迅速，充分发挥了后起国家的后发优势。

德国的工业化进程大体上可分为两个阶段。

1850—1870年为工业化第一阶段。这20年间，德意志工业的发展超过了以前的一个世纪。其进程之快可从以下统计数据窥知：（1）纺织业迅速膨胀。棉花消费量增加了3倍以上，工厂制度在这个部门迅速占据主导地位。19世纪70年代，纺织业主体是棉纺、麻纺、毛纺和丝织。（2）煤铁工业呈跳跃式发展。煤产量由670万吨猛增到3400万吨，生铁产量由21万吨增加到129万吨。（3）机器制造业初步建立。1861年，有机器制造企业300多家，就业人数为9.8万人。有些机器制造厂的规模已相当可观，1866年，柏林一家制造蒸汽机的工厂就雇有1600名工人，被认为是当时世界最大的工厂之一。（4）工业中使用的蒸汽机功率大幅度增加，由26万马力猛增到248万马力。

1871年到20世纪初为第二阶段。这个阶段的德国工业化进程更为迅疾，其条件在很大程度上是普法战争创造的。1870年的普法战争不仅使德国从法国手中掠得50亿法郎的战争赔款，得到欧洲最著名的煤铁资源基地阿尔萨斯—洛林，而且还直接促成了德国的政治统一。1871年创立的德意志帝国，将德意志各地置于一个统一的政权之下，无疑有利于德国经济的发展。正是在这种空前有利的经济政治环境下，德国的工业化以加速之势迅速得到扩展。从1871年到第一次世界大战爆发前夕，工业发展的总体状况，从以下三方面的数据可见一斑：（1）1871—1914年，工业生产总值增长4.7倍。其中，生产资料工业增长了6.5倍，消费资料工业增长了2.4倍。（2）主要工业产品产量均出现大幅度增长。其中，煤产量由3400万吨增加到2.77亿吨；生铁产量由139万吨增加到1931万吨；钢产量由17万吨增加到 1833 万吨，增加了近 107 倍；商船建造能力在 40 万吨以上。（3）运输业方面，轮船总吨位由 8.2 万吨增加到 510 万吨，铁路线由 2.1 万千米增加到 6.2 万千米。

德国属于工业化的后来者，工业化带有鲜明的"赶超型"特征，赶超的最突出表现是技术上的后来居上和新兴工业的迅速建立。其中，尤以电力电气、化学、汽车制造等新兴工业的从无到有最为突出。电气、电力业几乎同时产生于德国和美国，西门子（Ernst Werner von Siemens，1916—1892 年）在 1867 年发明电机，奠定了这个产业的技术基础。此后受到美国该领域一系列发明的竞争与推动，迅速形成一个产业。在 20 世纪头 10 年，德国电气工业的规模已经相当可观，电力、电器制造业雇佣人数已达十几万人，电缆、电器年出口总额达 1000 多万英镑。与此同时，化学工业也初具规模。1907 年该工业就业人数达 4.5 万人，"一战"前德国成为当时全球最大的化工产品出口国，1913 年化工产品出口额超过 2 千万英镑，其中仅染料一项输出总值就在 1000 万英镑左右。同年，德国汽车产量突破 1.2 万辆。

由于德国工业化是在普鲁士军事扩张政策的推动下进行的，因此自始至终呈现出一种"重型化"特征。重工业的发展优先于轻工业，这也许是它的工业化得以迅速进入高潮并在较短时间取得突破的重要原因之一。

工业的飞速发展迅速改变了德国在资本主义世界中的经济地位：1870 年，德国工业生产远远落后于英国；1910 年，德国却超过了英国。同年在资本主义世界工业生产中，英国占 14%，德国占 16%，法国占 7%，美国占 35%。就是说，20 世纪初，德国工业已跃居世界第二位。考虑到它的工业化只是在 19 世纪中叶才起步的，其发展不可谓不快。

工业化同样促成了德国经济的快速发展。统计数据显示，1885—1913 年，德国 GDP 从 187 亿马克增加到 524 亿马克。28 年间增加了 1.8 倍，年平均增速为 3.8%。1913 年，德国国民收入总额为 501 亿马克，按当年人口（6698 万人）平均计算，人均国民收入为 748 马克；按当时汇率计算约为 180 美元，按 1990 年美元推算则在 3000 美元以上。这个人均收入水平，无疑具有初步完成工业化国家的特征。

工业化也改变了德国的人口职业和居住结构：1852—1900年，德国的非农业人口在总人口中所占比重由28.5%上升到54.4%。也就是说，城市人口超过农村人口，也是在20世纪初完成的。

上述种种迹象都说明，德国的工业化在20世纪初业已基本完成，工业社会初步形成。

第二节　俄国工业化的起步与早期进展

在近代列强的行列中，俄国作为一个统一大国的形成历史并不长。在19世纪中叶之前，俄国的主要经济实力都耗在了对外扩张上。对外扩张一方面造就了一个领土面积空前广大的殖民帝国，另一方面则延宕了其社会经济巨变的时间。因为在不断的对外扩张中，专制的沙皇政府的统治一直在不断加强，封建的社会关系始终未见减弱，这极不利于工业社会的扩散。

一　工业社会前提条件的创造

俄国乃至后来苏联由农业社会向工业社会的转型，是以一个地域辽阔的帝国为背景的。要考察俄国和苏联的工业化与工业社会的萌发及兴起，须对沙皇俄国的侵略扩张和一个庞大帝国形成的历史有点基本的了解。

俄罗斯作为一个民族国家形成的历史可追溯到公元9世纪下半叶。公元862年，维京人留里克获得东斯拉夫人聚居的诺夫哥罗德大公头衔；882年，其继任者奥列格将首府迁往新占领的基辅，建立基辅公国，史称"基辅罗斯"。[①] 基辅罗斯延续了将近四个世纪，于1239—1240年为成吉思汗的蒙古人所灭亡。14世纪中后期，同为东斯拉夫人建立的莫斯科公国崛起，承袭了基辅罗斯在东斯拉夫人中的教宗地位，在鞑靼蒙古人统治衰落过程中走向独立，并通过战争、购买和王室联姻等手段迅速扩张了其领地。15世纪，莫斯科公国进一步扩张，在伊凡

[①] 俄罗斯史学家认为，关于基辅罗斯的起源是个"极其复杂且具争议的问题。……早期历史的绝大部分隐藏在神话、传说和可确证事实之间的朦胧地带"。参见［美］尼古拉·梁赞诺夫斯基、［美］马克·斯坦伯格《俄罗斯史（第八版）》，杨烨等主译，上海人民出版社2013年版，第三章引言。

三世任大公期间（1462—1505 年）奠定了一个民族国家的基础。1547年，伊凡四世（1547—1584 年在位）自己加冕为沙皇，开启了沙皇俄国的历史。1613 年，在击败大规模外族入侵之后，米哈伊尔·罗曼诺夫（Michael Romanov，1596—1645 年）被 50 多个城市领主和农民代表推举为沙皇，开始了罗曼诺夫王朝的统治。这个王朝延续了 304 年，最终在 1917 年被"二月革命"推翻。

沙皇俄国的历史在很大程度上是一部侵略扩张的历史。伊凡四世统治时期，频繁的对外侵略战争就使其领土扩张了三倍之多。罗曼诺夫王朝继承了这一传统，对外扩张声势与成果更大。

在沙皇俄国的领土扩张史上，有三位沙皇起过突出的作用。

第一位是彼得一世（彼得大帝，1672—1725 年）。他在位 36 年（1689—1725 年），发动对外战争的时间不少于 30 年。在他死去之前，俄国打败了瑞典，取得了对波罗的海的控制权，打通了北方出海口，并挫败了土耳其奥斯曼帝国在黑海北岸的势力。

第二位是女皇叶卡特琳娜二世（1729—1796 年）。她在位 34 年（1762—1796 年），曾发动过两次对土耳其的战争，掠取了黑海北岸的土地，吞并了克里米亚半岛，取得了黑海霸权，并勾结普鲁士、奥地利三次瓜分波兰，取得了对白俄罗斯、立陶宛的统治权。与此同时，还把势力范围扩张到北美洲的阿拉斯加。

第三位是亚历山大二世（1855—1881 年）。在位 26 年（1855—1881 年），他把俄国的扩张重心移往远东，借助武力威胁，先后迫使清政府签订了三个不平等条约，割占了中国 150 多万平方千米的土地。三个不平等条约的第一个是《瑷珲条约》，1858 年 5 月 28 日签署，割占了黑龙江以北、外兴安岭以南约 60 万平方千米的中国领土。第二个是《北京条约》，1860 年 11 月 14 日签署，将《瑷珲条约》规定为中俄"共管"的乌苏里江以东到大海的广袤地域（包括库页岛以及海参崴在内）约 40 万平方千米领土割走，使中国失去了东北地区朝向日本海的出海口。第三个是《中俄勘分西北界约记》（又称"塔城议定书"或"塔城界约"），1864 年 10 月 7 日签署，借以割占了中国外西北约 44 万平方千米的领土。

到了 19 世纪下半叶，俄国最终扩张为一个横跨欧、亚、美三洲的大帝国。只是由于1867年阿拉斯加的廉价出售①,俄国才失去了在美洲大陆的领土。正是这种不断的领土扩张,造就了一个领土空前广阔的俄罗斯帝国,给这个帝国以影响世界局势的能力;而它的继任者苏联,之所以能以一种全新的政治经济体制与西方各国抗衡,也得益于这个帝国的领土扩张。从这个意义上来说,谈帝俄工业社会起步,不能不从它的领土扩张谈起。

俄国工业化的条件是由一场令沙皇政府丢脸的战争所促成的,这场战争便是克里米亚战争。克里米亚战争是英、法等国干涉沙皇俄国侵略土耳其的战争,爆发于1853年,结束于1856年,历时四年,以沙皇俄国失败告终。事情起因于俄国的过度扩张。沙皇俄国在1848年东欧、西欧的一连串革命和起义期间,曾应欧洲反动势力的邀请派遣10万大军开赴中欧,镇压了那里的革命。这助长了它的侵略野心。随后它便挥师南下,意在征服土耳其,占领黑海通往地中海的咽喉要地博斯普鲁斯海峡和达达尼尔海峡,进而称霸地中海。对此,英法帝国自然不能坐视不管,于是联合撒丁王国,与土耳其结盟,共同对俄开战。战争主战场在克里米亚,由于双方指挥均出现失误,加之瘟疫流行,结果死伤惨重,仅俄罗斯一方就死伤士兵52万人,耗资5亿卢布,且以失败告终。

战争的失败,充分暴露了俄国封建专制制度的落后。落后的集中体现,就是具有俄罗斯特点的封建农奴制。这种制度以劳动者对地主的人身依附为前提。农奴主对农奴具有充分而广泛的支配与处置权,他可以随意将其由农业劳动力转换为家仆,可以将其送去军队替沙皇政府当炮灰,可以出租给城乡手工作坊或近代工厂、造船厂去做劳工,还可以随意将他们流放到西伯利亚以作为对他们的惩罚。农奴虽然可以结婚生子,但其子女依然作为农奴被领主占有。农奴可以被当作牲畜那样自由出卖。只是到了1833年以后,才有立法禁止拆散农奴家庭单个出卖农奴。农奴解放前夕,一项官方人口普查数据(俄国第十次人口普查)显示,1857—1859年,全俄境内农奴总数达2200

---

① 俄国人从1784年起就开始在阿拉斯加建立定居点,1799年正式并入俄国版图。1867年,亚历山大二世以720万美元的价格售给美国(其中,700万美元为地价,20万美元为手续费)。阿拉斯加领土面积为158.19万平方千米,每平方千米的售价仅为4.55美元。

万人，占俄国农民总数的 57%。此外，还有数量巨大的"国家农民"和受沙皇家族支配的带有人身依附关系的农民，以及多达 146.7 万人的贵族家仆。①

农奴制极大地制约着俄国社会经济的发展。不仅导致农业生产的长期停滞，阻碍着近代工业与城市的发展，还使沙皇军队士气低落。克里米亚战争前，俄国虽然已经产生了一些近代工业，工人接近 10 万人，但这类工厂使用的工人几乎全是农奴。由于没有人身自由，仅在农闲时外出做工，他们须将工钱的一部分缴给领主；农忙时则被召回，从事农业生产，不时导致企业停工停产。甚至有些成功的企业家也仍然是农奴。实际上，参加克里米亚战争的大部分士兵甚至部分下级军官都是农奴，这样的军队不可能有多强的战斗力。

克里米亚战争失败之后，俄国统治阶级中的一部分人主张改革，加之农奴的起义，迫使沙皇政府对于过时的农奴制有所反思，连沙皇亚历山大二世也认为："与其等农民自下而上起来解放自己，不如自上而下来解放农民。"于是，放弃农奴制成了帝俄政府不得已的选择。在形势的逼迫下，沙皇政府不得不制订了解放农奴的方案。1861 年 3 月 3 日正式颁布法令，宣布放弃农奴制。

《解放农奴令》的基本内容有两条：一条是农民获得人身自由，地主再无权干涉农民的家庭生活和生产活动；另一条是农民须向地主缴纳一定赎金，才可获得土地，否则将没有一寸耕地。这种赎金，部分由农民自筹支付，部分由政府垫付。其中农民自筹赎金占总额的 20%—25%，政府垫付额占 75%—80%。但政府垫付的那部分赎金，农民须在 49 年内还本付息。在解放农奴的过程中，农民缴纳的赎金远高于当时的地价。据估计，1854—1858 年的份地总价格约值 5.54 亿卢布，而赎金总额高达 8.67 亿卢布。

然而，无论怎样，农奴制改革对俄罗斯工业化的起步和现代经济的成长是有积极意义的。它对工业化所起的积极作用，至少表现在两点上。其一，创造了大批自由的劳动力。《农奴解放令》使 2000 多万劳

---

① [英] H. J. 哈巴库克、[英] M. M. 波斯坦主编：《剑桥欧洲史》（第六卷），王春法等译，经济科学出版社 2002 年版，第 668 页。

动者获得人身自由，成为俄国近代工业潜在的巨大劳动力供给源泉。其二，创造了一笔可观的原始资本。巨额的一次付清的赎金先落入地主的腰包，再转投入近代工商业中，成了俄国创办私人近代工业企业的重要原始资本。

二　工业化的起步及帝俄时期的进程

通过改革，俄罗斯具备了现代工业社会扩散的基本条件。克里米亚战争之后，在政府一系列鼓励措施的推动下，俄国的工业化终于起步。

工业化的起步首先是与铁路的修建联系在一起的。早在克里米亚战争之前，俄国就已修通了649千米的铁路，但这些铁路主要与政治和军事上的需要联系在一起，经济上的意义不大。19世纪60年代之后，许多铁路的修建方与工矿资源的开发及利用建立了较为密切的联系，铁路的建设方带有明显的经济意图。其中最有代表性的是克里沃伊罗格—顿巴斯铁路的修建。顿巴斯是俄国著名的煤田，克里沃伊罗格则是著名的铁矿，二者相距500多千米。1880年，在法国企业家们的劝说下，沙皇政府修建了一条连接这两地的铁路。结果创造了世界第一条连接煤铁产地的长距离铁路，使两地的资源都得以利用。修建铁路之前，顿巴斯的煤没有什么开采价值；铁路修通之后，身价陡增。与此同时，俄国的生铁自给率迅速提高：1870年，国内所产生铁仅能满足40%左右的需求；1890年，可满足国内需求的3/4以上。俄国最著名的铁路工程，当属横贯帝俄欧亚两大陆广袤领土的西伯利亚大铁路。这条铁路从莫斯科到海参崴，全长9288千米。1891年，从莫斯科和海参崴同时动工，1916年全线开通。在这期间，还修建了多条连接俄欧主要城市的铁路。到20世纪初，全俄修通的铁路已超过7万千米，居欧洲各国之首。

同一时期，现代制造业也开始萌发。有研究认为，"具有重要意义的'现代工业'是从19世纪30年代"自棉纺和甜菜制糖行业发端的，到1861年农奴解放之际，俄国"大约85%的糖和90%的棉纱是在近代工厂由机械生产的"。[①] 现代工业所用的机械设备几乎完全依

---

① ［英］彼得·马赛厄斯、［英］M.M.波斯坦主编：《剑桥欧洲经济史（第七卷）——工业经济：资本、劳动力和企业（下册）——美国、日本和俄国》，王文捷等译，经济科学出版社2004年版，第285—286页。

赖进口。棉纺织厂是由英国和法国的商人投资建造的，铁路设备最初也完全依赖进口。其中，圣彼得堡至莫斯科的铁路就是由美国人乔治·华盛顿·惠斯勒负责修建的，机车和车厢零部件全系购自美国，在俄国进行组装。

尽管如此，1861年还不能视为俄国工业化的开始，俄国工业化的真正起步是在1861年解放农奴及一系列政治改革之后的十数年发生的。

工业化起步十数年之后便掀起高潮，在帝俄政府被推翻之前曾涌动过两次高潮。第一次是在19世纪八九十年代，工业产出年平均增长率曾达到7.5%的高速度。这个高潮以轻、重工业同步发展为特征。轻工业以纺织业为代表，纺织业又以棉纺织业为主体。纺锭数在19世纪80年代初为440万枚，略低于德国和法国；1904年达到600万枚，居欧洲第二。重工业以煤炭采掘、钢铁冶炼业的发展为典型。煤产量在19世纪70年代只有200万吨左右，1900年突破1000万吨大关；生铁产量在19世纪70年代仅有40多万吨，1900—1904年达到277万吨。同期钢产量由25万吨猛增到235万吨。铁路长度在1880年即达2.28万千米，1900—1904年增加到5.32万千米。从19世纪80年代中叶到90年代中叶，10年中工业生产指数几乎翻了一番。这次高潮为1904—1905年的日俄战争和1905年俄国革命引发的政局动荡所打断。

日俄战争因日俄两国争夺中国东北地区的殖民权益而发生。1904年2月8日，日本不宣而战袭击了俄国驻扎在中国东北旅顺口的舰队，战争随之爆发。战争历时一年半，以俄罗斯惨败告终。1905年8月经美国居中调停，9月5日日俄两国达成《朴茨茅斯条约》，重新划分了两国在中国东北和朝鲜的势力范围。

1905年的俄国革命，实则是俄罗斯社会各阶层反抗沙皇罗曼诺夫王朝专制统治的一系列和平及暴力抗争。开始于1905年，到1907年告一段落。抗争的结果是争得了罗曼诺夫王朝的部分让步。沙皇尼古拉二世政府于1906年做了某些改革，比如制定等同于宪法的基本法、成立国家杜马（立法议会）、允许多党制和有限的言论自由。

第二次高潮掀起于1907年，这次高潮持续了七八年，便为第一次世界大战和战争后期爆发的国内革命（二月革命和十月革命）所打断。① 在此将近10年的工业化推进中，俄国工业生产增长了25%以上，生铁产量增加了100多万吨，钢产量提高近200万吨，棉纺织业的纱锭数增加了321万枚，超过德、法两国的规模。

上述工业化高潮所需的资本靠国内自身积累显然是不敷需求的，因此引进外资是俄国工业化的一个特点。其中，修建铁路所需资本几乎全部靠对外贷款筹措，仅从法国一国借入的资本，在19世纪80年代末几年就达100万法郎之巨。而在1917年革命前夕，投入俄国工业中的5亿英镑，就有1/3以上属于外资。该年外国资本控制了50%的煤和石油产量、60%的铜和铁矿石产量，以及80%以上的焦炭生产。②

尽管出现过两次高潮，但俄国工业化的步伐尤其是其制造业的发展速度，仍比德国慢得多。这里值得我们关注的是，截至第一次世界大战前夕俄国工业化的水平（而非其速度）。因为正是帝俄工业化达到的水平，构成了后来苏联工业化的基础。

关于帝俄时期的工业化程度，苏联出版物中曾出现过两种不同的说法。一种是普列汉诺夫、列宁等革命领导人在十月革命前的说法。当时为了证明俄国社会主义革命的条件已经成熟，他们曾给俄国经济尤其是大工业的发展以极高的评价。例如，列宁在1899年出版的《俄国资本主义的发展》一书中，就认为俄国的现代大工业体系已经形成。另一种是斯大林时期的说法，这一时期的大部分出版物，把俄国十月革命前的工业发展水平贬到接近于零的地步。这显然是为了"突出"斯大林时期工业化的成就而人为地予以低估，因此是不可取的。

客观来说，俄国工业化在第一次世界大战之前所取得的成就，并不

---

① "一战"爆发于1914年7月28日，以奥匈帝国向塞尔维亚的宣战为标志开始。同年8月2—5日，德国相继对卢森堡、比利时和法国宣战，西线战役正式开始；8月6日，俄国作为协约国重要成员在东线对德奥同盟国开战。战争历时四年，1918年11月11日结束。其时沙皇政府已不复存在。"一战"后期，俄国内社会动荡不安，并在1917年爆发"二月革命"（俄儒略历2月，公历为3月8—12日），推翻了沙皇政权，成立了临时政府。8个月之后的1917年11月7日（俄儒略历10月25日），列宁领导的布尔什维克党发动"十月革命"，以苏维埃政府取代临时政府。新成立的苏俄（俄罗斯苏维埃联邦社会主义共和国）政府不久与德国签订《布列斯特—立托夫斯克和约》，宣布退出"一战"。

② [美]斯塔夫里阿诺斯：《全球通史——1500年以后的世界》，吴象婴、梁赤民译，上海社会科学院出版社1999年版，第385页。

比一些后起的资本主义国家逊色太多。当时近代工业发展的概况,可以从以下一些数据略见一斑:

(1) 工业总规模排名世界第五,仅次于法国,远大于日本。据估计,1898—1890 年,俄国工厂的工人在 300 万人以上,这还不包括铁路工人。1917 年十月革命前夕,俄国近现代工厂的工人在 340 万人以上(包括铁路和采矿业工人,总数超过 370 万人)。其中,47.8% 为千人以上的大企业所雇佣。同年,俄罗斯第一大城市圣彼得堡,仅市区工厂就雇有 39.28 万产业工人,算上城郊工厂工人,则为 41.7 万人。这些工厂的工人中,有 134464 人为沙皇政府的国有企业所雇佣,约占工人总数的 1/3。1917 年年初,圣彼得堡一地的工厂工人约占全俄产业工人总数的 12%。[①]

(2) 主要工业品产量,尤其是现代工业有代表性的几项重要产品的产量,位居世界前列。1917 年,全俄生铁产量为 380 万吨,仅次于德国(1160 万吨)、英国(906 万吨),排名欧洲第三;钢产量为 428 万吨,也居欧洲第三、世界第四位;石油产量(912 万吨)居世界第二位;棉花消费量排名世界第四。

(3) 现代交通运输体系初步形成,铁路通车里程为 70990 千米,居欧洲之首,仅次于美国居世界第二位。

帝俄工业化为后来苏联经济社会的发展,还创造了其他一些重要的条件。所有重要条件中,当首推两个方面的进展。

一个是近代教育体系的构建与人力资本创造体系的形成。俄罗斯近代教育体系奠基于彼得大帝时期(1682—1725 年在位)。彼得一世崇尚西欧近代文化科技,在位期间推动了一系列改革,最重要的包括简化俄文字母、鼓励出版定期刊物和翻译西欧著作,出版科学书籍等。同时还创办了世俗的国立学校,筹办俄国科学院,创办了许多新式技术学校,包括数学与航海学校(1701 年)、工程学校(1712 年)、外科医疗学校(1707 年)等。经过近两个世纪的发展,到十月革命前夕,俄国业已形成较为完整的近代国民教育体系。这个体系包括初等教育、中等国民教

[①] S. A. Smith, *Red Petrograd: Revolution in the Factories, 1917-1918*, Cambridge University Press, 1983.

育和职业教育，以及高等教育。第一次世界大战前夕（1914年），俄国已有105所大学，在校学生达12.74万人。其中，最著名的是莫斯科大学，1755年由教育家M. B. 罗蒙诺索夫创办。还有661家受政府部门资助的从事商业和技术教育的机构，其中包括了12所工程技术类高等院校。[1] 近代教育尤其是商业与技术教育体系的建立和发展，为俄罗斯培养了一大批由科学家、工程师、统计师、财务金融管理者和其他技术专业组成的专业人员队伍，奠定了工业社会所需的人力资本形成与增长的重要基础。

另一个是进行了较大规模的资源勘探，发现并探明了一大批矿产资源。其中，在修筑西伯利亚大铁路过程中发现的煤炭、铁矿石、油气等资源，十分引人注目。

诸此，都可视为帝俄时期俄国工业化所取得的成就，以及为工业化后续推进所奠定的重要基础条件。

然而，由于俄国地域辽阔，人口众多，区域之间、城乡之间的经济发展程度极不平衡，因此就总体水平来看，第一次世界大战前夕俄国的工业化尚处在早期阶段。1913年，全俄人口为1.64亿人，人均工业产值还不到美国的1/10，城市化率尚不足20%。[2] 这些都表明，当时的俄国，还是个农业特征很突出的国家，总体上还是个半工业化国家。即便如此，俄国工业化在当时世界上所达到的水平（见表3-1），却是后来许多发展中国家望尘莫及的。从这个意义上来说，把后来苏联工业化模式作为发展中国家摆脱贫困落后的典范，显然是不恰当的。

表3-1　　　　1913年俄国工业化达到的发展程度国际比较

	经济相对规模（GDP）*	人均GDP水平*	非农产业就业比重（%）	相对工业潜力*	制造业产值占世界份额（%）	主要工业化指标 钢产量（万吨）	主要工业化指标 原棉消费量（万吨）	主要工业化指标 投入运营铁路（千米）
俄国	108.3	29.6	30	44.5	8.2	420	35.22	70156

---

[1] [英]彼得·马赛厄斯、[英] M.M. 波斯坦主编：《剑桥欧洲经济史（第七卷）——工业经济：资本、劳动力和企业（下册）——美国、日本和俄国》，王文捷等译，经济科学出版社2004年版，第443页。

[2] [意]卡洛·M. 奇波拉主编：《欧洲经济史（第四卷）——工业社会的兴起（下册）》，吴继淦、芮苑如译，商务印书馆1991年版，第95页。

续表

	经济相对规模（GDP）*	人均GDP水平*	非农产业就业比重（%）	相对工业潜力*	制造业产值占世界份额（%）	主要工业化指标 钢产量（万吨）	主要工业化指标 原棉消费量（万吨）	主要工业化指标 投入运营铁路（千米）
美国	241.5	105.8	72.5	234.4	32.0	3000	—	401977
英国	100	100	88.3	100	13.6	693	86.88	32623
法国	66.7	76.2	58.9	45	6.1	409	23.11	40770
德国	67.6	68.6	65.4	108.3	14.8	1624	45.54	63378
日本	32.1	26.5	39.9	19.7	—	54.7	—	10570

注：*以英国为100；"相对工业潜力"指相对于同年英国的工业生产能力。

资料来源：[美]保罗·肯尼迪：《大国的兴衰——1500—2000年的经济变迁与军事冲突》，王保存等译，求实出版社1988年版；[意]卡洛·M.奇波拉主编：《欧洲经济史（第四卷）——工业社会的兴起（下册）》，吴继淦、芮苑如译，商务印书馆1991年版。

第三节 日本工业化的起步与早期突破

日本是个东方国家，在古代受中国文化的影响极其深远。其社会政治经济体制、文化、宗教乃至国民风俗习惯等方面，都打上了深深的模仿中国的烙印。但自近代以来，日本却走了一条与中国截然不同的道路。其中一个很重要的原因在于，日本是亚洲最先具备接受工业社会扩散条件和社会环境的国家。工业化改变了日本的发展道路，改变了日本社会的面貌，这一点值得所有落后国家去研究。

一 工业化前提条件的创造

日本的近代化始于明治维新。明治维新是指1868年通过宫廷政变建立的明治政府在其执政的最初十几年间所进行的一系列社会改革。

明治政权建立之前，日本皇权旁落，封建军阀——"征夷大将军"（亦称幕府将军）掌握实权，天皇只是名义上的国家元首。维新前的幕府将军由德川家族控制并世袭传承。德川幕府是由德川家康在1603年创建的，到1868年统治日本265年。期间日本被分封为大小不等的200多个藩，藩的首领称作大名，他们在听命于幕府将军的前提下，享有对所封藩领的世袭统治权。

75

其间，日本全国的土地全部由大小封建领主占有。其中，幕府家族直接占有全国 1/4 左右的土地，其余土地全归各藩大名占有。农民没有土地所有权，只有使用权。封建领主虽占有土地，但并不直接经营农业生产，而是把土地分成小块租给世袭佃农，坐收赋税和地租。随着人口的增长和租地权在下一代人之间的不断分割，土地租佃地块变得越来越小。到明治维新前夕，每个农户平均耕种的土地面积只有大约 2 町步（1 町步约合 0.99 公顷），即不足两公顷。因此，马克思认为："日本有纯粹封建性的土地占有组织和发达的小农经济。"[①]

与封建土地占有相适应的是封建等级制度。统治阶级之间的等级关系如下："征夷大将军"统辖各藩大名，大名行使对劳动阶层的统治权；天皇作为象征性统治者，而众多的佛教僧侣则是封建统治的精神支柱。征夷大将军和大名均豢养有大批武士，大部分武士没有土地，靠从将军和大名那里领取俸禄为生，但不缴国税，有欺压一般劳动者的特权。

全国居民分为四个等级。第一等级是"士"，即武士。到明治维新前夕，日本全国人口大约为 3 千万人。其中，武士约达 40 万人，连同其家属，总数在 200 万人左右，占总人口的 6%—7%。第二等级是"农"，即农民，占总人口的 80% 以上。第三等级是"工"，即手工业者。第四等级是"商"，即商人。在这"四民"之下，还有连等级也排不上的社会贱民，被称为"秽多""非人"，数量共有几十万。他们是毫无权利和财产的社会贱民，只能居住在指定的地点，从事刽子手、狱卒、更夫、屠夫等下贱职业，不可与"四民"通婚。上述等级制度世代相传，不可更改。这种等级制极不利于商品经济的发展，在很大程度上维持着日本社会的稳定。

农民租种封建领主的土地，向封建领主缴纳赋税与地租合一的实物租税，称为"年贡米"，其数量占总收获量的 40%—80%。另外，农民还受其他经济和超经济的剥削与限制。经济剥削有两种：一种是使用公共设施、资源要缴捐税，如过桥、行船、使用水磨、割草、捕鱼等，都得缴捐税；另一种是逢年过节要给地主送礼、服劳役。超经济剥削或强

---

① 马克思：《资本论》第一卷，人民出版社 1975 年版，第 785 页。

制就是通过一些封建礼教，对农民的生产和生活进行限制。比如实行五户连坐制，一人犯罪，五户邻居都得受牵连。明文规定农民衣服须用棉、麻布制作；农民不得穿丝绸，不得多吃大米，不得买酒喝，不得抽烟喝茶，等等；且禁止农民建造宽大住宅。

等级制和实物租税制束缚着社会生产力的发展。为防止西方文明和宗教思想传入日本而引起社会分化，从17世纪初开始，幕府政府便禁止国民对外交往，1638年更宣布"锁国政策"，禁止日本的一切民间对外经济交往，只允许中国人与荷兰人在长崎一座小岛上居住并进行有限的贸易。继而在1643年颁布土地买卖禁令，"永远禁止"土地买卖。实施这些政策的核心目的，在于维持日本封建制度的稳定性，防止社会发生两极分化。

但是，到了18世纪末19世纪初，日本封建社会的政治经济却陷入了严重的危机之中，危机同时来自内外两个方面的冲击：在内部，由于经济发展出现停滞，各级封建统治者都陷入入不敷出的境地，财政支出陷入困境，武士的境况急剧恶化，许多武士长期领不到薪俸；在外部，由于西方列强的炮舰威胁，日本面临着民族危机。1840年，西方列强用炮舰打开了中国国门，迫使偌大的中国政府签署了一系列不平等条约。这件事对日本朝野的震动很大，在日本中下级武士甚至许多大名中形成了一种"恐洋"的气氛。1853年，美国海军准将马休·佩里（Matthew Calbraith Perry，1794—1858年）率舰队强行进入东京湾（史称江户湾），转交了美国总统要求日本开港的亲笔信。1854年，佩里率七艘战舰再赴日本，强迫日本政府订立《神奈川条约》（原名《日美亲善条约》），数年后又逼迫日本签署《日美修好通商条约》。此后，英、俄、法、荷、德等列强纷纷效仿，和日本所订条约与这些列强在1840年以后迫使中国清朝政府订立的条约相似。

日本的被迫开港，使德川幕府的统治发生了信任危机，促成了一场"倒幕运动"。运动主要由对外开放较早的一些地方藩主发动，得到天皇的暗中支持。1868年1月，由武士发动的宫廷政变，经过小规模的内战推翻并废除了德川幕府的统治，还政于天皇。15岁的天皇睦仁获国家元首的实权，定国号为"大日本"，年号"明治"①。在其后数十年间，发起政治经济体制改革，并最终制订了宪法（1889年），建立了议会（1890年），初步形成了一种君主立宪的政体。这便是"明治维新"。

日本史学界认为，"明治维新是从幕藩时代到近代资本主义时代社会结构和社会观念实现跨越式剧变的起点"②。历史地看，它是一场比较成功的废弃封建专制制度的改革，涉及日本政治、经济、文化等各个领域。但就其对日本工业化基础条件与内在动能的营造来说，具有决定意义的改革不下四项。

第一项是废藩置县，统一全国政权，这为全国统一市场的形成创造了条件。维新之前，日本全国分为276个"藩"，每个藩俨然一个独立王国，藩主即"大名"，在承诺效忠德川幕府的前提下，拥有自己的武装力量，即主要由武士构成的军队。各藩之间疆域明确，彼此很少往来。这严重限制了统一市场的形成。明治政权一成立，便颁布法令撤除各藩之间的关卡，1869年又强令各藩向天皇中央政府"奉还版籍"，1871年最终宣布废藩置县，将全国划分为3府72县，由中央政府直接领导，从而彻底打破了旧藩邦的封建割据局面。在统一的政权下，撤除内地关卡，无疑有利于全国统一市场的形成。而对于工业化与工业社会的发展而言，全国统一市场是个至关重要的前提条件。

第二项是废除封建等级制度，宣布"四民"平等，给国民以自由迁徙和选择职业的权利。由此不仅提高了工商业者的地位，也奠定了全国统一劳动力市场形成的制度基础。1872年宣布，将大名、公卿等旧时贵族改称为"华族"，将武士改称为"士族"，并取消其世袭俸禄，一次性给付"年金"后予以遣散；将其他居民统称为"平民"。自此，日本封建时期的森严等级制度已基本瓦解。与此同时，在停止旧贵族和武士俸禄的过程中，明治政府给予这批人巨额的补偿金，使他们一夜之间成了拥有可观资本的投资者。单是付给武士阶层的年金就高达两亿多日元。连同付给华族的年金，占了明治初年（1871—1873年）政府年

---

① "明治"一词，取自中国典籍《周易》之"圣人南面听天下，向明而治"一句。
② ［日］田中彰：《岩波日本史（第七卷）：明治维新》，张晶、马小兵译，新星出版社2020年版，第58页。

度财政支出的21%—36%。由此催生了一批实业家。

第三项是农地改革。核心内容包括实行土地私有化，允许土地自由买卖，进而实行地税改革。其中地税改革最重要的内容之一，是将德川幕府时期按照土地收获量计征的"年贡米"实物形式的地租，改为按照地价计征的单一货币化的地税。由此不仅把地税纳入了资本形成的轨道，而且还使这一资本形成源泉稳定化。因为耕地的市场价格比其年度收获量更稳定。明治时期第一批官办工业，在很大程度上是靠国家征收的地税才得以在短期内建立的。因此地税一度成为日本产业资本形成的一个重要源泉。有关历史统计数据显示，1868年改革之前，地税收入占日本政府财政收入的比重大约为6%，1872年上升到50%，1873年进一步上升到70%，1874年和1875年先后升至78%和80%以上。

第四项是鼓励"西化"的制度改革，积极学习西方科技、文化、教育和法律制度。为此在1871年12月组织派遣了一个庞大的赴欧美考察团，即著名的"岩仓使团"，以右大臣外务卿岩仓具视（1825—1883年）为特命全权大使，以大藏卿大久保利通、参议木户孝允和工部大臣伊藤博文等为副使，共48人，外加50多位留学生。历时1年零10个月，遍访美、英、法、德等欧美12个工业化国家，考察了这些国家的工业、军事、教育、科技、文化尤其是法律制度等，回国后提交了详细的考察报告，为明治政府推动各领域的维新提供了重要参照系，最终促使明治政府决定全盘"西化"。其中在文字上，放弃照搬汉语象形文字，改用拼音文字；在教育上，以美国为范本确立"教育立国"；在军事上，则对德国体制推崇备至；而在法律制度上，则主张博取英美两国之长，尤其是英国鼓励工商业发展的法律制度。

二 工业化的起步及其基本进程

日本的工业化是自上而下开始的：第一批近代工厂是由政府兴办的，第一批近代运输事业也是由政府的投资启动的。在工业化的全部过程中，政府所发挥的作用比任何西方国家都要突出。

为了在短期内启动日本的近代化和工业化，明治政府采取了两个关键性步骤。第一步，派遣大批政府官员、潜在的实业家（主要是武士出身的士族）出洋考察，让他们亲身感受现代工业社会的脉动，近距离观察近现代产业体系，以便于回国后领导日本的工业化。在所有考察活动中，最著名的要数由参议木户孝允、大藏卿大久保利通、工部大辅伊藤博文、外务少辅山口尚芳率领的考察团。该团历时两年，遍访欧美十余国，回国后对日本确立经济发展方略尤其是工业化战略，起了巨大作用。

第二步，由政府直接投资，兴办"模范工厂"。办成之后廉价转让给私人实业家经营，以带动民营产业的发展。从明治政权建立到1883年，15年间日本政府创办的近代机器工厂有几十座。1880年11月5日颁布《工厂转让概则》，宣布将官营工厂转归民营。[①] 那以后，除保留了部分军工企业、铁路和通信部门外，明治政府便有目的地将大部分官办企业廉价出让给私人业主，主要是正在兴起的实业财阀，处理价格极低。比如，投资92.4万日元（约相当于当时的100万美元[②]）建造的长崎造船厂，连同4.4万日元的库存物品，仅以9.1万日元卖给了三菱家族；投资33.3万日元的品川玻璃厂，仅以7.9万日元卖给了石村株式会社，且议定5年内无须付款，5年后开始付款，分55年付清。与此同时，还通过私有化和政府直接的财政补贴和采购，刻意扶植私营海运业的发展。[③]

得益于上述举措，日本的工业化便在明治政权建立后10数年时间内顺利起步，并在19世纪与20世纪交接前后的30多年内加速推进。到第一次世界大战结束之际，日本工业化已经历了两个明显的发展阶段。

第一个阶段从1880年到1894年，历时10余年时间，为轻工业的初创与扩张阶段。与欧洲先行工业化国家一样，日本工业化也是从轻纺工业开始的，棉纺织工业也是工业化的先导工业。1885年，已建有"模范"棉纺织厂22家，共有机器纺锭6.5万枚。1890年，工厂数增

[①] 《工厂转归概则》宣布："为鼓励工业而创办的各厂，规模现已具备，业务已臻发达，是以政府拟将所营各厂，渐次改归民营。"［加拿大］诺曼·赫伯特：《日本维新史》，姚曾廙译，吉林出版集团有限责任公司2008年版，第111—112页。

[②] 1871年明治政府确定1日元含金量为纯金1500毫克，同一时期每盎司黄金21美元，合1美元1360毫克纯金。由此可以推算，那时1日元≈1.1029美元。

[③] 关于明治政府官办企业的民营化，参见［加拿大］诺曼·赫伯特《日本维新史》，姚曾廙译，吉林出版集团有限责任公司2008年版，第111—115页。

加到30家，纱锭数达到27.7万枚；1893年，纱锭数猛增到47.5万枚。1890年，日本对外贸易中棉纱的出口首次超过进口。这意味着其近代纺织业已初具规模。就在这一年，日本发生了第一次棉纱生产过剩的危机，供大于求而导致价格大跌。与此同时，现代交通运输体系也获得初步的发展。1870年4月，明治政府出资开建日本第一条铁路，即全长29千米的京滨铁路（东京至横滨）。1872年10月建成通车，获得试乘后的天皇和内阁大臣的一致赞誉，由此掀起了修建铁路的热潮。1894年，已修通3402千米的铁路。海洋运输方面，在引进欧美汽轮的同时，开始扶植财阀资本投资建造汽轮。同一时期，民间资本在新兴的电力与电气制造方面也跃跃欲试。1882年，爱迪生在美国建成第一座发电厂而实现了电力应用的历史性突破，次年就有日本民间资本涉足电机制造，创办"三吉电机工厂"。1890年，东京电气的前身"白热舍"开始制造白炽灯泡。1893年，芝浦制作所开始制造电气机械。[①] 1896年，"石川岛造船厂"制成日本第一套火力发电设备并交付东京电灯公司。由此使日本搭上了刚刚兴起的第二次产业革命即钢电革命的快车。

第二个阶段始于1895年中日甲午战争之后，末于第一次世界大战结束，为工业化全面推进阶段。这个阶段日本的工业化直接受到三场战争的刺激与推动。

第一场是甲午战争（日本称"日清战争"）。这场战争因清政府出兵帮助属国朝鲜政府镇压"东学党"起义而遭致日本军事反制引发，系明治维新后日本屡次出兵干预朝鲜内政埋下的伏笔。1894年7月25日，日本联合舰队在丰岛（朝鲜仁川海域）附近不宣而战袭击了北洋水师的两艘护卫舰，击沉了清廷租自英国的商船（运兵用）"高升号"，战争随之开始。8月1日两国几乎同时宣战。战争持续到次年4月，以北洋水师全军覆没及清军海陆战均遭失败而结束。1895年4月，清朝政府被迫签署了丧权辱国的《马关条约》（日本又称"下关条约"或"日清讲和条约"）。这场战争是日本走上近代化道路后的第一场大规模对外侵略战争，它为日本经济发展创造了许多有利条件，其中最突出的有三个：（1）用武力打开了日本工业品在朝鲜和中国的市场。战争

[①] 东京电器和芝浦制作所后合并成立东芝公司。

使日本独占了朝鲜市场，吞并了中国的台湾及南海诸岛、澎湖列岛，并迫使清政府开放大陆市场。（2）向中国政府索取了2.3亿两白银的战争"赔款"（2亿两赔款加3千万两"赎辽费"），加速了日本资本的形成，并使其在1897年有足够的财力改银本位制为金本位制。金融改革使日本与西方国家的金融市场趋于一致，促进了日本现代信贷体制的形成。（3）战争提高了日本的国际地位。正是在这场战争之后，日本才开始与西方列强进行谈判，最终取消了德川幕府末期西方列强加在日本头上的不平等条约。

由于这一系列因素，以甲午战争为起点的10年左右时间内，日本的工业化掀起了第一次高潮。这个高潮期间的工业发展，主要是在扩军备战带动下进行的。战争一结束，日本政府便提出了庞大的扩军计划，把直接军费开支提高到占国家预算总额的40%左右，把自中国勒索到的赔款的90%以上用在扩军备战上。扩充军备的投资最终流向重工业，尤其是钢铁、造船、机器制造等工业部门，从而促成了重工业的空前发展。在钢铁业，1897年，日本政府投资1920万日元兴建八幡制铁所，1901年完工，将日本的钢产量由战前不足1万吨猛增至20万吨。在造船业，日本政府在1896年颁布《航海奖励法》和《造船奖励法》，用立法的形式鼓励发展造船工业。在这些法律的鼓励下，并在日本政府的投资带动下，造船业发生了革命性变化。1898年，日本已能建造6000吨级的大型船舶。该年长崎造船厂所造的"常陆丸"号，排水量为6172吨，技术接近当时国际先进水平。20世纪初，日本已具备建造万吨巨轮的能力。1908年建造的"天洋丸"和"地洋丸"号两艘巨轮，排水量各为1.3万吨。甲午战争之前，日本的机器制造业还是一片空白，战后开始兴建，到1905年，日本已能制造比较精良的机床，机器制造业初步建立。

推动日本工业化的第二场战争是日俄战争（1904—1905年）。前已论及，这场战争是日本和沙皇俄国为争夺在中国东北地区和朝鲜的殖民权益而发生的，以沙俄的惨败结束。日本打败了俄国，确立了它在中国东北、朝鲜半岛的殖民权益，并割占了俄国的库页岛。以日俄战争为起点，日本的重工业和造船业又得到新的扩张。1906—1913年，相继创办了10个大型钢铁厂，将钢产量由20万吨左右提高到30多万吨以上。

在这期间，以扩展海军为核心目标的造船业和海运业也获得迅速发展。1911年，日本拥有的船舶总吨位居世界第六位。

推动日本工业化的第三场战争是第一次世界大战。这次战争的主战场虽在欧洲，但远东也是列强角逐的重要地域。日本站在以英、法、俄为一方的"协约国"一边伺机而动。战争一打响，日本便对德国在远东的殖民地采取军事行动，接管了德国在中国胶东半岛和太平洋地区的一些属地，用武力强行占领了中国的胶州湾、青岛和济南等地。与此同时，日本还提出了对中国的其他侵略权益。战争期间，由于欧洲列强忙于应付"欧战"，无暇东顾远东市场，结果日本工业品乘虚而入，占领了中国和东南亚大片市场。有利的市场形势刺激了日本工业的空前高涨。1914—1919年，日本的工业产值增长了4倍，年平均增长率高达37%。

到第一次世界大战结束，日本的工业化无疑已获得巨大突破。1919年，工矿业产值占工农业总产值的61.1%。该年日本主要工业品产量：钢——54.7万吨；煤——3100万吨；造船能力——65万吨；毛线产量——2000万磅；棉纺工业纱锭——381万枚。而在代表第二次工业革命中新技术应用进展的发电量方面，日本已名列世界第五。1917年，日本发电量为30亿千瓦时，虽然不可与美国（434亿千瓦时）和德国（120亿千瓦时）相提并论，但直追英国（47亿千瓦时）和意大利（34亿千瓦时），而高于法国（24亿千瓦时）。

由于日本农村人口相对较多，城市化进程较慢，直到1930年，制造业和建筑业加总的就业人数在总就业人口中所占比重尚不到1/5，"非农业人口"占总人口的比重尚不足一半，工业化尚未完成。但这只是时间问题，因为日本工业化的关键转变已经完成。罗斯托的研究表明，20世纪20年代，日本的主导工业已从钢铁冶炼转为电力工业，经济业已完成"起飞"，而正处在"向技术成熟过渡"的阶段，这个阶段持续到1941年。[①]

这样我们看到，像德国、俄国和日本这样一些未经过激烈的政治革

[①] Walt W. Rostow, *The World Economy: History and Prospect*, Austin and London: University of Texas Press, 1978, p. 425.

命，而只进行了某些有利于发展近代工业部门的社会经济制度改良的国家，也成了现代工业社会扩散的乐土。尤其在德国和日本，工业化一旦起步，社会经济重心由农业向工业、由农村向城市的转移便成为不可遏止的一种趋势。

第四章 工业社会的早期经济体制

由传统农业社会向现代工业社会的过渡，既是人类社会对过往数千年所创造的农业文明的扬弃，又是一种新的文明的创造。在这个过程中，不仅涉及生产手段和技术的选择，而且更为重要的是涉及整个社会经济体制、政治制度的变革。虽然政治体制的变革在一定程度上起了关键作用，但根本的变革则发生在社会经济生活中。而在所有的经济生活中，经济体制的选择与演化居于核心地位。因为经济体制决定着经济活动的效率、经济成长与发展的速度、参与经济活动的社会成员在决策中的地位及其得自经济活动的福利等。

第一节 经济体制：概念与分类

"经济体制"（economic system）是 20 世纪末期以来才流行起来的一个概念，它首先是随着一门经济学分支学科的兴起而为学术界所留意的，并随着中国和前苏联及东欧国家的体制转轨而风行一时。这个经济学分支学科就是比较经济体制学（Comparative Economic System）。其公认的开拓者是美国经济学家卡尔文·胡佛（Calvin B. Hoover, 1897—1974 年）。胡佛的代表作《苏俄的经济生活》（*the Economic Life of Soviet Union*, 1931 年）及《英联邦的经济体制》（*Economic System of the Commonwealth*, 1962 年），引出了经济学界对不同国家经济体制差异的关注，由此促成了比较经济体制作为一门经济学分支的形成。

何为经济体制？关于这个问题的答案颇多，代表性的说法有以下三种：

第一种可称为资源配置方式说,认为经济体制是一国或者一个民族配置其资源,分配其货物和服务于国民的一种组织方式。①

第二种可称为经济结构说,认为经济体制是一个社会生产与交换货物和服务,以及配置资源的一种体系。它包括各种制度、机构、实体(甚至有些作者所说的部门)以及消费者,所有这些构成的一个特定社会的经济结构。②

第三种可称为制度集合说,认为经济体制是关于一个特定地理范围内有关生产、收入和消费决策制定与实施的系列制度的一种制度集合(a set of institution)。③

论及经济体制,往往会和另一个概念混淆,这便是经济制度(economic institution)。这两个概念是严格有别但彼此紧密关联的。何为制度?这方面的说法虽然很多,但新制度经济学创始人之一道格拉斯·诺斯的解释最有影响力——"制度是人为设置的规范人们彼此关系的约束条件。它们由正式规制(规则、法律、宪法)、非正式规则(行为规范、惯例和自我认可的行为准则)构成,且具有强制性特点"④;制度是针对社会经济活动主体设置的,社会经济活动的主体是组织,"组织是那些出于某种共同目的而结合在一起的私人群体。组织包括政治实体(政党、议院、城市议会、管制机构)、经济实体(企业、工会、家庭农场、合伙公司)、社会组织(教会、俱乐部、健身协会)、教育机构(中小学、大学及假期培训中心)";"如果制度是游戏规则,则组织和它们的企业就是玩家"。⑤

从最简略的意义来理解,经济体制是一国配置资源的一种方式,制度是规范这个体系下各种行为主体的规则。可以把二者之间的关系类比

---

① Business Dictionary, http://www.businessdictionary.com/definition/economic-system.html.
② Wikipedia, http://en.wikipedia.org/wiki/Economic_systems.
③ Stuart Gregory, Robert Paul, *The Global Economy and its Economic Systems*, South-Wester College Pub., 2013, p. 30.
④ Douglass North, "Lecture to the Memory of Alfred Nobel", December 9, 1993, https://www.nobelprize.org/prizes/economic-sciences/1993/north/lecture/.
⑤ Douglass North, "Lecture to the Memory of Alfred Nobel", December 9, 1993, https://www.nobelprize.org/prizes/economic-sciences/1993/north/lecture/.

为集合与子集的关系。这方面，比较经济体制学研究方面的名家格雷戈里（P. R. Gregory）的说法大体上是准确的——经济体制是所有关于一国生产、收入和消费决策制定与实施的系列制度的集合。

不仅如此，关于经济体制的内涵，在经济学家们的理解与解释中，越来越趋于一致。其中，在下述三个问题上的趋同尤为明显：

第一个是关于经济体制的分类，出现了淡化意识形态的倾向。确切地说，不再强调意识形态和所有制的差异，而越来越多地强调资源配置机制和经济决策机制的差异。以往经济学家们大多把经济体制与意识形态紧紧捆在一起，对经济体制的划分往往是先从意识形态出发，再以财产所有权为标准，结果必然陷入"三大主义"的分类模式中，将经济体制分为资本主义、社会主义和共产主义三种。20世纪末期形成的比较经济体制学的长期研究认为，过分强调意识形态和所有制结构，对经济体制划分有害无益，使人们不容易发现不同经济体制之间的共性，不容易认识到这样一个事实：在所有经济体制中，都存在导致经济运行效率提高或降低的两种因素。因而更不会去考虑这样的问题：怎样将不同经济体制的优点结合在一起，促进一国的经济福利增长？于是，在体制的划分上，意识形态被放到次要位置。

第二个是研究、比较经济体制的目的，由意识形态论争转向对体制经济意义的论证。经济学家们越来越对这样的问题感兴趣：经济体制的选择对经济活动的效率有何影响？经济体制本身在经济发展和增长中起到什么作用？等等。关于第一个问题，许多经济理论试图给厂商、消费者和其他社会集团提供指导，使他们知道如何决定资源在不同产品生产中的分配，产品在个人之间的分配，以及体制在影响资源分配中的作用；关于第二个问题，经济学家们的兴趣越来越倾向于发展中国家。对这些问题的关注，冲淡了意识形态对比较经济体制研究领域造成的影响，经济体制与经济效率的关系吸引了各种学派经济学家的普遍关注。

第三个是关于经济体制的内涵，越来越多地与经济决策"机制"挂钩，并力图从经济体制的结构、效能、决策过程、信息传递及处理程序、企业行为规则等方面把握。实际上早在20世纪70年代，西方比较经济学中的DIM方法探索者们，就"把经济体制看作社会确立的在生产、消费和分配三个基本领域内作出经济决策（决定什么、怎样、何地、何时和为谁）的机制"，并认为经济体制包括三个相互联系的组成部分：（1）决策（Decision）结构；（2）信息（Information）结构；（3）动力（Motivation）结构；① 20世纪80年代，美国和西方世界颇为流行的比较经济体制教科书，对经济体制的内涵界定，也强调"机制"的特征。比如，由前述美国著名经济学家格雷戈里等所著的教科书，给经济体制的定义是，经济体制"由对稀缺资源的配置进行决策并执行决策的各种机制、组织安排和规则所构成"。②

上述趋同化发展的一个重要趋向是，经济体制划分中"主义"分类模式一统天下的局面被打破。20世纪80年代以来，在主义分类模式之外，发展了新的分类模式，即从资源配置决策原理方面去分类，将经济体制分为纯粹计划与市场两种极端类型，而在完全的市场与纯粹的计划体制之间，分出介于二者之间的模式。这样一种分类方法，由于比较贴近世界经济现状，因而容易为常人所接受。与此同时，传统的"主义"分类论也发生了变化，不再坚持市场是资本主义的专有经济体制，中央计划是共产主义（社会主义）的专有经济体制，而承认在前一政治制度下，可以兼容后一经济体制的某些特征，于是有了所谓"资本主义变体"——市场经济中的指导性计划；同样，在后一政治体制下，可以兼容前一经济体制的某些要素，于是有了所谓的"社会主义的变体"说。③

但是，随着20世纪80年代以来计划经济体制全球性的退却和90年代的崩溃，从资源配置角度划分经济体制的方式越来越受到经济界的欢迎，现在人们对于经济体制关心的核心问题，不再是它们的互不相容或对立问题，而是主导制度下的个别兼容问题。说得更具体一些，是怎样把计划经济改造成市场经济的问题，而这种市场经济，并非完全受"看不见的手"所主宰。相反，它在很大程度上受政府"看得见的手"所控制。因为时至今日，大部分计划经济的鼓吹者们不得不承认，市场

---

① ［美］埃冈·纽伯格等：《比较经济体制——从决策角度进行的比较》，荣敬本等译校，商务印书馆1984年版，第9页。
② ［美］P. R. 格雷戈里、［美］R. C. 斯图尔特：《比较经济体制学》，林志军等译，生活·读书·新知三联书店1988年版，第7页。
③ ［美］P. R. 格雷戈里、［美］R. C. 斯图尔特：《比较经济体制学》，林志军等译，生活·读书·新知三联书店1988年版，第333、411页。

经济体制在很多方面优于计划经济体制；与此同时，越来越多的市场至上论者也不得不承认，世界上从未有过也不可能产生纯而又纯的自由市场经济体制。

因此，从资源配置的角度来看，只要资源配置的主要方式或基础属于某种体制特征，就可以认定整个经济体制的属性。说具体一点，如果一国的主要生产资源是通过市场，按照供求力量所决定的价格在各生产部门和厂商之间进行分配的，那就可以认定该国的整个经济体制属于市场经济；相反，如果生产资源是按照一个中央政府的意志，通过一个强有力的权力系统的专断式控制分配于各生产部门甚至各生产单位的，价格在决定要素配置方面的作用受到人为因素的限制，那肯定是非市场经济体制。

第二节 第一个工业社会的经济体制

第一个工业社会英国所选择的经济体制是市场经济体制，这是毫无疑义的。但问题在于，英国的市场经济体制是在何时选定的？是先于工业化的起步，还是在工业化进程中选定的？换句话说，市场经济体制选择是工业化的起点还是它的结果？诸如此类的问题，迄今未见专论。考察与探讨这些问题，不仅可以理出英国市场经济体制形成的主线，还可以从中得到一些有益的启示。这些启示对于当今许多发展中国家市场体系的培育，对于那些在经济体制选择上走了弯路的国家的体制转型，具有一定的现实意义。然而，这种考察首先需要确定以什么为依据判定英国市场经济的形成。

按照现代经济学的解释，作为资源配置形式，任何经济体制必须回答四个相关的经济问题：（1）生产什么？（2）怎样生产？（3）为何人生产？（4）社会资源何时和怎样在当前消费与未来消费（投资）之间进行分配，以及如何确定二者间的量的比例关系？

一般市场经济体制下，上述问题的回答是通过市场，在供求力量共同作用的规律下进行的；而在非市场经济下，这些问题由非市场因素决定，主要是由权力当局的行为来回答的。因此，市场、市场体系在市场经济体制下占据核心地位。正是通过各种市场，生产要素在部门、产业、企业、居民之间合理地流动和配置，方使社会生产得以正常、有效地运转。可以说，市场经济的全部效率、生命离不开市场尤其是生产要素市场本身。因此可以认为，如果一个社会形成了规模可观的要素市场，其绝大部分生产要素是通过市场分配的，就可以认定这个社会的资源配置基础已经转为市场型的，就可以认定其市场经济体制已经形成。

说到生产要素，其种类很多，但经济学对它们的分类莫过于三种：（1）劳动或劳动力；（2）资本；（3）以实物形式存在的生产要素，包括土地、设备、厂房、劳动工具、原料、燃料等在内的其他所有稀缺性生产要素。其中，第三种又称作"生产资料"。

在英国，上述要素市场的形成起步很早，且经历了漫长的历史演化过程。

劳动力市场的形成开始于中世纪晚期，具体说来是在大瘟疫发生前后（14世纪中叶）。由于大瘟疫造成的人口减少和劳动力供给不足，工资在短期内急剧上涨，吸引了部分自由小农离开土地，变为出卖劳动力的人。但是，"在当时和后一个世纪内"，这种人"只占居民中很小的一部分"。[①] 即便在十六七世纪，劳工队伍也是很有限的，其扩张的步伐极其缓慢。这一方面是由于，直到18世纪中叶，英国还没有找到一种比农业收益更高尤其是更为稳定的产业吸引农村中的劳动力移出；另一方面在于，直到工业革命开始，英国的手工业尤其是羊毛纺织业，还与农业紧密地结合在一起。这延缓了农村居民的分化，维持着他们与土地的联系。只要占人口多数的农村居民不离开土地，只要农业与家庭手工业的联系未被割断，劳动力市场尤其是跨区域的劳动力市场的规模就是极其有限的。虽然农业中近代农场的发展也为部分失去土地的农民提供了就业机会，农村手工业也是雇佣劳动的重要市场，但可想而知，以农业和农村手工业为依托的劳动力市场多半是地区性的，而不是跨区域的，更不会是全国性的。不仅如此，从17世纪开始，英国的各种立法实际上阻碍着全国性劳动力市场的形成。因为远在1662年，议会就颁布了《住所法》，禁止劳动者迁徙。该法宣布，凡变更居所的人，一经发现，就应被强行送回其法定住所所在地的教

[①] 马克思：《资本论》第一卷，人民出版社1975年版，第806页。

区。在这种法律下,"如果一个农工因为没有工作而想离开自己的村庄,那么,当他到了另一个地方时,他就有被驱逐的危险"[1]。不难想象,在劳工无权选择居住地、没有迁徙自由的情况下,不可能会有全国性的劳动力市场。

英国劳动力市场的形成和迅速扩张始于18世纪中叶,它与三个历史事变密不可分。

第一个是圈地运动。圈地运动在这之前已持续了几个世纪,但在1750年之前,圈占的土地大部分是公有地和不宜农作的土地,只有少部分耕地被圈占。1750年英国议会通过一部新的圈地法令,其目的在于推动农业中大农场的发展,受到农村中产阶级的欢迎。此后的圈地来势极猛。铲除了许多小农户与土地的联系,造就了数量空前的失地农民,他们构成了源源不断的劳工大军。

第二个是工业革命。工业革命中产生的机器纺织业给农村的家庭手纺业带来毁灭性打击,"使农业和农村家庭手工业完全分离,铲除了农村家庭手工业的根基——纺纱和织布"[2]。农村家庭手工业的毁灭,无疑加速了自耕小农的破产,许多人被迫放弃最后一小块土地,加入劳工队伍中去。

第三个是法律制度的调整。其中最重要的法律制度调整,当属限制劳动者迁徙的法规的废除。前已论及,1662年颁布的《住所法》严格限制英国居民跨教区迁移。1795年,英国议会通过法案,废除了这项法规中的许多条款。新法令允许劳工自由迁徙、自由择业,只可以把那些靠公共救济养活的人送回原教区。

得益于上述三方面的历史变革,特别是由于前两个变革,18世纪中叶之后迅速扩大的劳动力市场,一开始就带有全国性市场的鲜明特征:大批劳工的出现,使地区性市场难以容纳,劳动者寻找工作的目光,不再局限于他们世代居住的教区,而是转移到迅速崛起的工业中心。回头去看,第三个变故即《住所法》的废除,不过是适应了这种变化而已。因为到了18世纪中叶,人人都感到这是一种"极端荒谬的

---

[1] [法]保尔·芒图:《十八世纪产业革命:英国近代大工业初期的概况》,杨人楩等译,商务印书馆1983年版,第351页。

[2] 马克思:《资本论》第一卷,人民出版社1975年版,第817页。

制度"。

全国性资本市场的形成早于全国性劳动力市场的形成,它首先与现代信用组织和投资组织的出现密不可分。

在英国,带有现代经营特征的私人商业银行的历史可以追溯到17世纪中叶,其前身是遍布大小城镇的金银匠。约翰·克拉潘的研究表明:"伦敦正规的私人银行在公元1640年至1675年之间才最后从金匠中发展出来。"① 1675—1680年,私人银行经营的业务已有存款、贴现、发行等种类,这些无疑是现代商业银行的重要业务。1694年开始营业的英格兰银行的创立,标志着私人商业银行自由发展时代的结束。因为自那以后,英国议会不允许其他合股银行存在,使英格兰银行成了事实上的"行中之行"。这也标志着创建现代中央银行体制的开始。到工业革命开始前夕的1740年,英格兰、苏格兰都已形成较为兴盛的银行系统。英格兰的私人银行主要集中在伦敦,总数达30家左右,苏格兰的私人银行分布于爱丁堡、格拉斯哥和阿伯丁等城市,其中私人特许银行就有三家。与此同时,无论在英格兰还是苏格兰,都有关于设立与经营银行的专门立法。这些都表明,远在工业化起步之前,现代金融系统就已经形成,现代信用组织也很普遍。

现代投资组织的出现与证券市场的发展联系在一起。如前所述,在英国,早在16世纪就有了股份公司。17世纪上半叶,产生了责任有限公司。这些公司一经产生,就标志着初级资本市场的问世。值得注意的是,在英格兰银行创立(1694年)之前,证券市场上出售的主要是贸易公司的股票;在英格兰银行创立之后,公债券也成了一种重要的投资手段,因为该行的一个主要业务,是代售政府公债。二级证券市场的形成,不晚于17世纪末。最初的证券交易是在咖啡馆或酒吧随机进行的,缺乏规则。1680年开业的乔纳坦咖啡屋(Jonathan's Coffee-House)系第一家较为正规的证券经纪人聚会场所,与1571年创立的皇家交易所(Royal Exchange)分庭抗礼。后者具有官方背景,曾一度专门经营商品期货,拒绝证券经纪人进入。这两家交易所均是后来建立的伦敦证券交

---

① [英]约翰·克拉潘:《简明不列颠经济史:从最早时期到一七五〇年》,范定九、王祖廉译,上海译文出版社1980年版,第169页。

易所的前身。

1695年，英国的股份公司已逾150家，报纸开始刊登证券价格。两年后，丹尼尔·笛福（Daniel Difoe，1660—1731年）发表了他的名作《投资项目论丛》（An Essay upon Projects，1697年）。其中，提出了他本人关于银行、保险、公路等各方面投资项目发展的前景和设想。

股份公司的迅速发展和正规的证券交易所的建立，意味着正规的资本市场的形成。与此同时，有关证券市场的立法也相继问世。最初这种立法主要以股份公司为对象，后来直接规范证券市场尤其是二级市场的活动，其中最有影响的是1734年的法案。它禁止进行股票投机，禁止一切有关证券现货或期权价格的赌博、抛盘和"先买权"。虽然法律始终未能禁止证券交易中的投机活动，但有一点不容置疑：在工业革命开始前夕，英国已有了较为规范的证券市场，而规范的证券市场，就是一种现代意义的资本市场。现代信用组织、证券市场一经形成，便具有全国性特征，因为货币与资本的流动要比劳动力流动容易得多。从这个意义上来说，至迟到工业革命前夕，英国全国性的资本市场业已形成，工商业中资本资源的配置主要是通过市场实现的。

以实物形式存在的生产要素或曰生产资料市场的形成，则较为复杂。英国近代工业产生前夕，可以称为稀缺的自然资源很多，比如木材因中世纪的炼铁已近耗竭，土地因不断扩大的圈地运动而日益紧张等。但就近代工业赖以产生的摇篮产业而言，纺织业所需的原料、材料则属关键的稀缺性生产资料。农产品也是酿造、食品工业的主要原料。这些生产要素的全国性市场是和一般商品市场同步发展的，早在中世纪末期就已经产生了，只不过规模有限。约翰·克拉潘的研究表明，至少在14世纪末之后，英国的羊毛、谷物等农牧产品的内地贸易就无须缴税。至于欧洲大陆盛行的"内地税"，在英国从未听说过，因为英伦岛上的封建领地从来没有上升到足以割据设卡的地步。因此，他认为"英国生活的商业化是由中世纪君主政体的强大力量以及绅士和商人之间没有严格界限这种情况所促成的"[①]。正由于这种原因，英国的国内市场与

---

① ［英］约翰·克拉潘：《简明不列颠经济史：从最早时期到一七五〇年》，范定九、王祖廉译，上海译文出版社1980年版，第268页。

国际市场的发展几乎是同步进行的。国内市场的发展，几乎不受政府的干预。到18世纪初，伦敦已经是欧洲一流的商业城市。在这个商业中心的后面，是全国性的商业网络。各种出口产品从全国各地汇集伦敦，各种进口产品则通过伦敦流往全国。与此同时，西海岸的利物浦则成了棉花、羊毛等工业原料的重要进口口岸和纺织品的重要出口集散地。

工业革命前夕英国市场的发展程度可以从如下事实窥知一二：羊毛纺织工业和棉花纺织业是分散在广阔的农村的，其原料的供给、成品的销售，都需要健全的商业网络。如果没有全国性的市场，这种分散于千家万户的工业是不可能发展的。由此可以认为，在工业革命开始之前，英国就已经形成了全国性的、自由度极高的生产要素市场。这个市场不仅在各区域之间畅通无阻，而且直接与国际市场连接在一起：棉花的进口从一开始就不受任何限制。工业革命初期，只发生过由于织布技术改进而导致棉纱供不应求的"纱荒"，而从未发生过由于内外贸易脱节而引起的"棉荒"，因为棉花由印度、北美洲等地输入而转售至分布于各地的手工纺业者手中的市场渠道一直是非常畅通的。棉纺织业生产资料市场是其他产业这种市场的一个代表。到18世纪中叶，所有产业的市场都是畅通的，自然资源是完全按照市场的要求进行分配的。不仅自然资源，就连一些"人造"的资源，如钢铁、技术的市场也在兴起。当时英国需要的相当一部分生铁从俄国和新大陆输入，自然离不开市场。至于技术，在中世纪已经成为商品，比如斯图亚特王朝就把一些专门技术（制皂、制作捕鼠器等）作为专利，以特许方法卖给商人生产。到了18世纪中叶，技术的自由市场正在形成，皇家学会悬赏50英镑奖励发明新式纺纱机的人，这一实例就表明技术在英国人心目中的地位。而工业革命开始后几乎所有的发明都登记了专利，这一事实则表明，技术市场的存在已不容置疑，因为专利制度是技术市场运行的保障。

最晚自工业革命开始，英国全国性的生产要素市场已经形成，工业化初期的新兴产业所赖以维持的主要生产要素，都是通过市场配置的。价格及其变动对调节生产要素的配置，起着决定性作用。也正是在那时，经济学的奠基之作，同时也是第一部为现代市场经济正名的论著——《国富论》（《国民财富的性质和原因的研究》，1776年）应运而生。在这本划时代的经济学巨著中，亚当·斯密已经揭示了市场经济存在的合理性及其分配资源的基本原理。《国富论》的出版，从侧面表明英国的市场经济体制业已确立。当然，在18世纪中叶，英国还缺乏有效的交通运输系统，内陆运输不及沿海运输畅通，因而全国性市场网络运作的效率受到了影响。即便如此，其市场经济体制的主要特征也已经具备。所有特征中，两个特征最为重要，也最为突出。

一个是私有产权的确立，生产决策是由各类业主分散作出的，手工业和农业生产完全受市场供求关系的影响。关于前者自不待说，关于后者，有一个事实足以说明：早在17世纪中叶之前，英国政府限入奖出的谷物贸易政策就已经在根据国内市场粮价的波动实施了。但凡国内市场价格跌破某个价格线，就对进口谷物课税以支撑国内粮价；而一旦高于这个价格线，就暂停征税，扩大进口以平抑国内粮价。这个价格线也是随着时间不断调整的。而国内市场价则完全由自由竞争形成，政府全然不去干预。①

另一个是政府对经济的干预，主要依靠法律和经济的手段，干预的直接对象是要素或商品市场，而非单个生产组织或个人。18世纪中叶前后，工业生产活动是自由的，政府的干预主要表现在两点上：其一，给失业者和低工资者以有限的救济，其中举办"贫民习艺所"就是一例；其二，制定适应市场经济的有关法规，借以规范各个具体市场的活动。废除《居所法》以及后来颁布新的《劳工法》，就是最突出的例子。而中止特许垄断贸易公司的活动，则是试图规范市场竞争的努力。另外，进入18世纪，除了军火生产以外，政府基本上不参与生产和流通活动。甚至在像造船这样具有战略意义的工业部门，政府的参与也极少，海军船只的建造往往承包给私营造船厂。英国政府当时的主要精力用在海外殖民和维护国内经济秩序上，这显然具有市场经济体制下政府活动的突出特征。

第三节　工业社会扩散中的经济体制选择

在工业社会的早期扩散中，一开始对扩散对象的要求就是以市场经

---

① [英]约翰·克拉潘：《简明不列颠经济史：从最早时期到一七五〇年》，范定九、王祖廉译，上海译文出版社1980年版，第392—393页。

济为导向。前已述及,每一个工业化起步的国家,都须具备一定的前提条件。如果对这些前提条件略作比较,便不难发现,在所有这些国家,促使工业化起步的最重要的条件,不外乎三个:其一是自由度较高的商品市场,其二是有利于资本形成的社会环境,其三是一定规模并趋向统一的劳动力市场。正是具备了这些条件,美国、法国、德国、俄国以及日本的工业化才得以开始;也正是不具备这类条件,工业化在许多国家被延宕了。事实上,这些条件的创造本身,就是朝着市场经济体制迈出的决定性步伐。但是,类比只能到此为止,因为各国在向市场经济体制过渡的内外环境不尽相同,因此市场经济体制选择的具体过程不尽相同,最终选择的结果也存在很大差异。

一 美国市场经济体制的选择

美国在工业化起步时期,北部的经济完全是按照自由市场原则组织的,市场经济的体制框架已很完善。第一,劳动力主要靠不断涌入的移民补充。移民只要一进入美国,就有选择居住地和从事职业的充分自由。这无疑意味着统一劳动力市场的形成。第二,私有产权根深蒂固。土地无论是自由圈占的还是廉价购买的,一经私人获得便具有永久产权性质。第三,投资主要是私人业主的事,全国性资本市场的基础已经打下。1817年纽约证券交易所的正式命名,标志着证券交易的经常化与正规化和规范的资本市场的建立。第四,原料、燃料、技术专利等重要生产要素,也都在形成各自的市场,按照自由市场原则在交易和配置。

不仅北方,即便在南部种植园奴隶制的各州,市场经济的基本制度框架也已确定。私有产权毋庸置疑,各个种植园是独立的生产实体,对其获得的土地具有绝对的支配权。生产什么、怎样生产,完全由各种植园主自主决定。产品是直接供应国际市场的,市场价格决定着种植园的生产规模和投资方向。但与北方不同的是,在南部,种植园的劳动力主要由黑奴构成,即使是白人劳动力,许多都受契约的束缚,没有迁徙和择业的自由,因此不具备自由劳动力市场特征。

正是由于南北经济的这一巨大差异,在美国建国后的近80年间,国内市场一直处于分割状态:南部的种植园农业经济与欧洲市场联系紧密,而与北部市场联系松散。另外,在内战之前,地方分权主义势力极大,联邦政府在决定全国经济事务方面的权力受到牵制,各州存在严重的地方保护主义倾向，不利于全国性要素市场的形成，以至于在相当长一段时间内，还没有统一的货币银行体制，资本市场处于严重分割状态。

市场经济体制的形成，以南北战争（美国内战）为分界线分为前后两个阶段。在前一个阶段，自由市场经济的基本方向得以确定，但市场经济尚不健全。其中一个突出的标志是，主要生产要素的全国性市场尚未形成。因此，后一个阶段市场经济体制的完善与发展，主要是围绕着统一的全国性要素市场的形成展开的。

美国内战后最先得到统一的要素市场是劳动力市场。随着数百万黑奴被解放，美国南北分割的劳动力市场最终归于统一。与此同时，在以《宅地法》为突出代表的新的土地政策的鼓励下，数量空前的移民的涌入，使东部与西部的劳动市场得到同步发展。1848年，美国全国人口仅为2201万人，其中劳动人口约占35%，不足800万人。在这将近800万人的劳动人口中，南部黑奴就占了300万人左右，可以自由迁徙择业的劳动力不多，因而劳动力市场的规模有限，劳动力的西迁使劳动市场在区域间的发展极不平衡。战后美国政府颁布了一系列劳工法，鼓励外国移民进入美国，使劳动力市场在几十年内迅速膨胀起来。1860—1880年，移入人口500万人；1881—1890年，移入860多万人；1900—1914年，移民人数多达1400万人。1861—1914年，到美国定居的外国移民共达2700多万人。同一时期，劳动人口在总人口中的比重由35%上升到40%以上。劳动力市场的规模由此可见一斑。

劳动力市场的统一还得益于铁路的修建。19世纪下半叶大规模的铁路建设，将美国各主要地区联为一体，方便了人口尤其是劳动人口的迁移，使全国性劳动市场的统一成为大势所趋。

资本市场的统一略晚于劳动力市场，但其扩张速度比劳动力市场要快。统一的资本市场分两个系统，分别由两种力量促成。

一个是以证券市场为载体的直接融资系统，这个系统最初是自发形成的，后来经过不断的自我更新，形成了一个全国统一的资本市场。纽约证券交易所的历程几乎代表了这个系统形成的全部历史。纽约证券交易所以著名的《梧桐树协议》（Buttonwood Agreement）的签署为标志而建立。1792年5月17日，24名股票经纪人在他们经常聚会并交易证券的华尔街的一棵梧桐树下签署了这个协议，制定了证券交易的基本规则，并确立了佣金制。该协议的主要条款是，确保股票交易在彼此信任的交易方亦即收取佣金的经纪人之间进行，以便提高证券交易在大众中的信心。主要由于这个协议的签署，证券交易趋于规范化，而不断规范化的交易推动着证券市场的快速扩张，确立了华尔街作为美国金融中心的地位。

另一个是以私营商业银行为主角的信贷系统，这个系统实现全国统一的关键是统一的货币银行体制的建立。这方面的进展多半得益于联邦政府的金融体制改革。这个体系的建立，主要发生在19世纪下半叶到20世纪初的半个世纪内，主要是通过三个步骤推进的。

第一步是统一货币。1863年颁布《国民银行法》，美国迈出了建立统一货币与银行制度的第一步。在该法颁布之前，美国管理银行与货币的权力由各州政府分散掌握，联邦政府处于无权的地位。当时全国有1500多家银行，按照30多种州银行法注册营业，发行的纸币不下7000种。各州注册的银行彼此分割，很少有业务往来，因而使信贷市场、资本市场也处于分割状态。1863年银行法及其之后的数次修正案，要求银行按照统一的国民银行法注册，第一次统一了各州银行的管理体制，统一了钞票发行。1881年前后，"国民银行"即按照《国民银行法》注册的私人商业银行，取代了按照各州法规注册的银行而居统治地位，流通中的货币已被国民银行钞票独占。

第二步是建立金本位制。1900年通过《金本位法》，美国正式宣布建立金本位制。此举的初衷在于抑制银行滥发纸币，稳定通货。实践表明，金本位制不仅稳定了通货，还为资本市场的健康发展奠定了重要基础。

第三步是中央银行体制的建立。1913年颁布法案，建立美国联邦储备体系，也就是美国的中央银行。由此最终完成了银行货币体制的改革。建立联邦储备制度的初衷有三：（1）统一全国票据结算；（2）建立灵活的货币制度；（3）促成适应工商业成长需要的信用制度的产生。[①] 不难看出，这三个目的都与全国统一资本市场的形成有关。正是

---

① ［美］吉尔伯特·C. 菲特、［美］吉姆·E. 里斯：《美国经济史》，司徒淳、方秉铸译，辽宁人民出版社1981年版，第404页。关于美国中央银行体制的建立，可参见赵伟《美国现代中央银行体制溯源》，《杭州大学学报》1998年第4期。

第四章 | 工业社会的早期经济体制

在上述改革的推动下，全国性资本市场迅速形成。19世纪80年代，跨区域的票据交换已经可以实现；90年代，专司筹集资本、将投资者与企业家连接的投资银行纷纷出现。到20世纪初，投资银行控制了许多商业银行，又通过董事席位影响或支配着许多工业公司，成为美国资本市场的重要因素。与此同时，以银行为中心的各种私人财团在资本市场占据统治地位，其资本市场的统一程度超过了任何西方国家。

全国性生产要素市场的形成与商品市场的形成在美国是同一回事。美国经济学家认为，美国国内市场的形成经历了三个阶段。

第一个阶段始于独立战争时期，止于1815年，形成以欧洲为核心的依附性市场。因为在独立之前，北美13块殖民地均以欧洲市场为进出口依附地，与宗主国英国和经英国贸易商与欧陆各国的贸易占极高的比重，相较之下，13块殖民地之间的贸易很少。独立后的最初几十年，美国很难摆脱此种局面。直到1815年，大部分商业活动还局限于以前形成的区域，且依赖于国际市场。

第二个阶段始于19世纪第二个十年，止于19世纪60年代。这期间的发展趋势是，以美国为核心的商品市场逐渐形成。其标志是，各主要州之间的州际贸易或国内跨区贸易额大幅度上升，对外国的贸易额比重则大幅度下降。以费城为例，1816年，它的进口商品来自国外的占78%，来自国内的只占22%，1837年分别变为71%和29%；同期，在它的出口中，目的地为国外的比重由36%降至15%，目的地为国内其他地区的升至35%。[①] 但这一时期，美国市场明显地分割为三大块：东部（东北部）、南部和密西西比河以西的西部。这三大区域间的贸易还受到人为和自然因素的限制。

第三个阶段始于1870年，止于1920年，是美国商品市场最终统一的年代。统一得益于经济地理上的两个重要扩展：一个是制造业中心地域的扩张，最终将五大湖地区纳入制造业中心；另一个是以资源生产供给为基础的边缘地区的地域扩张，囊括了太平洋沿岸。[②] 统一市场形成

[①] Glenn Porter ed., *Encyclopedia of American Economic History*, New York: Charles Soribnerg Sons, 1980, p. 274.

[②] Glenn Porter ed., *Encyclopedia of American Economic History*, New York: Charles Soribnerg Sons, 1980, p. 274.

99

的一个重要推手是连接各州和主要城市的铁路网的修通,统一市场形成的标志则是"永久性的区域专业化模式"的形成。① 统一的全国性商品市场的形成,无疑也意味着生产资料或者说资本品市场的形成和统一。20世纪初叶,东部、南部、西部三大经济区通过铁路运输的商品,占第一位的均为矿产品,占第二位的则是林产品或农产品,这些无疑都属于生产资料。至于其他生产资料,尤其是金属材料及稍后发展的机器设备的贸易和运输,也呈迅速上升之势。

可见,美国全国性要素市场的形成,与工业化的区域扩散是同步进行的。全国性统一要素市场的形成,无疑标志着其市场经济体制的确立。

二 欧洲大陆的经济体制选择

在工业社会扩散中,欧洲大陆的经济体制选择与北美颇为不同,这主要是由于欧洲大陆各主要国家的历史与北美大相径庭。在北美,现代市场经济是在没有任何封建"统制经济"的根基下形成的,而在欧陆,中世纪的遗产一直影响着其体制的沿革。不仅如此,即使在欧陆三大国之间,由于其体制背景不同,在工业化进程中的经济体制选择和结果也不尽相同。

法国从一开始就瞄准了市场经济体制。大革命的第一个结果就是取消国内诸侯割据,统一全国市场。然而,统一的生产要素市场的形成也经历了较长时间。大革命扫除了封建领主制,解放了受奴役的广大农村居民,并且把以前由领主控制的农村公有地分给农民,把逃亡领主的土地、教会土地收归国有,再出售给农民。结果在法国创造了"耕者有其田"式的自耕农为主的农业社会。这些农民在法律意义上完全有自由迁徙和择业的权利,但在现实生活中,他们不敢轻易离开土地,因为离开土地后找到报酬更优厚的职业的机会不多。这主要是由于工业化最初阶段,法国非农产业的发展速度极其缓慢,所创造的就业岗位不足以吸引农业劳动者。实际上许多农村居民一旦脱离土地,多半便成了居无定所的流民。大革命之前,法国就已经有人数可观的流民。工业化初期

---

① Glenn Porter ed., *Encyclopedia of American Economic History*, New York: Charles Soribnerg Sons, 1980, p.274.

的工作岗位，多半为失去职业的流民所占据。因此，在法国，自由的全国性劳动力市场的形成，是在工业化开始几十年之后，随着工业化的区域扩展逐步形成的。城市近代工厂工人的历史，不早于1850年，而从1850年到1870年，随着工业化第一个高潮的到来，劳动力市场得到较快的发展。到19世纪80年代末，劳动力市场的全国性特征已经显露出来，其力量之大，以至于法国政府不得不给予工资劳动者自由结社权。

法国全国性资本市场的形成历史，要比劳动力市场的形成来得早些。全国性资本市场的形成，主要得益于两个方面的制度构建。

一个是直接融资市场亦即证券交易体制的建立。其发端较早，早在大革命发生前的近一个世纪，受重商主义政策的推动，尤其是受到伦敦、阿姆斯特丹等地证券交易制度兴起的刺激，巴黎就兴起了证券交易之风。1724年，几家小的交易组织合并建立的巴黎证券交易所，被视为欧陆第一个综合证券交易所，略晚于伦敦证券交易所的设立（1699年）。大革命之后的1826年，该交易所搬进一座王宫式建筑，号称勃朗尼亚特宫（Palais Bronniart），那里的公开喊价交易一直延续至20世纪80年代。

另一个是统一货币和建立中央银行体制。1799年，法国政府将法郎定为全国通用货币，1800年成立法兰西银行，1834年，法郎取代其他钞票成为法兰西唯一的法定货币。1848年授予法兰西银行独家发行钞票的特权。由此实现了货币的统一并建立了近代中央银行体制，诸此推动了全国性资本市场的形成。1830年上台的"七月王朝"，系金融贵族的代表，它将国家财政政策置于信用扩张的需要之下，促成了私人商业银行的大发展。19世纪五六十年代，在第二帝国自由信用政策的鼓励下，银行资本迅速增长，且直接投资于各种产业。到19世纪70年代，法国众多商业银行无论在规模还是资本输出额上，都居欧陆之首。所有银行经营的业务均不受政府限制，法兰西成了欧洲"自由银行制度"的典范。

以证券交易所为载体的直接融资市场和以商业银行为主体的间接融资市场的并行与互促的发展，奠定了法国"双支柱"特征金融体系的基础。多半由于借助了这种"双支柱"金融体系，法国工业化进程中的金融资本空前活跃，工业化起步半个多世纪，法兰西就成了欧陆最重要的资本输出国。

法国统一的生产资料市场与一般商品市场的形成是分不开的。它的基本条件也是由大革命所创造的，它的统一也是与铁路的修建不可分割地联系在一起的。国内市场的发展程度从法国外贸政策的转轨上可见一斑。从拿破仑时期起（1799年雾月18日即11月9日政变上台至1814年4月13日被迫退位），法国一直实行严格的保护关税政策。1860年订立《英法商约》，标志着贸易政策开始倾向自由主义一边。普法战争前夕，法国已和欧洲大部分邻国签署了互惠贸易协定，实现了事实上的自由贸易。但到了19世纪90年代，又改行保护关税政策。贸易政策的第一次转轨，表明其内部市场已发展到足以抗衡外来竞争的地步；第二次转轨则表明，它的国内市场已扩展到足以独立运作的地步。因此可以断定，法国全国性统一市场的形成，不晚于19世纪90年代，这正好与其铁路干线的修通时间相一致。值得一提的是，法国的上述要素市场在运作上与英国相似，政府的直接插手不多。

与法国不同，德国三大生产要素市场的形成，自始至终存在政府干预的影子。

德意志统一的商品市场的形成一开始就是政府干预的结果，建立德意志关税同盟、修建连接德意志各主要经济区域的铁路、运河系统，完全或大部分是由政府包办的。

德意志资本市场的发展和统一，也与政府的直接干预分不开。普法战争获得的大笔赔款、出于军事目的的政府大量投资、建立国家银行——从18世纪的柏林皇家银行到1848年的普鲁士银行，再到1876年的德国国家银行，都对资本市场的发展和统一产生过决定性影响。比如，在德国国家银行设立后的30年间，新开设了近100家分行和4000家左右的支行，其分支机构遍布全国。这不仅统一了全国的银行制度，还直接监督和管理着全国的资本市场。

至于劳动力市场在德意志疆域的形成和统一，也直接与政府的干预有关。从1807年普鲁士的斯太因颁布"十月敕令"，废除农民对领主的人身依附关系，到1850年德意志领土最终取消农民的封建义务，每一步都是政府改革政策的结果，而德意志全境劳动力市场的统一，则更是普鲁士俾斯麦政府军事扩张的结果。

关于德国三大生产要素市场形成的时间，也不难推断：生产资料市场在1870年前后得以统一，资本市场和劳动力市场则是在德意志帝国统一后十几年间统一起来的。尽管德国工业化和资源市场的形成是由政府促成的，但到19世纪末，其经济体制在主体上仍然属于市场经济，因为大部分投资、生产决策是由私人分散作出的，主要资源的配置是通过竞争性市场实现的。

俄国在1861年进行农奴制改革，其后由国家出资修建庞大的铁路干线，和德国统一之前普鲁士政府的做法如出一辙。农奴的解放无疑为自由劳动力市场的形成创造了前提条件，而铁路的修建则为统一全国市场奠定了一定的技术基础。与此同时，俄罗斯也在效仿西欧国家设立现代金融体系，包括商业银行和资本市场。1841年，沙俄政府建立第一家官办的商业银行，即国家储蓄银行。1864年产生第一家私人股份制商业银行，1875年，圣彼得堡和莫斯科已有30家商业银行，其中圣彼得堡有25家。1883年建立农民土地银行，将近代金融体系扩展到农村。到1914年，圣彼得堡和莫斯科两地的商业银行总数超过700家，其中圣彼得堡有567家，莫斯科有153家。同时，还产生了大量合作社性质的储蓄和信贷机构，即互助信贷机构和互助信贷银行。1875年，此类机构就超过300家（其中互助信贷机构84家，合作银行235家）。这些商业银行及信贷机构与官办的国家银行并存且获得法律保护。1895年，沙皇政府不失时机地颁布了《储蓄银行法》，促进了小额储蓄业的发展。到"一战"前夕，俄罗斯的近代银行信贷市场颇具规模，且已走上法治化的轨道。[①] 这里特别值得一提的是，俄国近代金融市场一经发展便具有充分对外开放的特征。"一战"前夕，在俄罗斯的煤矿和其他重要工矿业投资中，已有大量英、法、德等国的外资银行资本参与贷款。其中，75%的煤矿贷款来自外资。同一时期，亦有众多俄外合资银行在俄境内经营。这些合资银行不仅为俄罗斯输入了可观的外资，还在一定程度上将俄罗斯的金融体系纳入了西欧金融体系的范围。[②]

[①] ［英］彼得·马赛厄斯、［英］M.M.波斯坦主编：《剑桥欧洲经济史（第七卷）——工业经济：资本、劳动力和企业（下册）——美国、日本和俄国》，王文捷等译，经济科学出版社2004年版，第443页。

[②] ［英］彼得·马赛厄斯、［英］M.M.波斯坦主编：《剑桥欧洲经济史（第七卷）——工业经济：资本、劳动力和企业（下册）——美国、日本和俄国》，王文捷等译，经济科学出版社2004年版，第452页。

现代工业社会与经济体制选择

俄罗斯的证券教交易所起源于商品交易所。1703年由彼得大帝下令建立的圣彼得堡交易所，最初主要交易大宗实物商品，后涉足外币和证券交易等业务，19世纪中叶之后交易开始迅速发展。到20世纪初叶，全俄境内商品交易所超过100家，其中圣彼得堡、莫斯科等7座城市的交易所获准交易股票。工商业与金融市场的发展也为活跃的财经媒体所折射。有研究显示，第一次世界大战之前，仅在圣彼得堡和莫斯科两地同时发行的日报就有60多种，其中商业类报纸占了相当大部分。而专门报道证券交易与工商业市场信息的日报也不少，著名的包括《证券交易新闻》《商人报》《商业电报》《证券交易通讯》等，发行量动辄数万份。① 这些都表明，俄国工业化起步时期，由政府推动的经济体制选择是市场导向的。可以预料，如果没有战争和革命，任其自由发展，俄国的经济体制肯定也是与西欧、中欧一致的市场经济。

然而，俄国的改革来得太迟，工业化起步太晚，它的国土面积又太大。在俄国这个领土辽阔、民族多样的国家，要建立全国统一的市场，仅仅靠一纸改革令和失去民心的沙皇政府推动，显然是不够的。实际上，腐败的沙皇政府，从未像普鲁士政府那样推行过有力的工业化和市场化政策。结果是在战争和革命爆发时，俄国的市场发育极不完全，围绕几座工业城市的要素市场基本处在分割状态。从这个意义上来说，直到布尔什维克革命发生，市场经济在俄国都还没有取得优势地位。

三 日本的经济体制选择

明治维新最初所确定的日本政治体制，显然是对英国君主立宪制的效仿；在经济体制上，也尽量向欧美看齐。因此，日本经济体制从维新开始，也是瞄准市场经济的。但是，日本每一时期都有政府提出的明确的发展战略，政府又通过具体的政策措施来保证这些战略目标的实现。

明治维新时期，日本政府提出的战略目标是"殖产兴业，富国强兵"。为此，政府也有具体的措施干预产业，使之按既定的目标发展。从这个角度来看，日本的经济体制似乎又倾向于计划经济。也正是从这一意义上，曾有学者认为，"日本自1868年明治维新后，已成为一个发

---

① ［俄］戈里科夫·安德烈·格奥尔基耶维奇：《俄国工业垄断（1914~1917）：媒体记录的历史》，张光翔、白帆译，社会科学文献出版社2018年版，第一章。

展的计划经济国家"了。① 实际上,这是一种错觉,没有注意到市场经济与计划经济两种体制在资源配置基础方面的根本区别。

前面我们已经看到,在日本的近代工业发展中,虽然政府通过直接投资在资源配置方面有很大的影响,早期表现在修建"模范工厂"方面,晚期则表现在投资兴建大型钢铁厂等官办企业上,但是政府的投资主要是通过市场实现的,而不是通过计划实现的。这样说的主要根据是,除了战争时期以外,和平时期日本政府投资兴办的工业,从机器购置到原料供应,都是通过参与市场、借助政府采购行为进行的。机器、原料、材料、燃料以及劳动的价格,主要由市场供求关系决定,而非政府,这并没有改变市场经济体制下的资源配置基础。众所周知,在一般计划经济国家,与国家投资计划同时下达的是物资供应和人力资源配置计划。这些生产要素的价格是人为制定的,而非市场决定。这是两种经济体制在资源配置方面的根本性差别。如果以这一差别为出发点,则不难看出,在日本,劳动、资本和生产资料市场的发展,从一开始就是按照市场经济的要求推进的:(1)明治维新废除了旧的封建等级制度,允许居民自由迁徙、择业,为全国性劳动力市场的形成创造了前提条件;(2)明治维新实施的农地与地税改革,废止了德川时代农地自由买卖禁令,促成了自由交易的农地市场的形成;(3)甲午战争后,日本借助自中国勒索到的巨额赔款,改银本位制为金本位制,鼓励私人银行和投资组织的发展,直接推动了全国性资本市场的形成;(4)从废藩置县统一全国政权到大举修建铁路、公路,鼓励海运及造船业等交通运输基础设施与产业的发展,为全国统一的商品市场和生产资料市场的形成奠定了制度与技术的双重基础。

与此同时,从明治初年将国有民品工厂廉价"处理"给私人,到用炮舰为日本工业品开辟海外市场,日本政府一直在保护和推动着私人投资者的利益。研究显示,明治初年到甲午战争之前,日本私人投资增长迅速,期间非农固定资本投资由7千万日元增加到3亿日元以上。其中,私人投资始终占到一半左右。只是到了甲午战争以后,得益于中国

---

① [美]查尔默斯·约翰逊:《政府到底该干什么?——有形与无形的手之争》,安佳、肖遥译,云南教育出版社1990年版,第17页。

清朝政府的巨额赔款,政府投资一度超过私人投资。但日本政府投资几乎全部用于公共基础设施和兵工厂、造船厂等军事方面,私营经济始终为日本工商业投资的主体。① 在所有权多样化和国民财富分散持有的情况下,关于生产和消费的决策肯定是分散进行的,而经济决策的分权化恰是市场经济体制的本质特征之一。

同一时期,主要生产要素的市场化也早已大势所趋。明治维新确立的土地私有化促成了一个相对自由的土地与不动产市场的形成,限制农村居民自由迁徙的封建制度的废止,促进了跨区域劳动力市场的形成与发展。与欧美工业化先行国家一样,日本近代工厂一经发展,也出现童工与劳动时间过长等社会问题,劳资矛盾迅速显现,引起各界关注。1896年,20个县级地方政府发起制定有关法律的呼吁,不久由明治政府任命的一个专门委员会起草了首部《劳动法》,后经多次反复和延宕,最终于1911年经国会通过而成为法律。虽然这个法律的最终实施要晚几年,但其主要条款则彰显了对欧美先行市场经济国家同类法律的效仿印迹。比如该法禁止雇佣12岁以下的童工,同时规定了12—15岁少工和成年工人的最长工时限制以及工伤赔偿标准等。同一时期,日本非农产业的工人运动兴起,工会组织开始形成,最有影响力的是日本社会改良家铃木文治在1912年创建的"友爱会",实为一跨行业工会组织,吸纳会员十数万人。②

日本市场经济体制的确立,大约在第一次世界大战结束初年。当时日本现代工业已初具规模,制造业的市场辐射能力、资源支配程度都已上升到了一个前所未有的高度,市场竞争激烈。

由此可见,工业社会从产生到最初的全球扩散,所选择的经济体制无一例外都属于自由市场导向的。

---

① [英]彼得·马赛厄斯、[英]M. M. 波斯坦主编:《剑桥欧洲经济史(第七卷)——工业经济:资本、劳动力和企业(下册)——美国、日本和俄国》,王文捷等译,经济科学出版社2004年版,第133页。

② [英]彼得·马赛厄斯、[英]M. M. 波斯坦主编:《剑桥欧洲经济史(第七卷)——工业经济:资本、劳动力和企业(下册)——美国、日本和俄国》,王文捷等译,经济科学出版社2004年版,第189—190、192页。

中篇

工业社会的成型与经济体制危机

20世纪初，欧美主要资本主义国家的工业化都已完成或接近完成，亚洲的日本在工业化道路上也取得了突破，实现了半工业化。与此同时，所有工业化取得突破性进展的国家，无一例外都选择了市场经济体制。工业社会的全球扩散需要借助全球性市场，市场经济必然是开放经济，这两件事显然是有机地联系在一起的。正是这种有机的联系，埋下了这个世界不稳定的种子。随着工业社会的扩散而产生的市场经济工业国，都是开放型经济体，工业化创造的前所未有的巨大产能，需要不断扩大的世界市场去吸纳，而工业社会的运转与发展需要源源不断的原材料、能源等初级产品供给来支撑。这些在很大程度上都需要借助国际市场来满足，其结果是导致了各国对世界市场与原料产地的争夺。这种争夺，一方面随着工业化的推进及其全球地域扩散而变得日益激烈起来；另一方面催生了一种理念，把对外征服和开辟新的市场和原料产地视为本国经济发展的必要条件，这就是所谓的帝国主义理念。恰如历史学家们所描述的："19世纪，在欧洲，帝国的鼓吹者们提出了一系列政治、经济和文化的论点，来证明征服和统治外国土地的正当性。他们推崇帝国主义的冒险精神。"[1] 帝国主义行为不仅导致了世界政局的动荡、战争频发，还使各国的经济一次次陷入灾难性的萧条和衰退之中。

经济萧条的频繁发生清楚地表明，工业社会起步时期所选定的经济体制，与其创造的空前巨大的社会生产力之间尚不完全适应。这种不适应可以从两个方面看到：一方面，在各主要工业国内部，市场是受到一

---

[1] ［美］杰里·本特利、［美］赫伯特·齐格勒：《新全球史（第五版）：文明的传承与交流（1750年至今）》，魏凤莲译，北京大学出版社2014年版，第158—159页。

定规制的，是有一定秩序的，但在国与国之间，在世界经济层面，市场则是无序的，竞争是混乱的；另一方面，各国政府在管理本国市场经济上，尚未形成成熟的政策手段，面对市场经济特有的周期性经济波动，大多显得无所适从。各国政府采取的政策措施，往往不是改善而是恶化了经济环境。同时都不约而同地盯牢国际市场，全力以赴地争夺海外殖民地以扩大本国势力范围，为本国企业开辟新的市场和原料产地。

全球市场的无序乃至混乱，频发且持续时间不断拉长的经济衰退与萧条，直接引出的是列强之间争夺海外市场和原料产地的冲突，冲突加剧引出的则是军事对决，最终导致了第一次世界大战的爆发。

第一次世界大战几乎使欧陆的现代工业与城市文明毁于一旦，战后列强间利益分割的极度分化，使战前就已露头的经济体制危机加剧，终于引出了一场空前严重的世界性大萧条。大萧条引出的是对工业社会初期形成的经济体制的反思，进而引出的是经济体制的重新选择与调整。这种重新选择和调整，在20世纪初叶六个实现或初步实现工业化突破的大国中间，所采取的方式与目标取向则不尽相同，有些甚至大相径庭。

第五章　英国："世界工厂"的盛衰与体制调整

自工业革命中后期开始，英国便成了全球公认的"世界工厂"。那个时代英国工商界、知识界乃至民众的普遍心态是，英国是全世界的"工业太阳"，世界其他地区则是英国的"农业行星"。这种自夸性的大众心态反映了一个事实：工业化中后期，也就是大约从 1815 年到 1870 年期间，英国制造的工业品一度垄断了世界市场。其中从 1815 年到 1850 年，就连后来的工业强国，包括欧陆的德国、法国、比利时和新大陆的美国等，一半以上的工业制造品均来自英国。到 19 世纪中后期，世界多数国家和地区对物美价廉的英国工业品形成了某种依赖。

依托"世界工厂"在工业品制造与输出方面的全球垄断地位，以及对全球市场和原料、能源的依赖，促成了英国政府政策的转折，放弃此前长期实行的保护主义政策，走向自由贸易。然而为时不长，问题接踵而来："世界工厂"形成的全球垄断地位导致了国内技术和组织创新的放缓乃至停滞，面对第二次产业革命的主角美国、德国等新兴资本主义国家的竞争，英国工业的相对竞争力下降了。与此同时，基于昔日全球垄断地位出台的系列政府政策的调整姗姗来迟，加剧了其经济困局，内外困境进而促成了经济体制与政策的新一轮调整。

第一节　"世界工厂"的盛极而衰及其"遗产"

"世界工厂"地位直接引出的，是贸易政策的历史性转折。转折的明确方向是放弃传统的贸易保护主义政策，而代之以自由贸易政策。

凭借在全世界工业品制造与贸易方面的垄断地位，以 1846 年废除《谷物法》和 1849 年废除《航海条例》为标志，英国放弃了自伊丽莎白一世女王时期（1558—1603 年）以来长期奉行的带有重商主义色彩的保护关税政策，先是单方面实施了自由贸易政策，率先降低甚至撤除了许多进口货物的关税，对外国商船开放了英国几乎所有的口岸和港口。其后，自 1860 年起，先后与法国、比利时、意大利、德国、奥地利和瑞士等欧陆国家相继达成减免关税的双边协议，促成了自由贸易政策在欧陆的兴起。

自由贸易政策促成了英国进口课税商品种类的大幅度减少和进口税率的大幅度下降。1841 年，进口课税商品种类多达 1163 种，1862 年减少到 44 种，1882 年进一步减少到 22 种。其间，平均进口关税率从 30% 以上降到 10% 以下，后来（1880 年）甚至降到 5% 以下，和最先响应自由贸易政策的法国关税税率不相上下，但与美国保护关税政策恰成对照。同一时期，美国的关税率从 20% 左右提升到 40% 左右，最高曾达到 45%（见图 5-1）。

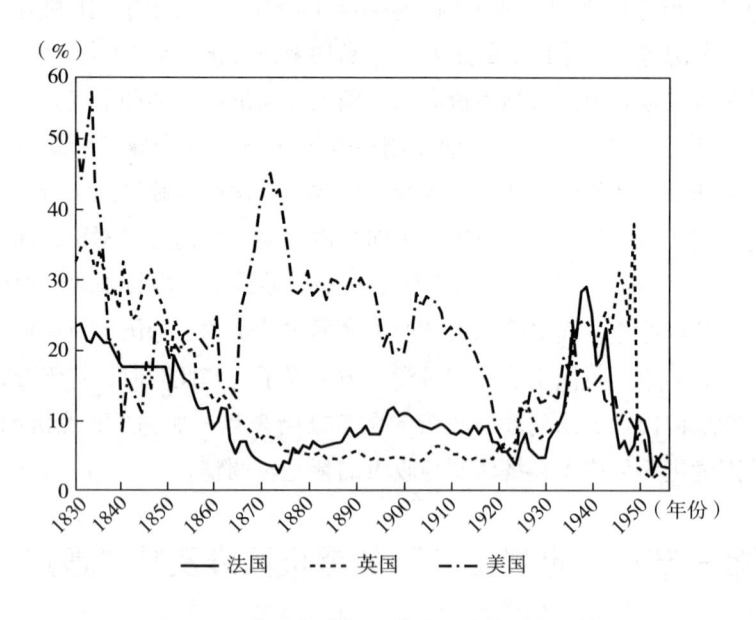

图 5-1 英国与法国、美国平均关税率比较

资料来源：Economic Elements（https://encyclopedia.thefreedictionary.com/）。

第五章 | 英国："世界工厂"的盛衰与体制调整

自由贸易政策扩大了英国的海外市场，深化了国内产业尤其是制造业的分工，给英国带来了巨大的利益。这一点是可以肯定的，也与古典经济学的推断是一致的。主要的利益不少于四个方面：其一是对外贸易的快速扩张。1845—1875年的30年间，英国外贸进出口总额由1.57亿英镑增加到6.55亿英镑，增加了3倍以上，其中进出口分别增加了3.25倍和3.31倍。其二是工业生产的较快增长。实施自由贸易政策后的最初20年间，即1850—1870年，工业产出增加了43.6%，以1913年为基期（100）的工业产量指数由28增加到40.2。那之后的30多年间，虽然麻烦不断，但英国工业生产依然保持扩张的态势，1880年工业产出指数突破50点，1890年达到63.3，1900年达到80.1，而1900—1913年的短短13年间，指数上升了将近20个点到达100。① 其三是制造业结构的变化进而产业升级，其中一个重要的变化是，工业革命中后期发展的资本密集型与高附加值制造业的迅速扩张，工业革命初期发展的劳动密集型的低附加值制造业增速放缓乃至相对衰落。前者以钢铁冶炼与机械制造为标志，后者则以棉纺织业为代表。统计数据显示，1850—1900年，英国的生铁产量由225万吨增加到910万吨，增加了三倍多。同期原钢产量由不到20万吨增加到498万吨，增加了将近24倍。这些钢铁大量用于制造蒸汽机、铁路设备和铁轨等机械设备并大量出口。与此类重型工业快速增长形成鲜明对照的是棉纺织业的近乎停滞。大约同一时期，即1852—1904年，英国的棉纺织纱锭数仅由2097.7万个增加到4785.7万个，只增加了1.2倍。② 值得注意的是，由于受到传统产业锁定效应的束缚，产业升级的范围和程度是有限的。其四是巨大的殖民利益。随着自由贸易政策的实施，英国的机械纺织业、钢铁冶炼和机器制造业利用了廉价进口的棉花、矿物和原材料，生产并大量输出同样廉价的纺织品、钢铁制品和机器设备，占领了许多后起尤其是落后国家的市场，摧毁了印度等国的传统手工棉纺织业，扫清了殖民扩张的障碍。恰是在实施自由贸易政策的鼎盛潮时期，即从19

---

① [英] B. R. 米切尔：《帕尔格雷夫世界历史统计（1750—1993）：欧洲卷》（第4版），贺力平译，经济科学出版社2002年版，第437—438、609页。

② [英] B. R. 米切尔：《帕尔格雷夫世界历史统计（1750—1993）：欧洲卷》（第4版），贺力平译，经济科学出版社2002年版，第488、536页。

世纪70年代到"一战"前夕的1913年间，英国殖民地面积扩大了将近50%，殖民地人口增加了56%。1913年，英国殖民地面积为3350万平方千米，人口为4.12亿人，占当时世界人口的23%。殖民地带给英国巨大的经济利益和在国际竞争中同样巨大的政治权益。

然而，贸易政策的自由化是有成本的，最突出的问题是无法抵挡工业化后起国家日益加剧的竞争。从19世纪70年代起，随着北美和欧洲大陆工业化的深入展开，出现了以美国、德国为代表的竞争力迅速上升的新兴工业化国家，英国在世界工业制成品市场上的垄断地位开始被打破。统计数据显示，直到1870年，英国工业产值仍占全世界工业产值的32%以上，远远高于美国和法国。但10年后的1880年，英国被美国赶上，同年美英两国的工业产值均占世界工业总产值的28%。又过了10年，也就是1890年，美国则大幅度超越英国，跃升为世界第一工业强国，英国不得不退居第二。同年，美国工业产值占世界工业总产值的31%，英国占比跌到22%（见图5-2）。到20世纪初，德国也超过了英国。1910年，美国工业产值在世界工业产值中的比重进一步上升到35%，德国上升到16%，英国则退居到14%，只得屈居第三位。

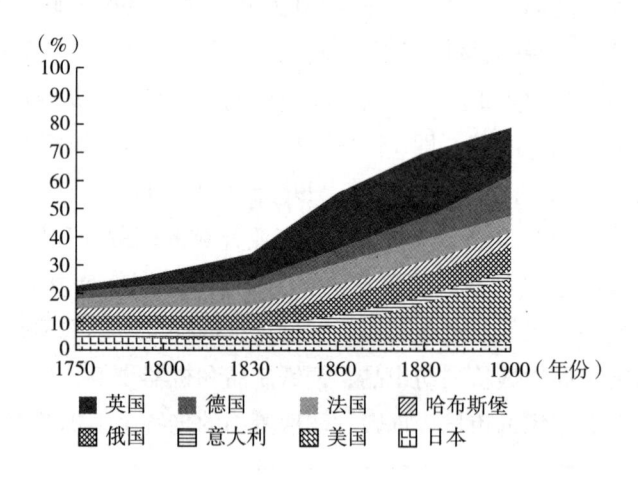

图5-2 列强制造业产业占比变化（1750—1900年）

注：GDP按1985年价值计算。

资料来源：Economic History of the United Kingdom（https://encyclopedia.thefreedictionary.com）。

与工业生产相对规模下降一致的另一个变化是,英国机器出口垄断地位的逐渐丧失。进入20世纪,英国失去了世界第一机器设备出口大国的地位。1913年,在世界工业设备供给市场上,德国以出口总额4050万英镑位居第一,英国以3040万英镑位居第二,美国以2270万英镑位居第三。在第一次世界大战中,美国又超过英国跃居第二位,英国只能屈居第三位。

自1870年起,在不到半个世纪的时间内,英国逐步失去了在世界工业中的垄断地位,昔日"世界工厂"的桂冠已无可挽回地丢掉了。

失去世界工业垄断地位,丢掉"世界工厂"桂冠之后,英国经济剩下的"遗产"究竟是什么呢?这是值得去审视的,因为这些"遗产"决定了英国后来的经济状况和体制演进趋向。

就国民经济总体结构来看,失去世界工业垄断地位之后,英国经济仍严重地依赖工业和对外贸易,农业在国民经济中的地位则进一步下降,到20世纪初叶,降到近乎无足轻重的地位。库兹涅茨的研究表明,1901年前后,英国工业和服务业的产值总和已占国民生产总值的94%。其中,工业占40%,服务业占54%,而农业只占6%。就业方面的结构变化大体与此一致。统计数据显示,非农产业(制造业、服务业、能源与给排水、建筑)加总的就业,从1841年的占比77.7%上升到1901年的91.01%。同期农业吸纳的劳动力占总劳动人口的比重,从1/5以上下降到9%以下(见表5-1)。

表5-1　　　　　英国各产业劳动力分布变化　　　　(单位:%)

	农业	制造业	服务业	能源与给排水	建筑
1841年	22.3	35.5	33.4	3.3	5.5
1851年	21.9	38.5	30	4.3	5.3
1861年	18.8	38.6	32.4	4.5	5.6
1871年	15.5	37	36.8	4.6	6.1
1881年	13.3	36.6	38.2	5	6.9
1891年	10.7	37	40.5	5.5	6.2

续表

	农业	制造业	服务业	能源与给排水	建筑
1901年	8.9	37.6	39.8	6.1	7.5
1911年	8.5	38.5	39.7	7.1	6.3

资料来源：Economic Charts of the United Kingdom（https：//encyclopedia.thefreedictionary.com/）。

农业相对地位的下降是由内外两方面因素导致的：一方面是以废除《谷物法》为标志的本国农业政策的转折，另一方面是来自外部的竞争。19世纪下半叶，随着西部的大规模开发，美国迅速建立了世界最大的高效率低成本的专业化农业区，生产了源源不断的廉价农产品并投入世界市场，由此引起了包括英国在内的欧洲农业生产过剩的危机，这给英国农业带来沉重的打击。

然而值得注意的是，即便实行了彻底的自由贸易政策，放弃了保护农业的几乎所有壁垒，但凭借农业技术创新，英国主要农产品的市场竞争力依然较强，主要食品自给率依然保持了较高的份额。直到第一次世界大战前夕，小麦和面粉的自给率仍高达79%，猪肉、禽蛋分别为56%、65%，羊肉为46%。自给率较低的食品主要包括大麦（42%）、燕麦（21%）、牛肉（39%）、黄油（40%）、乳酪（20%）和牛奶（5%）等产品。而作为工业原料的农产品，自给率普遍很低。其中，棉花自古就全部依赖进口，与贸易政策调整无关；但羊毛等英国的传统物产也逐渐依赖进口了。

面对日益强化的新兴工业国的竞争，实施自由贸易政策而对初级产品进口形成的高度依赖，致使英国不易在国内工业受到外来竞争挑战时及时改变贸易政策。

英国作为工业强国，就工业技术与产业结构来看，失去世界工业垄断地位之后的英国工业，多数仍以第一次工业革命中所创造的技术为基础，旧工业占压倒性优势地位。前已提及，18世纪60年代开始的技术革命称为第一次技术革命，19世纪六七十年代开始的技术革命称为第二次技术革命。前者创造的主体工业是煤铁，因而又称"煤铁工业革命"；后者创造的主体工业是钢与电，因此又称"钢电工业革命"。实际上，伴随煤铁工业崛起的是纺织工业，伴随钢电工业崛起的则是汽车制造、化工、电力与电气等新兴工业。

直到第一次世界大战结束，英国的主体工业依然是第一次工业革命期间形成的那几个工业部门，新兴工业占的比重很小。按就业人数排序，1920年，纺织、采煤采矿和机械制造（含造船）三个部门的就业人数最多，是英国最大的三个工业行业。排名第4到第6位的是服装业、食品业和钢铁业。实际上在排名前10位的工业中，找不到新兴工业的影子。按出口额衡量，1913年，棉、毛、麻制品的出口占全部工业品出口总额的近一半，煤炭钢铁出口量仅次于纺织业。这两项产品加在一起，占出口总额的比重在70%以上。至于代表新兴工业的电器产品，在英国出口中则占无足轻重的地位。1912—1913年，英国包括电缆在内的整个电器工业产值，只相当于德国的1/3左右，出口额只有德国的一半左右。这项在美国和德国得到大力保护的工业，在英国却得不到政府贸易政策的保护，受到来自美国和德国同类进口产品的竞争。克拉潘的研究认为，"投入这项工业的很多资本一直都不怎么赚钱，很多则完全不赚钱"。① 在汽车工业领域，英国也落后了一大截。1913年，英国的汽车进口比出口要多，美国、德国、法国都开始大批量输出汽车，英国则大量出口自行车。20世纪初，英国进口的法国汽车曾一度占到法国汽车产量的2/3以上。

落后于时代的工业结构，显然不利于保持工业往昔的国际竞争力。

就工业部门的产业组织形式和管理状况来看，"世界工厂"留给英国的也是过时的东西。其中在产业组织方面，19世纪末20世纪初，美国、德国甚至日本都在大力发展垄断性大企业和企业集团，美国以"托拉斯"帝国闻名于世，德国则以大型卡特尔对市场的分割为主要特征。这种巨型企业固然会对消费者利益造成威胁，但在技术开发、国际市场竞争中无疑占有天然的优势。和美、德相比，英国企业向垄断方面发展的势头要小得多，来得也要晚一些。相关数据显示，到1900年，美国占优势的企业是大型企业，它们雇佣的工人占工业就业总人数的

---

① ［英］克拉潘：《现代英国经济史》下卷，姚曾廙译，商务印书馆1977年版，第156页。

70%左右，1919年更高达87%。当时资产在1亿美元以上的巨型企业也有近百家。相比之下，20世纪初，英国的绝大多数工业企业是雇佣几十个人的小厂子。棉纺织工厂的平均雇佣人数为200人左右，机械加工企业则不到50人。1913年，英国的煤矿多数仍是小型的，平均雇佣人数不到300人。而同年在德国，煤矿平均雇佣人数在1000人以上。炼铁工业中，德国的313座高炉年产生铁1670万吨，平均每座高炉的年产量为5.3万吨；英国的338座高炉年产量只有1020万吨，平均每座高炉的年产量只有3万吨。巨型企业尤其是成批生产在美国和德国引发了一场管理革命，在英国，这种革命要来得迟些，直到20世纪20年代，英国工业中仍没有管理革命的迹象。

总的来看，"世界工厂"遗留给英国的是衰落的农业、旧的工业结构、不适应时代要求的产业组织和管理方式。

第二节　"英国病"及其早期症状

"英国病"（British disease）之说是在20世纪70年代才被提出来的，且一度专指20世纪70年代英国的经济滞胀。但越来越多的经济学家认为，其根源可以追溯到19世纪末20世纪初，[1] 许多病症在那个世纪转折期间即已露头。最明显的症状包括：（1）经济增长速度趋于放缓，最后呈走走停停的态势；（2）国际贸易形势不断恶化，贸易收支、国际收支逐步由盈余转入赤字；（3）失业问题开始成为一个长期的社会问题，劳工运动此起彼伏。故而有研究认为，"英国病"不是后工业社会国家的一般病症，"而是最早实现工业化的资本主义国家特有的病症"[2]。相对而言，在稍晚实现工业化的大国中，尤其如美国、德国等第二次工业革命中兴起的资本主义工业化国家，虽然经济增速时有下降，但并未出现像英国这样多种问题同时显现且不时恶化的情形。

---

[1] Nigel Harris, "Deindustrialisation", in David Caots ed., *The Economic Decline of Modern Britain: The Debate between Left and Right*, London: Harvester press, 1985, p. 3.

[2] 罗志如、厉以宁：《二十世纪的英国经济："英国病"研究》，人民出版社1982年版，第1页。

先看经济增速。英国经济增长速度的下降，虽然露头于19世纪70年代中后期，但在1900年之后才趋于明显。减速最初仅限于工矿业或宽泛的工业部门。有关统计数据显示，1820—1840年，英国工业产出年平均增速高达4%，1840—1870年也在3%以上，而1875—1894年，降低到1.5%。同期由于服务业相对较快的增长，GDP依然保持了较高的增速。但从1900年之后，增速骤然放缓。麦迪森的计算显示，1830—1900年，英国每十年的GDP增幅大多在20%以上，1900年之后降到20%以下，其中1900—1910年只有12%，1910—1920年更降到2.8%（见图5-3）。另有数据显示，19世纪70年代之前，英国的GDP增长率曾一度高居世界首位，但1870—1913年则退居第三位。同一时期，美国GDP的年平均增长率为4.3%，德国为2.9%，英国只有2.1%。然而，这只是开始。

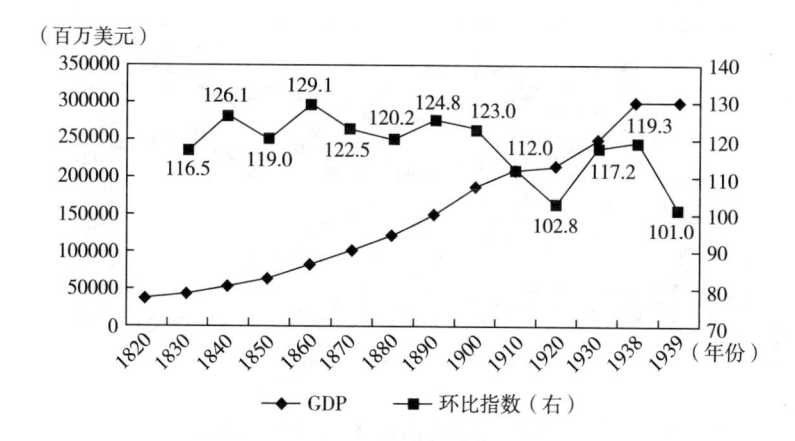

图5-3 英国每10年GDP及其环比平均增速变化（1820—1939年）

资料来源：Angus Maddison, "The World Economy: Historical Statistics", OECD Development Centre, Paris, 2003。

英国经济的灾难性停滞和动荡发生在两次世界大战之间，从第一次世界大战结束到第二次世界大战爆发，英国经济经历了两次大的萧条和一次长期衰退，首次显露出"英国病"的一个主要症状：经济走走停停。"一战"结束仅三年，英国经济就陷入了一次严重的萧条之中，即1920—1921年的萧条。这次萧条造成了英国经济的大幅度收缩，按不变价格计算，1920年的GDP（国内生产总值）比1919年缩减了6%左右，1921年又比1920年缩减了3%以上。萧条过后只出现了四年的微弱回升，到1926年又发生了一次衰退，之后又是三年左右的恢复，到1929年又为一场世界性的大萧条所困扰。1929—1933年，经济持续五年陷入混乱之中。这样，从1919年到1933年的14年间，英国经济就有8年处在萧条和衰退之中，只有6年出现微弱回升。结果到1933年，英国的国内生产总值退回到了1919年的水平。也就是说，14年间没有任何增长（见图5-4）。这是典型的走走停停式经济！大萧条过后的6年和平时期（1934—1939年），英国经济虽然曾出现过4%左右的年增长率，但这种增长应该视为20世纪30年代后期扩军备战的效应，而不是正常经济发展的表现。

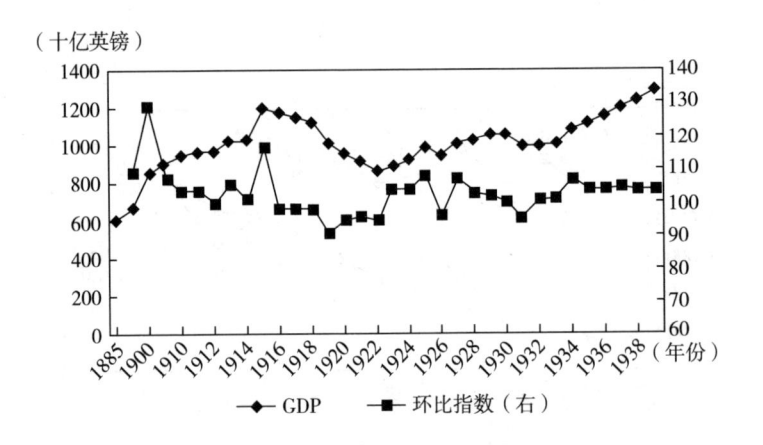

图5-4 英国经济规模（GDP）变化

注：按1985年英镑币值计算。

资料来源：Thelma Liesner ed., *One Hundred Years of Economic Statistics*, The Economist Pub. Ltd., 1989, p. 52。

再看国际收支的逆转。"世界工厂"地位丧失之后的最初十数年间，英国尚维持着庞大的海外殖民地。借助与殖民地的贸易，19世纪最后30年到20世纪初，英国的对外贸易扩张了整整三倍，国际收支方面尚维持着顺差。国际收支状况的逆转开始于20世纪第二个10年，1915年，经常项目首次出现了5500万英镑的赤字，预示着国际收支恶化的开始。但国际收支恶化的根源可以追溯到 19 世纪中叶，即工业化完成前后。当时英国的货物贸易就已开始连年呈赤字状态，1850 年，进口 10050 万英镑，出口 7140 万英镑，赤字 2910 万英镑。接下来的年份中，英国的货物进口都大于出口，且赤字越来越大：1860 年为 4600 万英镑，1870 年为 5900.2 万英镑，1880 年为 12470 万英镑，1890 年为 15720 万英镑，1900 年为 23190 万英镑。但是，在 20 世纪初之前，由于英国的服务贸易出口增长迅猛，资本输出连年增加，得自服务出口和国外投资、贷款的利润、利息、股息的收益远远大于贸易赤字，无形贸易的盈余足可弥补有形贸易的亏损。因此，国际收支的经常项目一直是盈余的。甚至在 1913 年，还有 2.35 亿英镑的盈余，1914 年仍有 1.34 亿英镑的盈余。[1] 然而，从第一次世界大战爆发以后开始，情况越来越差，大战期间，累计赤字 3.75 亿英镑。战后整个 20 年代虽然情况有所好转，只出现过一年的赤字，但国际收支盈余额越来越小，无法同战前相比。国际收支赤字的经常化则开始于 1931 年。从这一年起，赤字成了英国经济的经常现象，其数额也是以往年份所无法比拟的。1931—1945 年，没有一年是盈余的，累计赤字超过 40 亿英镑。

国际收支赤字的扩大虽然与世界大战直接相关，其起因却与英国长期形成的过分依赖无形贸易的国际收支格局紧密相关。因为赤字的经常化始于和平时期，其根源无疑与和平时期的经济结构有关。

最后来看就业问题。失业成为英国社会的一个突出问题，这一现象开始于 19 世纪 80 年代。在那之前，除萧条时期外，英国的失业率很少突破 3%，但 1880 年的平均失业率突破了 6%，那以后连续五年出现失业人数过百万的纪录。而这仅仅是开始，就业问题的恶化发生于 20 世纪 20 年代。1921 年，失业人数达到创纪录的 221.2 万人，失业率达到 11%（均为官方统计）。此后直到"二战"爆发，失业率从未低于 7%，其中有 7 年的失业率在 10% 以上（见表 5-2）。正是从 20 世纪 20 年代起，失业问题成了英国政府优先考虑的问题之一。

---

[1] Thelma Liesner ed., *One Hundred Years of Economic Statistics*, The Economist Pub. Ltd., 1989, p. 52.

表 5-2　　　　　　　　英国失业率变化　　　　　（单位：%，万人）

	失业率 最低—最高	失业人数 最少—最多		失业率 最低—最高	失业人数 最少—最多
1885—1890 年	2.1—10	34—159	1921—1925 年	7.1—11	140—221
1891—1895 年	3.2—7.4	34—126	1926—1930 年	6.7—11.1	137—238
1896—1900 年	2.0—3.3	36—58	1931 年	14.8	325
1901—1905 年	2.4—5.9	45—113	1932 年	15.3	340
1906—1910 年	3.5—7.7	69—152	1933 年	13.9	308.7
1911—1915 年	0.9—3.3	20—67	1934 年	11.7	260.9
1916—1920 年	0.3—3.0	7—66	1935 年	10.8	243.7

资料来源：Thelma Liesner ed., *One Hundred Years of Economic Statistics*, The Economist Pub. Ltd., 1989, pp.44-45。

"英国病"的病因无疑与两大因素有关。第一个因素是最先完成工业化所形成的垄断地位，造成了技术的停滞与产业结构的"锁定"。在工业处于全球垄断地位的情形下，英国企业往往不求上进，因为它们所遇到的竞争压力很小。在旧设备依然可以获取丰裕利润的情形下，设备的更新就显得不那么紧迫。由于过早的工业垄断，到了 19 世纪中后期，当其他国家的工业在竞相采用新技术、创立新部门的时候，英国却依然在采用老技术、依赖着旧工业。另外，工业社会的全球扩散也为英国维持过时的工业创造了条件。工业化在许多国家都是以纺织业作为起步产业的，纺织机械的出口使英国旧的机械制造业得以维持。直到 20 世纪初，蒸汽机的销路依然很好，因为许多国家都要修建铁路，都要发展以煤炭为能源的工业，英国的蒸汽机制造业依然很兴盛。然而，正是这种旧工业的"兴盛"，埋下了英国工业竞争力下降的种子。当新兴工业尤其是以石油、电力等新能源为动力的工业，在其他国家得到较为充分的发展后，英国工业便显得落后了。

第二个因素是庞大的殖民帝国所形成的巨大市场，延宕了英国的产业升级。早在 19 世纪 50 年代，英国的工业品出口市场在北美和欧洲大陆就已受到威胁。随着美国和德、法工业化的先后起步，英国的棉纺织业市场最先受到威胁，在这些国家的销路日益缩小。但在这期间，英国的殖民地在迅速扩大，依托庞大的殖民地、自治领和托管领土，大英帝国（British Empire）依然处在鼎盛期。每开拓一块新的殖民地，就意味着一个新市场的产生。正因为殖民地市场的补充，英国政府和企业家并不在乎北美和欧洲大陆市场的缩小；也正是依靠向殖民地输出商品，与殖民地国家进行有利可图的制成品交换初级产品的贸易，英国企业的利润并未减少。统计资料表明，1885年，英国出口产品的49.4%被输往殖民地和其他落后国家，1938年这个数字进一步上升到63.5%。同年，英国出口产品中，只有26.1%输往欧洲其他国家，10%输往北美，英国制造业对殖民地市场的依赖程度由此可见一斑。不仅如此，殖民地还是英国资本的主要投资场所，大量的资本外流必然延缓了国内投资和产业升级。

正是由于上述原因，英国企业运作的效率一直不高，其劳动生产率的增长尤其缓慢。有关资料显示，1885—1900年，英国的劳动生产率年平均增长速度只有0.60%，1900—1913年只有0.81%。而在同两个时期，美国劳动生产率的年平均增长率分别为2.24%和1.68%，德国分别为2.42%和1.42%，法国分别为2.02%和1.83%，都远高于英国（见表5-3）。劳动生产率增长速度和差异一方面反映了技术进步的差异，另一方面必然导致国与国之间相对竞争力的变化。当美国、德国等新兴工业国的工业竞争力大到足以和英国相抗衡的时候，英国的贸易条件必然会恶化。恶化的贸易条件对这个高度外向型经济国家来说，无疑是灾难性的。

表5-3　　　　英国劳动生产率增长变化及国际比较　　　（单位:%）

	英国	美国	澳大利亚	加拿大	法国	德国	意大利	日本
1885—1900年	0.60	2.24	-0.83	1.71	2.02	2.42	1.20	1.90
1900—1913年	0.81	1.68	1.02	2.71	1.83	1.42	2.37	……
1920—1929年	1.98	2.76	0.70	1.48	……	……	……	……
1929—1938年	0.79	1.31	-0.19	-0.85	2.83	2.34	2.97	3.43
1885—1938年	0.72	1.94	0.76	1.48	2.23	1.80	2.09	2.68

资料来源：Thelma Liesner ed., *One Hundred Years of Economic Statistics*, The Economist Pub. Ltd., 1989。

但是，直到第二次世界大战结束后很长一段时间，英国政府和经济理论界都很少去注意英国经济深处的这些变化，更不会有人去设想英国经济可能患了某种特有的疾病，而只是把上述"症状"视为暂时现象。这是因为直到"二战"结束，英国的海外殖民地、自治领依然较为稳固。它们作为英国工业品的海外市场和农矿业原料产地，还在发挥着主要作用。每当英国国内经济发生萧条，这些殖民地、自治领尚能帮助宗主国摆脱困境。因此，"英国病"的初期表现较为和缓。另外，英国经济实力的下降正好发生在第一次世界大战之后，这就容易使人把"英国病"的某些症状与大战的破坏性影响相联系，以为它只是战争导致的暂时现象。

第三节　"世界工厂"盛衰变化中的政策转型与体制调整

客观来看，"二战"之前几乎未曾有人认识到英国经济患了后来才被人们认识到的一种独特的病，即"英国病"，但频发且趋于严重的经济困局促使朝野开始对过往的经济政策进行反思，首先是对自由贸易政策的反思。实际上进入19世纪最后10年，随着欧陆国家纷纷放弃曾经追随英国实施的自由贸易政策而转向保护主义一边，自由贸易政策就成为议会和舆论争论的一个重要话题。与此同时，政府在社会经济事务中的作用也成了争论的一个话题。从工业革命起步时起，英国政府就奉行着一种古典式的自由放任主义政策，很少去干预经济活动。但19世纪末期以降劳资纠纷和工人运动的频发，使政府难以置身事外；而第一次世界大战期间英国政府进行的战时经济管理，使其干预经济的某些优势得以显现，战后对政府在稳定经济方面的作用的重新认识，也引发了一场争论。20世纪30年代大萧条期间凯恩斯主义的产生，可视为对这方面争论在理论上的一个梳理。

"世界工厂"地位由盛而衰的历史转折促成了英国经济政策与体制的第一次大幅度调整，其中政策调整带有"头痛医头，脚痛医脚"的问题导向倾向，而体制的调整则带有某些"长期主义"特征，埋下了"社会主义"与"福利国家"的种子。

问题导向的经济政策调整，主要围绕三大棘手问题展开：（1）恶化的国际收支；（2）严重的失业问题；（3）英镑汇率的稳定及英伦作为全球第一大金融中心的地位问题。围绕这三大问题进行的政策调整，大体上可归入四个方面。

第一个方面属于贸易政策，主要因日益恶化的国际收支问题引出，调整的主基调是将传统的自由贸易政策改为保护关税政策，同时顺应保护关税政策在欧陆国家的"回潮"。保护关税政策在欧陆的"返潮"始于19世纪80年代，它与19世纪70年代世界经济的两个发展动向有着直接的联系：一个是"廉价的美、俄农产品的大量流入欧洲"；另一个是"1873—1879年的萧条"，它引起了世界性贸易的缩减。[①] 最先实施保护主义政策的欧洲国家是法国，其后是德国。到20世纪初，只有英国、荷兰和丹麦仍在实行自由贸易政策。英国之所以迟迟未能调整贸易政策，一个很重要的原因在于，其工业和国民生活严重依赖对外贸易，贸易政策的调整引起的震荡太大，成本太高。到了20世纪第二个十年，随着英国国际收支状况的急剧恶化，贸易政策的调整成为必然。调整开始于"一战"爆发后的1915年。该年英国议会通过《麦肯纳法案》（Mckenna Act），宣布对进口小轿车、摩托车等工业制成品征收33.3%的进口关税。当时的理由是"为节省海运仓位和外汇"。虽然没有直接与保护主义政策挂钩，但它为贸易政策转向保护主义开了口子。战争一结束，英国不仅继续保留了该法案，而且还将其扩展到其他进口品上，如商用车辆、轮船等。保护主义政策的正式出台时间为1921年，该年英国议会通过《工业保护条例》（Safeguarding of Industries Act）和《染料进口条例》（Dyestuff Importation Act），对一些关键工业品开征进口关税。其中包括光学镜片和仪器，因为这类产品对国家安全至关重要。同时还禁止合成染料及其中间产品的进口，因为它们对纺织业的发展影响较大。然而这些保护措施的实施，只代表了贸易政策的初步调整，保护主义最终取代自由贸易政策则发生在大萧条期间。

1929年大萧条自美国爆发之后，世界范围的贸易保护政策骤然高

---

① A. G. Kenwood, A. L. Lougheed, *The Growth of International Economy*, *1820—1980*, London: Routledge, 1985, p. 83.

涨，最终迫使英国政府放弃残余的自由贸易主义政策，改行彻底的保护主义政策。1932年通过《进口税法》，英国开始对所有进口物品一律征收33.3%的关税，不再实行免税政策。与此同时，成立进口税顾问委员会以便随时提出合理的关税税率建议。一般认为，以1932年《进口税法》的实施为分界，英国最终放弃了自由贸易主义政策，"标志着英国重新将贸易保护作为普遍的政策。……将英国带回了早期的工业化时代"。①

第二个方面属于补充本土贸易政策的贸易体制安排，即利用其海外殖民地和自治领建立带有保护主义色彩的贸易集团，这便是"帝国特惠制"（imperial preference）。这个体制是在1932年渥太华帝国经济会议上建立的，运行中不限于贸易。除了规定英帝国本土及各殖民地、自治领之间彼此给予优惠进口关税安排，还包括其他方面的优惠安排，如公共采购合同分配方面的优惠考虑，对航运的间接补贴，以及进入资本市场的优惠等。具体实施的基本原则是："本土生产者第一，帝国生产者第二，外国生产者最后。"缔结帝国特惠制协定的国家均为英国的殖民地和已获实际独立的自治领。特惠制协定规定，英国对其自治领和殖民地输入商品给予减免关税优惠，其中80%的商品（主要是初级产品）予以免税，20%的商品只征收10%的低税；英国保证限制从帝国之外输入农产品，以维持自治领和殖民地农产品在英国本土市场稳定不变。作为交换条件，各自治领、殖民地保证给予英国工业品的进口以减免关税的优惠，同时提高自非帝国成员国的工业品进口关税。帝国特惠制的建立，形成了一个以英国为核心的贸易互惠集团，这个集团的存在对第二次世界大战以后关税与贸易总协定（GATT）的产生起了某种示范作用。

第三个方面是货币政策的调整。放弃金本位制，建立"英镑集团"。这一调整由国际收支逆转与英镑汇率的震荡引出。"一战"前伦敦曾是全世界独一无二的超级金融中心，英镑也是最重要的国际支付手段和储备货币，维持英镑币值的稳定性一直是英国政府货币政策的核心目标。整个19世纪，英镑都是建立在可自由兑换的金本位制基础之上的。20世纪初，金本位制也是英国政府极力维持的货币政策之一。然

---

① ［英］彼得·马赛尼斯、［英］悉尼·波拉德主编：《剑桥欧洲经济史（第八卷）——工业经济：经济政策和社会政策的发展》，王宏伟等译，经济科学出版社2004年版，第564页。

而，第一次世界大战严重削弱了英国的国际地位，国际收支逆转，迫使英国放弃了金本位制，这标志着英镑的第一次危机。"一战"后为了重新稳固世界第一金融中心的地位、抑制国内物价上涨，英国政府曾一度试图恢复金本位制，并在1925年宣布按照战前汇价恢复可兑换的金本位制，确定英镑对美元的固定汇率为1：4.86。据认为，这个汇率高估了英镑的价值，削弱了英国出口商品的竞争力，导致了贸易逆差的扩大。到了20年代末30年代初英国面临严重的国际收支困难时，金本位制的放弃成为无奈之举。1931年，英国终于宣布再次放弃金本位制。

放弃金本位制之后，为了稳定英镑币值，尤其是为了继续维持英镑在世界货币体系中的特殊地位，英国政府又以其殖民地和自治领为班底，组成"英镑集团"（Sterling Group）。参加这个集团的国家主要有两种类型：一类是英帝国的殖民地和前殖民地（加拿大除外），如印度、澳大利亚、新西兰、南非、埃及等国家；另一类是在经济上与英国及其殖民地、自治领联系较为密切的落后国家。这类国家，在欧洲有葡萄牙、瑞典、挪威、芬兰、丹麦和希腊等边缘国家，在亚洲有伊朗、泰国、中国等国家，在拉美则包括阿根廷、巴西、哥伦比亚、巴拉圭和玻利维亚等国家。参加英镑集团的国家的货币对英镑实行钉住汇率，即保持本国货币对英镑的汇率不变，而对非英镑集团的货币汇价，则按照英镑对美元的市场汇率来确定。为了方便成员国之间的结算，参加国还必须将其外汇准备金存放在伦敦各银行，供国际清算结算之用。英镑集团的建立，对保持英镑作为世界货币的地位，无疑起到了积极的作用，但对平衡英国的国际收支则作用不大。因为在组成英镑集团之后，直到第二次世界大战结束，英国的国际收支并没有出现明显的提升。但不可忽视的是，由于英镑币值的相对稳定，保住了伦敦作为世界第一金融中心的地位，这对阻止英国国际收支状况的进一步恶化，无疑起到了重要的作用。

第四个方面由就业政策切入，但扩及多个产业领域，主旨在于应对日益严重的就业形势和不断高涨的劳工运动。这方面英国政府的政策更表现出与传统做法的不同，传统上英国政府对于就业问题奉行自由放任的政策，尽量置身事外，让劳动力市场供求及劳资双方的较量等因素自求平衡。然而随着英国经济的减速，就业形势日益严峻，迫使政府不得不出手干预。由此开启了干预就业及其关联问题的先河。首先是插手劳资纠纷，这始于20世纪20年代。执政的自由党政府"劝说"工会降低在业工人工薪水平，以使某些萧条企业和行业降低劳动成本，渡过难关。其次，为了缓和某些行业的亏损、维持就业，英国政府开始给这些行业的企业以直接的财政补助。1925年7月给煤炭业企业提供九个月的财政补助，就是这种政策的一个开端。再次，为了减少英国企业间在国内外市场的竞争，联合起来一致对外，取得较大的国际市场份额，英国政府出面为大企业牵线搭桥，促其联合，并通过一些政策鼓励中小企业走向联合，建立销售方面的卡特尔组织。最后，从20世纪20年代开始，通过开办公共工程、政府采购、增加失业保险支出等财政政策以创造或稳定就业机会。由此，实际上使政府担负起了维持充分就业的某些责任。虽然这方面的政策在当时还未形成体系，带有"头痛医头，脚痛医脚"的短期行为特征，但明显地与英国政府奉行的传统政策不同，带有后来问世的"凯恩斯主义"政策的某些特征。

体制的调整主要发生在公共政策领域，调整的总方向是建立覆盖社会底层的社保体制。其中三个领域的调整影响最为深远。其一是养老与失业保险制度的建立与覆盖人群的扩大。1908年通过立法建立公共养老保险制度，1919年废除不给贫困人口养老金的规定，大幅度扩大了养老金覆盖的人群范围。1911年建立失业保险制度，1920年扩大受益人群范围，"几乎涵盖了所有年收入不足250英镑的手工劳动和非手工劳动者"，覆盖人数由400万人扩大到1200万人。[①] 其二是住房保障体系的初创。1890年颁布《工人阶级住房法》，终止了那之前片面强调清理贫民窟而不注重房屋供给的政策；1919年颁布《住房和城市规划法》（又称"阿迪森法"），赋予地方政府以满足辖区住房需求并稳定房租的法定责任，开启了地方政府建设保障性住房的历史。那之后陆续出台了多个住房法，促成了城市地方政府出资建房并出租经营的热潮。1919—1939年的20年间，各地政府共建成130万幢市营住宅，同时通过财政补贴资助私人新建住宅47万幢。其三是建立义务教育与中等教

[①] ［英］彼得·马赛厄斯、［英］悉尼·波拉德主编：《剑桥欧洲经济史（第八卷）——工业经济：经济政策和社会政策的发展》，王宏伟等译，经济科学出版社2004年版，第568页。

育分流的体制。1880年教育法规定对13岁以下儿童实行义务教育，1900年将义务教育年龄提高到14岁，1918年进一步把中等教育纳入免费教育范畴。为应对义务教育普及而导致的中学生人数暴增，1938年实行中学分流制，将大于11岁的学生分流于两类中学，分别为偏向学术思辨的中等文法学校（secondary grammar school）和偏向技术与技能训练的现代中学（secondary modern school）。公共政策领域的所有这些调整，实际上为"二战"后"福利国家"的形成开启了大门。

值得留意的是，在"世界工厂"由盛而衰的历史转折时期，英国的政治体制也发生了一些微妙的调整。最重要的调整不少于二。其一是工会组织的合法化与政党化。1871年《工会法》最终承认工会是合法组织，1874年《雇主与工人法》赋予工会自由与非社团的法律地位，由此使工会组织罢工更为便利。那之后至1913年，在不断高涨的工人运动推动下，议会通过了一系列有利于工会与工人结社的法规，强化了工会的地位。1906年，全国性工会组织"劳工代表委员会"改称工党，首次参加议会选举并获得26个席位。其二是议会改革与选举权的扩大。直到1831年，也就是确立君主立宪的议会民主制一个半世纪之后，英国1400万人口中只有48.4万个男性公民拥有选举权。1832年首次议会改革将选民人数增加到80.8万人，1867年第二次议会改革，首次将选举权扩大到普通劳工阶层，选民人数增加到225万人。1884年第三次议会改革，进一步将选举权扩大到农业劳动者和矿区工人，选民人数增加到500万人以上，使2/3的男性公民获得了选举权。1918年2月通过《人民代表法》，朝着普选迈出了关键的一步。该法案给予所有21岁以上男子和30岁以上妇女选举权，选民人数猛增到2000万人以上，占总人口（接近4800万人）的40%以上。

在英国作为"世界工厂"先崛起而后衰落的转折时期，工业化早期所形成的经济体制发生了明显的转折：由自由放任与充分开放的市场经济，开始转向政府干预的、有条件开放的市场经济。虽然这种变化并未改变自由市场经济体制的本质特征，但它使政府在稳定经济、就业，以及社会保障等方面承担起越来越多的责任，因而使政府政策在经济运行中的作用日益重要起来。但在第二次世界大战之前，所有这些变化仅仅是个开端。

第六章　美国：大萧条与经济体制调整

　　工业社会在美国的成型比在英国晚了半个多世纪，因此，它的体制危机也来得较迟。当英国经济开始出现走走停停的症状时，美国的经济正处于急剧上升和快速扩张时期。在工业化完成时期，它的工业产值超过了英、法、日、德、俄五大国工业产值的总和，成为全球第一制造业大国和第一大经济体。

　　美国工业化的模式也和英国存在着巨大的差异，这一点前已论及。但是，就现代工业社会发展与经济体制冲突导致的体制危机来说，美国也难以幸免。如果说在英国，体制危机更多的是以"慢性病"的形式表现出来的话，那么在美国，则是以强烈的"急性病"的形式表现出来，这便是1929—1933年将工业世界引入灾难深渊的大萧条。大萧条虽然是突然发生的，但它的条件或祸根是长期孕育的。大萧条首先从美国开始，说明进入20世纪以后，美国已成为全球工业社会的核心，美国经济的每一次重大波动，都无一例外地会影响到整个工业社会的经济。因此，美国的经济体制的危机和调整，具有世界性的示范效应。

第一节　大萧条前夕的繁荣与工业社会扩张

　　20世纪第一个25年，美国经济是以迅速的扩张为特征的，甚至在1929年10月大萧条爆发之前，仍处在迅速扩张之中，因此分析美国的工业社会成型与经济体制危机，不能不考察一下大萧条之前工业经济的超高速发展。

　　大萧条之前的十几年间，美国工业曾出现过两个发展高潮。第一个高潮发生在第一次世界大战期间。战争头三年，美国宣布保持"中立"，却向交战双方尤其是协约国出售军火和各种战略物资，从中牟取巨额利润。短短三年，仅出售军火一项，就获得16.6亿美元的收益，占这三年（1914—1916年）美国出口总额（约100亿美元）的1/6左右。战争的最后两年，美国虽然放弃了中立，参加协约国对轴心国的作战，但和欧洲国家不同，美国国土远离战场，当时还没有一种有效的攻击武器可以威胁到美国本土，因此它的参战，不仅不会损害国内经济的发展，反而会加速这种发展。结果战争期间，美国整个工业生产增长了30%以上，其中生铁产量增长了70%，钢产量增长了近一倍。与此同时，战前刚刚建立的新兴工业部门也得到新的扩展：汽车年产量由48.6万辆猛增到1920年的222.8万辆，发电量由248亿度增加到566亿度。这只是工业生产数量或规模的扩大，战争期间美国工业社会的扩展在很大程度上表现为产业技术水平和效率的提升，其突出标志就是农业机械化、工业自动化、电气化程度的大幅度提高。

美国从建国时起就是个劳动力供应不足的国家，"一战"期间，美国军队征召了近400万人入伍，派遣了200万军队去海外作战，结果使劳动力的供求矛盾更趋紧张。劳动力的短缺迫使农业从机械化方面寻求出路，最终使工业装备农业成为必然，使农业机械化程度得到大幅度提高。据美国官方公布的资料，1910—1920年，美国农业中使用的农机具价值，由12.65亿美元增加到35.95亿美元，创造了战前农机具价值增长的最高纪录。至于工业方面，自动化、电气化的进程已经开始。到战争结束时，美国的工业产值在工业化国家的比重进一步上升，达到近一半（47%）的水平。

第二个高潮掀起于20世纪20年代，从1922年到1929年持续近八年。这是美国历史上空前繁荣且持续时间最长的一个成长高潮。八年间，工业生产总值增长了53%左右，年增长率达到创纪录的5.4%，工业劳动生产率年平均增长率达到3.8%。按1929年美元计算，国民生产总值在1919年为742亿美元，1929年突破1000亿美元大关，达到1031亿美元。按1958年美元计算，同一时期人均GNP由1315美元增至1671美元。

20世纪20年代的美国经济繁荣带有两个特点：其一，繁荣完全建立在第二、第三产业发展的基础之上，第一产业的农业则一直处于不景气之中。农业的不景气主要由农产品的过剩引致。这一时期美国由于农业机械化水平的提高而大幅度增加了农业产出，但由于市场萧条，农业收入不增反减。1920年，农业总收入为160亿美元，1921年降至105亿美元，1924年不足124亿美元。其二，工业的繁荣建立在新兴产业扩张的基础之上，传统工业则趋于衰落。

这一时期得到急剧扩张的新兴产业主要有四个。其一是汽车制造业。1929年产值达到37.19亿美元，占整个工业产值的8%左右，直接或间接地创造了400万个就业机会。按就业人数衡量，已经上升为一个支柱性产业。其二是建筑业。1929年就业总人数为244万人左右，这些人所领取的薪金，占全国私营企业工人工资总额的5%以上。其三是石油化学工业。1929年，化学工业产值达到40亿美元，雇佣人数达到28万人。其中，人造丝工业的资产总额达到1.49亿美元，汽油产量为4.39亿桶，而合成橡胶工业也初露头角。所有这些发展都使石油化学工业上升为美国一个骨干工业。其四是公用事业。1929年，这个行业上升为美国最大的产业。其中仅美国电话电报公司一家巨型企业的资产就达到42亿美元，成为全球第一大企业。1920—1928年，35家公用事业公司的资产总额从64亿美元猛增到170亿美元以上，同期这些企业营业额的年增长率在15.9%左右，大大高于工业平均增长幅度。

与新兴产业扩张形成鲜明对照的则是工业化初期发展的一些老的工业行业的衰落。其中，首推采煤业。由于受到石油代替煤炭而引发的能源革命的推动，石油产量迅速增加，而煤炭开采业则急剧衰落。1923—1929年，烟煤产量下降了1亿吨左右，1355个矿井被关闭，20多万名矿工被解雇。其次是纺织工业，它的增长趋于缓慢。1919—1929年，整个工业平均增长率为64%，而纺织业只增长了49%，低于平均速度。最后是铁路运输和内河航运业，它们受到公路运输的竞争，开始走下坡路。

20世纪20年代美国经济尤其是工业持续繁荣的激励因素是多方面的，但最突出的因素，可以从需求与供给两个方面予以分析。在需求一边，市场经济的一个特征是需求赶不上供给，但20年代则出现了空前的需求旺盛，需求的旺盛在一定程度上与第一次世界大战有关。其中三个因素至关重要。第一个是固定资本更新。战争期间，美国固定资本更新严重不足，战后大规模的固定资本更新成为 20 年代繁荣的一个基础。大战期间，美国工业和农业产品的相当一部分远销欧洲，国内供应趋紧，物价居高不下，仅 1913—1916 年，批发物价指数平均升幅达 15.7 个百分点。这种价格水平，使最落后的工业设备也能赚钱，企业自然不肯花费投资去更新设备。相比之下，大战一结束，竞争变得激烈起来，企业不更新资本便难以存续下去，于是开始了大规模的固定资本更新过程。这个过程在 20 年代达到了高潮，当时更新资本的主要工业部门是铁路、钢铁和汽车制造部门，仅铁路部门更新的固定资本总值就达几十亿美元。固定资本更新及其投资的乘数效应，为资本货物（capital goods）生产与供应的扩展开辟了广阔的市场，推动了经济的全面繁荣。第二个是住宅建设引出的房地产热潮。战时住宅建设处于半停顿状态，战后住房需求空前高涨，大规模的住宅建设引发的房地产热，成为经济繁荣的另一个基础。有资料表明，1922—1930 年，私人住宅和厂房的建造费用，每年都在 70 亿美元以上。其中，1926 年就高达 110 亿美元。1921—1925 年，年新建住宅由 44.9 万幢猛增到 93.7 万幢。第三个是新的海外市场。第一次世界大战为美国工业开辟了新的海外市场。20 年代前半期，欧洲尚在进行战后重建，对美国物资的需求较多；与此同时，美国资本还利用欧洲大战及战后初期的短暂衰退而无力增加商品出口之机，抢占了欧洲列强在亚洲和拉美的大片市场。

除了上述与大战直接相联系的因素，20 世纪 20 年代促使需求旺盛的另一个重要因素是厂商营销创新。其中，最具代表性的创新是消费信贷方式的引入。企业家开始对住宅、汽车等耐用消费品采用分期付款的办法，把人们的远期消费提前到即期。保守估计，1927 年用分期付款方法售出的汽车，约占同年美国汽车总产量的 60%。1925 年，以分期付款方式售出的商品总额为 49 亿美元。[①]

从供给方面来分析，20 世纪 20 年代经济的持续繁荣至少与两个因素有关。一个因素是企业投资战略的改变，企业越来越注重研究与开

---

① ［美］H. N. 沙伊贝等：《近百年美国经济史》，彭松建等译，中国社会科学出版社 1983 年版，第 321 页。

发。这一时期，极力开发与采用新技术、新工艺，推广自动化和成批生产，构成美国工业发展的一大特征。1922—1929年，美国企业和个人登记的专利数量，比历史上任何年份都多，对企业研究与开发的投资开始占据突出地位。1928年的一项调查表明，在被调查的599家企业中，有52%的企业把研究工作当作一项正常的业务活动。另一项调查显示，被调查的208家工业公司，一年的研究经费共达1200万美元左右。[1] 由于技术进步和管理方法的革新，1919—1927年，美国工人的劳动生产率平均提高了53%左右。

另一个因素是资本形成与供应条件的改善，其中股份制发展与银行信用扩张起了突出作用。通过资本市场筹措资本，是市场经济的一个重要特征。20世纪20年代是美国股票投资与投机的狂热时期，美国企业充分利用了活跃的股市。1925年1月1日—1929年10月，列入纽约证券交易所价目表的股票数量，从44340万股猛增至10亿股以上，股价平均上涨了十几倍（最低3倍，最高20倍）。在近乎狂热的股市上，大量的小投资者为少数投机者所愚弄，货币财富通过股市迅速集中到企业家和金融投机家手中，成为能量空前的资本。与此同时，在企业内部，企业主还广泛吸收职工入股，倡行所谓的"人民资本主义"。职工入股首先是由美国电话电报公司发起的，时在1922年。同年，伊斯曼—柯达公司、美国钢铁公司、纽约中央铁路公司和美孚石油公司等巨型企业，也带头号召职工入股。1922年联邦贸易委员会的一项调查表明，在美国工商企业中，职工股东占普通股股东的7.5%，占优先股股东的1.9%。[2] 当然对企业家们来说，吸收职工入股的主要目的不在于扩大资本来源，而在于减少劳资纠纷，但这种做法在客观上开辟了资本供给的新源泉。

在整个20世纪20年代，银行信用也极其活跃。银行与证券经纪商联手组织"投资信托公司"，操纵股市。此外，政府的一系列财政政策也有利于资本形成。20年代，美国联邦政府曾进行较大幅度的减税，

---

[1] [美] 吉尔伯特·C. 菲特、[美] 吉姆·E. 里斯：《美国经济史》，司徒淳、方秉铸译，辽宁人民出版社1981年版，第673页。

[2] "The Federal Trade Commission's Report on National Wealth and Income", Washington, 1926, p. 26.

发放了巨额的军人复员费,并以每年 8 亿美元的财政支出兑付战时公债。这些措施无疑大大增加了货币供应量,降低了利率,有利于资本的形成。

经过"一战"和 20 世纪 20 年代的持续繁荣,美国工业社会的发展又取得了新的突破。这种突破为现代工业社会成长的一些关键性指标所反映,其中最值得注意的指标是人口城市化的进程。人口由农村集中于中小城市、由中小城市集中于大城市的趋势非常突出。仅 1920—1930 年,城市人口就净增了 1460 万人,同期乡村人口只增加了 240 万人。1930 年,居住在 100 万人口以上大城市的总人口,约占全国人口总数的 1/3,同年 96 个大城市的总人口占全国人口总数的 44%。就总体水平而言,1930 年,美国的城市化率为 56.2%,比 1920 年(51.2%)高出 5 个百分点。这期间,美国接纳的新移民总数逾 400 万人。仅 1921 年,移入美国的新移民就超过 80 万人。

第二节 大萧条及其原因

20 世纪 20 年代持续的经济繁荣曾经引起美国政府、经济学界乃至公众对经济前景的错误估计和过于乐观的预期。一些人甚至认为美国经济进入了"永久的繁荣"时期,再不会有大的动荡。胡佛(Hebert Hoover)在 1928 年竞选美国总统时,对经济前景的估计也十分乐观。然而不曾想到,新一任政府就任仅 7 个月,一场空前的经济萧条突然降临。

萧条首先因股市崩溃而发生,时在 1929 年 10 月。在此之前,股市十分活跃、持续高涨,从 1928 年 3 月到 1929 年 9 月,更是呈现近乎狂热的气氛。在这 18 个月中,道琼斯 30 种工业股票指数由 200 点左右涨到 380 点,涨幅高达 90%。一些热门股票的价格上升了好几倍。比如,美国电话电报公司的股票从每股 128 美元涨至 396 美元,上涨了 2 倍以上。1929 年 9 月 3 日以后,股市稍有下跌,但并未引起投资者的过分关注。1929 年 10 月 24 日(星期四),股市大跌。只是由于一批银行巨头的联合行动,才防止了崩溃。但到了下个星期一即 1929 年 10 月 28 日,股市急转直下,再也无法抢救。这一天交易所的开市大锣一响,股东们便纷纷竞相抛售股票。一天之内，道琼斯指数下降38.33点，[①] 跌幅达12.82%，创历史最高纪录。次日即1929年10月29日，一天之内抛售股票1.64亿股，指数下挫30.57点，跌幅为11.73%。一个星期之后的星期三，即1929年11月6日，股市第三次暴跌。一天之内，道琼斯指数下跌25.55点，跌幅为9.9%。到11月中旬，50种热门股票的市价比9月最高市价平均下降了50%左右。然而这仅仅是开始，此后三年时间，股市一直处在极度敏感的状态，稍有风吹草动，便下跌不止。到1932年6月，股指跌至43点，比危机前1个月创造的纪录（380点）低将近89%。到1933年7月，投资者的损失高达740亿美元，相当于1929年9月股市总值的83.33%。

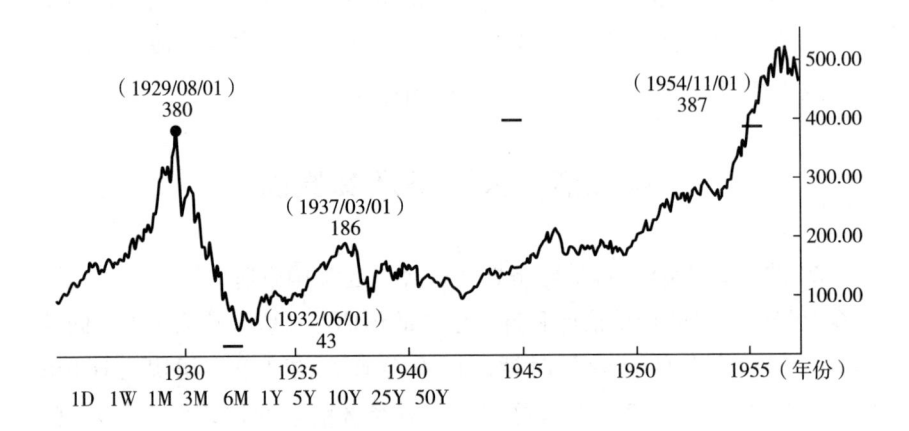

图6-1 大萧条前后美国道琼斯工业股指变化

资料来源：Trading Economics (https://tradingeconomics.com/)。

股市大崩盘是大萧条和经济崩溃的序幕。股市崩盘首先引发银行破产浪潮。因为银行贷出的巨额资金被一些投资者投入了股市，无法收回，作为贷款担保的证券，因价格大跌，远不足弥补贷款，结果引起银行破产。1930—1932年，因此种损失而倒闭的银行有5000多家，给储户造成的直接金融损失达数十亿美元。银行倒闭的直接后果是工商企业

[①] 道琼斯工业股票指数的基期是1928年10月1日，并将当天30种主要股票平均市价定为100。

债务链条的断裂，结果也就引起了企业破产浪潮。破产企业造成大量工人失业。失业人数的增加减少了消费支出，引致社会购买力萎缩，这反过来又加剧了企业的破产……，经济陷入一种恶性循环之中。

大萧条持续至1933年2月，工商业持续收缩了43个月之久，创美国历史上萧条持续时间之最。萧条期间，物价大幅度下降，失业人数急剧上升，反映工薪阶层收入状况的工资，则大幅度缩减（见表6-1）。

表6-1　　　　　大萧条期间美国若干经济指标变化情况

（指数，以1926年水平为100）

	批发价格	就业	发放工资总额	失业率（%）	工业产出*	私人投资	对外贸易（进口）	国内生产总值*
1929年	95.3	97.5	100.5	3.2	22.5	86.62	99.2	22.5
1930年	86.4	84.7	81.3	8.7	20.4	60.67	72.3	20.4
1931年	73.0	72.2	61.5	15.9	18.7	37.46	47.1	18.7
1932年	64.8	60.1	41.6	23.6	16.2	14.06	29.8	16.2
1933年	65.9	64.6	44.0	24.9	15.8	14.13	33.6	15.8

注：*以1980年为100。

资料来源：[美] H. N. 沙伊贝等：《近百年美国经济史》，彭松建等译，中国社会科学出版社1983年版，第364页；Thelma Liesner ed., *One Hundred Years of Economic Statistics*, The Economist Pub. Ltd., 1989。

按就业指数推算，失业人数在1930年不少于434万人，1931年不少于802万人，1932年不少于1200万人，1933年接近1300万人。失业率最高在25%以上（官方公布的资料是24.9%）。萧条期间，工业生产指数下降了38.6%，公司利润缩减了90%，GNP收缩了49.6%（按当时价格计算）。萧条几乎波及每一个产业，工业自不待说。农业因农产品价格下跌而大幅度减收。单位农场的平均净收入，在1929年为962美元，1932年减少到288美元。大批农场因无法归还银行贷款而被拍卖。农业总产值在1932年比1929年下降了33%。值得指出的是，在这之前的整个20世纪20年代，美国的农业一直不景气。外贸方面的收缩尤为突出，1929—1932年，出口总额由52.41亿美元降至16.11亿美元，进口由43.99亿美元降至13.23亿美元，分别下降了69.3%和

135

69.9%。这次萧条是一次世界性的灾难，它不仅袭击了所有资本主义工业国，还殃及与工业国经济联系密切的非工业化国家，包括整个拉美地区，亚洲的中国、印度等国家。

关于大萧条的图景，各种经济史著作都给予了详细的描绘，此处不再赘述。这里我们要关注的问题是，为什么会发生这样一场空前的大萧条？

关于大萧条发生的原因，经济学家们有各种各样的解释，各种解释之间存在巨大的分歧。多数经济学家试图从引发经济萧条的国内经济变量方面去解释，最具代表性的是当代几位最具影响力的经济学家的解释。约翰·梅纳德·凯恩斯认为，直接原因是投资者预期的突然恶化。具体而言，工商业者普遍对经济前景预期悲观，导致投资锐减。① 但是，深层的原因是有效需求不足。米尔顿·弗里德曼等则将其归因于失当的货币政策。他认为，由于美国联邦储备系统（美联储）货币政策失当，主要是未能及时干预而引致的。② 而新奥地利学派经济学家默瑞·N. 罗斯巴德等所持观点，则与弗里德曼正好相反，他认为是美联储过度干预导致的。③

另有一些经济学家试图从其他国内因素寻找原因，其中两种说法比较具有代表性：一种说法认为，大萧条是由于促使美国经济在20世纪20年代长期稳定增长的因素，如固定资本更新和住宅市场扩张接近完成和趋于饱和，内销市场遇到了麻烦所致；另一种说法认为，是由于美国企业过分依赖分期付款等赊销方法，将20世纪30年代的消费开支提前使用完了。所有这类解释，都可以归入"内因论"。与"内因论"不同，还有一部分经济学家试图从国际方面寻找原因，认为欧洲从第一次世界大战的破坏下恢复之后，国际竞争变得激烈了，国际市场的相对收缩导致了美国的萧条。这是"外因论"者。

除了上述诸种说法，近些年来，美国经济史著作又重提美国商业经

---

① John Maynard Keynes, *The General Thoery of Employment, Interest and Money*, 1936.

② M. Friedman, A. J. Schwartz, "Monetary History of the United States, 1857—1960", *Southern Economic Journal*, Vol. 70, No. 1, 1971.

③ N. Mcclung, M. N. Rothbard, "America's Great Depression", *Industrial & Labor Relations Review*, Vol. 17, No. 3, 2012.

济学家 L. 艾尔斯的说法。艾尔斯在 1933 年出版的《恢复的经济学》一书中提出了两个原因：一个是物价不均匀地下降——农产品价格急剧下降，而工业品价格过于坚挺；另一个是一系列滞后的信贷危机，这主要是美国银行制度的弱点和欧洲财政情况不稳定造成的。的确，这两个因素当时是存在的，但都属于引发这场萧条的直接原因，而非根本原因。如果回过头来纵向分析，将经济体制因素考虑在内，便不难看出，大萧条的根本原因存在于经济体制方面。

客观来说，经济周期性地繁荣和萧条，是现代工业社会经济运行的特有现象，政府在反周期方面并不是无能为力的。但是，迟至 20 世纪 30 年代，西方经济学界对现代工业社会经济运行的周期性认识，显然落后于从批判立场入手的马克思主义学者，认为经济萧条不经政府插手便可以自动恢复到繁荣，因而在经济体制方面不鼓励政府去创新。这样我们看到，在世界工业国形成激烈竞争格局和各工业国的生产能力空前增长的情况下，经济体制仍然保持着工业化初期的特点。其中最为突出的一点是，缺乏干预经济周期的有效机制。另外，在第二次世界大战结束之前，还缺乏有效的国际经济协调组织，在像美国这样的工业化大国经济遇到麻烦时，工业国之间不是协同防止麻烦扩散，而是各自为政，结果使萧条的破坏性加剧。可见，正是经济体制与现代工业社会经济运行的要求不适应，才造成了一场空前的大萧条。回过头来审视，事情就显得较为清楚：在一个生产能力空前发展的工业社会，政府的干预完全可以减轻萧条的破坏性；在一个全球经济结为整体的经济体系中，工业国的协同干预在防止和减轻经济周期性动荡的破坏性方面，具有不可忽视的作用。这方面的例子不胜枚举，其中最有名的是 1987 年的"股灾"。1987 年 10 月 19 日，道琼斯股指在一天之内下跌了 508.32 点，跌幅达到 22.61%，超过 1929 年的跌幅。同样也引发了全球股市大跌，其中，英国 FT 指数下挫 183.7 点，跌幅为 10.8%；日本日经指数下跌 16.9%，跌幅都创了历史纪录，却未曾引发经济危机。这其中一个重要原因，就在于西方各国政府的协同干预。我们知道，自大萧条后期开始，尤其是"二战"结束以来，西方各工业国甚至国际社会，都建立了管理和干预经济事务的专门机构或组织，形成了较为完整的体系，这是战前所没有的。这类机构的建立，实际上应该视为经济体制调整的结果。

第三节　罗斯福"新政"与市场经济体制的大调整

大萧条发生之前，美国市场经济的特点是，政府不承担经济衰退的责任，甚至像联邦储备体系这样的机构，也不轻易去干预经济周期。当时流行的经济学是自由放任主义，大萧条爆发时执政的总统赫伯特·胡佛，则是这种经济哲学的信奉者。胡佛认为，政府对经济事务的干预应保持在最低限度，政府的主要职责在于为私营企业创造适宜的经营环境。基于这种信仰，胡佛反对联邦政府插手经济事务，甚至反对联邦政府插手失业救济事宜，主张失业救济问题应由地方政府和私人慈善机构来处理。而在财政政策方面，他信奉的是一种财政平衡主义理念，极力反对赤字财政，坚持财政收支平衡，认为预算收支的平衡是国民经济健康发展的必要条件。

然而面对日益恶化的经济形势，到其执政后期，胡佛政府不得不违背自己的初衷，对政策做了一些小的调整，这主要表现在两点上：其一，由政府出资，对私营企业提供金融资助。1932年1月成立复兴金融公司，负责给各州政府、失业救济机构和企业提供贷款，一年半内放贷30亿美元；同年通过法令成立"住宅贷款银行"，对陷入住宅按揭危机的人提供紧急贷款。其二，开办少量公共工程，部分放弃预算平衡主张。1930年在科罗拉多河流域动工兴建胡佛水坝。从1930年到1933年胡佛任期结束，联邦政府对各州修建公共工程的补贴一直在上升。1929—1932年，联邦年度财政收入由40亿美元降至20亿美元左右，同期财政支出由33亿美元升至45亿美元。1932年，预算赤字几乎达到25亿美元，国债则由165亿美元猛增到213亿美元左右。事实上，胡佛未坚持住财政收支平衡的政策。但是胡佛在经济政策上的这些小的调整，只是"头痛医头，脚痛医脚"的办法。他总是把此次萧条看作和以往萧条一样的事件，认为经济会自动恢复正常，而一当情况稍有好转，他便宣布危机已经过去。这些都表明，直到胡佛下台，美国政府也未认识到此次危机的严重性和政府改变宏观政策的必要性。不仅胡佛，就连当时一些久负盛名的经济学家，面对如此严重而持久的萧条，也感到束手无策。

但这并非意味着当时没有人认识到萧条的严重性和持久性,事实上,当时确已有人认识到了此次萧条的不同。在经济学界,其代表人物是阿尔文·汉森(Alvin Hansen,1887—1975年)。他提出一种假说,认为资本主义正陷入长期停滞,其原因是新开辟的地区有限,大型个体新工业正在消失,人口增长率下降,以及节省资本的新技术的推广等,正在结束作为资本主义增长过程核心的新私人投资的机会,因而萧条具有持久性。

在政治家中,富兰克林·德拉诺·罗斯福(Franklin Delano Roosevelt,1882—1945年)代表着新政策。但在竞选总统期间,他的政策并不明确,他只是强调政府要运用一切可能的手段来制止危机。但究竟怎样具体干预,事先并没有完整的设想。罗斯福是在1933年3月4日就任总统的,当时美国经济的困境和公众的悲观情绪已达到极点。罗斯福就任总统后,当机立断,公布和采取了一系列反危机措施,并在他的第二任期进行了一系列社会经济体制改革。这些反危机措施及改革方案,总称为"新政"(New Deal Program)。后来的研究表明,罗斯福在竞选总统时所提出的反危机计划,是用"最普通的,而且很保守的词句表达的",但他在当选总统之后的行动"出乎意料的迅速"[①]。这是典型的政治家的风格。也许正是他的果断决策,才使美国经济政策在短期内出现了某些转机。

"新政"的中心思想就是以政府对经济生活的干预,代替传统的自由放任主义哲学。罗斯福认为,联邦政府在国民经济中应起到比以前积极得多的作用,甚至可以担负起较为公平地分配全国财富和收入的责任,必要时,他要运用广泛的总统权力来制止大萧条。

"新政"的实施分为两个阶段,以1935年春为分界线。在此以前所实施的新政,被称为"第一个新政"或"早期新政";在此之后到1937年之间所实施的新政,被称为"第二个新政"或"晚期新政"。早期新政的核心目标在于反危机,以图把美国经济从空前的大萧条中拯救出来。晚期新政则重于改革经济体制,以建立长期干预机制,使经济

---

① [美] H. N. 沙伊贝等:《近百年美国经济史》,彭松建等译,中国社会科学出版社1983年版,第378页。

在一定程度上处于政府的间接控制之下。

"早期新政"的内容主要体现在政府一系列紧急对策法令中,其中三个领域的紧急对策法令最为重要,也最有影响力。

第一个是金融领域。罗斯福上任时,这个领域的问题最为突出,金融体系已到了崩溃的边缘。因此采取非常措施抢救银行,成了当务之急。罗斯福就任总统的第三天,即1933年3月6日,就宣布全国银行休业。又过了三天(3月9日),提请国会通过《紧急银行法》,同时还让国会授权总统管制信贷、通货、贵金属和外汇交易。

根据《紧急银行法》,政府下令对银行进行全面整顿,只允许资产足以应付负债的银行重新开业,关闭资产不足以抵偿债务的银行,对剩下的银行提供了总额达30亿美元的紧急贷款,终于稳定了银行。为防止黄金外流,1933年4月又颁布了《黄金法令》,禁止囤积和输出黄金,随后又宣布美元贬值,把每盎司黄金的价格由20美元67美分调至31.26美元,在1934年1月31日再调为35美元。与此同时,根据《紧急银行法》,还建立了联邦存款保险公司,对私人存款承担保险责任。

第二个是工业领域。1933年6月颁布《全国产业复兴法》(National Industrial Recovery Act),以图重振美国工业。《全国产业复兴法》的主要内容有三项。(1)要求各工业部门制定自己的"公平竞争法",每个法规都须包含如下条款:保证工人有组织工会和签订集体合同的权力。制定这些法规的目的在于消除工商业中不平等的竞争,保障工人的基本权利。罗斯福任内一共批准了557个部门和行业的"公平竞争法",有些部门拒绝制定,则由行政当局代为制定。(2)设立公共工程管理局,举办公共工程,以增加就业和社会购买力,复兴工商业。罗斯福政府所兴办的最著名的公共工程,就是田纳西河流域水利工程。这是一项综合工程,包括修建30座大坝。其中由9座高坝拦成的巨大水库,被后人称为"南方大湖"。整个工程完工后,兼有拦洪、航运和发电等多种功能。其中通航里程净延长1013千米,几乎和原干流一样长。(3)用"以工代赈"方式进行大规模的失业救济。1933年3月31日宣布建立平民自然资源保护队,从事植树造林和水土保持工作,这个保护队在高峰时期共雇佣了275万失业者。举办公共工程和用"以工代赈"办法进行救济,目的在于增加社会购买力。1933—1935年,联邦政府的这两项支出，总额约为 61 亿美元。

第三个是农业领域。1933 年 5 月颁布《农业调整法》（Agricultural Adjustment Act），其核心目标是提高农产品价格，缩小工农产品价格差。实施计划包括控制农业生产规模，减少农产品供给，使供给与有效需求相适应。具体措施如下：政府与农场主签订限产合同，对自愿限产的农场实行直接津贴补助；政府补助金的来源则是向面粉厂、罐头食品厂等农产品加工企业征收的农产品加工税。农产品供给的缩减，加工成本的上升，都会使其价格上涨，使农民收入增加。一些农场主为了从政府手中领取津贴，还主动销毁了耕地上等待收获的庄稼。

"早期新政"到 1935 年终止，终止的原因如下：1935 年 5 月，联邦最高法院宣布《全国产业复兴法》"违宪"，1936 年 1 月又宣布《农业调整法》"违宪"，由此政使早期新政所依托的法律基础不复存在。

从 1935 年春季开始，罗斯福政府的"新政"变换了调子，即主要由应付紧急状态的短期政策变为对经济体制进行带有长期特征的改革。由此开启了"晚期新政"阶段。"晚期新政"具有体制改革内涵和效应。体制改革涉及范围较广，但对后来美国经济体制沿革具有长远影响的改革，主要有以下四项。

第一项改革是，设立干预经济与市场运行的专门机构或强化原有机构的权限，为常态化干预经济提供制度保障。这方面最重要的举措是，通过立法新设与扩大原有机构的权限，分管货币政策、货币市场和资本市场。其中在货币政策方面，1935 年通过《银行法》，将联邦储备理事会（Federal Reserve Board）改组为联邦储备系统管理委员会（the Board of Governnors of the Federal Reserve System），其 7 名委员全由总统任命，理事长改称主席，财政部部长和通货监理署长不再兼任理事和理事长。由此确立了美联储在货币政策决定方面的独立地位，赋予其确定利率（联邦基金利率和联储系统银行再贴现率）和储备金比率的全权，并通过联邦公开市场委员会的日常活动，对美国货币政策负责。1935 年 5 月颁布《证券交易法》，加强了"证券交易委员会"（Securities and Exchange Commission）的监管权限，对股市实行全面监督。同年 8 月颁布《公用事业控股公司法》，授权证券交易委员会对公用事业控股公司实行更严格的管理，以保证此类公司更好地服务社会公众。

第二项改革是，建立社会保险制度。大萧条之前，大多数美国人认为，通过个人平时的节省与储蓄，就能在年老或失业期间养活自己；至于那些不能养活自己的人，则应由教会团体、私人慈善机构或地方政府来救济。大萧条改变了这种看法，开创了政府负责下的社会保险制度的时代。1935 年通过《社会保障法》（"Social Security Act"），宣布统筹安排养老、失业保险，确定由联邦和州政府联合举办失业保险的原则。具体做法如下：联邦政府按企业工资表向企业征收企业保险税，缴州政府代管；退休金由联邦政府单独掌管，规定对工人和业主同时征税用于此项开支。具体税额如下：职工年满 35 岁开始征收工资的 1%，48 岁开征工资的 3%。而每个缴纳了退休金的职工年逾 65 岁，皆可从联邦政府获得退休金。

第三项改革是，设立专门机构，管理和干预劳资关系。1935 年 8 月通过《全国劳工关系法》，设立全国劳工关系委员会（the National Labor Relations Board），以干预劳资纠纷。该法案对工人比较有利，它试图保障劳资双方在工资争议中的平等权力。例如，法案禁止资方限制、压制工人行使集体谈判权利，允许工会代表工人与资方谈判，禁止资方控制工会，等等。1938 年通过《劳动标准法》，规定了最低工资率和最高工时数。当年规定最低工资率为每小时 25 美分，最高工时数为每周 44 小时；禁止雇佣 16 岁以下的童工。此类改革的一个重要结果，是促成了工会的大发展。1933—1939 年，参加工会的工人总数由不足 300 万人猛增到 900 万人。

第四项改革是，健全和增设各种职能机构，以实施对经济的长期干预甚至间接的计划。为对付美国社会日益严重的失业问题，1935 年设立工程计划管理署（又叫工程进度管理署），负责规划和管理公共工程。1935—1942 年，该署的预算高达 105 亿美元，外加地方政府捐献的 27 亿美元，共超过 130 亿美元。1938 年，它为 380 万人提供了就业机会。为降低房租和改造平民区，1937 年设立全国房屋管理局。该局有权发放住宅建设贷款。到 1940 年，它与私人承包商签订了 400 多份房屋建筑合同，拟议建造 15 万套住房。

政府干预最彻底的是农业。1937 年设立"农业安全管理局"，配合农业部对农业实行事实上的间接计划管理。通过"农业安全管理局"

"农业信贷署"等机构，政府试图将农业生产与价格置于控制之下。到1937年，美国政府的代理机构已经掌握了全国约一半的长期农业债券。农业方面的"新体制"曾引起极端保守主义者的攻击，他们将其与斯大林的农业集体化相提并论。

"新政"与斯大林主义毫不相干，这是肯定的，但它的理论根据又是什么呢？曾经有一种流行的说法，认为是凯恩斯主义。现在许多人的研究都否认了这种联系，其根据是凯恩斯主义晚于"新政"而生。一般认为，凯恩斯主义是以1936年出版的《就业、利息和货币通论》为标志产生的。但在那之前，"新政"已经实施了三年时间。凯恩斯本人虽曾在1934年5月访问过白宫，并且会见过罗斯福总统，但有记载表明，他与罗斯福话不投机。罗斯福事后对他的评价是："他完全是个书呆子，他一定是个数学家，而不是一个政治经济学家。"事实上，罗斯福是个实干家，并不过分倚重理论。但罗斯福有一个庞大的"智囊团"，"智囊团"收罗了各种各样的智囊人物，且其成员经常调换。据此，有人认为"新政"是"汇集了许多人的实践和思想的产物，而不是由几个顾问包办的"。[①] 种种迹象表明，此说不无道理。

但即便如此，"新政"一改以往政府不干预经济的传统，而变为积极干预的做法，与凯恩斯主义理论不谋而合。后来的经济研究者，将此类政府政策笼统地归入凯恩斯主义。

"新政"促成了美国宏观经济政策与体制的转轨，它开始了市场经济下政府对国民经济成就负责的历史。自实施"新政"起，美国经济至少发生了两大变化。

第一个变化是，政府采购上升为美国经济成长的主要动力之一。比如"新政"之前，美国私人投资始终大于政府采购。一般情况下，前者相当于后者的两倍。实施"新政"之后，政府采购在大部分年份都超过私人投资。1934—1939年就已呈现此种趋势。由于政府采购占有如此重要的地位，因此通过采购额的变化影响经济运行，成了政府的重要经济职能。如此，资本主义自由市场经济开始处于政府控制之下。正

[①] [美]吉尔伯特·C.菲特、[美]吉姆·E.里斯：《美国经济史》，司徒淳、方秉铸译，辽宁人民出版社1981年版，第713页。

是基于此种变化,后来有些经济学家把"新政"之前的资本主义称为"古典资本主义",把"新政"之后的资本主义称为"现代资本主义"或"受控制的资本主义"。

第二个变化是,赤字财政成为刺激经济增长的重要手段。在罗斯福上台之前,美国历届政府财政政策的首要目标是保持收支平衡。自罗斯福推行"新政"后,收支平衡再也不是财政政策的首要目标,财政赤字成为一种正常的经济现象为人们所接受。1933—1939年,美国联邦政府的财政赤字由22.4亿美元猛增到419亿美元,1941年则高达579亿美元。

值得一提的是,由于大萧条对经济的破坏格外严重,经济复苏并不是一朝一夕能够完成的。即便实施了大规模的政府刺激,并在经济体制方面进行了大刀阔斧的改革,但也未能在短期内使美国经济恢复到大萧条前的水平,只是逆转了胡佛时期恶性循环的状态。统计数据显示,按照不变价格(1982年美元)计算的美国GDP,在1929年达到战前最高水平7096亿美元(当年价格1044亿美元)之后,连续收缩了六年,到1935年触底。该年的GDP为5802亿美元(当年价格728亿美元),比1929年少了22.3%。那之后才开始回升,到欧洲战争爆发的1939年,才恢复到1929年的规模。美国经济的再次扩张,是随着"二战"进入高潮和美国的参战而拉开序幕的。

第四节 "二战"与政府全面干预经济的总演练

如果说,20世纪30年代大萧条促使美国行政当局对经济进行干预,着手对其传统经济体制进行了一系列改革,形成了初步的政府干预体系,那么,第二次世界大战则为美国政府全面干预经济生活,提供了一次实际演练的机会。这种干预虽然是在战时的非常情况下进行的,但是它对于战后美国经济体制的创新,无疑有着深远的影响。因此,考察美国市场经济体制的沿革和变革,不能不对"二战"期间的经济管制进行研究。

第二次世界大战全面爆发于1939年9月,美国经济由和平向战争时期的转轨则始于同年11月,但大规模的战时管制则迟至1940年才开始。因此，一般所述的战时经济管制，均指 1940—1945 年的管制。这种管制和干预，主要表现在以下四个方面。

第一个方面是对工业生产实行全面的行政管理。欧洲战争爆发后，美国政府首先成立了战时物资局，负责战时物资的生产与分配。1940 年又成立战时生产管理局，取代战时物资局。战时生产管理局有权决定各生产部门的原料调拨量和物资采购量，负责组织战时物资和民用物资的生产和供应。1941 年 1 月，该局升格为处理战时生产的最高权力机构，由通用汽车公司总经理威廉·努森（William Knudsen，1879—1948 年）和服装工人联合会（the Amalgamated Clothing Workers of America）主席西德尼·希尔曼（Sidney Hillman，1887—1946 年）分别任正副局长。1941 年 9 月，又设立"供应、优先调拨和分配局"（SPAB），专门负责战争物资的调拨与供应。

第二个方面是实行物价管制。1940 年成立"物价管理局"，负责物价管理。物价管理在 1942 年以前较为宽松，管理局只制定了一个指导性物价表，通过公告、非正式协议和警告等形式要求、告诫大众遵守，但对违反指导性物价表价目的行为并不去追究。1942 年 1 月颁布《物价控制紧急法令》，授权物价管理局控制物价和租金，并对违法者予以处罚。1942 年 4 月，开始规定最高价格。物价管制对战时市场秩序的维护作用是明显的。由于对物价的管制，美国战时物价总水平的上升幅度较小。物价指数在 1940—1945 年只上升了 14.1 个百分点，年通胀率只有 2.7%。其中，在 1942—1945 年只上升了 6.1 个百分点，年通胀率低达 1.2%，比和平时期还稳定。

第三个方面涉及人力资源和劳动工资的管理。战争期间成立了战时人力委员会，其职责是"制定保证为支持战争而进行最有效动员和最大限度地利用全国人力的国家基本政策"。[1] 该委员会有权对军事工业中的职业补充和职工培训进行监督，并有权调配劳动力。为缓和战时劳资纠纷，几乎所有战时生产管理机构都吸收了劳工（工会）代表参与。甚至在参战前，劳工代表就在国防委员会和顾问委员会中各占一个席

---

[1] ［美］H. N. 沙伊贝等：《近百年美国经济史》，彭松建等译，中国社会科学出版社 1983 年版，第 475 页。

位。战时还实行工资控制，1942年的政府令要求战时劳工局把工人工资稳定在当时生活费用上升的水平上。1943年颁布《劳资纠纷法令》，该法令规定，私营企业的工人若准备罢工，必须预先通知政府，由战时劳工局全体委员投票决定是否允许罢工。该法令还禁止公司、银行和劳工组织对联邦政府官员的选举捐款。

第四个方面是实行有限的国有化，创办国有企业。战时设立官方的国防工厂公司，负责创办各类战时工厂。该公司共耗费160亿美元的政府预算，建立了大批设备先进的工厂。据估计，战时5/6以上的新企业是由政府出资兴办的。战争结束时，联邦政府拥有的国营企业所产设备，占合成橡胶、飞机、镁和船舶设备的90%以上，占制铝设备的70%，占制造工作母机设备的50%。与此同时，政府还建成了生产钢、高辛烷值汽油和化学品的工厂，铺设了3800千米的输油管道。至于铁路等重要运输工具，战争伊始就直接受国防运输局的管理，1943年12月，则由政府接管。同年，受政府接管实行国营的还有矿山。

战时国民生产的大部分是通过政府预算支配的。1939—1945年，通过降低所得税起征点和增加就业等途径，纳税人由300万人猛增到4270万人以上，共征收所得税1396亿美元。而1940—1945年，GNP增加了一倍以上，同期税收增加了8倍多。1940年，按当年价格计算的美国GNP为1040亿美元，联邦政府采购的物资和劳务共值142亿美元，占GNP总额的13.65%；1944年，GNP为2114亿美元，政府采购为971亿美元，占46%左右，这是历史上最高的。战争造成巨额的财政赤字，1945年，联邦预算赤字高达450亿美元，1940—1946年，公债由450亿美元猛增到2295亿美元。

可见，"二战"期间美国政府对经济的干预程度，以及政府支出的规模，均远远超过罗斯福推行"新政"的任何一年。因此，把战时美国政府的全面经济管理、管制，看作对战后实行彻底的凯恩斯主义需求管理体制和政策的一次总预演，是合乎情理的。正是这种演练，为实现政府对市场经济的宏观管理，积累了丰富的经验。

第七章　德国：经济动荡与体制崩溃

在工业社会成型并支配全球经济的最初阶段，德国所经历的社会经济动荡最为剧烈。动荡主要表现为两种形式。一种是毁灭经济的战争。德国是两次世界大战的策源地和主战场，遭到的破坏最大。另一种是经济萧条和停滞。20世纪头几十年的每一次世界性经济萧条或衰退，都无一例外地袭击了德国。德国社会经济动荡的根源既有国内的，又有国际的；既有经济的，又有政治的。[①] 就国际经济原因来分析，最突出的莫过于前已提及的一个事实：工业社会产生初期，现代工业经济赖以存在和扩张的国际市场处在无序乃至混乱状态之中。就国内经济原因来分析，德国在工业化过程中形成的经济体制与现代工业社会正常发展的要求不相适应乃至相矛盾，则是一个根本原因。因此，从某种程度上来说，社会经济动荡本身是从属于经济政治体制选择方式的，是这种选择的结果和表现。

第一节　经济体制的弊端及其影响

德国的工业社会和现代经济体制是在传统政治制度没有发生根本性变革的情况下形成的，正是由于这种原因，它的经济体制的发展与现代工业社会所要求的体制的差距，比欧美其他几个工业化大国都要大。19世纪末20世纪初，德国经济体制在本质上仍然属于市场型的，因为它

[①] 本书的研究对象不包括社会政治制度问题，因此关于德国社会经济动荡的政治原因，不属于本书的研究范畴。

的生产资源——劳动、资本和自然资源的分配主要是通过市场进行的。要素价格的决定方式反映着资源配置方式的实质，德国大部分要素的价格是通过市场的运作而非人为操纵形成的。也就是说，从资源配置基础方面来看，德国明显属于市场经济体制国家。但是，德国的市场体制又是极不完善的。这种不完善首先表现在政府过多地插手于经济尤其是金融和工业发展事宜，政府对资源配置的影响过大。

在金融领域，从现代银行信用体制创立之时起，金融组织就处在政府的严密控制之下，最重要的控制机制是国家银行制度。德国国家银行制度产生于19世纪中叶，但在那之前，柏林就有一家官办的银行——皇家银行。该行"没有股东，完全由官吏管理"[1]，经营旧式的不动产抵押、票据贴现和商品抵押贷款业务。1847年，普鲁士政府创立了第一家股份制银行——普鲁士银行，由此开创了德意志国家银行的现代时期。普鲁士银行的股本虽然大部分属于私人，但它的领导权"完全操纵在政府官员手中"[2]。而由私人股东出资，政府官员控制，正是战前德国商业银行制度的一个特点。1870年创立的德意志银行，从一开始就履行了中央银行的全部职能，它的最突出作用是控制了全国的银行券发行。1912年在全国发行总额近26.8亿马克（约合1.34亿英镑）的银行券中，国家银行就占了25.2亿马克（约合1.26亿英镑），占94%，这在同期工业化国家中是最高的。

不仅如此，国家银行还从事一些最主要的商业银行业务。它在全国各地遍设分行，从事"所有一切种类的信用业务"[3]，包括个人信用贷款、商品抵押贷款、贴现、帮助创办公司等。20世纪初，德国虽然也有一大批私营股份银行，但是几乎所有的私人商业银行，都对国家银行存在严重的依赖性，因为没有一家私人股份银行拥有像德意志银行那样至高无上的权力和遍布各地的分支机构。

另外，许多私人股份银行都是在国家银行的帮助下创办的，与国家

---

[1] ［英］克拉潘：《1815—1914年法国和德国的经济发展》，傅梦弼译，商务印书馆1965年版，第152页。

[2] ［英］克拉潘：《1815—1914年法国和德国的经济发展》，傅梦弼译，商务印书馆1965年版，第152页。

[3] ［英］克拉潘：《1815—1914年法国和德国的经济发展》，傅梦弼译，商务印书馆1965年版，第436页。

银行的关系极为密切。正是由于这种原因，20世纪初，德国银行家对国家银行的满意程度，"不亚于对他们自己的银行。他们依靠它，并且绝对信任它"①。由于国家银行的这种特殊地位，在德国，商业贷款利率早就由国家银行决定了。这实际上意味着，在资本资源的价格形成中，政府起着决定性作用。不仅如此，国家银行还通过它所控制的商业银行，左右着资本资源的流向和部门配置，这也削弱、限制着市场因素发挥作用的范围和程度。

前已述及，德国近代工业是在政府投资的带动下创办的。这决定了在工业化进程中形成的现代工业，过多地受到政府的控制。其中，最突出的是铁路运输业和重工业。德国政府对铁路的控制是通过国有化进行的。1907年，在德国总长6万千米的铁路中，普鲁士政府拥有的铁路长度为3.47万千米，巴伐利亚等地的政府所拥有的铁路为1.7万千米；在德帝国境内，私营铁路公司所拥有的标准轨铁路总长度只有3600千米左右，仅占当时德国铁路总里程的6%，并且全部属于非干线路段。

政府对重工业的控制则是通过政府订货实现的。德国的重工业在较大程度上与军火生产关系密切，政府的军事订货对大的重型企业的发展至关重要。这方面，德国最大的重型机器制造企业——克虏伯的发展，就是一个典型的例子。20世纪初，这家企业雇佣的工人超过10万人，生产的产品大部分为政府所购买。至于一般工业，政府的控制则是通过"卡特尔—银行—国有银行"的渠道。20世纪初，德国各主要工业部门都形成了卡特尔性质的垄断组织，而每个卡特尔组织后面都有一两家大的商业银行在支持。没有银行的支持，卡特尔就难以维持。在私人商业银行后面，则是国家银行。这样，政府通过国家银行，就可以操纵整个工业。政府的操纵无疑会削弱市场因素的作用。

德国市场经济体制不完善的另一个表现是，农村社会和农业生产要么受旧式乡绅的控制，要么受新式的主要由原乡绅把持的各种合作社的控制。普鲁士和德国其他地区的农业改革虽然早在19世纪初就完成了，但直到20世纪初，在许多地区，自由农民以及他们所雇佣的农工，

---

① ［英］克拉潘：《1815—1914年法国和德国的经济发展》，傅梦弼译，商务印书馆1965年版，第433页。

"依然处在他的旧主人的监视和统治之下"①，他们依然不时被召去提供劳务。虽然当时有农民组织的"公社委员会"，但它也不能违背乡绅们的意志行事，因为农村的大部分耕地是地主的私有财产。

不仅如此，实际上德国农业一经走上市场经济发展之路，便在很大程度上受到垄断组织和政府的控制，这种控制主要通过"合作社"进行。

"合作社"是德国的民间创举，产生于19世纪60年代。1862年，普鲁士一位退伍军人赖伐森（Friedrich Wilhelm Raiffeisen，1818—1888年）组织了第一个合作社：它的成员互相提供实物信贷，彼此担保，负无限责任。从19世纪70年代起，这种合作组织迅速在普鲁士的农村发展起来，并且成了农村银行的组织形式。加入该合作社的农民可以在将其储蓄存入合作社基金之后，得到贷款。赖伐森掀起的"一村一个银行"的运动使这种银行迅速遍及普鲁士各地。1877年成立赖伐森银行联合总会，1905年它与一个新的农业合作组织——帝国农业合作社联合会建立联盟。与此同时，各种各样的专业农业合作社相继产生。到1908年，参加各类信用合作社的农民占农户总数的1/4左右。信用合作社的好处是消灭了农村高利贷的活动，因为入社农民可以通过合作社取得利率较低乃至无息信贷，但它的缺陷则是易受银行家和政府的控制。事实上，20世纪初的信用合作社已经受到金融家的控制，而金融家实际上是政府的亲信。通过农村信贷银行，德国政府在很大程度上影响着农业生产，市场经济的力量也受到限制。

这样我们看到，无论在德国的金融业、现代工业部门，还是在农业部门，经济决策的做出都具有某种集中特征，与英美式市场经济的一个主要特征——分散决策明显不同。这可以视为德国市场经济体制不完善的一个突出表现。

经济体制方面的上述弊端与德国政治体制方面的固有缺陷相结合，使德国的政治决策以专断为特色。少数控制国家权力的人可以专断地做出决定德意志民族命运的冒险决策，这可以看作德国发动两次世界大战的体制原因。

---

① ［英］克拉潘：《1815—1914年法国和德国的经济发展》，傅梦弼译，商务印书馆1965年版，第227页。

第二节　经济动荡与体制的重新选择

德国经济体制的特点使它容易做出战争决策,战争的目的是取得更大的国际商品市场和原料供应地。然而,第一次世界大战并未像德国统治者所希望的那样获得胜利,而以德国失败告终。战争的失败,直接导致了德意志帝国的终结,发动战争的德皇威廉二世的皇位连同帝制一起被废止。1918年2月走向共和,同年在图林根州文化名城魏玛制定第一部共和宪法,那之后直到1933年纳粹上台,史称"魏玛共和"(Weimar Republic)时期,亦称"魏玛德意志"(Weimar Germany)。

战争的失败,也将德国经济推入灾难之中。

经济灾难直接源自战争的破坏,间接来自对战胜国的赔偿压力。战争给德国经济的直接破坏极其严重。战争直接和间接造成的人口损失高达560多万人,其中战争死亡240万人,出生减少295万人,一般性死亡30万人。至于对工农业生产和基础设施的破坏,更是巨大。然而,这只是开始。战后根据《凡尔赛和约》,德国又付出了巨额的赔偿代价。《凡尔赛和约》实施的结果,使德国在经济上蒙受的损失主要有三个方面。其一是领土与资源。德国丧失了1/8的国土,1/7的耕地,1/12的人口,3/4以上的铁矿资源,2/5以上的生铁产量,1/3以上的钢产量,1/3左右的煤产量,3/5以上的锌矿资源;丢掉了全部海外殖民地。其二是资本货物。包括吨位在1600吨以上的全部船只和1000—1600吨的半数船只;占渔船总数1/4的渔船;5000辆机车,16万节火车皮和5000台载重卡车;大批农业机器和14万头奶牛。此外,还须为协约国无偿建造100万吨的船只。其三是赔款。按照1921年4月伦敦会议达成的最后文件,德国对协约国的赔款总额为1320亿金马克,每天须支付20亿金马克和出口商品总收入26%的货款,并要求以原煤、建筑材料、化工产品和奶牛等物品,抵充部分赔款。德国每年都须将这类产品的若干部分缴协约国享用。

战争使德国工农业生产全面倒退。按照工业生产指数衡量,若以1913年工业产出为100,则1914年降为83,1915年为67,1916年为64,1917年为62,1918年为57,而1919年更降至39。

151

战争的破坏加上战后赔款的压力，导致德国经济陷入混乱之中。1919—1923年，德国发生了有史以来最严重的通货膨胀，马克币值直线下跌。1918年，马克与美元的汇兑比值为8.5∶1，1921年降为191.1∶1，1922年为18060∶1，1923年年底则降到42000∶1。物价上涨更快，柏林中央市场上的牛肉，1923年2月初每磅售价3400马克，10月29日提高到560亿马克，11月5日升至2800亿马克。到1923年年底，流通中的货币比战前多了1.7万亿倍。纸币马克几乎成为废纸，商品流通几乎完全停止，物物交换到处盛行。

恶性通货膨胀的最大受益者是政府，使政府负担的国内债务几乎化为乌有。战争期间，德国政府支出战费的60%以上靠向私人银行和其他金融机构借贷。马克变得一钱不值时，用贬值的马克清偿债务，使政府摆脱了内债困扰。与此同时，一些欠了巨额债务的企业和农场得以摆脱困境。因恶性通胀遭受巨大损失的，则是广大的工资收入者和无产的普通民众。

恶性通货膨胀和经济动荡在1923年引起赔款危机。由于德国政府以经济困难为由拒绝支付赔款，法国和比利时两国于该年1月11日派军队占领了德国的重工业区鲁尔，这给德国经济以新的创伤。面对这种局面，从该年起，美国积极插手德国事务，以图帮助德国重振经济。

1923年10月，在美国的倡导下，协约国成立了"国际专家委员会"，寻求解决德国问题的新办法。该委员会由美国芝加哥银行金融家查尔斯·道威斯（Charles G. Dawes，1865—1951年）任主席。同年11月，在美国的帮助下，德国进行了货币改革，按1个新马克兑1万亿旧马克的比率收回旧币，改用新币。新马克最初为"地租马克"，1924年8月为"帝国马克"所取代，后者含金量为0.3584克。从而稳定了通货。1924年秋，道威斯领衔的国际专家委员会向协约国伦敦会议提出一份关于稳定与重振德国财政金融的计划，得到该会议批准。这个计划后来被称为"道威斯计划"（Dawes Plan），它对重振德国经济起了积极的作用。

"道威斯计划"的主要内容有四项：（1）在协约国的监督和帮助下，德国完成货币改革。为此设立纸币发行银行，并由以美国为首的外国银行提供贷款，以稳定其币值。（2）削减德国的年度赔款额，将1924—1925年的赔款额定为10亿金马克，并规定逐年增加，到1928—

1929年达到25亿金马克。同时,确定以德国每年的财政收入为赔款的来源和担保:50%的赔款由德国政府预算收入中的关税和啤酒、烟草、酒类等税收抵补,11.6%由运输税收入抵补,26.4%由铁路公司的国有股收入抵补,12%由国有工业公司股红利抵充。为确保赔款的支付,德国的铁路和税收置于协约国监督之下。(3)美、英等国向德国提供贷款,以重振德国经济,保证赔款按期支付。首批"道威斯贷款"为2亿美元,其中美国提供1.1亿美元,英国提供0.9亿美元。(4)德国以法国、比利时两国从鲁尔区撤军为接受赔款计划的条件,由美、英、法、意、比五国组成"拨送赔款委员会",监督德国政府实施计划,履行赔款义务。

"道威斯计划"无疑是一份稳定德国经济的有效处方,实施的效果非常明显,最重要的结果有两个:第一,一度为法国、比利时所占领的重工业基地——鲁尔地区重新回到德国手中,因而保证了德国国内工业供应链的完整;第二,外国贷款和投资不断流入德国,缓解了投资严重不足的困局。1924—1929年,德国共得到美、英等国的贷款210亿马克以上,同期支付的赔款只有110亿马克。流入资本多于流出,加上外国私人投资的涌入,使战后初期德国资本奇缺的局面得到改观。

投资增加带动了经济恢复。其一是工业的恢复。工业生产指数在1923年为48(1913年=100),1925年回升到63,1926年升至79,1927年为100,与战前1913年产出额持平,1928年和1929年均维持在102的水平。

德国的经济恢复是以更新的技术为基础的,因此其工业的劳动生产率提高较快。据估计,1907—1925年,工业劳动生产率仅提高了11%;而1925—1929年,各主要工业部门的劳动生产率提高幅度,最低为29%,最高达67%。到1929年,德国经济重新回到资本主义工业国第二的地位。1932年的一篇研究报告认为,1928年德国工业在世界工业中所占份额为11.3%,虽然低于1909年17%的水平,但高于英、法。同年,英国这一数字为9.3%,法国为7%。[①] 其二,德国的农业生产也

---

① [法]夏尔·贝特兰:《纳粹德国经济史》,刘法智、杨燕怡译,商务印书馆1990年版,第10-12页。

得到恢复。1924—1929年，农业生产增长19%。但由于工业化程度的提高，农业在国民产出中的比重则在下降，同期农业产值在总产值中的比重由22.7%下降到20.9%。

然而，德国经济的恢复是建立在国外贷款的基础之上的，内在资本形成机制很不完善，投资源泉极不稳固。大举外债虽然使经济得到较快恢复，却使国民因此背上了沉重的债务包袱。这方面最明显的标志是外债利息的急剧增加：1924年为1.66亿马克，1925年为3.26亿马克，1926年为5.13亿马克，1927年为6.8亿马克，1928年为9.45亿马克，1929年高达12.25亿马克。这就意味着，德国这一时期经济恢复的利益，相当一部分流向国外，经济动荡的根源并未消除。

事实上，从1927年起，德国经济就开始发生新的动荡。1927年与1928年之交，德国几乎陷入金融危机之中，只是以美国为首的西方债权国的及时干预，才防止了德国经济的全面动荡。干预德国此次金融危机的方案称为"杨格计划"（Young Plan），因为它是由美国无线电公司董事会荣誉主席欧文·杨格（Owen D. Young，1874—1962年）所领导的国际专家委员会提出的。

"杨格计划"的主要内容有三：(1) 进一步削减德国承担的战争赔款数额。按该计划，德国赔款加利息总额减少到1139亿金马克，支付期延长至58年零7个月；(2) 法国、比利时从莱茵河地区撤走占领军，取消协约国对德国经济和财政的直接控制；(3) 继续向德国提供贷款，总额为13亿美元，并设立国际清算银行，通过该银行把德国支付给英、法等国的赔款用于清偿这些国家自美国所贷的战争债款。

"杨格计划"虽然对德国很优惠，但它并未能阻挡德国经济陷入危机，只不过延缓了这一危机爆发的时间。该计划使德国有机可乘，这便是取消赔款。还在该计划谈判过程中，即1929年，德国政府就向美国总统胡佛呼吁缓付赔款，得到许可，自此德国实际上停止了支付赔款，但停止支付赔款也未能阻止德国经济陷入世界性经济大萧条之中。

德国经济的萧条起因于美国输往德国资本的减少，时在1930年。由于德国在1924年之后的经济成长主要是美、英等国的贷款和投资促成的，美国发生大萧条之后，立刻消减了对德的资本输出，结果引起德国资本奇缺，工业生产因缺乏资本投入而出现萧条。然而，这仅仅是开始。1931年的金融危机更如火上浇油，把德国经济推入崩溃的边缘。

金融危机的触发点是1931年夏季德、奥两家大银行的倒闭。一家是奥地利信贷银行。这是一家由罗斯柴尔德财团控制的股份银行①，其股东遍布中欧和巴尔干半岛。另一家是德国的国营达姆斯塔特银行。这是德国一家主要的大银行，它在同年7月13日宣布停业。银行倒闭引起资本外逃，美国、英国、瑞士等国的银行家纷纷从德国银行中提走短期信贷资本。德意志帝国银行不得不动用大量黄金储备和外汇来应付提兑。结果在几个礼拜之内，该行就向国外支付了10亿马克的黄金与外汇。到1931年年底，帝国银行的黄金储备由前一年的22.16亿马克锐减到9.84亿马克，可兑换外汇由4.69亿马克减少到1.72亿马克，分别减少了一半多和2/3左右。

金融危机加剧了生产过剩危机。1932年，德国工业全面坠入危机的深渊，整个工业生产比危机前下降了40.6%。若把危机前最高年份1928年的工业生产和国民收入等指标作为100，则1932年的工业生产降至58，国民收入亦降为58，固定投资总额降为31，生产资料产量降为38，消费品产量降至74。1932年，失业率达到30.8%，失业人数超过600万人。

为了应对危机，1930年3月上台的布吕宁（Heinrich Bruening，1885—1970年）政府采取紧缩政策，结果不但未能缓和反而加剧了萧条。1932年7月，协约国洛桑会议同意美国总统胡佛的提议，暂停向德国索取赔款。因为德国要筹措赔款，得保持较大的出口规模。在全球市场大幅度收缩的形势下，扩大出口既无可能性，亦不利于世界经济的复苏。但与此同时，协约国要求德国三年后，即1935年，用借款一次性支付30亿马克赔款。

经济的空前萧条和赔款的巨大压力，使德意志民族普遍陷入悲观之中，渴望有一个强硬的政府重振德国经济，摆脱协约国的控制。以阿道

---

① 罗斯柴尔德财团即由著名的罗斯柴尔德家族（Rothschild family，也译为洛希尔家族）控制的财团。其创始人为德籍犹太人罗斯柴尔德（Mayer Amschel Rothschild，1744—1812年），18世纪末19世纪初首创跨国金融业务，借助他的五个儿子在欧洲建立了一个分布多国的金融公司。后经其子孙们的继承与拓展，形成了一个庞大的金融控股财团，金融触角遍布欧美多国。

夫·希特勒为首的纳粹党正是利用了德意志国民的这种心理，采用欺诈手段攫取了政权。纳粹的支持者主要是民族主义要求最为强烈的阶层，如一般市民、小职员、公务员、小商贩、农民和小资产阶级。同时，纳粹还得到德国大资产阶级的支持。1927年，纳粹党与曾任克虏伯公司董事长的德意志民族人民党领袖胡根贝格（Alfred Hugenberg）建立联盟；1931年10月，又与右派分子缔结盟约。阿道夫·希特勒与大企业联盟的领导人频频会晤，得到企业巨头们的支持。纳粹分子的欺骗性宣传也迷惑了相当一部分选民，结果在1933年的选举中获胜。希特勒于1933年1月就任首相，次年自封"元首"（Führer），实行独裁统治，进而把德国引向新的政治黑暗时代。

以纳粹党攫取德国政治统治权为分界线，这是德国重新选择经济体制的开始。在纳粹统治德国之前的两次世界大战间歇期，德国的政治和经济为协约国所控制。在协约国内部，美国试图按照自己的价值准则重塑德国经济体制，英国则试图按照最有利于从德国索取战争赔偿的需要重组德国的经济体制。美、英等国明争暗斗的结果，使德国仍然保留了相当一部分垄断企业，加上频繁的经济动荡，直到希特勒上台之前，德国仍未实现经济体制的根本转型，政府控制经济的程度并未比战前弱多少。纳粹的上台，最终使德国摆脱了西方列强的控制，由此开始了独立改造经济体制的新尝试，但由于纳粹党本身的反动性，它所选择的新的经济体制，并未给德意志民族带来光明。

第三节　纳粹经济体制的试验及其崩溃

纳粹的全称是"国家社会主义"（缩写NAZISM），并将其统治下的德国命名为"第三帝国"（Third Reich），以表示是第一帝国（神圣罗马帝国，962—1806年）和第二帝国（德意志帝国，1871—1918年）的继承者。第三帝国从1933年希特勒上台始，到1945年5月德国再次战败止，历时12年又4个月。在它存在的这十几年里，一直在进行着经济体制的改造。就纳粹经济的全部历史来看，大体上可以划分为三个阶段。

从1933年1月到1936年年底为第一个阶段。这个阶段纳粹政府在政治上致力于确立其独裁统治，为了骗取普通劳动者的政治支持，将对付经济萧条尤其是失业作为政府经济政策的核心目标。纳粹分子是靠大肆鼓吹取得意外选票的，上台之初并没有什么成熟的经济纲领，所以希特勒给他的内阁的指示，要求他的党徒们"使群众致志于纳粹政治事务，因为经济决策还有待研究"。纳粹分子也认识到，如果不能在短期内有效地解决当时德国最突出的经济问题——失业，他们骗来的政治统治权就难以巩固。因此，希特勒上台不久，便采用一切可能的手段启动经济建设，增加就业。其办法主要有三：

其一是大肆举办公共工程。希特勒上台不久，便拿出了一个大规模的公共工程计划，总支出约为32.67亿帝国马克。其中占首位的工程是公路，尤其是德国首创的高速公路①，预算总支出16.12亿马克。其次是改良土壤和开垦荒地工程，计划支出7亿马克。再次是治理水道、架设桥梁、开凿运河等工程，计划支出3.5亿马克。最后是修建住宅和公共建筑，最初预算2亿马克，1933年年底扩大到7亿马克。在不到一年时间内，公共工程开支计划突破37亿马克。1935年，公共工程支出增加到47.1亿马克，1936年达到50.93亿马克。

其二是秘密扩军备战，增加军事订货。纳粹统治下德国的经济政策和预算都是保密的，美、英等国很难估计，这方便了德国的重新武装。据估计，德国军费在1933年为19亿马克，1934—1935年平均达到50亿马克，1936年超过100亿马克。

其三是推行强制性卡特尔政策，以增强德国企业的竞争力。1933年7月15日颁布法令，宣布国家有权将某些特定生产部门的企业强行组成卡特尔；1934年2月27日颁布法令，号召各工业部门组织"经济集团"。经济集团按行业组织，领导人由纳粹分子或纳粹亲信担任。通过经济集团化，实现了纳粹对经济的全面控制。

借助上述强制性手段，纳粹党的确解决了失业问题。1933年年底，希特勒上台不到一年，德国的失业人数就减少了1/3左右，即由600万人降为400万人。1934年和1935年，失业人数进一步下降，到1936年几乎达到"充分就业"。治理失业的意外成功无疑加强了希特勒政府的

---

① 1932年建成通车的波恩至科隆高速公路被认为是世界上第一条高速公路。

政治基础，助长了纳粹党的独裁统治。

从1936年年底到1940年年初为第二个阶段。这个阶段纳粹在经济方面致力于管理体制的改造，试图建立与纳粹独裁政治体制相适应的德国式"计划管理"体制。1936年10月设立"四年计划管理署"，同年年底拿出第一个正式的"四年计划"。四年计划署及其计划工作由希特勒的亲信戈林主管，下设六个司：代用品生产司、原料分配司、劳动力使用司、农业司、物价司和外汇管理司。"计划"的目标是增强德国经济的自给能力：一为扩大生产能力，二为推进生产合理化，三为疏散工业，四为增强原料自给。为追求"计划"而实施的手段主要有两个。一个是创建国营企业。这始于1934年。到1936年，已经建立大型国营企业302家，1938年达到333家。国营企业总资本在1936年为171.3亿马克，1937年为172.4亿马克，1938年为213.4亿帝国马克。国营企业在运输业占绝对统治地位，在金融业居主导地位。另一个是国家订货、组织和分配紧缺资源。"四年计划"署有权确定各生产部门的生产指标，确定价格、参与外汇分配等。

从1940年欧洲战争全面爆发到1945年纳粹德国被打败为第三个阶段。这个阶段的德国经济处在军事当局的全面控制之下。据认为，在1939年9月德国入侵波兰之前，其战争准备是不充分的。即使在1941年到1942年冬季之前的"闪电战"阶段，德国的经济努力也远远没有达到全面动员的目的。[1] 之所以会这样，是因为希特勒及其党徒过高地估计了其"闪电战"的威力，认为无须充分地全面动员，就可以迅速取得战争的胜利。结果，当"闪电战"在苏联遭到失败后，德国便不得不进行全面动员，将经济置于军事当局的全面控制之下。战时军费支出压倒一切。6年里，德国的军事总支出达6220亿马克，占同期国家预算的92%，比同期德国本土的国民收入还多出15%。大战期间，大批青壮年劳动力被征入军队，入伍人数累计达1240万人。为弥补劳动力的不足，法西斯政府一方面强迫家庭妇女和老弱、少年参加工作；另一方面还从占领区和前线抓来1000多万外国居民和战俘，强迫他们服

---

[1] ［意］卡洛·M. 奇波拉主编：《欧洲经济史（第六卷）——当代各国经济（上册）》，李子英等译，商务印书馆1991年版，第161页。

劳役。到1944年年底，有半数左右的"外国奴隶"被折磨而死。尽管采用了各种可能的方法，但最终仍未能挽救纳粹经济的崩溃。战争的最后一年，德国在经济上的败局已定。

以上是对纳粹经济的纵向考察，单就经济体制视野来看，可以认为，在纳粹经济演进的上述各个阶段，最有代表性的是第二个阶段所形成的体制。因为在这个阶段，纳粹的经济体制转型主要是在和平环境下进行的，它代表了这个政权在经济体制选择上的主要意向和结果。

第二阶段纳粹经济体制实际上是对中央计划经济体制的一种摹仿。这个体制建立在国有企业和国家银行对重要经济活动垄断与控制的基础之上。国有企业的建立从纳粹上台不久便开始了，到1936年，官方公布的国家持股在75%以上的企业数目为285家，1939年增加到372家。国有企业虽不多，其规模却很大，多数为控股公司。通过控股，国有企业控制了德国的主要战略性产业，而控制的目的在于实施计划。比如，1937年7月设立的赫尔曼·戈林工厂，就是按照实施"四年计划"的需要设立的。在公司的董事会中，有负责制定"四年计划"的官员，有财政部和审计公司的官员，有国有银行的董事，还有私营企业的代表。不仅如此，公司还不断吸收私人企业加入。通过这家公司，德国政府控制了主要矿产采掘业的大批私营企业，为推行国家计划创造了条件。

在大力扩张国有企业的同时，国家银行也取得了干预金融的充分权力。1933年，帝国银行获得收购公债券的权利，借以影响交易所的行市；1934年，通过法律授权帝国银行监督一般金融企业活动；1936年，帝国银行被置于第三帝国元首的直接领导下；而1939年的法律实际上把帝国银行变成了政府的金库和金融代理者。除了帝国银行，纳粹时期还建立了300多家国营专业银行。其名目繁多，如信贷银行、储蓄银行、劳动银行、担保银行等。通过庞大的国营银行系统，纳粹在很大程度上控制着几乎所有的私营工商企业，因为德国在传统上就存在工商企业严重依赖金融企业的现象。正是有国有企业和国有银行系统对经济的控制，才使纳粹政府的计划能够得到实施。

纳粹政府的计划干预范围涉及颇广，从战略物资的分配到军事订货，从年度发展到四年发展计划的实施，从人力资源到物价工资。前述

"四年计划"署的机构设置，就充分显示了计划包括的范围。值得指出的是，纳粹的计划干预与当时的苏联比起来，要逊色得多，尤其是在物价和工资管理上，纳粹主要以指导性计划为主，国家并不直接定价。它只规定利润上限，以使物价保持在适度水平上。为了方便主管当局监督零售物价，纳粹政府曾要求所有零售业服务业主定期公布商品价目表和服务费率表。物价管理有时带有强制性，1939年9月颁布的一项战时政令，要求企业主将其价格确定在与战争形势相适应的水平上，若业主违反此种"劝告"，取得"超额利润"，便会受到严惩。至于工资的确定，则更多地体现了政府的意志。

一般情况下，企业主预先拟定一份工资合同，交劳动局批准，工人接受工作的同时得接受工资合同，劳资双方均不得擅自改动。工资实际上是由官方的"劳动局"确定的，这与"四年计划"管理体制一致。

当然，纳粹的计划管理体制仍然与为数众多的私人企业经济相联系。战争期间，除交通运输业以外，其他生产、销售部门的企业主体仍是私营企业，但私营企业通过强制卡特尔化受到垄断组织的操控，后者则受政府部门的控制。这种特点可以解释，在纳粹德国，尽管仍以私人部门为主体，但政府的计划干预效应远远大于其他资本主义国家。

与城市工业中的政府深度干预体制并行不悖的是农业生产与销售体系的非市场化管控。1933年9月，纳粹政府成立半官方性质的"德国粮食总会"，强制性要求农产品生产、加工与销售各环节的业主参加，同时授权官方的地区市场委员会管理农产品价格、运费、销售各环节，甚至有权指导私人农场的土地耕种。此外，还按照纳粹种族主义意识形态颁布了一部《农田继承法》，以拥护或附和纳粹种族主义口号为前提条件，给占有7.5—125公顷的世袭农户授予"农民"荣誉称号，享有农村中产阶级待遇，而其他农户则被称为"农人"。纳粹统治时期授予的世袭农户大约有70万户，耕种着全国大约40%的土地。这些土地不允许售卖和抵押，实际上脱离了市场体系。故而有研究认为，纳粹治下的"国家社会主义者将农业置于市场体制之外"。①

---

① [英]彼得·马赛厄斯、[英]悉尼·波拉德主编：《剑桥欧洲经济史（第八卷）——工业经济：经济政策和社会政策的发展》，王宏伟等译，经济科学出版社2004年版，第723页。

客观地说，德国纳粹经济体制下工商业的运作效率还是比较高的。历史统计数据显示，纳粹统治时期，德国的主要经济指标都出现了较快的增长。其中工业产出指数，若以 1913 年为 100，则 1932 年为 50。1933 年纳粹上台，到 1939 年发动侵略战争前夕，已经恢复到 113，超过"一战"前的产出。钢产量 1913 年为 1381 万吨，1918 年萎缩到 870 万吨，大萧条前夕的 1929 年恢复到 1624.5 万吨，1932 年受大萧条冲击缩减到 571 万吨，1933—1939 年，则由 762 万吨猛增到 2373 万吨，创战前历史最高纪录。汽车产量由 1932 年的 8 千辆增加到 1939 年的 6.3 万辆，同期发电量由 2300 万千瓦时增加到 6100 万千瓦时。[①]

与工业产出迅速增加形成对照的是农业发展的止步不前甚至倒退。由于在农业中推行了带有种族主义色彩的非市场化管制，农户的生产积极性下降，结果是主要农作物播种面积的停滞不前甚至收缩。统计数据显示，1933—1939 年，德国小麦播种面积由 243.1 万公顷缩减到 210.5 万公顷，黑麦播种面积由 452 万公顷缩减到 422 万公顷，燕麦播种面积由 288 万公顷缩减到 282 万公顷。只有马铃薯的种植面积略有增加，由 276 万公顷增加到 283 万公顷。播种面积收缩的直接结果是主要农作物产出的减少。1933—1939 年，小麦产出减少了 28%，黑麦产量减少了 14%，燕麦产量减少了 12.5%，只有马铃薯产量有所增加。[②] 纳粹德国治下的农业止步不前，表明即便在纳粹这样蛊惑民心的专制体制下，农业一旦脱离市场化轨道，其生产效率也要大打折扣。

虽然纳粹治下的德国工业尤其是制造业的发展很快，但由于纳粹体制建立的目的在于支持纳粹党在政治上的独裁，并被纳入纳粹分子发动的对外侵略扩张战争的轨道，因此注定是难以持续的。随着世界人民反法西斯战争的胜利和希特勒纳粹独裁政权的覆灭，这种经济体制也告一段落。

---

① [英] B. R. 米切尔：《帕尔格雷夫世界历史统计（1750—1993）：欧洲卷》（第 4 版），贺力平译，经济科学出版社 2002 年版。
② [英] B. R. 米切尔：《帕尔格雷夫世界历史统计（1750—1993）：欧洲卷》（第 4 版），贺力平译，经济科学出版社 2002 年版。

第八章 法国：战争、经济萧条与工业化的反复

大革命结束之后的法国，再度具备了发展资本主义自由市场经济体制所需要的优越条件：法国的资产阶级革命比较彻底，民主思想根基较深。即使在复辟王朝时期，统治者都在经济上严重依赖资本主义金融家和商人。在城市，企业家占有经济上的优势；在乡村，大革命后形成的自耕农社会最适合发展资本主义现代大农场，因为小农经济是一种不稳定的经济组织。事实上，法国经济体制的发展也得益于这些条件。到20世纪初，法国也形成了自由程度较高的市场经济体系。然而，无论是统计数字还是经济学家们的纵横向考察、比较，都表明法国现代工业社会的成长步伐比较缓慢。英国著名经济史学家约翰·克拉潘评论说："在1860到1910年这半个世纪内，西方比较大的国家中只有法国依然主要是个农业国。"[1]

法国工业化的进程之所以较为缓慢，既有内在因素，又有外在因素。从内在因素来看，在工业化进程中，多数情形下信奉自由放任，政府干预较少，这可能是个主要原因。在19世纪下半叶，几乎所有后起的国家都在借助政府的广泛干预推进工业化，最突出的例子莫过于德国和日本。相比之下，法国这一时期政府更替频繁，政府官员忙于权力争斗，无暇顾及工业的发展。历史表明，在追赶型的工业化中，政府的干预和参与对工业化的顺利推进，具有非常重要的意义。从外因来看，工

---

[1] ［英］克拉潘：《1815—1914年法国和德国的经济发展》，傅梦弼译，商务印书馆1965年版，第185页。

业化中后期，法国与迅速崛起的德国交恶，工业化的国际环境极差：一次次战乱，使近现代工业不断受到破坏，导致资源、资本大量被破坏和流失。更为严重的是，战争浇灭了人们发展现代工业的热情，工业化发展受挫。单纯从工业化进程来看，19世纪下半叶，尤其是20世纪头45年，外因起的作用要超过内因。20世纪上半叶的情形是，工业化主要受战争的干扰。

这样我们看到，工业社会成型初期，大部分工业国的经济社会动荡主要出自内忧，而法国的经济动荡则主要出自外患。

第一节　第一次世界大战与工业化的后退

第一次世界大战的主战场在法国，因此法国遭受的损失最为惨重。战争爆发不久，德国军队就占领了法国东北部10个省，推进到距巴黎仅30千米的地方。东北部是战前法国工业化的主要区域，在法国现代工业中占有极其重要的地位。1913年的统计资料表明，这个地区的炼铜业占全国铜产量的94%，冶铁业占全国的81%，炼钢业占全国的63%，采煤业占全国的59%，毛纺织业占全国的81%，亚麻纺织占全国的95%，砂糖产量占全国的76%，酒精产出占全国的59%。由于这一重要工业区域的丧失，从1915年起，法国的工业产出便大幅度下降。该年的煤产量相当于战前的47%，铁矿石开采量只相当于战前水平的2%，生铁产量只相当于战前的11%，钢产量只相当于战前的23%，棉花消费量只相当于战前的80%。① 整个工业的产出只及战前的一半左右。

为了应对战争，法国政府不得不以保有地区为基础，重新考虑工业布局。努力的结果是，在西南后方建起一批新的工业中心。由于这些工业中心的建立是在战争时期的非常情况下进行的，因此带有先天性的缺陷。首先，原料供应基本建立在外援的基础上。西南部是法国的农业区，矿产资源比较缺乏，战时工业尤其是重工业原料，主要靠

---

① 根据 Thelma Liesner ed., *One Hundred Years of Economic Statistics*, The Economist Pub. Ltd. 中1989年的数据计算而得。

美、英等国供给。其次，它们是围绕战争需要建立起来的，因此以军火工业为主。早在1914年9月，法国陆军部就通令各车辆、电气、瓦斯、制钢与机械工厂从事军火生产。1916年在西南部建起的许多工厂，都与军火生产有直接或间接的联系。最后，这些工业的投资主要来自政府，直接或间接受政府及军方职能部门的控制。其管理从一开始就不是按照市场经济的要求进行的，它们的存在和发展，主要靠军事订货，离开军事订货便无法继续生存。正因如此，战时西南部发展的工业中心，战争结束后继续维持与扩展的只是少数，保留下来的只是那些与民用产品生产联系密切的工业和少数新型军火生产企业。在民用工业中，电力和纺织业比较突出。但除了新工业中心存在的上述弊端以外，这些工业中心的建立，对法国工业化的内部区域扩散，还是起了非常积极的作用。正是战时的工业西南移，促成了战后法国西南地区工业化的起步。

战时法国最缺乏的资源可能首推人力资源。战争期间，法国军队征召了几百万青壮年劳动力入伍。这导致人口出生率下降，人口自然增长缓慢。劳动力资源本来就不富裕的法国，倍感劳动力供给紧张，而东北部的沦陷更加剧了这一趋势。为了应对战争，法国政府不得不动员妇女、儿童和老年人出来工作；同时，在工业生产中鼓励节省劳动的各种发明和设备的采用，提倡推广美国首创的标准化、成批生产。其结果是，战争期间法国残余和新建工业的技术水平都有不同程度的提高。

战争也给法国政府全面干预经济提供了机会。战时工业生产、销售的主要活动都受到政府有关部门的直接管理，政府还直接投资于某些战略工业部门，从而使法国政府干预经济的能力得到训练，这为后来政府政策的转型提供了经验。正是在第一次世界大战之后，法国政府开始积极干预法国市场经济的运作。

但是，所有战时的工业进步都无法与经济承受的破坏相提并论。战争虽然以法国为一方的协约国的胜利而告终，但它在法国造成的巨大损失并不亚于德国。其一是人力资源的损失。大战期间法国直接死于战争的青壮年多达140万人，占青壮年人口总数的10.5%，远远多于其他参战国家。有关资料揭示，德国这一比率为9.8%，意大利为6.2%，英国为 5.16%。① 1914 年，法国 87 个省的人口为 3960 万人。1918 年，尽管从德国割取了三个省的土地和人口，但人口总数仍未达到战前水平。甚至在战争结束三年之后的 1921 年，法国人口也只有 3878 万人，仍少于战前水平。不仅如此，由于战争期间青壮年人口损失太大，战后的人口出生率大幅度下降。战争结束时，仅登记在册的残疾劳动人口就超过 100 万人，给在业人口以沉重的抚养压力。其二是基础设施和工业设备的严重破坏，这造成法国工业生产的严重倒退。战争毁坏的公路、铁路、桥梁不计其数，炸沉的商船数目巨大。战争结束时，法国的交通系统满目疮痍，有些地区的道路系统又退回到中世纪的状况。至于工业基础设施，破坏更是惊人。

战争在经济上的最大破坏，是造成法国工业化的大幅度后退。1919 年，工业总产出退回到 1890 年的水平。主要工业品产出也大幅度减少，其中煤产量由战前 1913 年的 4110 万吨减少到 2240 万吨，粗钢产量由 468.7 万吨减少到 129.3 万吨。

第二节　重建、萧条与工业化的走走停停

第一次世界大战在给法国造成巨大经济创伤的同时，也为法国恢复经济创造了许多有利的条件，这些条件都是 19 世纪 70 年代普法战争结束后可望而不可即的：第一，法国从德国手中夺回两个重要的工业化地区——阿尔萨斯和洛林，仅此一项，就使法国的炼铁能力提高了 70%，炼钢能力提高了 50%。第二，法国取得了对德国萨尔煤产区的代管权，使长期困扰法国经济的原料和燃料缺乏的状况得到根本性改观。第三，从战败的德国手中索取到巨额的战争赔款，这成为战后法国重建工业的主要资本源泉。从大战结束到 1931 年 7 月德国停止支付赔款，法国共得到赔款 81.51 亿金马克。其中，相当一部分是以煤和其他矿产资源实物形式支付的。第四，从德国手中接管了德属非洲殖民地，扩大了法国的海外市场和原料产地。

---

① ［意］卡洛·M. 奇波拉主编：《欧洲经济史（第六卷）——当代各国经济（上册）》，李子英等译，商务印书馆 1991 年版，第 55 页。

现代工业社会与经济体制选择

"一战"后法国经济发展的唯一不利因素是劳动人口减少。战争造成的巨大人口损失,尤其是青壮年劳动人口的损失,导致战后法国人口大幅度减少,尤其是劳动人口的减少。据估计,"一战"中法国参战军人中大约有140万人死亡或失踪、280万人伤残,与战争联系密切的后勤支持人员约136万人死亡,伤亡总数为500多万人。连同战时平民病逝和逃亡,减少的人口更多。雪上加霜的是传染病的侵袭,1918年的一场源自西班牙的流感,就夺走了数十万人的生命。有研究揭示,从1914年1月到1917年年底,即便是未曾遭到德奥军队入侵的77个省,疾病、贫困及物质匮乏导致死去的平民也比正常年份多出130万人。"一战"结束之际,法国人口锐减,发生了一场真正的人口危机。战前1913年,法国总人口为3977万人,战后1919年减少到3197万人,净减少780万人。然而就人口统计数据来看,令人吃惊的是,战后法国仅用了4年时间,总人口就恢复到战前水平。1923年,法国总人口为3988万人,超过1913年的11万人。[①]

这一时段,法国总人口数量快速恢复的主因并非内生的,而是外生的。两个外生原因最为重要:一个是阿尔萨斯—洛林的收复,直接增加了200多万人口;另一个是移民的大量涌入。战后针对劳动力短缺的状况,法国政府放宽了移民进入限制,吸引了大批移民的迁入。1921—1930年,将近200万"受控制的"移民迁入,其中一半以上是在1921—1926年迁入的。相关普查数据显示,1919年,外国移民只占法国总人口的2.8%,1921年增加到3.9%,1926年上升到6.5%,1931年进一步上升到7.5%。[②]由此,法国成为仅次于美国的全球第二大移民国家。此外,还有大量战时外迁避难的本土居民回归。诸此,都在短期内促使了总人口的恢复。

然而,在总人口恢复后,接踵而来的是结婚率和生育率的下降,进而导致劳动人口的减少。战时的低结婚率和出生率埋下了战后数年人口

[①] [英]B.R.米切尔:《帕尔格雷夫世界历史统计(1750—1993):欧洲卷》(第4版),贺力平译,经济科学出版社2002年版,第89页。

[②] [英]彼得·马赛厄斯、[英]悉尼·波拉德主编:《剑桥欧洲经济史(第八卷)——工业经济:经济政策和社会政策的发展》,王宏伟等译,经济科学出版社2004年版,第402-403页。

第八章 法国：战争、经济萧条与工业化的反复

低自然增长率的根子，战后法国原住居民人口自然增长率持续走低。虽然有大量移民的补充，但劳动人口数量持续徘徊。1921—1936年，"适宜工作人口"由2075.7万人减少到1987.4万人。其中，20岁以下的青年劳动力占比由战前1911年的15.4%下降到1936年的10.2%。①

当然必须看到，恰是移民与回迁国民的涌入，在较短时间内弥补了战后法国劳动力的不足，给经济恢复注入了新的活力。

除了前述有利因素，由于战胜宿敌德国，要回了1870—1871年普法战争失败后割让给德国的重要煤铁产区阿尔萨斯—洛林，国民信心大增。加之从战败国获得的可观赔款，据以维持了货币金融的稳定。战后直到1926年，法国的金融体制一直比较稳定。法郎的币值在欧洲大陆几个大国中，下跌幅度也最小。这无疑有利于资本形成。

由于作为战胜国而具有的上述有利条件，法国经济在战后得到较快恢复。到1923年，工业已恢复到战前水平。在1930年之前，工业一直保持着较高的发展速度。统计资料显示，1920—1929年，法国工业产出的年平均增长率为9.4%，同期德国为7.1%，美国为4.3%，英国只有1.7%。这十年中，法国得到长足发展的工业行业主要有三个。其一为电力电气制造工业。1920—1930年，法国在莱茵河、罗讷河及中部山区各条河流上兴建了一批大型水电工程，架设了一批骨干输电线路。由于电力工业的发展，带动了电气制造等上下游工业的勃兴。其二为炼油和汽车制造工业。战前法国主要靠美国和俄罗斯供应精炼石油产品，1919年，在夺得土耳其石油公司的德国股权后，法国立即着手在塞纳河和卢瓦尔河河湾与地中海沿岸地区创办炼油厂。通过本国石油公司，法国成功地打进了国际成品油市场。汽车工业本来是法国的首创，但战前的发展极其缓慢，战争期间得到一定发展，战后20世纪20年代取得长足发展。1920—1929年，汽车产量由4万辆猛增到25.4万辆，同时达到一定程度的规模经济。1929年，汽车总数的一半以上是由雪铁龙和雷诺两家公司生产的。其三为化学工业。战前欧洲化学工业的牛耳为德国所执，法国幼稚的化学工业受到德国公司的控制。战后十几年时

---

① ［英］彼得·马赛尼斯、［英］悉尼·波拉德主编：《剑桥欧洲经济史（第八卷）——工业经济：经济政策和社会政策的发展》，王宏伟等译，经济科学出版社2004年版，第406页。

现代工业社会与经济体制选择

间,法国利用从德国获得的部分先进设备和原料,独立地发展起自己的化学工业。到20世纪30年代初,法国化学工业已成为一个主要工业部门。其产品除了硫酸盐和染料等传统产品,还扩大到合成纤维和人造肥料等方面。与此同时,法国还发展起了新兴的电化学工业。到这时,其化学工业已"能够与大多数欧洲国家相抗衡"①。

在新兴工业迅速发展的同时,法国的战略性基础工业也得到了长足的发展。1920—1930年,铁和钢的产量都增加了两倍。钢铁产量的大幅度增加,为其他工业尤其是机械工业的发展提供了充足的原材料。

与新兴工业和重化工业迅速发展形成鲜明对照的是一些旧工业的衰落,衰落的工业首推纺织业,这个产业的产出在战后一直未能恢复到战前水平,1930年产出仍比1914年低8%左右。

这一时期,法国工业化的迅速推进则是非常明显的。若以1913年工业产出总量为100,则1930年为140。其中,机械工业增长最快,指数达到157。只有纺织工业产出低于100,为85。工业化的推进,最重要的标志是国民收入的增加。若以1938年的国民收入水平为100,则1913年为86,1925年为101,1929年为119,1930年为118。按不变法郎价值计算,1930年的国民收入总额比1913年净增30%左右。考虑到同期法国人口几乎未增加,则人均国民收入或GNP的增长幅度,当不低于30%。工业化水平提高的一个重要标志是,劳动力就业结构的变化。战前1911年,农业曾是法国最大的就业部门。它的总劳动人口多达85.72万人,远高于制造业、建筑业和交通运输业劳动人口的总和。1931年后,这三个非农产业的劳动人口则超过了农业劳动人口。② 这是一个巨大的转折。

20世纪20年代法国工业化的快速发展与政府比较积极的产业政策是分不开的,源源不断的德国赔款为政府投资于工业、资助私人企业的发展奠定了物质基础。1919年7月设立的国家信贷银行,就曾借助国

---

① [意]卡洛·M. 奇波拉主编:《欧洲经济史(第六卷)——当代各国经济(上册)》,李子英等译,商务印书馆1991年版,第64页。
② [意]卡洛·M. 奇波拉主编:《欧洲经济史(第六卷)——当代各国经济(上册)》,李子英等译,商务印书馆1991年版,第65、232页。

家的贷款资助了一大批企业，而对私人企业的战争赔款与物资分配，则增强了国家干预经济的能力。

但是，工业化的最后进程在法国并不是一帆风顺的，20世纪30年代的大萧条再次打断了法国工业化的进程。远在大萧条发生之前的1926年，法国的金融业就曾出现过一次较大的动荡，主要表现是法郎币值大幅度下跌。战前法郎对英镑和美元的汇率分别为25.22∶1和5.18∶1，含金量为290毫克。战后初期法郎汇率一直趋于下跌，但幅度均不大，战前含金量一直得到维持。但1926年7月汇率大跌，跌至199法郎兑1英镑和40.95法郎兑1美元。后来法国货币当局及时干预，才使法郎汇率有所回升。1928年6月，政府正式把法郎汇率固定在125.21兑1英镑和25.53兑1美元的比率上，含金量定为58.95毫克，确认了法郎的贬值。正是这种贬值政策，避免了通货膨胀给经济繁荣造成致命损害。因此，1928年的货币改革，受到经济史学家的一致称道。然而，好景不长，当一场世界性的大萧条从美国传出后，法国也未能幸免。

大萧条在法国开始的时间较晚，一般认为在法国开始于1931年春季，比美国晚1年半时间。之所以来得较迟，有两种解释：一种解释将其归因于法国内阁的宏观政策，认为普恩加莱（Raymond Poincaré，1860—1934年）第三次总理任内（1926—1929年）的货币贬值政策，对萧条起了某种防范作用；另一种解释将其归功于法国的贸易壁垒政策，认为20世纪20年代的高关税壁垒推迟了危机爆发的时间。[①] 但是，萧条在法国持续的时间则比其他任何工业国都长。从1931年春夏之交生产急剧下降，到1932年降至谷底，接着在其后的7年时间内，一直处在慢性衰退之中。在这期间，经济死气沉沉。因此一般认为，大萧条在法国持续的时间长达8年之久，直到"二战"爆发。统计资料也有力地佐证了这一认识：若以法国1913年的工业生产总量为100，则1929年为139，1938年只有72。就是说，在"二战"爆发前夕，法国的工业生产总量重新降到了1913年水平之下，更不要说恢复到1929

[①] ［意］卡洛·M.奇波拉主编：《欧洲经济史（第六卷）——当代各国经济（上册）》，李子英等译，商务印书馆1991年版，第65页。

年工业化高峰时的水平。萧条对法国经济的打击在第一年非常猛烈，1932年，法国整个工业生产下降了36.2%。其中，冶金业下降了47.4%，机器制造业下降了42.6%，建筑业下降了55.6%，纺织业生产缩减71%左右，生铁产量减少46.6%，钢产量减少41.9%。工业萧条还与农产品价格崩溃交织在一起，1930—1935年，小麦的价格平均下跌了一半以上，价格崩溃引起法国农业陷入长期的衰退之中。在首次大幅度下降之后，工农业生产在整个20世纪30年代都呈现出一片萧条景象。

　　法国的萧条之所以会持续那么长的时间，可以从两个方面寻找原因。一方面是贸易政策。萧条爆发前，法国大幅度提高了进口货关税。这虽然推迟了国内市场受世界市场萧条的影响，但在一定程度上造成了一种自我封闭的市场环境。当世界经济开始复苏，世界市场开始活跃时，法国因关税壁垒切断了的联系难以立刻恢复，因而无法同时享受世界经济复苏的好处，无法借助其他西方国家的经济复苏摆脱萧条。另一方面是失当的财政政策。法国政府在萧条期间采取的反危机政策，没有一项是成功的。在萧条发生的头两年，法国政府置之不理，坐失良机。从1935年起，法国才开始采取措施，但其政策与其说是在缓和，不如说是在加剧萧条。比如，在其他西方国家纷纷扩大政府支出，放松银根以带动经济回升时，法国却采取了相反的政策——紧缩财政。1935年6月，法国降低政府雇员薪金10%，削减租金10%。紧缩政策的目的在于抑制通货膨胀，但其结果是，不仅未降低物价，反而加剧了经济形势尤其是就业形势的恶化，造成大批工人失业。同年，全失业人数突破50万人，半失业人数占就业人口的一半以上。

　　政策的失误引起政府更替，1936年，人民阵线在议会选举中获胜，新政府效仿美国罗斯福"新政"，采取新的反危机政策：通过扩大而非紧缩政府支出的办法增加社会购买力，刺激经济回升。其核心措施是，对部分重要产业实行国有化，将铁路、航空、军事工业和法兰西银行的部分资产置于政府的直接控制之下。这被当作法国经济史上的第一次国有化浪潮。然而，这项政策也以失败告终，因为当时法国的经济情况和美国不一样。萧条头几年，法国存在严重的通货膨胀，增加的政府开支意味着增加的通胀压力，同时意味着上涨的物价和企业亏损的增加。另外，通胀还造成人民生活水平的降低，引起普遍的不满。加之法国工会力量较强，萧条期罢工频繁。罢工之后往往是资方让步，工资照付。结果使许多企业无利可图，经济难以摆脱萧条的困扰。

这样便不难看到，两次世界大战期间法国的工业化处于走走停停的状态。1922年之前算是重建与恢复阶段，1922—1930年算是新的扩张阶段，而从1931年起，直到"二战"爆发前夕，工业化受经济危机的困扰，处于停顿状态。1931年，法国的人口格局是城市与农村平分秋色，各占50%。三次产业就业结构中，一产仍然占大头。1921年为43∶29∶28，1936年为37∶30∶33。"二战"爆发前夕，这种人口和就业格局并未有大的改变。不仅如此，许多进城的农民又返回乡村，城市化处在停顿或后退的状态，由此可见其工业化进程受挫。华尔特·罗斯托的研究也认为，自1920年起，法国经济成长进入"高额大众消费阶段"（high mass consumption），但在20世纪30年代大萧条和"二战"期间受到"严重挫折"[①]。

第三节　第二次世界大战与工业化的再次受挫

我们已经看到，在一场新的世界战争来临之前，法国的经济一片混乱，工业化处在停顿状态。与此形成鲜明对照的是，它的宿敌德国却在希特勒"国家社会主义"式"计划"干预下，迅速摆脱大萧条的影响，将工业化推入一个新的阶段。

法、德两国经济发展的差距，首先表现在军事开支上。部分地由于法国政治家对世界形势的错误估计，部分地由于受经济萧条的制约，1934年之后，法国国防开支占国民收入的比重虽仍为4.3%，与1930—1931年持平，但由于经济衰退造成的国民收入和财政收入减少，绝对数额减少3400多万法郎。与法国形成鲜明对照的是，德国的军事开支直线上升。在战略性工业领域，法国的差距更大："在汽车生产上，法国落后于英国和德国；在飞机制造上，法国在不到10年的时间里，从第一位迅速下降到第四位；其钢的生产在1932—1937年仅增加了30%，

[①] Walt W. Rostow, *The World Economy: History and Prospect*, Austin and London: University of Texas Press, 1978, p. 400.

现代工业社会与经济体制选择

而德国的工业生产却增长了300%，钢产量增加了近三倍（由577万吨增加到1985万吨）；法国煤的生产在这五年内更是严重下降，而德国的煤炭生产却是持续增长的，大多数人认为其原因是1935年把萨尔煤田交还给了德国。"① 在大战爆发前一两年，法国航空工业与德国的差距巨大：它的飞机月生产量只有50—70架，而德国是500—700架。1937年，德国生产了5606架飞机，法国却只生产了370架飞机。

经济尤其是现代工业发展水平和规模的巨大差距，决定了法国在这场世界浩劫中处于守势。实际上，面对德国在大战初期的突然袭击，法国显得不堪一击。从这个意义上来说，法国战争初期的失利在经济上早就注定了，因为现代战争在很大程度上是经济实力的较量。

战争期间的大部分时间，法国处在德国军队的直接占领之下，经济完全从属于德国战争机器运转的需要，遭受的损失极其惨重。沦陷初期，法国曾被一分为二：北部和东部由德国纳粹政府直接统治，南部则由纳粹所扶植的傀儡——贝当政府管理。前者占法国领土的3/5，后者只占2/5。1942年年底，南部傀儡政府被取消，德军占领法国全部国土。占领期间，德国军队不仅残酷镇压法国抵抗力量，而且还对法国经济进行有目的的掠夺和搜刮。仅每天向法国征收的"占领费"，就达4亿法郎。此外，法国每月还须向意大利法西斯军队支付10亿法郎的"占领费"。

在德国法西斯的统治下，法国的经济全面凋敝。工业生产因缺乏劳动力、原料、燃料而急剧下降。若以1938年的总产量为100，则1941年降为65，1942年为59，1943年为54，1944年只有40，还不到1938年产出水平的一半，而1938年的工业生产只相当于1913年水平的72%。农业生产不仅受到劳动力不足的困扰，由于大片农田被征为军用，耕地面积还缩小了，加之老百姓的消极抵制，农产品产量急剧下降。战争期间，法国的全部农产品实际产值大约只有1938年水平的40%。至于外贸，则完全处于停滞状态。

如果说战争期间工农业生产的全面下降只是暂时现象，那么战争对

---

① ［美］保罗·肯尼迪：《大国的兴衰——1500—2000年的经济变迁与军事冲突》，王保存等译，求实出版社1988年版，第383页。

第八章 | 法国：战争、经济萧条与工业化的反复

法国资源、基础设施的破坏，则具有长远的影响。在所有破坏中，人力资源的破坏影响最为长久。战争期间法国有15万青壮年在各次战役中伤亡，16万平民在轰炸中死去，被德国关押的战俘达150万人，其中相当一部分被折磨致死、致残。战争直接造成人口损失和人口出生率下降，到大战结束时的1945年，法国的人口比1938年还少。人口统计资料表明，1936年，法国总人口为4119万人，1946年减少到4013万人，比1938年减少了106万人。战后经过4年左右的时间，即大约在1949年，法国的人口规模才恢复到1936年的水平，但是战争造成的人口性别结构比例失调，直到战争结束多年之后才恢复平衡。1946年，男女相差200多万人。此后近20年，一直保持着这一人口态势。这不利于人口增长。对法国这样一个长期缺乏劳动人口的国家来说，其经济影响肯定是负面的。

战争期间工农业基础设施的破坏极为严重，大部分桥梁被炸毁，工厂设施遭破坏。战争结束时，全国的运输系统处在瘫痪之中，通信设施被大量破坏。据估计，战争给法国经济造成的直接损失高达48930亿法郎，这相当于1937—1939年法国的国民生产总值。

战争造成工业化水平全面下降，可以从以下数字略知其概况：1945年工业生产总量比战争之前1938年的水平低一半以上，退回到19世纪70年代的水平；煤的产量在1945年只有3500万吨，退回到20世纪头几年的水平；钢产量降至170万吨，相当于1902年的产量；汽车的产量为3.5万辆，相当于1908年前后的水平。[①] 战争结束时，法国的当务之急是解决国民的基本生活问题，农业的地位重新上升。

战争对法国经济体制的破坏性影响是，摧毁了战前那种高度强调企业和个人自由的市场经济体制。战争期间，法国的许多产业部门也被纳入希特勒"国家社会主义"的"计划经济"体系之中，企业主和工人的权利完全被剥夺，处在占领当局的监督控制之下，无自主可言。战争初期的失败和占领期间德国法西斯政府的横征暴敛，引起法国相当一部分人在战争结束时"对经济问题的更大兴趣"。人们开始认识到，在即

[①] Thelma Liesner ed., *One Hundred Years of Economic Statistics*, The Economist Pub. Ltd., 1989, pp. 180—181.

将开始的重建工作中,"法国必须避免重犯 1920—1925 年那样的错误,必须保护个人免受过度自由主义的影响","国家的权力必须加强"[①]。这为一种受政府控制的新型市场经济体制的形成,奠定了思想基础。

---

① [意]卡洛·M. 奇波拉主编:《欧洲经济史(第六卷)——当代各国经济(上册)》,李子英等译,商务印书馆 1991 年版,第 70 页。

第九章　日本：体制的痼疾与经济崩溃

从明治维新起，日本的工业化得益于三次对外侵略战争：甲午战争（1894—1895年）、日俄战争（1904—1905年）和以侵略中国为目的而参与的第一次世界大战。靠战争助力工业化，掠取工业化所需的资本、资源和市场，是战前日本经济发展的一个重要特点。这个特点，可以说根植于日本明治维新时期所确定的基本国策——"殖产兴业""富国强兵"之中。换句话说，明治时期所确立的国策，把"富国强兵"扩充军事力量作为发展近代工业的目的，而发展近代工业的"殖产兴业"活动则被当作"富国强兵"的手段。这个在后世看来显得本末倒置的"国策"，在"二战"之前却得到日本朝野上下一致的拥护，因为它是在日本面临亡国的形势下提出来的。正是在这个本末倒置的国策的引导下，日本工业化第一阶段所选定的经济政治体制，存在严重的隐患。和德国相像，体制的固有弊端成了日本富于侵略性的根源，而对外侵略战争最终导致了日本经济及与之相联系的旧体制的崩溃。日本的这段经济社会发展经历，再一次证明现代工业社会在其产生成长的过程中，选择与之相适应的经济体制何等重要。

第一节　日本经济体制的痼疾及其反市场隐患

日本工业化初期所选定的经济体制基本上属于市场经济体制，因为其具备市场经济最主要的两个特征：（1）产权是分散持有的，私营企业是独立自主的经营者；（2）价格主要通过竞争性私人企业的市场竞争形成，政府的干预性措施在很大程度上也须借助市场价格来发挥作用。干预绝大部分是通过法律和财政金融手段进行的,很少对私营企业使用行政命令手段,因为它对许多私营企业不起作用。

关于第一个特征,日本政府虽然在工业化初始阶段进行了大量的直接投资,建起了一大批国有企业,但到了20世纪初叶,私营部门仍然是日本经济最大的部门,企业的产权绝大部分是握在私人手中的。工业中除了存在成千上万的小型私营企业,财阀资本集团构成最有实力的私营经济成分。政府对这类私人部门的控制几乎为零,在某种程度上,政府的政策反而受财阀企业影响。

关于第二个特征,日本市场在工业化取得突破性进展后已是开放型的,企业的产品几乎全靠市场销售,其中出口占很大的比重;政府消费须通过采购而非调拨;采购须按市场原则而非统购原则。因此,政府在价格方面的影响有限,对价格的干预主要借助货币政策工具,很少采用行政命令手段。这与后来"二战"期间的统制经济存在明显的区别。

但是,在日本的市场经济中,存在许多反市场成分。反市场成分主要来自两个方面:一方面是政府对重要经济部门的控制程度过高,另一方面是财阀经济的垄断无处不在。

政府控制最突出的重要经济部门是金融,在这个领域存在着庞大的国有银行系统。国有银行系统形成于19世纪最后20年,是"松方改革"的一个成果。在松方正义数次任藏相和首相期间(1881—1903年),先后设立了四个国有银行系统:(1)日本银行,设立于1882年,作为日本的中央银行;(2)正金银行,设立于1880年,主要经营外汇业务;(3)劝业银行,设立于1897年,主要从事不动产抵押放款活动;(4)兴业银行,设立于1902年,主要从事引进外资以投资于大型新建企业的活动。这四大银行,每一个都是一个庞大的系统,拥有众多的分支机构,且都是官方的金融代理者。其中,劝业银行还同时是每县设立的共46所"农工银行"的"中央银行"。国有银行的大部分股本来自政府投资和皇室投资。比如,在日本银行的最初股本中,皇室持有的股本就占近一半;正金银行创立时,有1/3的资本由政府提供;劝业银行创办时,政府把掠自中国的战争赔款的一部分,计375万日元,用于购买其债券,同时还给它在各县的分支行机构——农工银行,垫付了1千万日元的股本。而兴业银行的创办资本,本来就是通过出售国有企业和公用设施股份筹措的。正由于此种原因，国有银行的行长一般由藏相任命。国有银行"都是一种很少改变的，实现国家政策的工具，因为它们的成立本来就是这样预定的"①。

不仅如此，在上述四大国有银行系统之外，还有一个直接受大藏省存款部经营的邮政储蓄系统。这个系统经营邮政转帐和邮政储蓄业务，控制着一个资本形成的重要渠道。1914年，它的储户达1200万户，存款总额达1.89亿日元。日本国民的金融习惯是，不愿冒直接购买公司股票的投资风险，而宁愿购买收益较低、风险较小的银行债券，从事小额邮政储蓄。这为国有银行储蓄系统的扩张创造了条件，也为政府通过国有银行控制私人企业创造了条件。因为私人企业不借助银行就难以筹到资本，企业直接出售股票吸收小投资者在日本行不通。通过庞大的国有银行系统，日本政府实现了对大部分私营经济的控制，尤其是对中小企业的控制。这限制了市场因素的正常作用。与此同时，国有银行的存放款利率、债券收益率在很大程度上由政府决定。这使市场因素决定利率的程度受到限制。

当然，政府的所有这些活动，只影响到私营经济的一部分。这是因为在日本，除了政府垄断部分银行业务，还存在着一股强大的财阀经济力量，它们的影响无处不在。

"财阀"是指按家族、血缘关系形成的金融资本集团，它们多数是由封建时代的特权商人和明治后期的特权实业家演变而来的。第一次世界大战前后崛起的"四大财阀"——三井、住友、三菱、安田，每一个都是庞大的金融集团，在政治上和皇室、政府乃至军方有着密切的联系，在经济上则从事跨部门、跨行业的垄断性经营。财阀往往先由经营工商运输企业起家，待到一定规模，设立自己的金融公司，发行债券、股票以扩充资金。以排名第一的三井财阀为例，它在明治之前就以经营绸缎布匹而出名，并经营钱兑业，代幕府统管"御用金"。明治政府成立后，它仍旧代理政府款项，1876年将钱兑业改为三井银行。后与明治功臣井上馨（1836—1915年，号称明治维新"九元老"之一）的

---

① ［英］G.C.艾伦：《近代日本经济简史（1867—1937年）》，蔡谦译，商务印书馆1959年版，第53页。

"先收会社"合股，设立三井物产公司，专营进出口业务。由于有井上馨在政治上作后台，因而业务飞速发展，"一战"之前已跃居日本财阀之首，有"三井王国"之称。如果说三井是封建"政商"演变为财阀的一个缩影的话，那么安田则是明治时期新兴"政商"变为财阀的代表。排名第四的安田财阀创始人安田善次郎出身富山番下级武士之家，1864年以勤劳所得在江户开设钱兑店，并代仙台藩经理财政；维新时期迅速发展，且与官僚建立密切关系，发展为以银行为中心的大财阀。

日本的资本形成特点也有利于财阀资本的形成和发展。如前文所述，日本一般中小投资者不愿冒购买企业债券的风险，而宁愿投资于银行获得稳定回报。这样，一些较大的企业就自办银行，通过吸收储蓄或发行债券筹集资本，从而使企业由银行向财团的发展成为一种趋势。到20世纪20年代，几乎所有较大的私人企业都有自己的金融机构，许多都具有财阀的特征；也正是在20年代，财阀的势力上升到顶点。

由于财阀势力的兴起，日本金融业实际上分割为两大块：一大块是前述国有银行系统控制的部分，另一大块则由财阀资本垄断。1928年，在排名前五位的大银行中，财阀银行就占了四家，国有银行只有第一劝业银行一家挤进五大银行（三井、三菱、第一、住友、安田）之列，这五大银行拥有日本当年全部银行存款总额的26%。

财阀银行所经营的业务，也完全与国有商业银行一样，有些开始直接经营外汇汇兑业务。它们的股本规模、业务范围、放款利率等不受日本银行左右。因此在日本，"中央银行执行任务所受到的限制远比大部分欧洲国家中央银行所受的限制多"，其"行中之行"的特征在财阀垄断的金融领域不存在，而财阀银行的"强大财力促使它们……能够对中央银行维持一种独立的地位和一种自主的政策"。[①] 不仅如此，政府的货币政策常常还有赖于财阀银行的支持。在紧急情况下，政府在财政上还得求助于财阀资本的帮助。比如在1894—1895年的对华战争和

---

① ［英］G.C. 艾伦：《近代日本经济简史（1867—1937年）》，蔡谦译，商务印书馆1959年版，第55、65页。

1904—1905年的对俄战争期间，日本政府发行的紧急公债，几乎全靠财阀的联合购买。

在工业领域，财阀的影响丝毫不亚于政府。每个财阀不仅在一两个工业行业从事其主营业务，而且还兼营其他行业的业务。早在"一战"之前的1913年，在日本矿产业的1.68亿日元总产值中，三井、三菱、藤田、古河、住友五家财阀控制的企业产值就达4519万日元，占总额的1/4以上（26.9%）；而在煤炭业，财阀资本开办的煤矿总产出占整个煤炭业产出的50%左右。[①] "一战"之后的20世纪20年代，财阀在工业领域的垄断势力进一步扩张。在钢铁业，除了官办企业，"四大财阀"加上浅野、大川两家二等财阀，控制了全部私营钢铁业；在制铜业中，古河、久原、三菱、藤田、住友五大财阀所开办之企业的铜产量，占总量的95%；至于面粉业，则由三井和三菱两家财阀所办企业分割。

这样便不难看出，日本政府通过国有银行控制着一部分经济，剩下的另一部分经济则基本上由财阀控制。政府与财阀之间的默契，构成了日本经济正常运行的重要基础。这是日本市场经济体制的最大隐患。个中原因很容易理解：一方面，政府和财阀对经济的控制造成了经济决策权的高度集中，财阀和政府合力就很容易限制市场因素正常发挥作用的范围；另一方面，财阀和政府在经济政策上的任何分歧，都会引起经济乃至政治的动荡。当然，一般情况下，往往是财阀影响着政府的经济政策，因为财阀大多在政府中有自己的政治代理人。但是，战前日本政治的特点是，在文职内阁之外，存在着强有力的军阀，军阀干预政治已形成传统。在这种政治体制下，军阀与财阀的联手，或军阀与内阁的联手，就可以实现政治军事上的独裁统治，把明治维新以来引进的西方民主抛到一边。20世纪30年代日本的事态发展，基本上是按照前一种方式进行的：军阀取得财阀的全力支持，废除文官内阁，取得政治上的独裁，并把日本引向危险的对外侵略道路。由此可见经济体制方面弊端导致的恶果。

[①] ［日］楫西光速等合著：《日本资本主义的发展》，闫静先译，商务印书馆1963年版，第6页。

第二节　经济动荡与经济体制的非市场化发展

　　日本经济在"一战"期间经历了前所未有的超高速增长之后，随着战争的结束，很快便陷入了频繁的动荡之中，灾难接连不断。

　　第一场是经济萧条，发生在1920年。这是那之前日本工业化史上最严重的一次经济萧条。萧条使工业生产在短期内平均缩减了20%左右，出口贸易下降了40%以上，批发物价平均下降41%，并且在1923年之前，一直处于下降趋势之中。

　　第二场是天灾。1923年9月1日，发生了一次日本史上破坏性最大的地震，即"关东大地震"，震级为7.9级。关东是日本本州岛以东京—横滨为中心的最大平原，也是日本工业化的心脏地区。大地震使这一地区的工业基础设施遭到严重破坏，损失最惨重的是东京—横滨地区，仅直接死于地震的民众就超过20万人，而伤者则数倍于此。地震过后，日本经济陷入混乱。

　　第三场可谓天灾引发的人祸，即"赈灾票据案"引发的金融大恐慌，发生在1927年，可视为大地震的一个遗患。在地震救灾中，日本政府发行了大量的"赈灾票据"。1927年3月，国会在辩论"赈灾票据案"时揭露出金融系统严重的呆账问题，立即引起公众恐慌，纷纷去银行取款挤兑，结果引致大批银行关门停业。金融恐慌迅速波及所有银行，后来在政府的干预下方才摆脱。

　　第四场属于外部冲击，即1929年10月美国发生的大萧条的冲击。早在大萧条发生前一两年，作为日本出口大宗的生丝出口已经减少；大萧条发生后，出口形势急剧恶化，日本经济再次陷入混乱。萧条在日本持续到1931年。其间，工业总产值下降近1/3，一些主要工业部门的开工率只有50%左右。

　　接二连三的天灾人祸引发的经济动荡，促成了日本经济体制中固有的反市场因素的强化。在1920年萧条期间，日本政府通过日本银行紧急贷款3亿日元给一些骨干工商企业；1923年大地震后，又给受地震破坏的企业发放了巨额的优惠贷款；而在1927年金融恐慌发生后，立马推出一部扩大政府管制银行业权利的《银行法》。该法不仅设置了银

第九章 | 日本：体制的痼疾与经济崩溃

行业准入资本门槛（100万日元），而且赋予大藏省行政监管与干预的全权。与此同时，政府紧急拨出12亿日元给各大商业银行，抢救歇业银行。政府的一次次金融资助，虽然有助于企业摆脱困境，却使日本的一些企业逐步养成对政府的依赖性。而借助财政货币手段尤其是《银行法》赋予的权利，日本政府实现了对金融的完全控制，进而借助银行实现了对实体产业很大程度上的人为调节，限制了市场因素发挥作用的范围。① 由于《银行法》的限制与政府的积极干预，许多中小银行连同与这些银行关联的中小型工商企业，为大的银行及其关联企业尤其是财阀企业所吞并。研究显示，1927年6月以后的短短18个月中，银行的数目由1359家减少到1031家，关闭的银行基本上全为三井、三菱等大财阀资本所吞并。就连一些小财阀的企业，也时有为大财阀所吞并的例子，如铃木的企业被归并到三井名下。大萧条发生前夕，财阀势力上升到顶点。这时候的财阀，不仅经营着巨大的多产业的企业，还"渗入小生产者范围的行业中"②。因为在日本，有无数的小生产者受商人控制，它们不仅依赖商人的出口销售服务，还依赖商人的资金供应。20世纪20年代的经济动荡，使许多控制小生产者的商人自感财力不济而投靠于财阀资本，结果为后者所控制。

不仅如此，政府控制、干预经济的能力和财阀资本实力的迅速上升，还受到日本产业结构调整的推动。在20世纪20年代的动荡年份中，重工业、能源、交通和军事工业不仅未受到影响，反而呈现加速发展的趋势。比如，1920—1929年，日本的生铁产量由52.1万公吨增加到108.7万公吨，钢材产量由53.3万公吨增加到203.4万公吨，分别增长了1.09倍和2.82倍。1920—1930年，发电量增长60%左右，铁路长度增加5000多千米，轮船载重吨位增加100多万吨。③

日本的重工业几乎全由政府和大财阀资本包办，因此可想而知，20

---

① 青木昌彦把1927年的《银行法》归入酝酿统制经济的重要举措之一。[日]青木昌彦、[日]奥野正宽编著：《经济体制的比较制度分析》，魏加宁等译，中国发展出版社1999年版，286页。
② [英]G.C.艾伦：《近代日本经济简史（1867—1937年）》，蔡谦译，商务印书馆1959年版，第145页。
③ [英]G.C.艾伦：《近代日本经济简史（1867—1937年）》，蔡谦译，商务印书馆1959年版，第195-197页。百分数为笔者计算。

世纪20年代重工业和交通运输业的飞速发展，无疑加强了政府和财阀控制经济的能力和程度。政府控制经济程度的提高，财阀垄断地位的加强，都不可避免地削弱了竞争性市场的活力，使日本市场缺乏一般市场经济所具有的灵活性。但是，这只是日本经济体制朝着非市场化方向迈出的第一步，这一步与后来的非市场化动作相比，要逊色得多。

日本经济体制朝着非市场化方向转变的第二步也是关键的一步，是在1929年大萧条发生之后迈出的。在大萧条传到日本一个多月之后的12月2日，日本政府颁布了著名的《产业合理化纲要》，这是一个授权政府全面干预企业进行卡特尔式联合、垄断分割市场的动员令。为了实施该纲要所确立的目标，次年6月2日，日本政府成立了"临时产业管理局"，由商工大臣出任局长。这个局最初设有两个部门，他们集"产业合理化"战略研究与干预企业合并任务于一体。在其成立后不到一年的时间内，提出了一份强制日本企业卡特尔化的法律草案，即《重要产业统制法》。该法案在1931年4月获议会通过，同年8月开始实施。根据《重要产业统制法》，凡一个行业中2/3的企业同意组成卡特尔时，商工省便可强制在该行业成立卡特尔，并强迫那些拒绝加入卡特尔的企业遵守协议规定。实行强制卡特尔的目的在于以联合代替竞争，以政府的计划和控制代替企业的自由发展。对此，后来任东条英机内阁商工大臣和战后高速增长时期第一任首相的岸信介在当时就说得很清楚："产业需要一个全面发展的计划和某种程度的控制。"[1] 正是出于这种目的，按照重要产业统制法，1931年下半年和1932年，在一些主要的产业部门强行成立了几十个卡特尔组织。卡特尔从组成起，便在生产和销售方面受到临时产业管理局的监督和一定形式的"计划"领导。

与此同时，在出口贸易方面，加强了对出口同业公会的领导。1930年年末之前，日本已成立了110个出口同业公会，每个同业公会都对出口商品的品种、质量和价格有严格的规定，政府有权强迫非公会企业遵守其所在行业公会的章程。工业生产企业的卡特尔化和出口企业的同业公会化，无疑方便了政府控制、干预私营企业的经营活动。

---

[1] ［美］查尔默斯·约翰逊：《政府到底该干什么？——有形与无形的手之争》，安佳、肖遥译，云南教育出版社1990年版，第90页。

为了增强国家对经济的控制、干预能力，大萧条之后，日本政府通过立法扩大了国营企业在重要产业中的垄断程度。1934年，日本议会授权商工省把六家大型私营铁厂并入国营八幡制铁所，组建由国家股控制的日本制铁公司，结果使日本几乎全部的生铁生产能力和一半以上的炼钢能力、制钢能力为国营企业所控制。

在交通运输业，铁路的国有化地位得到进一步加强，航运方面由军方控制的商船吨位不断增加。而在中国东北建立的殖民地"伪满洲国"，从一开始就把重要产业置于日本国营企业的控制之下。比如，在1930—1936年日本对中国东北投资的30亿日元中，绝大部分是国营企业投资，其中由日本商工省控制的"满铁"（全称"南满洲铁道株式会社"）就占了绝大部分投资。国营企业实力的增强，无疑加强了日本政府控制经济的能力，而这种控制，无一不在削弱和限制着市场经济发挥作用的程度和范围。

这一时期日本政府推行的军事膨胀性财政政策，也强化了经济体制非市场化的转向。军事膨胀性财政政策是与高桥是清的名字联系在一起的，他在1931年12月就任藏相时，正值日本国内陷入严重的经济萧条而对外扩大了侵华战争的形势，于是便放弃他的前任推行的紧缩型财政政策，改行军事膨胀政策。这种政策建立在两个基点之上。第一，政府的财政支出以侵略战争的军事需要为核心，完全按日本军部的计划进行安排。实施结果，使直接军费在国家预算中的比例大幅度提高。1931—1932年，军费支出占预算的31%，1936—1937年上升到47.8%。六年之中，日本政府用于军事经济方面的开支，就达70亿日元。其中，25%用于兴建、扩建国营军火企业，75%左右用于向私营企业进行军事订货。第二，财政收入以发行公债和信用发行钞票为主要源泉，以推行的"低利率"为动力。1931—1936年，日本中央财政支出猛增46%左右，由15.58亿日元增加到22.8亿日元；同期公债发行额增加65.4%以上，由1931年的59.56亿日元猛增到1936年的98.54亿日元。其中，内债增加近一倍。为了降低政府发行公债的成本，日本政府推行强制性低利率政策。1931年11月，日本银行公布的商业票据贴现率尚为6.5%，1933年7月强行调至3.65%，1932年又先后调至4.2%和3%。与此同时，还大幅度增加了信用发行额。同一时期，日本中央银行的信用发行最高额从 1.2 亿日元增加到 10 亿日元，货币发行额从 1931 年年底的 13.3 亿日元增加到 18.7 亿日元。

军事膨胀政策的得益者主要是财阀，由于军费支出的增加，财阀企业得到大批订货。当时政府指定了 110 家私营企业来接受军事订货，其中绝大部分是财阀企业，而三井、三菱、住友、大仓、久原等财阀企业又包揽了一半以上的军需生意。军事订货养肥了财阀企业，促成了这种企业垄断地位的进一步提高。比如，三菱财阀在 1934 年把其经营的造船业和飞机制造业合并，组成"三菱重工业公司"，形成了一个以军舰、潜水艇、飞机、特种武器、电动机建造为核心产品的军工康采恩。其他财阀企业也不甘落后，纷纷组建自己的联合公司。不仅如此，军事膨胀政策还培育出一批"新财阀"。新财阀的特点是，他们的资本结构和旧财阀有所不同，他们的资本不是由一个或几个家族拥有，而是被众多的所有者持有；他们与军方的关系比老财阀更密切，有些实际上是按照军阀的意愿建立的，因此一开始就受到军部的关照。在众多的财阀中，由鲇川义介控制的"日产"（日本产业公司）具有典型性。日产主要是依靠在中国东北的投资迅速崛起的，它既得到日本军方的大批军事订货，又得到国家银行的优惠贷款，同时还与殖民地政府——"伪满洲国"政府合办企业。新老财阀资本的迅速膨胀，他们与军事当局的勾结，无疑增加了日本经济体制中的非市场乃至反市场因素，使经济体制最终向完全的统制型转化成为必然。

事实上，在 1936 年 2 月军人发动的未遂政变"二·二六"事件①前后，尤其是 1937 年发动全面侵华战争之前，日本已经形成了某种"准战时体制"，这种体制下经济生活中的市场因素已减少到很小的程度，非市场因素已占据主要成分。

第三节　军事统制经济体制的建立与日本经济的崩溃

侵华战争全面爆发前，日本经济中的非市场因素或反市场因素实际

---

① "二·二"六事件，又称"帝都不祥事件"，发生于 1936 年 2 月 26 日，系日本历史上一次失败的兵变。日本帝国陆军部一些"皇道派"青年军官率千余名士兵起事，刺杀了政府及军方高级成员中的多位反对者，包括财政大臣高桥是清。政变最终被扑灭。

上是统制经济因素。所谓统制经济，就是由一个强力机构控制资源与社会生产，并按照这个强力机构提出的目标强制实施生产计划的经济。统制经济的发展直接与以军阀为首的军国主义势力的不断强化联系在一起，并最终由军国主义分子控制，因此可以称为"军事统制经济"因素。这种因素的不断强化，最终导致了日本战时经济体制——军事统制经济体制的确立。所谓军事统制经济，就是控制资源配置与生产的强力机构是军事当局和军阀，而非文职内阁和文职公务员。

日本军事统制经济体制成分的产生可以追溯到"一战"之前。从19世纪90年代起，日本的军阀由于在一连串的对外侵略战争中为商人和财阀打开了亚洲市场，因此得到财阀的大力支持，在日本政治经济中的影响迅速增大，日本经济就有了一种围绕军事扩张需要发展的趋向。第一次世界大战加强了这种趋势，战争行将结束的1918年4月，日本政府颁布了《军需工业动员法》。这是日本历史上第一个工业管制法，是政府试图借助战备来动员全国民间经济力量、扩充军事实力的重要立法。这项法令将大部分工业产品划为"军需"物资，授权政府在对外宣战后管制、使用或征用生产"军需品"的企业。《军需工业动员法》的颁布，事实上为日本经济体制向半统制型转化定了调子。在该法令颁布后不久，日本政府便设立了一个专门研究军事需要、制订军需计划、收集军需工业统计资料的机构——军需局。从军需局设立开始，日本政府一直在努力，试图在政府机构中设立一个代表军阀利益，为将经济纳入军事扩张需要出谋划策、制定政策的权力机构。军需局的局长由军阀担任，就充分说明了它的作用。

在20世纪20年代的经济动荡时期，向军事统制经济的转化步伐有所放慢，但并未停止。原因主要有二：其一，1918年颁布的《军需工业动员法》并未被废止，它在1937年之前一直在发挥作用，尤其是在日本对中国东北的侵略战争中，为军事当局所引用；其二，军需局虽被撤销了，但改头换面代表军阀利益的机构仍然存在，且对经济的干预有所加强。军需局是在1920年被撤销的，代替它的是1920年5月成立的"国势院"。国势院在1922年11月亦被撤销，但它的业务被划给了当时的农商省，后又转到商工省。在商工省，它的业务受到高度重视。20世纪20年代中期，财阀势力的空前高涨暂时影响了军阀们将日本经济推向军事统制一边的步伐,军方被迫放弃了对经济总动员计划的研究。但在1927年金融恐慌之后,军阀再次得势,明确提出制订与侵略战争相适应的经济总动员计划的要求。侵华分子、"伪满洲国"经济计划的设计者石原莞尔就曾提出,日本战时的国家总动员规模,一定得超过法国在第一次世界大战中的规模。于是,在军阀和军国主义政治家的操纵下,1927年5月,日本政府设立了一个新的进行经济总动员政策研究与设计的机构——资源局。这个机构由军方代表和文官共同组成,它的第一个成果是制定了一部为全面动员经济做准备的法案——《资源调查法》。该法要求私营企业无条件向政府报告其生产能力和财务状况,授权商工省负责该法的实施和"控制企业运行计划"。由于有了这样一条法案,日本私营企业的全部生产活动和计划,便处在商工省的掌握之下。因此有西方学者认为,设立资源局,"是从事日本经济计划的第一步"①。这里的"计划"当然是为军事扩张目的服务的。

20世纪30年代是日本经济体制由市场型向完全的军事统制型转化的最后十年。在1936年"二·二六"事件之前,高桥是清(1854—1936年)的军事膨胀式反危机政策已经促成了两个转化。一个表现在军阀对日本经济战略决策的影响方式上,由半隐蔽状态转入公开化。1937年7月成立的"内阁评议会",便是一个由军阀领导的,为日本以军事扩张为核心的经济发展制订计划的专门机构。它的权力仅次于内阁,因而被新闻媒体称为"追加内阁"。另一个表现在对外金融联系上,实现了由市场型向统制型的转化。1931年颁布的"黄金输出禁令"和1932年7月颁布的《资本逃避防止法》,实际上切断了日本经济与国际金融市场及资本市场的正常联系。1933年3月颁布的《外汇管制法》的实施,使日本最终实现了对金融的管制型管理。在这同时,军阀还控制了一些经济职能部门。到1935年,由拥戴军阀扩张政策的所谓"新文官"控制的经济职能部门已取得明显优势。"新文官"实际上是一些热衷于军国主义事业的法西斯分子,他们在军方的支持下,正在政府各部门进行渐进的"夺权"斗争。

---

① [美]查尔默斯·约翰逊:《政府到底该干什么?——有形与无形的手之争》,安佳、肖遥译,云南教育出版社1990年版,第60页。

"二·二六"事件和高桥是清的被刺杀表明，日本在向军事统制经济体制方面的转化已到了不可停顿的地步。高桥是清原本是军阀势力的支持者，他任大藏相（财政大臣）时连续执行了四年多的军事膨胀政策之后，只是想缓和一下财政压力而提出减少军事支出，便招致杀身之祸。可见军阀在日本政治经济生活中的影响之大。高桥是清的被刺杀是个标志，那之后几年，日本政府的所有行政部门，都先后变成了军阀们的工具，由军人或军方代理人——"新文官"所控制。而战前最重要的两个经济职能机构——大藏省和商工省，则完全由军方领导。在1937年日本发动全面侵华战争之前，政府职能部门已为军事当局所控制，政府管理经济的权力已为军阀所掌握，而剩下的一步，只是完全割断私营企业与市场的联系，将它们置于军事当局的控制之下。

对私营经济的管制是分三个阶段实现的。第一个阶段即1938年之前，颁布了一系列法案，试图用立法手段，限定私人企业的生产和经营范围。第一个带有军事性质的这类法令，是1934年3月颁布的《石油工业法》，它规定进口与提炼石油须经政府特许，取得经营执照；政府有权给企业分配配额、制定价格及强制收购产品。该法案还规定，石油企业在任何时候都须储存至少6个月的产品以供政府征购。由于政府据此法案强行定价和收购产品，因此该法案的实施，在很大程度上已切断了这个部门私营企业与市场的联系。继《石油工业法》之后，日本政府在一些重要工业方面先后颁布了一系列类似法案。1936年5月颁布《汽车制造业法》，规定汽车生产者必须有政府所发的生产许可证，且可以从政府取得半数的资金，享受五年免税和免除进口关税的优惠。实施结果，只有本田和日产两家公司取得许可证，连福特和通用等外国汽车公司在日本的业务也被停止。而本田和日产由于接受了政府所提供的资金，实际上变成了半国营企业。1937年8月颁布的《制铁事业法》《人造石油业法》，1938年3月颁布的《工具制造业法》《航空制造业法》，都和《石油业法》《汽车制造业法》一样，成了军事当局控制私营经济的工具。

第二个阶段始于1938年4月颁布《国家总动员法》，末于1941年12月建立所谓的"经济新体制"。《国家总动员法》是日本实现全面军事化的总纲领，它授予军事当局管制经济的全权，"让整个社会走上了集权主义道路"①。该法共有50个条款,规定政府有权征用所有企业的物资,监督企业投资方向,决定企业利润水平和利润分割,规定雇佣条件和工资率,禁止罢工,解散工会。该法令的执行采用"帝国敕令"的形式,行政官员可以不经国会认可而发布命令,做任何自己乐意做的事,置企业利益于不顾。因此可以认为,由于《国家总动员法》的颁布,日本私营企业实际上已失去了大部分独立经营的权利。

第三个阶段始于1941年12月,以建立所谓的"经济新体制"为核心内容。早在1940年10月,日本军阀便通过天皇宣布取缔了一切政党,解散了议会,成立了由法西斯分子控制的内阁,建立了所谓的"政治新体制"。在法西斯军政府的独裁统治下,日本政府开始按照《重要产业团体法》,在所有行业中强行组建"统制会"。

统制会有权向各企业分配军事订货、原料、劳工和其他生产资源,有权为企业规定生产定额、产品价格。由于统制会的建立,日本企业失去了所有独立经营权,变成了军国主义政府的附庸。至此,军事统制经济体制已发展到无以复加的地步。

日本战时军事统制经济体制的特点主要有两个。第一,经济决策权由军国主义当局控制,国民经济围绕对外侵略战争和"军需"生产运作。1937—1941年,日本的直接军费支出占国家总支出的70%以上,而1942年以后,比重还要更高。至于军国主义当局对经济的控制,到1941年,已深入各个环节。

第二,围绕侵略战争进行的经济"计划"体系的建立。计划的职能部门是在1937年5月成立的"计划厅",它的前身是1931年设立的内阁调查局。由于该局对日本经济情况了如指掌,因此在改为计划厅后,立即提出经济扩张计划。计划厅在成立一个月后与军方的"资源局"合并,改名"计划院",从而使计划直接处在军方的控制之下。到1939年,计划院已成为一个非常重要的经济管制机构。它有7个部,分别负责物资、劳动、运输通信、科学技术、贸易金融等各个领域的经济计划及其实施工作。在1941年4月以前,计划院的首领还由受军阀

---

① [美]查尔默斯·约翰逊:《政府到底该干什么?——有形与无形的手之争》,安佳、肖遥译,云南教育出版社1990年版,第114页。

支配的文官充任，但 1941 年 4 月以后，全由军人、甲级战犯担任。由此可见日本战时计划的实质。计划起初较为粗泛，计划院只制订出年度计划和一年以上的规划。1939 年之后，则更为详细，以一季为基础，将 400 项产品分为十大类，按军需次序排列制订计划。而列在计划前三位的项目依次是"陆军军需""海军军需""军事储备"。计划的实施则靠行政命令，命令的依据则是前述的《国家总动员法》。

上述军事统制经济体制还被推广到日军在中国的占领区。在有些占领区，尤其是中国东北地区，军事统制经济体制的实施甚至早于日本本土。还在 1937 年，日本军事当局就开始在中国东北实施"产业开发五年计划"；而在 1938 年 4 月，又颁布了"华北经济建设方针"。实际上，日本试图通过计划把中国被占领土纳入其侵略扩张的"军需"生产轨道上。

军事统制体制在动员日本全国经济资源支撑对外侵略战争方面所发挥的作用是不可低估的。正是这种独裁经济体制，最大限度地动员了日本本土和所占领土的经济资源，并把这些资源供给军国主义政府，使其得以发动和维持一场旷日持久的战争。

然而，由于日本军国主义者的侵略野心太大，企图以小小的日本征服中国和整个东亚，结果全面失败。战争的失败实际上是从经济的崩溃开始的。战争的最后几年，日本已经将其经济资源消耗殆尽，仅人力资源方面，连儿童和老人都要劳动，但这也不能挽救日本军国主义的灭亡。侵略战争的失败和经济崩溃，为日本自明治以来所推行的侵略扩张国策画上了句号，同时也为日本的军事统制经济体制画上了句号。

第十章　苏联：计划经济体制的最初试验

　　工业社会成型之初的体制危机表现为战争和空前的经济萧条，战争与经济萧条在较早完成工业化或实现工业化起步的国家所导致的结果极不相同。在美国、英国这样的工业化已取得决定性成果的国家，是经济体制的调整；在德国、日本这样的后起工业国或工业化程度较低的国家，是体制的集权化乃至独裁化，试图借助政府的广泛干预和军备扩张，加快经济发展速度，获取工业社会经济运转所必需的资源与市场。相比之下，在俄国，则导致了另外一种结果——政治革命推翻了旧的沙皇政权，新政府拒绝按照西方模式改造经济体制，而选择了一种全新的经济体制——计划经济。

　　这种体制不仅在资源配置基础方面与西方业已形成的自由市场经济体制完全不同，而且它所配套的政治制度，也与西方资本主义的民主制度不同。

　　计划经济的试验或探索可以视为现代工业社会成长过程中的一个插曲，因为在工业社会成型之初的震荡时期，市场经济体制的危机使人们误以为它是短命的。但到了今天，在苏联的试验失败以后，人们不得不重新认识市场经济体制，而计划经济体制的弊端更暴露无遗。尽管如此，计划经济体制也帮助苏联实现了工业化，并一度使它成为与美国并驾齐驱的"超级大国"。因此，苏联的这段经济体制选择插曲是值得重新审视和认真研究的。

第一节　计划经济体制的建立及其特点

苏联的计划经济体制最初是根据马克思主义的有关设想建立的。按照马克思主义经济学的解释，资本主义经济发生周期性危机的根源是个别企业生产的有组织性和全社会生产的无政府状态，因此，马克思、恩格斯所描绘的未来共产主义社会的经济是计划经济。

值得指出的是，在马克思那里，计划只是一种设想，且作为摆脱资本主义生产下"商品拜物教"、回归本源的一种推断。[①] 苏联的计划经济体制是列宁提出，并经列宁本人及其传承者斯大林领导的苏共实践的产物。马克思设想的物质生产活动的计划，基于"自由人联合体""重新建立个人所有制""有利于人的全面发展"三个特征之上。列宁提出的计划经济，基于生产资料的公有制，并且坚持认为，建立计划经济的基础是生产资料的公有制，而公有制的主要形式是国有制。

为了建立社会主义计划经济体制，苏维埃政权建立后，立即将国有化作为一个核心任务推出，并且一度将国有化当作生产资料公有制的唯一途径。

国有化分两个步骤推进。第一步，对私营企业实行普遍的工人监督。十月革命刚刚取得成功，列宁就起草了《工人监督条例》，发表在《真理报》[②] 上征求意见。几天以后，即1917年11月14日，便正式开始实施该条例。《工人监督条例》规定，在工业、商业、农业、银行和交通运输业中，成立工人监督机构，监督私营企业的生产经营活动。工人监督机构有权规定企业产量、核查成本、取消和公开企业商业秘密。该条例实际上把企业的部分决策权交给了工人，损害了私人业主的利益，因而在实施中受到私营业主的抵制，许多业主纷纷抽走资本，关闭工厂。1917年12月，仅彼得格勒一地就有44家工厂关门，乌拉尔地

[①] 马克思的原话："只有当社会生活过程即物质生产过程的形态，作为自由结合的人的产物，处于人的有意识有计划的控制之下的时候，它才会把自己的神秘的纱幕揭掉。"马克思：《资本论》第一卷，人民出版社1975年版，第97页。

[②] 《真理报》，由俄国社会民主工党领导人托洛茨基于1908年10月3日创办于奥地利维也纳，针对俄国工人发行。早期为躲过沙皇政府的新闻管制，在国外刊印后偷运入俄。1918—1991年作为苏共中央委员会机关报。1991年被叶利钦下令关闭。

区则有半数工厂歇业,这导致新生政权下的经济陷入萧条之中。

第二步是通过没收私有企业,建立国营企业。第一批被没收的是银行等金融企业。1917年11月7日,即"十月革命"当天,布尔什维克党组织的"工人赤卫队"就占领了原俄罗斯的国家银行,12月25日正式予以没收,宣布其为苏维埃公有银行。12月27日"工人赤卫队"占领了彼得格勒的全部私营银行,当晚苏维埃政府宣布将私人股份银行收归国有,并同以前所没收的国家银行合并,组成"俄罗斯苏维埃共和国人民银行"。到1918年1月20日,俄国境内的所有私人银行均被没收。1月26日,当局又宣布没收原私人银行的全部股份资本,废除私人银行股东持有的股票。

第二批被没收的是大型工业企业。1917年11月27日,苏维埃政府通过第一个"私营工业企业国有化法令",此后便开始大量没收私人企业,并以没收企业建立国营企业。1918年6月颁布法令,宣布将全俄境内的一切大企业收归国有。按照这一法令收归国有的企业,涉及采矿、冶金、金属加工、纺织、木材、烟草、制革等主要工业部门。被实行国有化的企业的工人、技术人员和经理、董事一律转为国家工作人员,按原标准从企业领取工资。根据上述法令没收的企业总资产达30亿卢布以上,占当时全俄工业总资产的3/4左右。到1918年8月,国有工业大企业的数目超过3000家,其中一半以上是重工业企业。

第三批被没收的企业,涉及运输业和商品供销业。在运输业领域,第一个措施是将帝俄时期修建的7万多千米的铁路,连同机车等设备收归国有,建立国营铁路公司。接着在1918年1月颁布法令,没收私营航运企业的商船队。按照这一法令共没收内河河运船只1.37万艘、海运船只2476艘。在执行过程中,一些小业主的小货船也被没收了。在流通领域,建立了物资供应管理机构,专门负责新建国营企业的物资供应。也是在1918年,在最高国民经济委员会的13个部门生产处,均设立了物资供应和监督科,其主要任务是通过发放"购货证"来分配(销售)本部门的产品,并组织对本部门企业的物资供应。此外,在最高国民经济委员会还设有直属的"供应定额处",负责统计企业暂时不用的资产,通过有关部门进行分配。在对外贸易方面,1918年4月颁布《关于对外贸易国有化法令》,没收了私营贸易公司的资产,接收了这些企业的人员，建立了国营的垄断性贸易组织。

正是通过强制性国有化途径，苏维埃政府在金融、工业、交通运输和内外贸易等国民经济的各主要领域，都建立了单一的或占优势地位的国营经济。与此同时，在农村，苏维埃政府发起的以国有化、建立国营农场为主要内容的土地革命，则确立了国家对农业生产的支配地位。这一切都为计划经济体制的最终形成奠定了基础。

然而，建立社会主义计划经济体制的进程并不是一帆风顺的，它曾经历了由"战时共产主义"体制到"新经济政策"的痛苦实践。在这个过程中所形成的经济体制，与马克思最初所设想的体制，显然有所不同。

"战时共产主义"既属于一种经济政策，也属于一种过渡性经济制度安排。这种经济政策始行于1918年秋，它部分是外国武装干涉和国内动乱非常形势的产物，部分是苏共教条主义的产物。1918年9月2日，面对非常的形势，全俄中央执行委员会通过决议，宣布苏维埃共和国为"统一的军营"，需按军事化要求改造经济，从而拉开了"战时共产主义"政策的序幕。

"战时共产主义"政策是逐步展开的，其主要内容可归入五个方面：（1）在全俄境内实行单一国有工业体制，没收和取消所有私人或集体工业企业，由苏维埃政权对企业经营活动实行监督；（2）取消企业间的商业活动，国家对工矿企业实行供给制，生产资料由国家无偿调拨，产品无偿交国家处置，由国家分配；（3）取消私营商业，停止货币流通，对生活必需品实行配给制和免费供应；（4）实行余粮征集制，强行把农民生产的余粮收归国有，禁止私人进行交易，在收集余粮时，往往不只拿走农民的余粮，连部分口粮也要拿走，而"征粮队"按军事编制，配有武器；（5）实行普遍的义务劳动。

客观地分析，"战时共产主义"经济政策的主要内容并不违背马克思和恩格斯所描绘的未来共产主义社会的基本原则，但是由于它与当时俄国的经济状况严重脱节，因而实施的结果是对生产力的巨大破坏和经济的全面倒退。1920年，全俄工业产出下降到不足沙俄时代的1/4，只有1913年水平的1/5左右。而农业受到的打击更为巨大，这个农地肥沃而广袤的传统农产品出口国，也发生了粮食危机，城市里一片饥馑。

严峻的经济现实宣布了这个政策的失败。1920年,当内战刚刚结束,苏维埃政府便不得不宣布放弃这种政策。1921年,列宁在其论著中也承认实行"战时共产主义"政策是个错误,他写道:"我们原来打算(或许更确切些说,我们是没有充分根据地假定)直接用无产阶级国家的法令,在一个小农国家里按共产主义原则来调整国家的生产和产品分配。现实生活说明我们犯了错误。准备向共产主义过渡(要经过多年的准备工作),需要经过国家资本主义和社会主义一系列过渡阶段。"① 由此可见,在俄共最高决策层那里,推行"战时共产主义"政策的初衷,在于直接建立共产主义而非社会主义的经济体制。

在"战时共产主义"经济政策受挫之后,苏共不得不进行经济政策和体制的调整。1921年3月,俄共第十次代表大会通过决议,用粮食税代替余粮征集制。这是经济政策转变的一个标志,此后推行的经济政策被称为"新经济政策"。

"新经济政策"涉及范围较广,但就主要方面来看,其内容有以下四项:(1)用粮食税代替农业税,放松国家对粮食及其他农产品的垄断性贸易,允许农民纳税后所剩余粮进入自由市场。(2)恢复消费品市场,建立国营商业和合作社商业,允许私人小商业零售活动的存在。(3)允许小私有经济存在。1921年8月,"人民委员会"宣布将雇佣人数不足20人,已处在歇业状态下的国营企业归还原来业主,将部分国营小企业租给私人业主经营,同时还允许公民自由经营手工业生产。(4)制定并实施吸引内外资本的政策,允许合资企业存在。

"新经济政策"的推行,促成了经济体制的某些变化。首先是经济成分的多样化,除了国营,还产生了合法的私营工商业。1925年,私营小工业企业的人数已增加到399.5万人,达到1913年的水平;1924—1925年,经官方注册的私营工业产值占苏联工业总产值的比重在25%左右。

其次是企业经营形式的多样化。根据吸引内外资本的政策,产生了三种形式的合资或合作经营企业。第一种是租让制。即把部分国有森林、矿山、油田和土地租让给外国资本家,让其按照资本主义企业的管

---

① 《列宁选集》第4卷,人民出版社1972年版,第571—572页。

理方法进行自主经营，只将部分产品上缴苏联政府，其余的归承租人，可远销国外。第二种是租借制。这是针对国内私人资本实施的。在此制度下，把国有的中小企业出租给本国原来的资本主义企业家，按承租合同约定条件经营，租期为1—3年。第三种是合营制。即国家与内外私人资本建立合资企业，企业的经营管理权由政府代表与私人股东分享。

最后是生产资料市场的恢复，按照产品质量数量支付劳动报酬，取消名义自愿实则强迫的义务劳动制。

由于"新经济政策"的推行，苏联的经济开始恢复。到1926年，农业生产基本恢复到"一战"前的水平，工业生产则在1927—1928年恢复到战前水平。后来苏联官方公布的统计资料显示，若以1913年俄国工业总产值为100，则1917年降为71，1921年降为21，1928年升为132。其中，大工业在1921年降到只及1913年的21%，1928年则超过1913的52%。[1] 但是，按工业产值进行比较本身存在不准确的因素，因为帝俄卢布与苏联卢布的兑换率存在人为确定的因素。若按主要工业产品产量比较，则1928年的产出和1913年相差无几。比如，1928年的钢产量为430万吨，只比1913年多10万吨，而生铁产量、钢材产量在1928年仍未超过1913年的水平。1928年，这两项产品的产量分别为330万吨和340万吨，而1913年帝俄已分别达到420万吨和350万吨。由此，把苏联工业恢复下限定在1927—1928年，虽然有据但也略显勉强。

客观地说，苏联经济的恢复，得益于"新经济政策"的实施，而"新经济政策"的活力，则来自对市场经济某些因素的利用。这从一个侧面反映了市场经济体制的优势，但在当时，坚持僵化理论的苏共不可能认识到这一点。列宁在批准恢复消费品市场的同时，还坚持认为，在自由贸易的土壤上会产生资本主义，建议将私人小商业活动限制在地方流通范围内，并实行严格管理，不允许自由发展。[2] 但无论怎样，"新经济政策"是苏共从教条主义的共产主义实践向现实主义迈出的关键一步，没有这一转变，苏维埃政权就不可能延续下来，也不可能形成完

---

[1] 苏联部长会议中央统计局编：《苏联国民经济六十年》，陆南泉等译，生活·读书·新知三联书店1979年版。

[2] 樊亢、宋则行主编：《外国经济史》，人民出版社1965年版，第73页。

整的计划经济体制。

在经济政策的上述探索中,实际上只是围绕着一个问题展开的,这就是商品经济要不要保留以及国有经济的控制范围,但关于建立中央计划经济体制的目标,则始终不渝地被坚持了下来。从俄共（布）取得政权开始,就在建立和完善中央政府对国民经济实行控制的机构。1917年12月成立最高国民经济委员会,执行最高经济管理机关职能；与此同时,还在各地区设立了地方国民经济委员会。这些委员会从成立之日起,不仅在经济决策方面拥有广泛的权力,还直接掌握着刚刚建立的国有企业。在实施"战时共产主义"经济政策时期,最高国民经济委员会及其所属的总管理局的权力进一步加强,因为当时实行工业的单一国有制形式,结果全俄工业企业都划归该委员会控制。为了组织工业生产,1920年,最高国民经济委员会设立了13个生产部和52个总管理局,在地方一级成立了86个省级国民经济委员会。中央和地方对企业实行分级管理。至此,苏俄全国境内的工业企业都是国民经济委员会下属的管理局的基层组织,一个中央控制的国民经济体制初步形成。

在实施"新经济政策"时期,中央控制体制并未变化,变化的只是控制形式。为了调动地方和企业的积极性,撤销了国民经济委员会下属的总管理局,并将工业企业按部门联合组成托拉斯,直属最高国民经济委员会。可见,这一变化只是用托拉斯代替了管理局。与此同时,苏维埃政府也在为实行国民经济计划做准备。1921年2月成立国家计划委员会,8月颁布《关于各级计划委员会的法令》,随后在各级各部门开始建立一套完整的计划权力机构。这个计划系统一开始就是以即将诞生的苏联为框架而成立的。

1922年苏联正式成立后,次年便仿照原俄罗斯苏维埃最高国民经济委员会,成立了苏联最高国民经济委员会,下设"中央国营工业管理局"和"中央经济局"。前者直接领导联盟工业,后者则通过各加盟共和国最高国民经济委员会领导其余工业。1926年,以专业管理总局取代中央国营工业管理局,以计划经济管理局取代中央经济局。至此,与苏联相适应的全国性计划管理体制基本形成。这个体制的两个重要权力系统也已形成：一个是苏联国家计划委员会。它是全国最高计划机关,隶属于苏联部长会议,主要职能是根据苏共中央指示编制五年计划和年度计划,检查计划的执行情况。在它下面,有一个分布于全国各地的庞大的计划权力系统。另一个是苏联最高国民经济委员会,它掌握着全苏联的国营企业,负责计划的实施。后来随着工业门类的增加,最高国民经济委员会被改组为30多个"人民委员会",每一个委员会管理一个产业部门。这个体制经过1928年开始的第一个五年计划和1929年开始的强制农业集体化运动,得到进一步加强。到20世纪30年代中期,苏联的社会主义计划经济体制最终成型。

计划经济体制的一个突出特点是生产要素的配置由中央政府的计划决定。在苏联,这一特点曾被发展到无以复加的地步。20世纪30年代,苏联的计划已经无所不包,从人力资源到资金,从原料到成品,都处在计划的约束之下。以物资供应为例,为了适应计划经济的要求,苏联建立了四种物资供应制度:(1)统配制,按照苏联部长会议批准的产品分配供应企业生产资源;(2)集中计划供应制,按照苏联各部的中央销售机构所编制的计划供应物资;(3)非集中计划供应制,按地方政府计划、销售机构编制的计划供应物资;(4)企业自筹制,即企业在自己的附属单位(木材采伐场、泥炭采掘场等)筹措供应企业使用的部分资源。所有这四种物资供应制度,都无一例外地排除了市场力量发挥作用的空间。因为在这些供应制下,物资是无偿调拨的,价格只起核算作用,并不影响资源的供求。

计划经济体制的另一个特点是,价格是人为制定的,而不是在市场竞争中产生的。早在1918年8月,最高苏维埃就设立了物价委员会,在1921年颁布的《关于物价委员会条例》中,就规定该委员会是跨部门的最高物价管理机构,它负责确定国家机关、国营企业、合作社与城乡居民所需生产资料和生活资料的价格。在最初,物价部门只给出国营企业之间的供货价格,其余只规定最高价。

但到了20世纪30年代,物价部门成了所有重要产品价格的决定者。当时物价部门制有详细的分类价目表,企业、居民、政府部门所需的绝大部分生产资料和生活资料的价格,都由价目表预定。市场因素被限制在微不足道的范围。而物价部门制定价格的基本依据,则是马克思《资本论》中的教条,即马克思分解的决定商品价值的三个因素(生产资料价值+劳动力价值+剩余价值),按照"生产资料耗费"、工资加

"合理利润"的思路来确定价格，根本不考虑供求因素。许多物品与服务因定价过低，造成供不应求，不得不凭票供应。因此，与计划经济并存的是配给制、特供制和普遍的排队现象。

计划经济体制之所以在不遵守价值规律的情况下得以运转，其中一个重要原因是国有制。成千上万的国营企业和集体农庄，作为政府计划部门的附属而存在，政府权力在这些企业、单位至高无上，行政命令压倒一切。实际上，计划经济体制恰是主要依靠行政命令手段来维持的。如果发布命令的机构或人员稍有不慎，将导致经济生活的灾难性混乱。

第二节 工业化战略的确定与计划型工业化起步

苏联的工业化是在计划经济体制下进行的，它和西方资本主义市场经济国家工业化的一个最大区别就在于，工业化与产业发展不是由经济发展的内在规律自发兴起的，而是人为设计的。在工业化起步、扩展、完成的各个阶段，都有政府的广泛参与和干预。工业化开始之前，政府就给它制定了战略目标，起步后，又通过年度计划和五年计划进行干预。工业化的主体动力来自国家投资和国营企业发展。因此，在计划经济下的工业化进程中，战略的选择占有突出的地位。

关于工业化的战略，苏联曾经争论了十多年，直到1929年将布哈林等人的不同意见压制下去，也就是苏联官方宣布的工业化开始三年多后，才被确定下来。

苏共最初的工业化战略是列宁提出来的。十月革命后不久，列宁根据马克思关于扩大再生产的一般原理，提出了生产资料生产优先增长的理论，指出在俄国的工业化中，应特别重视发展重工业。根据列宁的建议，1918年，俄共就确定把燃料、钢铁、机器制造、化学等重工业部门作为重点工业予以重视，并授权国家建筑工程委员会拟定计划，着手在上述部门建立一批大型工业项目。但部分地由于国内战争，部分地由于该计划严重脱离俄国当时的现实，未及实施就夭折了。因为历经战争与革命动荡的俄国，当务之急是解决老百姓的基本生存问题，而不是发展重工业。工业化的战略还包括资金来源，列宁最初设想的俄国工业化的资金来源主要是农业，试图让农民多拿钱，但1920年前后的严峻经济形势,"余粮征集制"对农业的破坏和农民的不满情绪,使列宁不得不改变想法。而实行"新经济政策",优先考虑生活资料的供给,发展轻工业、农业,则是列宁重新考虑工业发展战略的例证。

但是,当"新经济政策"初步取得成功,农业、轻工业生产有所恢复,生活资料的供给有了明显改善之后,苏共领导人又开始了关于工业化战略的争论,时在1925年。当时对列宁早先提出的优先发展重工业的战略,倒没有什么争论,争论的焦点主要集中在工业化的速度和资金来源问题上。以托洛茨基为代表的一部分苏共领导人主张,必须最大限度地加快工业化速度,为此应向农民征收高额赋税,以斯大林和布哈林等为核心的苏共领导人,则反对托洛茨基的观点,认为对农民征税过重,会招致农业发展停滞,缩小工业原料源泉和工业品销售市场,并最终导致工业化速度降低。托洛茨基的意见为一场政治斗争所制服,但否定了托洛茨基的意见后不久,布哈林与斯大林的争论又起。1928年9月,时任苏共政治局委员兼《真理报》总编的尼·伊·布哈林(Bukharin, Nikolay Ivanovich, 1888—1938年)发表文章,对斯大林的工业化战略以及整个经济政策提出异议。当时斯大林主张,社会主义工业化既要反对超高速又要坚持适当的高速度,并把资金来源与农业挂钩,提出应保证最大限度地把资金从农业抽调到工业中来。布哈林主张工业化速度应当保持"适中",不可过快,认为"靠最大限度抽调农业资金的办法发展工业就可保证工业最快发展"的说法,是一种"荒唐的主张"。他认为国家积累率不宜过高,并指出当时苏联经济的"弦已经绷得太紧了",不宜再快。[1] 布哈林的支持者李可夫也持此种观点。但是在斯大林的专断统治下,他们的观点不仅未被接受,反受其累。1929年4月,苏共召开大会批准斯大林对布哈林的撤职决定,并宣布布哈林等代表"富农路线"。

1929年4月之后,斯大林关于苏联工业化的战略最终被确定了下来。其后,随着斯大林个人权威的上升和政治压力的加剧,再也无人对这种战略提出异议。

---

[1] 参见《苏联共产党代表大会、代表会议和中央全会决议汇编》(第三分册),人民出版社1956年版,第463—469页。

斯大林所确定的苏联工业化战略建立在两个基点之上。一个是优先发展重工业。这和列宁的提法一致，但斯大林把它强调到无以复加的程度，并上升到政治路线层面。按照斯大林的提法，优先发展重工业还是优先发展轻工业，是社会主义工业化与资本主义工业化的重要区别，甚至是共产党与非共产党的重要区别。他写道："不是发展任何一种工业都算作工业化。工业化的中心，工业化的基础，就是发展重工业（燃料、金属等），归根到底，就是发展生产资料的生产，发展本国的机器制造业。"① 并说，"在资本主义国家，工业化通常都是从轻工业开始"，"共产党当然不能走这条道路"，苏联的工业化应从"发展重工业开始"。② 斯大林为计划经济所确定的这一工业化基点，为后来差不多所有的共产党执政的国家所效仿。另一个是超高速发展。斯大林认为，当时苏联经济比西方落后 50—100 年，苏联应当在 10 年内跑完这一距离，为此目标，"必须不顾一切牺牲"③。

斯大林为苏联所确定的工业化战略并非仅仅体现在政府的文件中，而是有制度保障的，这便是高度集权的计划管理体制。为了保证优先发展重工业，1931 年把以前统管全苏生产单位的机构——最高国民经济委员会改组为"重工业人民委员会"，委以发展重工业的全权，而整个工业化过程又处在计划的严格监督下，每项计划的确定，每个年度计划的提出，五年计划的制订，都须体现斯大林的工业化战略思想，否则就难以通过。工业化的速度，也通过计划层层分解到部门、企业。企业的领导往往作为政治任务来接受上级计划。

工业化战略所确定的超高速，需要较高的资本积累率来保障。在当时的苏联，从外部引进大量资本的可能性不大，因此不得不靠内部积累。为了加速工业资本形成，苏联政府采取的措施主要有两种。一种是借助一切可能的手段提高储蓄率，降低国民收入中消费所占比重。为此目的，除了对企业尤其是轻工业企业和商业企业征收高额所得税，还不断增加公债发行量，号召甚至强迫居民捐款。1928 年以后所确定的对

---

① 《斯大林全集》第 8 卷，人民出版社 1958 年，第 112—113 页。
② 《斯大林文集》，人民出版社 1962 年版，第 449 页。
③ 斯大林：《列宁主义问题》，中共中央马克思　恩格斯　列宁　斯大林著作编译局译，人民出版社 1972 年版，第 400 页。

"非社会主义"企业（实指非国有企业）的课税率，高达81%，对国营企业利润留成部分的课税率为84%。结果仅"一五"时期，税收就增加了2.3倍。1927—1938年，发行公债额增加了18倍。与此同时，还通过人民银行的信用发行，增加货币流通量，同期货币流通量增加了4倍。

这些办法的确使积累率在短期内大幅提高，1925年，苏联积累率为16%，1932年猛增到27%，此后在大多数年份，一直保持在32%左右。高积累率给人民生活造成的困难可想而知。

另一种是加重对农村居民的赋税，促使农业积累向工业转移。为此所采用的具体办法是低价收购农产品，不断提高工业品价格，压低农产品价格，拉大价格剪刀差。据估计，在斯大林时期，国家通过各种方式拿走的农产品占农业总产量的近一半，而付给农民的价格还不及生产这些产品的成本。

对农民的掠夺曾引起普遍的不满，并导致农业生产停滞。1927年，苏联粮食总产量比十月革命前还少5%，同年年底发生了"粮食收购危机"，国家收购到的粮食急剧减少。1928年年初，不得不采用更强硬的手段，派遣大批官员下乡强征粮食，有些地区甚至挨门挨户搜查。这种过火做法，也遭到以布哈林为代表的苏共党内部分人士的反对。布哈林认为，造成粮食收购危机的原因在于粮价太低，因此建议调高粮价。但斯大林坚持认为，粮食生产停滞的原因是小农经济。只有按集体化原则对农业实行全面改造，才能从根本上改变苏联农业生产落后的局面。

在批判了布哈林的观点之后，从1929年秋开始，苏联掀起了一场强制性全盘集体化运动。其核心内容是消灭一家一户的小农经济，建立集体农庄。整个过程持续了5年左右，到1934年"基本"完成。该年7月，全国71.4%的农户都被组织在集体农庄之内。这些农户所耕种的耕地，占全国耕地面积的87%以上。全盘集体化不仅未促进农业生产的发展，反而损伤了农业生产力，引起农民大批屠宰牲畜。仅从1930年到1933年7月的三年半时间内，农村耕牛减少26.9%，猪减少11.0%，羊减少53.9%，马减少45%。1929—1934年，折合为机械动力的总畜力下降了980万马力，同期拖拉机总动力增加260万马力，二者相抵，净减少720万马力，农业生产能力的急剧下降必然引致农业生产的倒退。即使按苏联官方大为压低的数字，1928—1933年，苏联的农业总产值也仍然下降了18.6%。从1929年起，苏联不得不对食品等基本消费品实行定量供应。

农业生产的停滞和滑坡自然不利于工业化进程，对此苏共也认识到问题的严重性。为了扭转农业生产下降局面，1933年，苏共采取了一些措施，以"巩固集体化"为名，从僵化的集体化制度后退。比如规定集体农庄庄员的住宅、牲畜、家禽为私有，农庄1/4—1/2的财产为公有，其余则作为庄员的入股"股金"对待。与此同时，还肯定了个人自留地、个人副业的合法性。上述措施，暂时弥补了农业集体化造成的损失，使农业生产得到缓和，但并未解决集体化农业所存在的根本性问题。直到苏联解体，农业始终是困扰苏联经济的一个"老大难"部门。

集体化虽然不利于农业发展，却有利于农业剩余向工业的转移。由于集体化使分散的农业也处于国家计划部门的集中控制之下，通过行政兼经济手段，计划管理部门能更快地实现财富由农业向工业的转移。从这个意义上可以认为，正是农业集体化，保证了计划经济体制下的工业化资源供给。

由于有计划体制的保障，战略又非常明确，因此苏联的工业化在经济恢复的最后一两年间，便在政府的全力推动下起步了。

第三节 工业化的基本进程及其特点

苏联工业化是帝俄时期业已开始的工业化的继续，虽然这不是简单的继续，而是在一种全新经济政治体制下的继续，但帝俄时期的工业发展为苏联的计划型工业化准备了物质技术条件。否则，在一种几乎封闭的状态下，苏联的工业化就难以起步，这一点不言而喻。同样不言而喻的是，经过政治革命与体制变革，帝俄时代的工业遭到了严重的破坏，不恢复被破坏了的工业尤其是基础设施，苏联的工业化同样不可能顺利起步。因此，苏联的工业化必然以旧工业的全面恢复为起点。

恢复工作在1926—1928年进入尾声，也正是在这一阶段，苏联的工业化才蓄势待发。1926—1928年，按产值计算的苏联工业年平均增长率为21.7%，创造了恢复时期的最高纪录。1928年，官方公布的工业产值超过1913年水平的32%，但如前文所述，钢铁、采矿等基础工业产量仍低于1913年水平，相当一部分轻工业的产量也未达到1913年水平。考虑到钢铁工业曾是苏联经济恢复时期的重头工业，得到格外支持，因此产值比较的不准确性更值得考虑，把1928年而非1926年作为苏联工业恢复的下限是不无道理的。也正是从1928年10月开始，苏联拉开了第一个五年计划的序幕，计划经济型工业化由此发端。

"一五"时期，原计划工业总投资195亿卢布，其中重工业应占78%。实际执行过程中，总投资达到248亿卢布，超过计划的27%。其中，重工业实际投入的资本占总额的86%，轻工业只占14%。可见苏联工业化一起步，就明确地体现了重工业优先发展的工业化战略。上述巨额投资促成了1500多个工矿企业的产生，其中多数是大型机器制造厂。其结果是到"一五"结束时，苏联工业结构已呈现出明显的重型化趋向。1928—1932年，工业总产值增长1倍多。其中，生产资料生产增长1.7倍，消费资料生产只增加56%。到1933年，在全部工业产值中，重工业已由1928年的39.5%上升到53.4%，轻工业则由一半以上降至46.6%。与此同时，在重工业部门内部得到特别扩展的是机器制造业和电力工业。其中，前者在上述五年中产值增长了3.7倍，后者增长了1.7倍。在轻工业内部，消费品生产只完成计划的73.6%。其中，食品生产和加工业大部分产品还未达到1913年水平。这样不难看出，苏联工业化一经起步，就产生了部门结构的失衡问题。这是所有计划经济工业化的一个通病。

第二个五年计划始于苏联战前工业化的关键年份。"一五"时期生产资料工业的超常规发展，使"二五"时期的投资得到物资供应的保证，因此投资规模更大。整个"二五"时期，计划部门安排的基建投资总额达到638亿卢布，比"一五"时期增加120%。投资仍以生产资料工业为重心。五年间，投入生产资料工业的资金达528亿卢布，占总投资的83%；同期投入消费资料工业的资金只有110亿卢布，占总额的17%。五年中新建企业4500个，多数是大型重工业工厂，其中尤以钢铁工业发展为快。1933—1934年，在以前投资的推动下，生铁产量猛增330万吨，钢产量猛增280万吨。整个"二五"时期，生铁生产能力比"一五"时期增加 129.8%，炼钢能力增加 221.2%，轧钢能力增加 371.8%。"二五"时期工业发展有两个突出特点。一个是以技术改造为重点，提高工业化技术水平。技术改造以实现机械化为核心内容。在煤炭工业中，1932—1937 年，机械化开采量在总产出中的比重由 65.4%提高到 89.6%；木材采伐工业中，机械运输量比重由 4.4%提高到 32.2%；建筑业中器材设备的运输机械化率提高到 81%。整个工业中的生产工具和设备更新率达到 50%以上。与此同时，技术改造还促成了工业中电气化水平的提高。电的工业消费量由 1932 年的 93 亿度提高到 1937 年的 251 亿度。

"二五"时期工业发展的另一个特点是工业化的区域扩散，由苏联欧洲部分扩散到其他地区。这种扩散也是有计划地进行的，苏共审定的计划中规定，"要保证消除共和国和民族州的经济和文化落后状态，更加均匀地分布生产力，使工业接近原料产地……，实现全国的经济区域化"。[①] 按照这一原则，"二五"时期重工业新建项目的一半左右被安排在乌拉尔山区及其以东地区，甚至在中亚地区也安排了数额可观的投资。其结果是，使乌拉尔地区成为新兴的工业中心。到"二五"结束，苏联东部地区的钢产量已占到全国的 1/3 左右，采煤量也上升到全国的 30%以上。1937 年中亚地区生产了全国 70%以上的锌和 80%以上的钢，成为重要的有色金属基地。在"二五"以后，苏联的工业在技术上明显上了一个台阶，在区域上有很大的扩散，初步形成了国内的区域分工。与此同时，"二五"时期的工业化还表现在交通运输业的发展上。首先是铁路系统的扩展，在沙俄时代七万多千米铁路的基础上，投入 170 亿卢布用于旧线改造和新线建造，五年间新建线路 380 千米，铺设复线 5500 千米，实现电气化改造 1570 千米。由于上述扩展，货运量增长了 1.1 倍。其次是公路运输的扩展。"二五"时期建成 34.8 万千米的硬面公路，修通连接苏联欧洲部分各主要城市的公路系统，从事公路运输的汽车从 7.1 万台增加到 58 万台。最后是航运和空运的发展。"二五"时期，内河通航里程增加 1700 千米，购入 30 多万吨的远洋运输船

---

① 《苏联共产党和苏联政府关于经济问题的指示》，转引自樊亢、宋则行主编《外国经济史》，人民出版社 1965 华版，第 144 页。

只。而在航空事业方面，开通航线9.3万千米，国产飞机大量替代进口飞机。

然而，工业的部门结构依然在朝着重型化方向发展。到"二五"结束时，生产资料工业在全部工业中的比重上升到近60%，消费资料供应不足的局面依然未得到扭转。

"三五"计划本是苏联工业社会成型的最后阶段，但由于德国的入侵和卫国战争的爆发而被打断。尽管如此，三年多的实施期对最后完成工业化转变仍有巨大的意义。从1938年到1941年6月的三年半时间，就有3000个大型企业建成投产，同期苏联工业固定资本增加50%以上，工业总产值已达到五年计划所规定产值的86%，其中生产资料工业完成五年计划的90%，消费资料工业完成80%。这表明，虽然只用了三年半时间，但"三五"计划的大部分指标在卫国战争开始前已接近完成。

从1928年实施"一五"计划算起，在卫国战争爆发之前，苏联的工业化只用了十三年半时间，到大战爆发，已取得巨大突破。按照苏联官方公布的资料，在这两个半"五年计划"期间，社会总产值增长了3.5倍，其中工业生产增长了5.5倍。由于将主要力量用于发展重工业，结果到1940年，生产资料工业的产值比重高达61%，重型化工业结构进一步突出。①

关于苏联工业化的完成时间，是个有待重新审视的问题。过去苏联官方宣布，在"二五"结束时就实现了工业化，这显然夸大了当时苏联工业化的水平。现在看来，它主要是为了证明斯大林"用十年时间跑完""50—100年时间"这个预言。的确，在"二五"结束时期，苏联工业化已取得突破性进展。1937年，若按产值计算，苏联的工业已超过农业，工业规模已上升到世界第二位。同年，美国工业产值占世界工业总产值的41.9%，苏联占13.7%，德国占11.6%，英国占9.3%，法国占5.7%。然而值得指出的是，按产值比较存在巨大的误差。这是因为，在所有产品的价格都由政府而非市场决定的前提下，在"非重

---

① 苏联部长会议中央统计局编：《苏联国民经济六十年》，陆南泉等译，生活·读书·新知三联书店1979年版，第9、160页。

点产业"（所谓"乙类产业"）的成本和产品价格被人为压低的情况下，很难准确地计算出各产业部门间的实际产值比例。按照苏联官方确定的卢布汇率计算，"二战"前夕苏联的工业产值的确超过了西欧所有工业化国家，但就主要工业品产量来比较，苏联和德、法等国仍有差距，而按人均工业产出水平比较，差距更大。比如，就当时苏联计划部门高度重视且得到超高速发展的钢铁工业而言，1940年，苏联的人均钢产量仅为94千克，只相当于英国1939年人均产量的1/3，法国1929年水平的1/3，德国1939年水平的1/4，美国1929年水平的1/5左右。至于主要轻工业产品和耐用消费品人均产出，1940年的苏联尚未达到主要工业化国家19世纪末期的水平。另外，就工业化的一个主要标志——城市化率来看，即使在1940年，苏联仍未达到工业化国家的最低标准。该年全苏城市化率只有33%。而按照劳动力产业分布来看，苏联也和西方工业化国家差得很远。1940年德国入侵前夕，苏联非农业就业的劳动力只占总劳动人口的46%。其中，在工业和建筑业就业的劳动力占总劳动人口的比重仅为23%，远远低于农林业54%的比重。[①]一般统计资料揭示，市场经济工业化同时表现为就业结构的"非农化"，西方国家在工业化完成时期，仅第二产业的就业人数就超过第一产业。从这个意义上来说，直到第二次世界大战波及苏联，苏联的工业化仍未完成。

如果以城市化率和就业结构的转折时间为基本依据，则只能将苏联工业化下限定在20世纪60年代中期。1959年，苏联的城市化率仍未超过50%，1966年则超过50%，达到53%。[②]比较农业、制造业和服务业三大产业部门的就业结构，1958年，苏联距工业化国家在20世纪初的一般标准仍有差距。同年，苏联在上述三大产业部门的就业结构为40∶38∶22，农业仍为最大的就业部门，而美国早在1910年就达到32∶41∶27的水平，法国在1911年则达到30∶43∶27的水平，就业的"非农结构"特征，都强于苏联在20世纪中期达到的水平。直到1965

[①] 苏联部长会议中央统计局编：《苏联国民经济六十年》，陆南泉等译，生活·读书·新知三联书店1979年版，第36页。

[②] 苏联部长会议中央统计局编：《苏联国民经济六十年》，陆南泉等译，生活·读书·新知三联书店1979年版，第436页。

年，苏联劳动力的非农结构特征才接近美国 20 世纪初的水平。该年三大产业（包括政府部门）的就业结构为 31∶36∶33，农业就业首次低于制造业和服务业。①

无论怎样来看，战前苏联在工业化道路上的确取得了突破性进展。苏联官方统计显示，战前工业化起步十年，即 1928—1937 年，工业产值增加了 3.46 倍。而据西方最保守的估计，同期苏联工业产值的增幅也在 1.49 倍以上，年增速高达 10.5%。"到 1937 年，苏联已经能够大量制造自己的钢铁、发电装置、拖拉机、联合收割机、坦克和飞机，还有各种各样的机械工具。"②

与市场经济体制下的工业化相比较，苏联的工业化有许多特点，其中最突出的莫过于以下三个：

第一，政府是工业化的筹划者和主导者，最高领导人是工业化发展方向和方式的掌控者。在整个工业化进程中，政府所发挥的作用超过所有西方国家，而在工业化中前期，作为苏联最高领导人的斯大林在工业化发展方向、方式甚至某些细节方面，则发挥着超乎寻常的决定性作用。为推进工业化，政府使用的手段既有经济的也有非经济的。经济手段突出表现在无偿调拨非工业部门的资源上，非经济手段突出表现在以政治鼓动乃至强制方法为主，但凡对最高领导人决策执行不力或略有怀疑者，多以政治斗争方式予以清除，以此来保证工业化目标的实现。

第二，计划体制是工业化的保障。它不仅保证了工业化的进程，还保证了工业化的方向，即所谓的社会主义化和工业的重型化。恰恰由于这种片面的重型化，伴随着工业化迅速推进的是大众消费的被忽视与被压缩。据测算，1928—1937 年，苏联人均食品与工业品消费下降了 3—8 个百分点，而在 1937 年到 1941 年苏联被卷入"二战"的几年间，这

---

① ［美］西蒙·库兹涅茨：《现代经济增长》，戴睿、易诚译，北京经济学院出版社 1989 年版，第 95 页。
② ［英］彼得·马赛厄斯、［英］悉尼·波拉德主编：《剑桥欧洲经济史（第八卷）——工业经济：经济政策和社会政策的发展》，王宏伟等译，经济科学出版社 2004 年版，第 911 页。

种下降更厉害。[①]

第三，国有化与国有经济的不断扩张是工业化的产权制度取向。按照斯大林提出的工业化战略所建的企业全系国有国营的企业，它们全然是计划部门的附庸。与此同时，"二战"前的工业化还伴随着农业的全面集体化推进。20世纪20年代末30年代初掀起的集体化高潮，很快把农村2500多万个小农场合并为25万个集体农庄。按照联共（布）中央1930年的决议，集体农庄的基本组织形式是农业劳动者组合，土地归国有，由劳动者组合起来的集体永久使用，其他生产资料和劳动产品也归集体所有。在这样的产权制度下，农业剩余全部上交给政府，再经政府之手输往城市和工业。工业化的成果则几乎完全由国有垄断机构占有，再通过政府计划部门去分配。

上述特征，虽然促成了苏联工业化的迅速完成，却导致了经济社会的一种畸形发展。不可否认，即便以20世纪60年代为下限来衡量，苏俄工业化的速度也是非常快的。从1917年十月革命到1965年，不足半个世纪。其间还为内战、政府错误政策以及德国入侵所打断，真正"有效"发展的时间只有31年。在如此短的时间内就完成了工业化，尚无先例。然而值得注意的是，恰是上述特征的工业化，导致了苏联社会经济的畸形发展和资源的低效率乃至无效率配置。比如，企业只强调产值而不注重效益，工业化与人民生活的痛苦同时发生。而最突出的畸形现象是，在一个宣布工业化已完成的国家，和平时期连居民的基本消费需求都满足不了，这不得不使人怀疑苏联的工业社会是否正常。

[①] ［英］彼得·马赛厄斯、［英］悉尼·波拉德主编：《剑桥欧洲经济史（第八卷）——工业经济：经济政策和社会政策的发展》，王宏伟等译，经济科学出版社2004年版，第912页。

下篇

工业社会的扩展与经济体制创新

　　度过 20 世纪上半叶的动荡，尤其是在获得反法西斯战争胜利之后，工业社会又进入了一个迅速扩展的时期，这种扩展显得永无止境。一批又一批新技术的出现，一个又一个新产业的问世，不断地改变着工业社会的面貌，而未来学家们所预料的新型社会依然迟迟不见成型。20 世纪 90 年代以降的信息技术与数字化革命，虽然创造了一个快速增长的信息产业，叩响了"信息社会"的大门，但直至目前，即便在最发达的工业化国家和地区，人们赖以维持高品质消费与高效率生产的手段，绝大多数依然是由现代工业社会的主体产业，即制造业和宽泛的工业所提供。有研究认为，21 世纪头 50 年内，人类发展所仰仗的技术，70% 以上将依然是第一和第二次产业革命期间发明的技术。[1] 实际上，信息技术、数字化和人工智能等技术，只有与工业社会催生的制造业及现代服务业融合才能实现自身的价值，离开了制造业和现代服务业等实质生产部门，这类产业便无法生存与发展。

　　与此同时，工业社会的经济体制也处在不断的创新过程中。在市场经济工业化国家，市场体制本身在发生着深刻的变化，各工业化国家的政府，也一直在探索更加适合工业社会发展、为国民所普遍接受的市场经济体制，于是出现了用凯恩斯主义改造经济体制和恢复自由主义经济政策的种种实践，产生了各种各样具有本国特点的市场经济体制。直到今天，这种制度的创新依然没有尽头。事实上，工业社会的扩展本身就离不开经济体制创新，正是不断的体制创新，促成了工业社会的迅速扩

---

[1] Nicholas Davis, Klaus Schwab, *Shaping the Future of the Fourth Industrial Revolution*, Currency Press, 2018.

展。同一时期，在最大的计划经济工业国苏联，体制的创新也在进行，且一次比一次貌似深刻而广泛。但由于计划经济体制与生俱来且不可克服的缺陷，体制创新归于失败。因此，苏联的解体可视为计划经济体制试验的最终失败。它用体制实践的历史事实表明，迄今为止，现代工业社会的最佳经济体制，依然非市场经济莫属。

第十一章　美国:"混合经济"体制及其面临的新问题

从富兰克林·罗斯福推行"新政"开始,美国就在尝试经济政策的改弦更张和经济体制的调整。但是由于第二次世界大战的爆发和美国的参战,正常的政策和体制调整步伐被打断了,只是到了战后才得以继续。也正是在战后,战前罗斯福"新政"所发起的某些变革,得到盛极一时的凯恩斯主义者的充分肯定。凯恩斯主义经济学在美国的影响也迅速扩大,于是美国政府开始按照凯恩斯主义的"需求管理"理论进行经济政策与体制的调整,其结果是一种新型的"混合经济"体制的形成。"混合经济"体制决定和影响着战后近半个世纪美国工业社会的发展,后来的经济体制创新,仍然不得不在它的框架下进行。在"混合经济"体制下,美国的工业社会得到进一步发展,成为保罗·萨缪尔森所说的"发达的工业国",[1] 但工业社会的进一步发展又给经济体制提出了新的难题。于是,不断的创新成为新的课题。

第一节　凯恩斯主义与美国"混合经济"体制的形成

凯恩斯主义传入美国之初是受到冷遇的,当时美国经济学界把它当作"对美国自由企业制度的极左威胁"而一致挞伐。[2] 在知名的经济学

---

[1] Paul A. Samuelson, *Economics*, 11th edition, McGraw-Hill Education, 1980, p. 43.
[2] James Tobin, "A Revolution Remembered", *Challenge*, Vol. 31, No. 4, 1988, p. 39.

家中，只有阿尔文·汉森（Alvin Hansen，1887—1975年）较早改变了对它的看法，但那只是在1937年汉森任哈佛大学教授之后。从那以后，多半由于汉森的努力，凯恩斯主义经济学迅速走红于美国大学校园。"二战"期间，美国大学培养了第一代美国凯恩斯主义信徒。到战争结束时，一些人已身居政府要职，其中新设的总统"经济顾问委员会"（The Council of Economic Advisers），从一开始就为凯恩斯主义经济学家所把持；而另一些凯恩斯主义信徒则分布于美国各主要大学，几乎垄断了大学经济学讲坛。这样使凯恩斯主义在美国的影响上升到高潮，为战后按照凯恩斯主义政策主张调整经济体制，做了理论上的准备。

"二战"虽然打断了美国经济体制和政策的正常调整步伐，但战时政府大规模干预经济的实践，却为战后经济体制的调整创造了前提条件。首先是它的示范效应。它用一种总演练的形式证明，通过政府的积极干预，尤其是通过扩张型财政政策的运用，在一定程度上的确可以消除大萧条以来困扰美国经济的最棘手问题——失业。因为在大战期间，由于政府支出的急剧膨胀和政府雇员的空前增加，美国的确达到了充分就业，失业率几乎降为零。其次是它的实证效应。战时美国政府对经济的全面干预证明，在资本主义市场经济下，一定的政府干预并无害处，而是有益的。由于此种实证效应，一些人甚至认为，在美国市场经济下，"进行大量的经济计划也是切实可行的和必要的"[①]。最后是它对经济体制变化本身所产生的效应。战争已使财政政策上升到占头等地位的程度，事实上政府已抛弃了传统的重货币政策轻财政政策的做法。大战结束时，美国的财政体制已经发生了两个明显的变化：第一，联邦政府预算在 GNP 中所占比重上升到前所未有的水平，通过联邦政府和各州政府分配的国民收入在国民收入总额中所占的比重，已上升到相当大的地步；第二，个人收入所得税已构成联邦收入的一个主要源泉，失业补助和其他社会保险支出已成为联邦政府和各州、各地方政府支出的一个主要项目。这种收入与支出的规模会随着经济波动而变化，在经济扩张时收入扩大、支出减少，在经济衰退时收入减少、支出扩大，从而形成

---

① ［美］赫伯特·斯坦：《总统经济学：从罗斯福到里根以及未来总统经济政策的制定》，刘景竹译，中国计划出版社1989年版，第54页。

第十一章｜美国："混合经济"体制及其面临的新问题

了事实上的"自动稳定器"（automatic stabilizer）。

上述效应实际上已使美国在战争结束之前就做好了体制变革的准备，这些效应加上公众对20世纪30年代经济大萧条的痛苦记忆，使一场按照凯恩斯主义经济政策主张改变经济体制的变革，成为势在必行之事。

凯恩斯主义的政策主张建立在两个基点之上：其一，竞争性的资本主义经济之所以会出现萧条，是由于有效需求不足，通过政府增加和维持有效需求的一系列政策，完全可以摆脱和防止萧条，因此在制止经济萧条方面，政府是可以有所作为的；其二，在政府的宏观政策中，财政政策是最重要的占特殊地位的政策，而货币政策在对付萧条方面是微不足道的。美国战后的宏观经济政策，一开始就是按照上述主张设计的。

凯恩斯主义政策的正式出台是在1946年，该年颁布的《1946年就业法》（Employment Act of 1946）是个明确的标志。《1946年就业法》把促进经济稳定与繁荣作为一项官方责任置于联邦政府肩上，由此开始了美国政府在法律上对本国经济运行状况负责的历史。该法令责成联邦政府负责维持"最大限度的就业、生产和购买力"。法令要求总统每年向国会提交一份反映当前经济趋势和经济前景的年度经济报告，建立一个联合经济委员会以起草经济报告，同时成立协助总统制定经济政策的"经济顾问委员会"。经济顾问委员会是一个三人委员会，按照《1946年就业法》有关条款，它的主要职能是"为总统制定各项国家经济政策，并在这方面提出建议，以促进自由竞争企业的发展，避免经济波动……同时保持就业、生产和购买力水平"[1]。这个委员会成了职业经济学家施展才能的机构，它的三名成员全由总统任命。在杜鲁门任总统期间（1945—1953年），尚有非职业经济学家充任该委员会成员，但从艾森豪威尔（Dwight David Eisenhower，1890—1969年）当总统（1953年）起，经济顾问委员会几乎全由职业经济学家组成。由于职业经济学家的参与，美国经济政策的制定开始与经济理论研究建立起密切的联系。

---

[1] ［美］D. 格林沃尔德主编：《现代经济词典》，翻译组译，商务印书馆1983年版，第521页。

上述变化只是为经济政策与经济体制的大幅度调整确定了一个基本的调子，而系统的凯恩斯主义经济政策的形成以及经济体制的转变，则要晚一些。一般认为，美国系统的凯恩斯主义政策形成于杜鲁门和艾森豪威尔两届政府任期之内，发展于肯尼迪和约翰逊任总统期间，即从1946年至20世纪60年代末，大约花了23年时间。

在《1946年就业法》颁布的第一年，即1946年，美国经济尚处在由战时向平时转变时期，《1946年就业法》所规定的政府经济责任尚无法落实。因此，真正的转变不早于1947年。新政策的一个基本前提是，放弃自由放任主义的传统哲学。政策目标也为《1946年就业法》所确定，即维持"充分就业"。但实际的变化要困难得多，这里涉及两个手段或技术问题。一个是实施财政政策的技术问题。凯恩斯主义经济学只提出，财政政策的恰当运用可以防止衰退，但在美国这样一个工业化大国，财政规模和收支状况究竟应该保持在什么样的水平和状态，才能达到经济的"充分就业"。另一个是货币政策在维持充分就业方面究竟会起怎样的作用。

关于前一个问题，美国经济政策的决策层最初只提出一个在高就业情况下略有盈余的预算战略，希望"远离高就业的经济……会在经济低于高就业时自动地产生预算赤字，或者，在经济异常繁荣的情况下，产生比高就业情况下所计划的盈余大得多的预算盈余"[①]。这实际上是建立经济运行"内在稳定器"的问题。这个工作在20世纪50年代末方接近完成。关于后一个问题，激进的凯恩斯主义视货币政策可有可无，但在政策的转折过程中，美国决策人士逐步接受了这样一种看法："货币政策是对财政政策的一种补充。"[②] 1951年达成的《财政部—联邦储备系统管理委员会协议》（Treasury Federal Reserve Accord），给联邦储备系统以独立实施货币政策的权力，就是朝着实施新的以维持充分就业为目的的货币政策迈出的第一步。在战后第一任政府期间，赤字财政政策的基本格调已经确定，两大宏观政策的分工也已明确。

---

① ［美］赫伯特·斯坦：《总统经济学：从罗斯福到里根以及未来总统经济政策的制定》，刘景竹译，中国计划出版社1989年版，第69页。

② ［美］赫伯特·斯坦：《总统经济学：从罗斯福到里根以及未来总统经济政策的制定》，刘景竹译，中国计划出版社1989年版，第70页。

如果仅从财政支出规模的变化来判断，可以认为美国宏观经济政策的实际变化始于1947年之后。因为从1945年到1947年，美国财政支出规模是趋于收缩的，当时主要是国防开支的压缩，引起整个财政支出收缩。1945年，财政总支出929亿美元，其中国防支出427亿美元；1947年，前者减为434亿美元，后者减为十几亿美元。从1948年开始，凯恩斯主义政策的影响明显地显露出来，其中财政支出规模的急剧扩大是首要标志。1948年增加到551亿美元，1949年增加到600亿美元，到杜鲁门下台的1953年，突破1000亿美元大关，比1947年的财政支出总额多出一倍以上。[①] 此后，财政支出规模的不断扩大，成为美国财政政策的一个中心议题。

杜鲁门的继任者艾森豪威尔最初试图稳定财政支出规模，实现平衡预算，但以失败告终。其政府第一年的平衡预算就导致了就业形势的恶化，官方统计的失业率上升了1.6个百分点，被迫重新实施扩张支出的政策。到他总统任满的1961年，公共开支增加到1501亿美元，比他上台时的支出增加了500亿美元。

肯尼迪在他的短暂任期内（1961年1月—1963年11月），不仅继续扩大着政府支出的规模，而且还通过法案掀起了美国有史以来最大规模的减税运动。他的政府提出的"充分就业预算"（Full Employment Budget），把凯恩斯主义的宏观政策发展到一个新的阶段。

"充分就业预算"基于这样的理念：尽管预算实际上是赤字，但如果能使经济达到充分就业，就可以使预算处于盈余状态，而减税与增加政府支出产生的效果一样，可以使经济达到充分就业。肯尼迪的这一政策由他的继任者约翰逊予以实施。20世纪60年代中期，美国大幅度削减了个人所得税率，包括把最高边际税率降低了21个百分点。减税使联邦政府每年的理论收入减少140亿美元左右，但由于经济繁荣，政府的财政收入反而出现了较快的增长，在1965年达到收大于支。由于这一政策的暂时成功，"肯尼迪—约翰逊的税收减缩被看成是凯恩斯主义

---

① Thelma Liesner ed., *One Hundred Years of Economic Statistics*, The Economist Pub. Ltd., 1989, p. 113.

新经济学的伟大创举"①。

所有上述几任政府，都在不断增大公共开支规模尤其是这种开支在 GNP 中的比重。1947 年，美国各级政府的支出在 GNP 中的比重大约为 18.5%，这已经比战前和平时期的数字高出很多。在大萧条爆发之前的 1927 年，这个数字只有 11.6%。到 1952 年，即杜鲁门政府任期结束的前一年，这个比重猛增到 26.8%。艾森豪威尔任内 8 年基本上维持了这一比重，1960 年他下台前夕，该比重为 26.6%；但肯尼迪任总统仅仅两年多时间，便将这一数字提高了 1.2 个百分点。1963 年，比重上升到 27.86%。但这比起他的继任者约翰逊政府来，还不算高。在约翰逊卸任前的 1969 年，政府支出在 GNP 中的比重突破了 30% 大关。②

大幅度增加政府支出的结果，的确使财政政策的效应大为增加，但同时也增加了政府预算发生赤字的几率，赤字的规模扩大了。1947 年，美国各级政府的财政收支尚有盈余，当年盈余 44 亿美元。向凯恩斯主义政策转轨后，赤字便频频发生，1949 年首次出现赤字。此后 20 年间，只有 8 年出现微弱盈余，其余年份均存在巨额赤字，其中联邦政府预算的赤字年份更多。联邦政府赤字所占 GNP 的比重，在 20 世纪 40 年代只有 0.1%，50 年代上升到 0.2%，60 年代上升到 2% 以上。由于财政政策与赤字存在必然的联系，因此，凯恩斯主义经济政策在美国表现为赤字财政政策。

推行扩张型财政政策的结果，使美国经济体制发生了明显的变化，由传统的近乎自由放任的市场经济变成了所谓的"混合经济"。"混合经济"并没有改变市场经济的本质特性，而是在自由市场经济基础上增加了一层政府控制。它也不是单纯从资本的所有方面定性的，而是像保罗·萨缪尔森所说的，它的突出特征是，"在组织生产和消费方面，政府控制因素与市场因素彼此混在一起"③。

政府控制经济程度的提高，首先表现为它对生产资源及财富占有和

---

① [美] 赫伯特·斯坦：《总统经济学：从罗斯福到里根以及未来总统经济政策的制定》，刘景竹译，中国计划出版社 1989 年版，第 97 页。
② Thelma Liesner ed., *One Hundred Years of Economic Statistics*, The Economist Pub. Ltd., p. 75, 113；百分比为笔者计算。
③ Paul A. Samuelson, *Economics*, 11th edition, McGraw-Hill Education, 1980, p. 43.

支配份额的上升。其中，劳动力资源方面的上升最为突出。1946年，美国各级政府的雇员大约为559万人，占美国劳动力总量的10.1%；1969年，分别增加到1219.5万人和15.6%。其他生产资源和国民财富的占有与支配份额的上升也很明显，20世纪50年代，各级政府占有15%左右的国民产出，在劳动、资本和土地等资源上的投入总量占全国的7%左右；20世纪60年代末70年代初，各级政府拥有近20%的建筑物、14%左右的土地、6%左右的存货量，这还不包括受政府间接控制的大军火承包商占有的资源。其次表现为在全国生产中，政府机构所占的份额扩大了。20世纪70年代初，政府机构所提供的产品和服务，形成国民收入的14%左右，加上国有企业，占国民收入的20%左右。在最终产品和劳务的消费方面，政府采购占全国销售额的23%左右。最后表现为它在"特需产品"或"公共货物"供给方面所占比重的上升。这方面的供给主要有以下三项：

第一项是医疗服务。战前的医疗事业几乎全由私营部门和教会举办，战后改为公私并举，政府出资设立了一些为低收入阶层服务的低费或免费公立医院，或出资资助私立医院提供面向低收入阶层的医疗服务项目。其结果是，在医疗保健服务供给方面，政府的影响迅速上升。1910年，政府用于公立医院、个人保健上的开支只占整个医疗保健开支的10%，1970年上升到35%。也就是说，1/3以上的医疗保健费是由政府提供的。

第二项是社会保险与社会福利。1929年，政府在这个领域的支出只占总支出的4.1%，1970年猛增到21%。

第三项是教育。1947年，美国政府在教育方面的开支占总支出的比重不足15%，1969年上升到20%以上。其中，政府支出占高等教育总支出的比重，由50%左右上升到67.5%。

政府控制最严格的部门是农业，这方面承袭了富兰克林·罗斯福"新政"的传统。战后农业从播种面积、农作物产量到价格，都受政府的严格管理。政府主要通过补贴施加影响。

政府控制生产资源和相当一部分产品与劳务的供给，加上政府所设专门的制定与管理规制机构（Regulatory Agencies）对经济的干预，的确使市场经济处于控制之下，赋予它以新的活力。正是这种活力，促成了美国工业社会的进一步扩张。

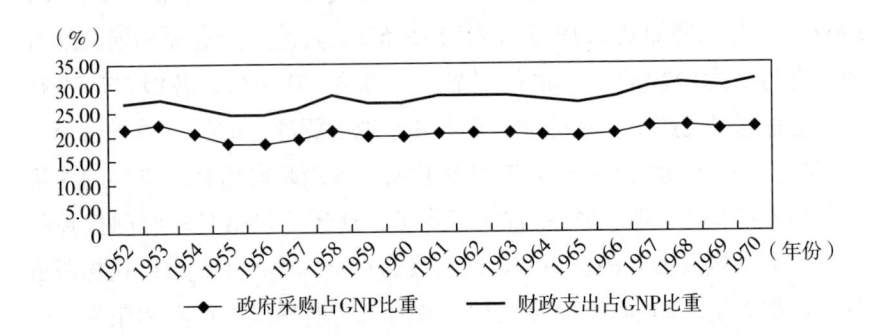

图 11-1　1952—1970 年美国政府所支配的国民产出变化

资料来源：Thelma Liesner ed., *One Hundred Years of Economic Statistics*, The Economist Pub. Ltd., 1989。

第二节　工业社会的进一步发展及其产生的新问题

在实施凯恩斯主义经济政策的最初二十多年，美国经济出现了前所未有的稳定增长。1947—1969 年，按不变价格计算的 GNP，由 10667 亿美元（1982 年价格）增加到 24233 亿美元，增加了 1.27 倍，年平均增长率约为 3.6%。同期制造业产值增加 1.37 倍，年平均增长率在 4% 以上。按照 1982 年美元购买力计算，1947 年美国人均 GNP 大致为 7407 美元，1969 年增加到 11996 美元（按当年价格计算则分别为 1633 美元和 4771 美元），提高 62% 左右。[①] 这 20 多年间，美国经济增长的一个十分有利的因素是只有轻微的间歇性衰退，而没有严重的萧条。1947—1969 年，美国经济共遇到过四次衰退，分别发生在 1949 年、1954 年、1957—1958 年和 1960 年。在这四次衰退中，生产的下降都比较轻微。以 GNP 波动情况为例，1949 年只出现零增长，1954 年只下降了 0.6 个百分点，1957—1958 年下降了 0.4%，1960 年甚至还增长了

---

① Thelma Liesner ed., *One Hundred Years of Economic Statistics*, The Economist Pub. Ltd., pp. 74–75.

1.1个百分点。工业经济的波动稍明显一些：1949年制造业生产下降1.8%，1954年下降3.5%，1958年下降4.4%，1960年只增长了0.1%。但总的来看，无论是GNP还是工业产值的收缩幅度，都比以往衰退小得多，更不可与战前的萧条相提并论。这表明，凯恩斯主义的宏观经济政策在它最初的二十几年里，是比较成功的。

这20多年，美国政府也在一定程度上控制住了失业率，解决了战前曾经长期困扰美国经济的一个最头痛的问题。1947—1953年，除个别年份（1949、1950年）以外，大部分年份的失业率均未超过4%。其中，最低的年份只有2.8%（1953年）；1954—1964年，大部分年份的失业率在5.5%以下；1965—1969年，降至4.4%以下。虽然个别年份的失业率曾经达到6.0%，但比起战前的状况来说要好得多。然而，比起凯恩斯主义者提出的"充分就业"水平，政策目标显然远未达到。由于这种情形，美国经济学界试图不断重新解释"充分就业"的就业水平。最初有人提出失业率保持在2%以下，就是"充分就业"。后来发现要保持这么低的失业率简直不可能，于是有人提出4%以下就达到了目，再后来，甚至6%也被认为是"充分就业"。但不管怎么说，这一时期的失业率还是比较低的。

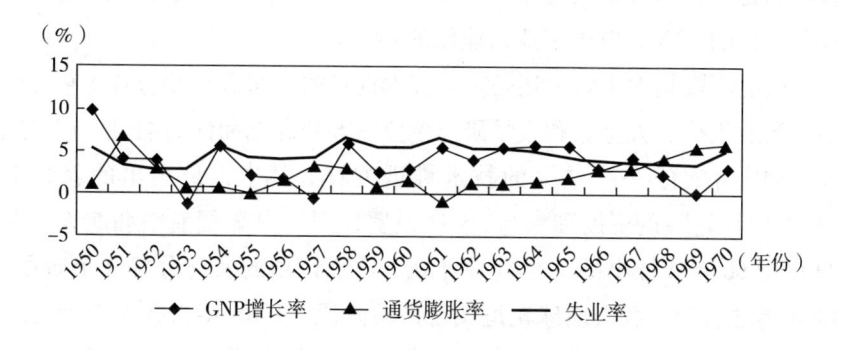

图11-2 1950—1970年美国经济表现

资料来源：Thelma Liesner ed., *One Hundred Years of Economic Statistics*, The Economist Pub. Ltd., 1989。

在这20多年里，美国经济的发展经历了三个周期。

第一个周期从1947年持续至1953年，为战后初期繁荣阶段。此次繁荣受欧洲经济重建需求和朝鲜战争军事需求的推动,工业年平均增长率达到6.6%,GNP年均增长率为3.9%。

第二个周期从1954年持续至1960年,为战后低速增长时期。这一时期经历了三次轻度衰退,GNP年增长率降至2.5%,工业年平均增长率降至2.7%。

第三个周期从1961年延续到1969年,为持续时间最长的繁荣时期。美国政府这一时期宏观经济政策的目标主要是反周期,实施的结果的确起了一定的作用。1961年1月—1969年10月,经济出现106个月的持续繁荣,在此前的美国经济史上是创纪录的。期间GNP增长45.6%,年平均增长率为4.3%;制造业生产增长58.5%,年增长率为5.9%。

周期性繁荣是现代工业社会经济发展的一个重要特征,体制变革自然不能消灭这一特征。

经济的持续繁荣和稳定增长与科学技术的进步是分不开的。战后美国政府在这方面起着十分突出的作用。1954年,联邦政府所属的科学研究发展局的预算仅有50亿美元,1969年增至200亿美元,相当于欧洲最先进国家的6—8倍。与此同时,美国政府还不断扩大在高新技术领域的订货,以推动新技术的开发。1969年,政府订货占全国航空工业营业额的88%、电子工业营业额的64%。

政府不仅是大主顾,还是重大技术选择的组织者与参与者。它可以参考政府机构、大企业和大学研究单位三方的意见和计划纲要,作出选择,制定并实施一些重大的技术推进方针。其中,最突出的就是对"阿波罗计划"的资助和参与。"阿波罗计划"是美国航空和航天局在20世纪60年代推出的一个登月计划,这个计划的实施分好几个阶段。1968年之前为不载人地球轨道飞行试验阶段。1968年为载人航天绕地飞行阶段。1968年10月11日,"阿波罗7号"载着3名宇航员上天并绕地球飞行了163圈。1969年之后为载人登月阶段。1969年7月21日,"阿波罗11号"在月球着陆,使逐步推进的"阿波罗计划"达到高潮,阿姆斯特朗(Neil Alden Armstrong,1930—2012年)成为人类第一个登上月球的宇航员。这个计划一直延续到1973年才结束。在执行这个计划的过程中,美国航空和航天局每年平均预算达40亿美元,其中90%花在与私人企业签订的订货合同上,从而促进了一系列民用项目的开发。

在军事方面,美国政府的订货也起到同样的效果。由于受到政府的重视,加上每年都有一大批优秀人才从发展中国家涌入(据估计,战后以来发展中国家派往美国学习的技术人才回国率仅为20%左右),美国成了西方世界新技术发展的一个主要中心。1945—1965年,在经济合作与发展组织(OECD)所认定的140项"全球重大创新项目"中,美国就占了60%。科技的发展使美国的产品更新周期缩短,到20世纪60年代末,美国90%的新产品都是为了替代行销了四年的"老产品",电气或机械设备的工作寿命平均不超过七年。同期,美国劳动生产率比世界第二的瑞典还高40%。

科学技术的飞速发展,极大地改变了美国工业社会的面貌。首先是国民的生活水平和受教育水平得到明显提高。按收入层次比重变化分析,1947—1970年,年收入不足1000美元的家庭由10.8%降至1.6%,年收入为1000—5000美元的家庭由69.9%下降到17.7%。这意味着,到1970年,美国80%以上的家庭年收入都在5000美元以上。收入的上升在生活水平方面的反映是家用电器的普及、小汽车拥有量的上升和住房条件的进一步改善。这一时期普及的家电主要是电视机、洗衣机、洗碗机等。汽车普及率按家庭计算,1950年为59%,1960年为77%,1970年为82%,许多家庭拥有两部以上的汽车(1970年占28%)。同期住房发展的趋势是,由市区的单元式楼房向郊区别墅式独立住宅的普及。教育的发展集中表现在高等教育的普及上,高等教育的大发展主要发生于1960—1970年。到20世纪60年代末,美国每两个青年中就有一个可以进入高校深造。1960—1973年,在25岁以上的全部人口中,念过4年或4年以上大学的人口的比重由7.7%上升到12.6%。

其次是产业结构进一步朝着"非农"方向变化。1950—1970年,农业人口在总人口中的比重由15.3%猛降至4.8%。同期,以服务业为主体的第三产业的就业人数得到大幅度提高。

最后是企业巨型化的发展。以几个老的巨型企业为例,战前通用汽车公司最好年份的营业额为14亿美元,资本为4.3亿美元,利润为1.8亿美元。1970年,该公司的营业额为180亿美元,资本为140亿美元，利润为6亿美元。同一时期，杜邦公司的营业额由3亿多美元上升到38亿美元。然而，这类巨型公司有上百家。20世纪70年代初，《幸福》杂志所列美国500家巨型公司的销售总额，就占到全国所有工业公司销售总额的66%，它们的利润总额和雇佣人数均占总量的75%。

但是，社会财富的增长和工业社会的进一步扩张并未解决所有问题。"富裕既没有为美国社会带来幸福，也没有为它带来稳定"[①]，带来的依然是无穷无尽的社会问题，其中一个突出的问题依然是少数人的贫困问题。按照官方公布的资料，1959年，美国有3950万人口生活在"贫困线"以下。其中，白人人口的18.1%、黑人人口的56.2%为贫困人口。1970年，仍有2540万人生活在贫困线以下，这类人口在白人和黑人人口中的比重分别为9.9%和32%。约翰逊在其任内（1963年11月—1969年1月）发动了一场以反贫困为主要内容的"伟大社会"[②]行动，使生活在贫困线以下的人口比重有了明显的下降，但仍未解决根本问题。与此同时，吸毒、犯罪现象开始在青年人中蔓延。工业社会的进一步扩张创造了空前的社会财富，同时也引来空前的社会问题。

第三节 经济"滞胀"与经济体制的再次调整

凯恩斯主义政策的确促成了美国经济在20世纪五六十年代的持续繁荣，这一点不可否认。同样不可否认的是，这种政策的长期实施也埋下了新的经济危机与动荡的种子。长期使用扩张性财政政策，形成了对赤字财政的依赖，政府财政赤字不断增长，埋下了通货膨胀的种子。实际上，早在20世纪60年代之前，通货膨胀就已经开始抬头。1950年到20世纪60年代中期，美国通胀率远低于其他西方国家，消费品价格

---

① ［法］皮埃尔·莱昂主编：《世界经济与社会史》，谢荣康等译，上海译文出版社1985年版，第258页。
② "伟大社会"（Great Society）是林顿·约翰逊的政治纲领，其核心内容是主张通过立法，加强社会保障，保护社会弱者的基本生活与民主权利。在其总统任内（1963—1969年），约翰逊在这一纲领下促成了一系列福利立法，包括针对老年人的医疗保健，针对低收入者的教育、住房立法，以及涉及城市发展、资源保护、移民与社会下层选举权维护的法案。按照英文原意，这里的"伟大"应理解为"极好"或"理想"。

年上涨率在2.5%以下，1955—1965年低达1.7%，而同期西欧国家平均为3.6%。但从20世纪60年代中期开始，美国物价上涨率明显增加，1965—1970年，通胀率达到4.2%，与西欧国家持平。

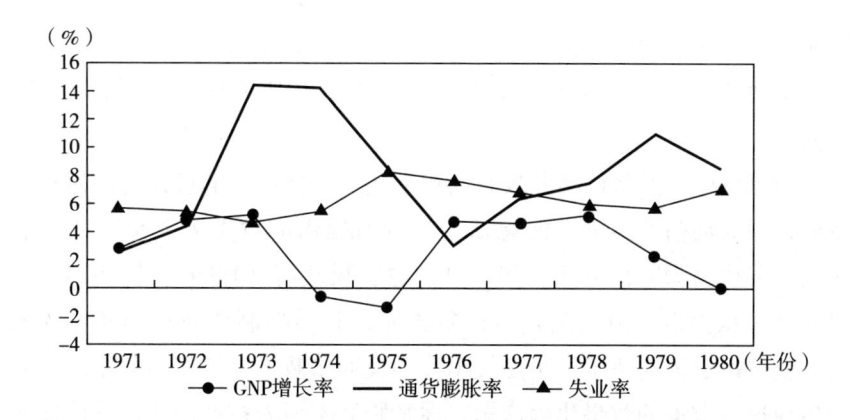

图11-3　20世纪70年代美国经济的"滞胀"

资料来源：Thelma Liesner ed., *One Hundred Years of Economic Statistics*, The Economist Pub. Ltd., 1989。

1969年10月发生的战后第五次经济衰退，标志着20世纪60年代繁荣的结束和经济动荡的开始。此次衰退不同于以往的一个明显特征是，经济停滞与通货膨胀同时发生。从1969年10月到次年11月，萧条持续了14个月，工业生产下降8.1%，失业率达到6%左右，消费物价上涨了6.6%，高于20世纪60年代所有年份。从此次衰退开始，直到20世纪80年代头两年，美国经济一直受生产停滞和通货膨胀的双重影响。十多年间，美国经历了两次经济衰退。

第一次发生在1973年12月，由国际石油价格暴涨即所谓的"石油危机"引发。危机持续了17个月，期间工业生产下降了13.8%，失业率上升到15.3%。1973年消费者价格增长6%，1974—1975年猛升至11%以上。

第二次发生在1979年4月，持续到1982年年底。这次也是由石油危机引发的。此次危机以制造业剧烈收缩为开端，若以1978年的制造业生产为100，则1979年为107.4，1980年为91.2，1982年为87.2。

同期，物价上涨率一直保持在两位数。受到经济萧条的困扰，美国经济在这十多年内，时走时停，总体上呈低速增长之势。1969—1980年，工业生产只增长了23.9%，年增长率仅为1.9%；GNP只增长了31.5%，年增长率为2.5%；同期消费者价格却上升了124.7%，年通货膨胀率平均达7.6%，远高于前一个10年（平均为2.4%）。同一时期，失业率由不足4%上升到7%以上，最高年份甚至达到8.3%（1975年）。

通货膨胀与经济停滞并发是凯恩斯主义经济政策的设计者们始料不及的，面对动荡的经济，凯恩斯主义者所提出的对策多半属于"头痛医头，脚痛医脚"的办法。1970年，尼克松政府（1969年至1974年8月9日）认为最紧迫的问题是通货膨胀，只需抑制住通货膨胀，别的问题就可以迎刃而解了，于是提出一项反通胀政策。然而第二年的美元贬值使这一政策的效果化为泡影，通货膨胀不但未被抑制住，反而促使失业率进一步上升。尼克松之后的福特政府（1974年8月9日至1977年1月）带有过渡性，经济政策上影响甚微。其后的卡特政府（1977—1981年），也没有拿出有效的政策以应对滞胀，因为他的政策仍然摆脱不了凯恩斯主义需求管理思想的影响。经济政策的失效，使美国公众对凯恩斯主义经济政策失去信心。1980年，里根（Ronald Wilson Reagan，1981—1989年在任）以彻底改变经济政策的口号赢得选民支持，次年元月20日就任总统。自此开始推行不同于凯恩斯主义的新的经济政策，即闻名于世的所谓"里根经济学"政策。

"里根经济学"在最初不过是"供应经济学"的同义语。"供应经济学"是20世纪70年代兴起的一个反凯恩斯主义的经济学流派，其基本理论主张是要以政府对供应方面的干预，取代凯恩斯主义的需求管理，在理论和政策上反其道而行之。里根接过"供应经济学"的口号，赢得选民支持，但从他就任总统开始，便对其进行了修改和创新。在1981年2月提出的《经济复兴计划》中，已吸收了货币主义的某些政策主张，因为该计划的一个重要内容是，严格控制货币供应量，实行稳健的货币政策。因此，"里根经济学"并不单纯等于"供应经济学"，而是供应经济学与货币主义的混合。不仅如此，到里根总统第二任期的后期，他甚至还采用了凯恩斯主义的某些政策措施。据此有人认为，在

第十一章 | 美国:"混合经济"体制及其面临的新问题

里根经济学里,还混有凯恩斯主义的政策措施。①

"里根经济学"有三个重要支点。

第一个是以减税和降低政府支出增长为主要内容的税制改革。在里根第一任期(1981—1985年)之初,曾提出计划3年内减税30%,实际实施中减少25%。在里根的第二任期(1985—1989年),提出并实施了税制改革方案。这个方案的中心议题是简化税制,降低所得税率。它规定把个人所得税等级由14级简化为3级,最高税率由50%降为35%(实际实施结果降至33%);把资本收益税率由20%减低到17.5%;把公司所得税率由46%减低到33%,允许公司的一半股息免税。减税的直接效应是政府收入在国民生产总值中所占比重有所下降。据计算,1981年,美国各级政府收入占GNP的比重为32%,1985年降为31.6%,1987年降至29.7%。同期,联邦政府收入在GNP中的比重由19.6%降至19%。政府直接支配的国民收入比重的降低,意味着财政政策地位有所下降,这与正统的凯恩斯主义政策不同。

第二个是加强货币政策的地位。凯恩斯主义者往往片面强调财政政策,而忽视货币政策的作用。虽然早在20世纪50年代就已明确货币政策有辅助作用,70年代的持续滞胀也已使货币政策的作用显露出来,但在里根之前,美联储货币政策的终极目标是稳定物价,里根上台之后,为了取得和维持经济增长局面,不断给美联储施加压力,结果使美联储的货币政策最终目标变成了维续经济增长。在这一最终目标下,把货币政策的中间目标由单纯的货币增长变为多重目标,且在提法上更多地使用"中间指标"(Intermediate Indicators),把经济趋势与货币供应量指标并列。② 这一变化表明,货币政策在美国宏观经济政策中的地位有所上升。

第三个是减少政府对经济系统的管制和干预,经济学圈内称作非管制化(deregulation)。里根竞选期间就曾承诺,当选后一项重要改革就是放松管制。1981年,里根就任总统后立即行动。成立专门的行动委

---

① 薛伯英:《"里根经济学"的盖棺论定》,《世界经济》1988年第12期。
② 关于20世纪50年代到90年代初的美国货币政策中间目标,可参考赵伟《干预市场——当代发达市场经济政府主要经济政策理论分析与实证研究》,经济科学出版社1999年版,第十二章。

员会,由副总统乔治·布什兼任主任,率先推动了对金融、运输业及劳动市场的放松管制。其中,金融业的放松管制改革是在1982年启动的,该年里根政府签署《加恩—圣杰曼存款机构法》。该法案不仅迈出了利率市场化的关键一步,而且引出了打破金融分业经营壁垒方面的立法尝试,为后来通过新立法废除1933年《格拉斯—斯蒂格尔法案》中有关银行、证券公司和保险公司之间市场壁垒开了一扇门。法案废除了一些限制储蓄机构经营范围创新的规定,允许存款机构开立货币市场存款账户。按照法案,存款机构放松管制委员会取消了此前的一些规定,比如一月以上及2500美元以上的超短期存款利率上限、存折储蓄账户利率上限等。能源行业管制方面,1981年颁布行政命令,废除此前为抑制通胀实施的对石油和汽油价格的管制。其结果是油价短期内略微上升,之后由于供给增加而大幅度下降。运输业方面的放松管制,在于鼓励这个行业的竞争以提高效率。1982年提出并力促议会通过《公共车管理改革法案》("Bus Regulatory Reform Act of 1982"),放松了对州际巴士运营的限制。1986年颁布《水陆货运代理放松管制法》("Surface Freight Forwarder Deregulation Act of 1986"),赋予货运代理商更多自由运作空间。改革还涵盖了远洋运输业,1984年的《海洋运输法》开启了这个行业的放松管制之门。

劳动市场方面最重要的改革,是修正《1931年戴维斯—贝肯法案》。该法案是在大萧条背景下通过的,规定了最低工资或所谓的"常规工资"。修正后的法案允许企业临时雇工不受此限制,工资由市场竞争决定。这为强化劳动力市场竞争机制、增加工资弹性开启了通道。

放松管制实际上涉及各主要行业和市场。1981年成立的特别行动委员会,当年就审核了91项已有监管法规,撤销了65项,其中包括《空气清洁法》《汽车交通安全法》《反噪音法》等法规。将此类事务交予非政府组织,或通过民事诉讼解决。

与管制改革同时推进的是各种鼓励企业研发和创新的法案的出台。这方面的管制法规,按其针对的行为主体,大体上可分为三个层面:其一是针对产业组织的法规,以1982年的《小企业创新发展法案》为代表;其二是针对特定产业的法规,以1984年的《半导体芯片保护法和1987年《计算机安全法》为代表,针对20世纪80年代刚露头的信息技术产业；其三是针对所有行业和机构研发与创新活动的激励性法规，以《国家合作研究法》（1984年）和《联邦技术转让法》（1986年）为代表。其中《国家合作研究法》，打破此前反垄断法的规定，允许彼此竞争的企业进行合作研究开发。该法还明确认定，企业合作研发免于反托拉斯法3倍惩罚的规定。

关于"里根经济学"实施的效果，短期来看好坏参半，且遗患颇多。但长期来看，则不得不承认其利远大于弊，那些短期遗患显得有些微不足道。

短期来看，最大、最为明显的效果是治住了此前困扰美国经济的顽症，即经济停滞与通货膨胀并发的"滞胀"顽症。里根任内美国经济摆脱了20世纪70年代形成的滞胀，出现了战后第二个持续时间最长的繁荣周期。里根上台伊始，由于宏观经济政策的大幅度调整，美国经济曾一度陷入更严重的萧条之中，1981—1982年经济连续收缩，失业率高达9.5%。但从1982年第四季度起，经济开始回升，此后六年多从未间断，到里根卸任，连续增长了76个月（见图11-4）。

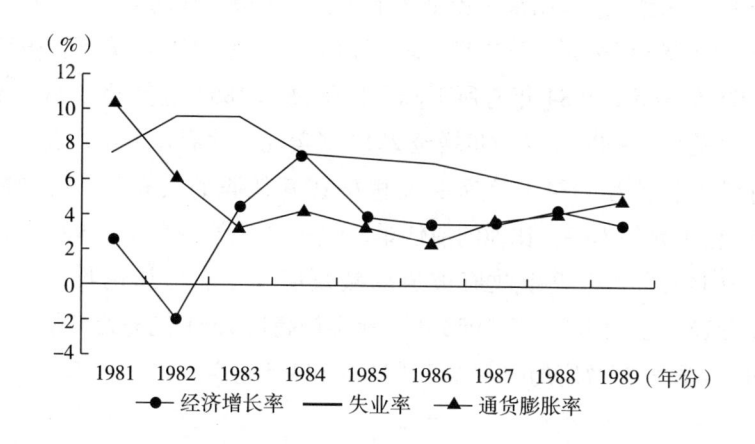

图11-4 "里根经济学"与美国经济表现

资料来源：Thelma Liesner ed., *One Hundred Years of Economic Statistics*, The Economist Pub. Ltd., 1989, p.79; OECD: Main Economic Indicators, June1987–April 1990。

这六年的经济平均增长率为3.8%，工业生产增长率为5%。同一时期，20世纪70年代以来困扰美国经济的通货膨胀问题也有所缓解。

里根上台的前一年，即 1980 年，消费者价格上涨率高达 12.5%，1981 年降为 9.5%，1982 年降为 3.9%，1983 年降为 3.8%，1984 年为 4.2%，1985 年降为 3.1%，1986 年为 2.3%，1987 年为 3.6%，1988 年为 4.2%，远低于 20 世纪 70 年代的水平。

短期来看，"里根经济学"给美国经济带来了新的问题，所有问题中，三个最为突出。一是就业恶化，失业率居高不下。里根任期头三年，失业率呈上升之势。1980 年为 7%，1981 年为 7.5%，1982—1983 年连续两年达到 9.5%，创造了战后失业率最高纪录。在里根卸任前的 1988 年，仍在 5%以上。

二是空前的财政赤字，这是"里根经济学"带来的最大的麻烦。里根上台伊始，曾提出要在减税的同时压缩政府支出，实现预算平衡。然而后来的实际政策行为是，在减税的同时，不仅未压缩政府支出，反而大幅度扩大了政府支出。1980 年，美国联邦政府财政支出 5909 亿美元，1987 年增至 10038 亿美元，增加了 69.9%，年平均增加 9%以上，剔除通胀因素（年平均不超过 4.6%），财政支出年增长率远高于经济增长率。一增一减，结果是赤字连年增长。里根上任的第一年，联邦财政赤字为 789 亿美元；第二年猛增 62.1%，达到 1279 亿美元。1983 年为 2078 亿美元，1984 年有所下降，但仍高达 1853 亿美元。1985 年达 2123 亿美元，1986 年进一步增至 2212 亿美元。战后几十年，美国数届政府累计赤字为 4484 亿美元，而里根在其任职的头 6 年，就创造了 10337 亿美元的赤字，比他的前任累计的赤字还高一倍多。1987 年，在强大舆论压力下，里根政府被迫缩减政府支出、增加税收，赤字比 1986 年减少了约 1/2。但 1988 年，赤字仍高达 1551 亿美元。整个里根任期，美国联邦政府的财政赤字累计达 13385 亿美元。

表 11-1　　　　　　　　美国联邦财政赤字与国债　　　（单位：亿美元,%）

	赤字	国债	赤字/GNP	国债/GNP
1970 年	28	6220	0.3	21.4
1975 年	532	7305	3.5	20.8
1980 年	738	8839	2.8	21.6
1981 年	789	9167	2.6	22.3

续表

	赤字	国债	赤字/GNP	国债/GNP
1982 年	1279	10650	4.1	26.4
1983 年	2078	12290	6.3	28.6
1984 年	1853	14200	5.0	31.4
1985 年	2123	16127	5.4	34.4
1986 年	2212	17770	5.3	37.2
1987 年	1497	18896	3.4	37.3
1988 年	1551	20516	3.2	36.5
1989 年	1520	21907	2.9	37.3
1990 年	2204	24116	4.1	—

资料来源：《美国政府预算：1991 财政年度》；《联邦储备公报》转引自［美］马丁·费尔德斯坦主编《20 世纪 80 年代美国经济政策》，王健等译，经济科学出版社 2000 年版，第 205、209、215 页。

庞大的财政赤字，令其继任者乔治·布什政府陷入困境，布什政府任期四年（1989—1993 年），一直未能摆脱里根政府留下的这份"遗产"的困扰。1991 年的赤字达到 2694 亿美元，创了历史纪录，1992 年增加到 2894 亿美元，而 1993 年的赤字依然高达 2311 亿美元，累计赤字为 24443 亿美元。

巨额的财政赤字，要依靠增发国债来维持。1985 年美国国债就已达 21907 亿美元，联邦政府每年还本付息的支出占财政支出的比重，1984 年为 16.1%，1985 年上升到 21.6%。到 1992 年乔治·布什任期将满前夕，国债已超过 4 万亿美元，同年的财政收入为 1.1 万亿美元，但国债利息支出高达 2923 亿美元。有人计算，到了 1993 年，美国的国债每天增加 10 亿美元，每秒增加 11574 美元。

三是空前的贸易赤字。里根任职期间，为了抑制通货膨胀，便鼓励美联储实施高利率政策以吸引外资，推高美元汇率。美元汇率的提高使进口商品变得相对便宜了，出口商品变得相对昂贵了，结果抑制了美国的出口，东亚和西欧国家商品大量涌入，形成了巨额的贸易赤字。1980 年，美国进出口逆差为 254 亿美元，1981 年增加到 279 亿美元，1982 年为 364 亿美元，1983 年为 670 亿美元，1984 年为 1125 亿美元，1985

年为1721亿美元，1986年为1445亿美元，1987年为1602亿美元，1988年为1281亿美元。里根执政8年，创造的外贸逆差累计达8500亿美元。巨额的外贸逆差，造成美国国际收支状况严重恶化。据计算，美国1981年的净外债约为4210亿美元，1988年上升到5325亿美元，仅付出的利息就占当年财政收入的15%左右。巨额的国际收支赤字，一度削弱了美元的国际经济地位。

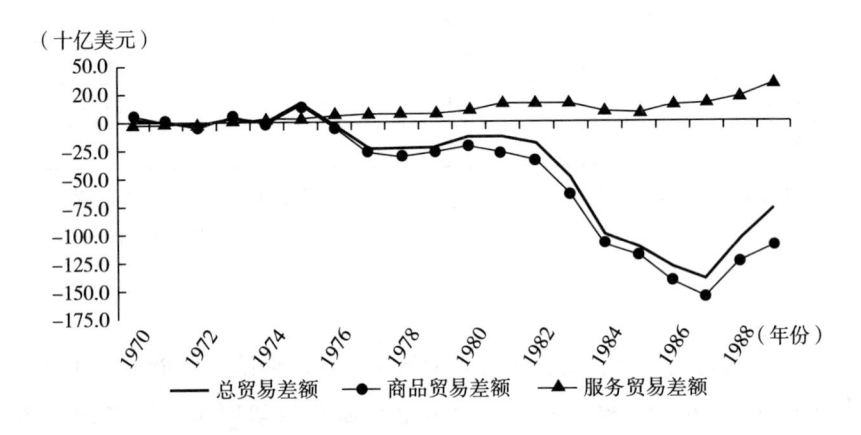

图11-5 1970—1989年美国贸易差额变化

资料来源：BEA（Bureau of Economic Analysis），US Department of Commerce，2000。

有一种看法，认为里根政府是靠借债才促成了经济的繁荣，据此把"里根经济学"戏称为"享乐经济学"。里根留下的包袱令他的继任者布什政府为难。布什就职四年，不但一直未能甩掉包袱，反而因发动针对伊拉克的海湾战争，包袱越来越重。尽管布什政府任内在对外政策上连连得分，受到美国朝野普遍赞誉，但由于拿不出解决国内经济问题的良方，在1992年大选中为选民所抛弃。而民主党人比尔·克林顿之所以能以压倒性优势取胜，一个重要的原因就在于布什政府的经济政策让大众失望。

然而从长期视野来看，里根发起的供给侧改革，改善了美国经济运行的制度环境，重新释放了市场经济的活力，为后来美国经济的扩展奠定了重要基础。这方面别的不论，单就减税和针对产业组织、企业及特定行业创新的一系列改革与政策措施，在很大程度上为美国20世纪90

年代的"新经济"奠定了坚实的基础。其中减税无异于为中小企业注入额外资金,放松政府对市场的管制,激活了企业、行业及劳动力市场的竞争,而针对产业组织、企业及行业创新的改革及激励政策,则激发了企业乃至个人的创新活力。这一切汇聚在一起,无疑奠定了下一个十年美国"新经济"集中爆发的基础。"新经济"最重要的特征,就是信息技术革命带动的一系列创新,以及低通货膨胀代价的经济稳定增长。这个时代的收获者是克林顿政府,但回过头来看,其奠基者当是罗纳德·里根。

第十二章　英国：从"福利国家"到医治"英国病"的体制调整

英国经济在"二战"之前就已经在走下坡路了,"二战"之后,情况更加不妙,其中最突出的标志是经济走走停停,国际地位不断下降。因此,如果说在战前这个国家就患上了轻微的"英国病"的话,那么战后这种病症则加重了,到20世纪70年代近乎激化。为了对付上述病症,英国历届政府都在不断地进行经济政策方面的探索,试图找到医治"英国病"的良方。这样,围绕医治"英国病"的各种处方,则形成战后英国经济体制与政策创新、演进的基本线索。

第一节　国有化与"福利国家"的形成

第二次世界大战把英国从一流国家降格到二流国家。战前即两次世界大战之间,英国的经济总量虽已降到世界第二位,工业生产也已降到了世界第三位,但其贸易仍然占世界第一位,国际投资也遥遥领先于其他国家。就对外贸易和对外投资来看,它仍然属于一流工业化国家。"二战"结束后,情况急转直下。1940年,它的贸易已退居世界第二位,只相当于美国的一半。它的国际收支状况也严重恶化了,从大战爆发的前几年起到战争结束后几年内,英国的国际收支没有一年是盈余的。到1947年,累计国际收支逆差近60亿英镑,按当时汇率计算,接近240亿美元,而美国1947—1948年连续两年的国际收支盈余就达138亿美元。巨额的国际收支逆差,彻底动摇了英镑作为头等世界储备货币的地位,取代它的是美元。英、美两国经济实力的变化,集中体现在

第十二章 | 英国：从"福利国家"到医治"英国病"的体制调整

1944年7月确立"布雷顿森林体系"（Bretton Woods System）的角逐上。在这个体系确立的过程中，英国首席代表约翰·凯恩斯曾提出一个"国际清算同盟计划"（又称"凯恩斯计划"），建议创造一种新的国际结算单位"班柯"（Bancor）来代替黄金，但遭到美国代表的否决。从而使布雷顿森林体系成了以美元为中心的世界货币体系，在这个体系中，英镑的地位比美元要低。因此，布雷顿森林体系实际上是通过国际协议的形式，正式宣布了英国国际地位的降格。然而，这还不是英国所蒙受的最大损失，最大的损失是它100多年来苦心经营的殖民帝国的最终解体。

战争结束时，英帝国还勉强维持着一个空架子，当时英国拥有的殖民地和附属国尚有1400多万平方千米，人口有5亿人左右。然而在印度于20世纪40年代挣脱殖民枷锁变为两个独立自治领（印度与巴基斯坦）之后，帝国的空架子就难以为继了。进入20世纪50年代，其他殖民地也纷纷宣布独立，殖民帝国最终瓦解了。英帝国瓦解过程中虽又形成了"英联邦"（Commonwealth），但后者在性质上与英帝国截然不同，它只是独立国家之间一个松散的政治与经济协调组织。在这个组织中，成员国享有平等地位，不受英国政府支配。

经济实力的衰落、殖民帝国的解体，使英国政府不得不将更多的注意力置于国内经济上。因此从大战结束起，英国政府就开始大幅度地调整经济体制和宏观经济政策。

英国是凯恩斯主义的故乡，经济政策的改弦更张自然与凯恩斯主义经济学的影响不可分割。然而在英国，战后初期的经济政策和体制调整，还受到另外一种思想的影响，这便是英国的"社会主义"。

英国的社会主义理论又称作"费边社会主义"。"费边社会主义"是由一个社会主义团体"费边社"[①]提出的。"费边社"创立于1883—1884年，其宗旨是在英国建立民主的社会主义，但主张采用渐进的方式建立社会主义，而反对采用激进的革命的方式。其创始人是苏格兰哲学家T·戴维森，早期成员还包括著名剧作家G·萧伯纳（George Bernard Shaw，1856—1950年），但早期最重要的理论家是西德尼·韦伯夫

---

① "费边社"之名称出自古罗马将军费边·昆克塔托，他善于用缓进待机战术取胜。

妇（Sidney Webb，1859—1947 年；Beatrice Webb，1858—1943 年）。1897 年韦伯夫妇出版的《工业民主主义》，是"费边社会主义"早期最重要的一本著作，其影响可与马歇尔的《经济学原理》相比肩。韦伯夫妇推崇约翰·斯图亚特·穆勒关于平等和财富分配的改良主义观点。费边派最初曾试图用社会主义思想影响自由党和保守党，但未获成功。后来他们协助建立了独立的"劳工代表委员会"，该会在 1906 年改建为工党（Labour Party），"费边社"随即隶属于工党。工党自称信奉改良主义，在组织上和财政上同工会关系密切。从工党成立起，费边派就左右着工党的政策。其著名理论家哈罗德·拉斯基（Harold J. Laski，1893—1950 年）明确提出，在保存英国资产阶级政治结构的基础上，通过经济政策的改革，实现社会主义。20 世纪 40 年代，费边派代表人物的主要主张是实现收入的较平等分配，建立"福利国家"。为此目的，主张实现有限的国有制，并把国有化视为改变资本主义所有制，使劳动者最终摆脱束缚地位的重要步骤。

这一经济政策主张与凯恩斯主义政策观点存在一定交集。凯恩斯主义经济政策的一个基本思想是提高和扩大财政政策的地位，通过财政政策扩张实现对国民经济的需求管理，而需求管理的必要前提是政府财政支出规模已达到这样的程度：它的变化足以影响经济活动总水平。同时，还要建立一整套影响总就业水平的"内在稳定器"。从这一政策需要出发，凯恩斯主义不但不反对国有化，而且在一定程度上把国有化视为建立混合经济的必要方式。至于福利国家，则直接与经济运行"内在稳定器"的形成相联系。

正是在上述意义上，这样一种说法显然是不无根据的："战后 20 年英国经济政策的指导思想就是凯恩斯主义的'需求管理'理论加上英国'社会主义'的改良主义学说。"[1]

凯恩斯主义政策的核心目标是"充分就业"，1944 年大战结束前夕英国战时政府发表的《就业政策白皮书》，就充分体现了凯恩斯的这一政策主张。战后的第一次大选以工党获胜，则为"费边社会主义"与

---

[1] 罗志如、历以宁：《二十世纪的英国经济："英国病"研究》，人民出版社 1982 年版，第 240 页。

第十二章 | 英国：从"福利国家"到医治"英国病"的体制调整

凯恩斯主义的联姻创造了政治条件。

工党政府一上台，从经济恢复开始，就将其"费边社会主义"与凯恩斯主义的经济政策巧妙地结合在一起，进行经济体制的大幅度调整了。调整有两个主要内容。一个是实行渐进的国有化。工党执政的第一年，即1945年，就通过一系列国有化法令，将一些基础产业和重要的金融、通信行业的企业收归国有。具体办法是给原企业所有者以财政补偿，按高于市场价格的价值收购私营企业股份。1945—1951年，实行国有化的工业涉及煤炭、电力、公用事业、铁路、航空、通信和航运。与此同时，还在1946年将英格兰银行收归国有，1951年将钢铁工业实行部分国有化。另一个是建立全面的社会保障制度。英国社会保障制度的起源，可以追溯到战前很远的时代。早在19世纪70年代，就有人提议用工业捐款开办养老与医疗保险，但未实现。1908年，英国议会通过《养老金法案》，首开给70岁以上老年人提供生活补助之先河。1911年议会通过《国民保险法》，将保险范围扩大到医疗、失业等方面。1941年，英国战时政府邀请著名经济学家威廉·亨利·贝弗里奇（William Henry Beveridge，1879—1963年）主持新设的社会保险委员会的工作，以全面研究英国未来的社会保险问题。1942年，该委员会完成一份研究报告，即《贝弗里奇报告》，它为战后英国的社会保障制度设计了一份蓝图。战争一结束，工党上台，便立即将《贝弗里奇报告》付诸实施，因为这份报告与工党的"社会主义"目标不谋而合。1946年，工党提请国会通过了新的《国民保险法》，1948年通过《国民医疗服务法》及《国民救助法》。这些法案的实施，使英国开始形成政府对国民"从摇篮到坟墓"的全面社会保障体系。

国有化涉及的相当一部分产业是工业化中后期形成的老工业。这些工业在战后陷入困境，开始衰落，企业倒闭层出不穷。通过国有化，工党政府暂时解决了衰落产业的企业倒闭和工人失业问题，在一定程度上实现了"充分就业"。而全面的社会保障制度的建立，则为"福利国家"设定了一个基本的体制框架。工党政府虽然在1951年的选举中败北，但它为战后英国经济体制变革确定的方向，却没人敢去触动。1951年上台的保守党政府连任三届，直到1964年才下台，但也不得不按照工党在战后初期所确定的凯恩斯主义需求管理加"费边社会主义"的经济体制与政策行事。尽管保守党在国有化的规模和范围上与工党政府存在明显的分歧乃至冲突，但在其战后第三次执政（20世纪70年代末）之前，一直未敢去触动国有化经济的主体。至于在建立和维护"福利国家"问题上，两党的政策则完全一致。每逢大选，都竞相许愿，执政后将不断扩大和增加社会保障的范围与这方面的支出。到20世纪60年代中期，英国已成为西方世界所公认的"福利国家"，工党甚至宣布英国为"社会主义"。①

按照英国人的解释，所谓"福利"，就是"健康、舒适"和"免受贫困折磨"，而福利国家"像一个巨大的保险公司，通过这个保险公司，每个公民都被强制性地保了险"②。因此，完善的社会保障制度是"福利国家"的灵魂。到20世纪60年代，英国社会保障制度的范围几乎无所不包，一个英国居民从一生下来到进入坟墓，必定或可能享受的社会保障和福利不少于8项：（1）儿童补助，足够维持儿童最低生活水平，一直支付到16岁，若是在校学生，则发至19岁；（2）义务教育，直至16岁，部分至19岁；（3）疾病补助，在职职工生病前半年由雇主照发工资，半年以后则由政府发放疾病补助；（4）失业补助，凡失业者可领取最长不超过12个月的补助，12个月后仍未找到工作，可申请其他补助；（5）孕、产妇补助，从预产期前11周开始领取，到产后7周止；（6）免费医疗，1948年建立了国民医疗保健系统，该系统为国民提供基本免费的医疗保健服务；（7）退休金，凡男子年满65岁，女子年满60岁，不论以前是否有过工作，均可领取退休金；（8）丧葬费。此外，还有针对社会少数不幸人群设立的补贴。例如，60岁以下丧偶妇女，可享受寡居津贴，其孩子亦可领取津贴；等等。

庞大的公营经济的建立，也是"福利国家"得以维持的一个支柱。因为它存在的意义是保证了"充分就业"。战后工党先后执政三次，每次都掀起一次国有化运动。1951年工党第一次执政期满时，国有化的范围已经涉及各主要产业部门的大型、基础性工业企业和服务业企业。1964年10月工党第二次执政，掀起第二次国有化热潮。1965年5月提

---

① 在西方学者与公众那里，"社会主义"与"共产主义"是两个完全不同的概念，他们把苏联式的国家叫"共产主义国家"，而将欧洲社会党掌权的国家称为"社会主义"。

② R. Musman, *Britain Today*, London: Longman Group Ltd., 1977, p.89.

第十二章 | 英国：从"福利国家"到医治"英国病"的体制调整

请议会通过新的"国有化法案"，1967年把14家私营钢铁公司收归国有，重新设立"英国钢铁公司"；次年将公路运输业骨干企业收归国有，成立国有货运公司；接着又把部分港口机场收归国有。1967年3月工党第三次执政，掀起了第三次国有化热潮。第三次国有化热潮与前两次热潮的一个很明显的区别在于，政府不仅继续扩大衰退产业、"夕阳工业"的国有化范围，还积极推进对新兴工业以及高科技产业的国有化试验。其中，最有代表性的是宇航、航空工业的国有化。1977年，工党政府创立了"英国宇航公司"，将英国飞机公司、霍克·西德利航空公司、霍克·西德利动力公司和苏格兰航空公司收归国有。除了将私营企业收归国有，工党政府在其三次任内还先后通过财政拨款，创立了一些国家独资和与私人企业主合资的公司。到1979年，英国国有经济的规模已相当庞大。当年各主要国有化企业的资产总额达315亿英镑，营业额为316亿英镑，从业人数达214万人以上。当年国有企业的增加值占英国国内生产总值的10%以上，雇佣人数占劳动总人数的5.9%，固定资产投资占英国固定资本投资总额的15%左右。[①]

这样，在1979年保守党再次上台执政之前，英国经济体制的基本特征，便是庞大的国营经济加"福利国家"。

第二节 "英国病"的恶化与经济体制危机

从一定程度上来说，"福利国家"的建立暂时缓和了英国社会内部不同收入阶层之间的矛盾，使英国的传统政治体制得以继续维持下去。然而，"福利国家"却将英国经济引入一种低效率、低速度增长的恶性循环之中，使战前就已萌生的"英国病"急剧恶化。恶化的标志至少有以下五个：

第一，经济低速增长。1950—1980年，包括建筑业在内的英国工业的年平均增长速度只有2.1%。其中制造业平均增长率只有1.9%，这个速度明显低于英国战前和平时期的记录。1920—1938年，两个数字均为2.7%。但这还不是真正鲜明的对比，真正形成鲜明的对比同时

[①] 于维霈：《当代英国经济》，中国社会科学出版社1990年版，第206页。

也使英国人感到危机的是,与其他工业化国家相比,英国的工业增长速度大大落后。1950—1980年,美国的工业年平均增长率为4%,联邦德国为5.8%,法国为4.7%,意大利为6.5%,而日本则高达11.2%。由于增长速度相对缓慢,英国工业产值在西方工业国中所占比重急剧下降:1950年为8.6%,1960年为7.4%,1970年为5.4%,1980年只有4%左右。同一时期,英国由仅次于美国的西方第二工业强国降为第五,落在日本、联邦德国和法国之后,只比意大利略高些。与此同时,英国人均国内生产总值的增长速度也远远低于西欧主要国家。据计算,1950—1970年,英国人均GDP由2994英镑增加到4765英镑,只增长了59%。同一时期,法国增长了121%,德国增长了163.9%,意大利增长了169%。按购买力平价计算,1979年,英国人均GDP大约为7413美元,相当于美国的67.6%、德国的91.8%、法国的93.2%,只略高于意大利的水平,但在20世纪50年代,英国人均GDP要远远高于海峡彼岸的工业化国家。[①]

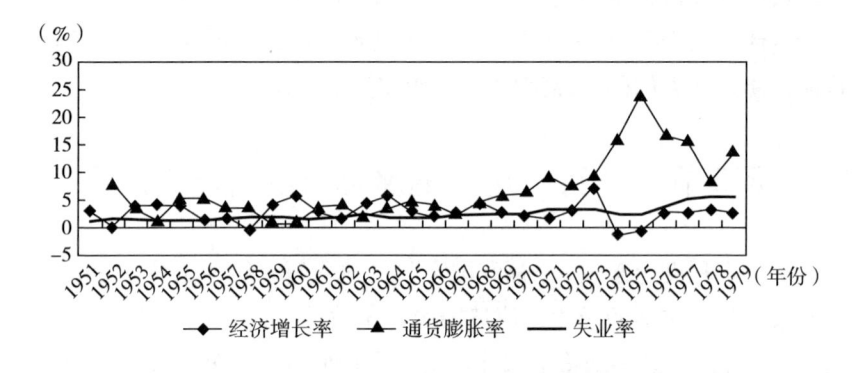

图 12-1　1951—1979 年英国经济表现

资料来源:Thelma Liesner ed., *One Hundred Years of Economic Statistics*, The Economist Pub. Ltd., 1989。

第二,作为英国经济主要支柱之一的对外贸易业严重恶化,这引起英国的国际收支状况近乎陷入危机。据统计,1950—1980年,全球出

[①] Thelma Liesner ed., *One Hundred Years of Economic Statistics*, The Economist Pub. Ltd., 1989, pp. 305, 306;增长率为笔者计算。

第十二章 | 英国：从"福利国家"到医治"英国病"的体制调整

口总额由584亿美元增加到18830亿美元，增长了31.24倍。其中，工业化国家的出口额由364亿美元增长到12395亿美元，增长了33倍。同期，英国只增长了16.47倍，远远低于工业化国家出口额的平均增长率，也低于几个主要工业化国家出口贸易增长率。同一时期，美国增长了20.6倍，法国增长了37.66倍，联邦德国增长了95.5倍，日本增长了220倍，意大利增长了63.66倍。1950—1980年，英国商品出口在世界出口贸易中的比重不断下降：1950年为10.8%，居世界第二位；1960年降至9%，居世界第三位；1970年降至6.8%，被日本赶上；1980年进一步降至5.8%，居世界第五位。[1] 这还不是英国贸易的最大困境所在，其最大的困境在于，自战后初期（1946年）开始到1979年的33年间，英国贸易只有三年存在微弱顺差，其余30年全是逆差，累计逆差达288亿英镑。不仅如此，英国的逆差呈不断扩大的趋势。20世纪50年代，英国的年最高逆差在5亿英镑，60年代升至7亿英镑左右，70年代突破10亿英镑，最高达53亿英镑。[2]

对外贸易的长期逆差及其不断增大，使英国的国际收支陷入困境。英国官方公布的统计资料显示，第一次世界大战之前英国的经常项目从未出现过逆差。两次世界大战之间的和平时期虽然出现过逆差，但数额均不大。1920—1938年，英国累计国际收支逆差为3.28亿英镑，累计顺差为13.98亿英镑，盈亏相抵，尚余10亿英镑以上的顺差。但是在战后，从1951年起，经常项目的赤字成了周期性影响英国经济运行的一个突出问题。1951—1976年，有12年经常项目发生赤字，累计赤字87.47亿英镑。[3] 战后英国发生的多次经济危机，都直接和国际收支危机相联系。一般情况下，国际收支危机先引起英镑危机，为了稳定英镑币值，英国政府不得不提高基本利率，而基本利率的提高会导致投资减少、生产萎缩，最后还会导致进口增加、出口减少。正是这种联系，引发了多次严重危机。其中，最具代表性的是20世纪60年代的两次危

---

[1] IMF, *International Financial Statistics*, 1986, pp.114, 115；增长倍数为笔者计算。

[2] Office for National Statistics, *Economic Trends*, 1986, p.128；*Monthly Statistical Summary*, 1986, p.103.

[3] Thelma Liesner ed., *One Hundred Years of Economic Statistics*, The Economist Pub. Ltd., 1989, pp.52, 58.

机，即1961—1962年的危机和1966年的危机。

第三，财政状况不断恶化。战后从20世纪50年代起，英国政府的财政状况就逐渐趋于恶化，60年代加重，70年代达到顶点，公共部门几乎年年有赤字。统计资料显示，1950年英国当年财政赤字只有2100万英镑，1955年猛增至7.31亿英镑，1960年达到17.02亿英镑，1965年增至23.31亿英镑，1970年为18.07亿英镑。1951—1979年28年间，竟然有25年财政出现赤字，累计赤字达543亿英镑以上，其中仅70年代的赤字就高达459.88亿英镑。赤字在英国国内生产总值中所占比重，在20世纪50年代只有百分之零点几，60年代不足2%，进入70年代后常常在5%左右，其中最高年份（1975年）达8.5%，另有三年在6%以上。[1] 赤字产生的直接原因，与维持"福利国家"和庞大的公营经济的运作有关。从"福利国家"建立初期开始，社会保险费支出就远远高于收入。1950年，社会保险税收入仅为4.4亿英镑，支出则达12.1亿英镑，赤字达7.7亿英镑。也就是说，大部分社会保险支出需要动用其他收入。此后几十年，这一状况一直未有改观。1960年，社会保险收入与支出的赤字扩大到15亿英镑，1965年为22.7亿英镑，1970年为36.7亿英镑，1975年增至88.8亿英镑，1979年高达185.5亿英镑，占这项支出总额的61%。[2] 为了维持庞大的公营经济，1950—1979年，英国政府支出在GDP中的比重由39.4%增加到54%左右。也就是说，到20世纪70年代末，英国有一半以上的国民财富是由政府支配的。

对英国政府来说，弥补财政赤字的政策选择有两种：一种是增发纸币，另一种是向公众出售公债券。战前英国财政也曾出现过连续数年的赤字，但由于数额不大，加之英镑曾是当时世界上最主要的储备货币，通过增发纸币弥补赤字基本不影响英镑的币值。然而战后的情况不同了，由于贸易连年出现赤字，英镑常常发生危机，不能用增发纸币来弥补赤字，而只能靠发行国债弥补，但不断增加的国债利息支出，又增大了财政支出。1950年，英国国债利息支出只有5.5亿英镑，占当年财

---

[1] Office for National Statistics, *Economic Trends*, 1983.
[2] Thelma Liesner ed., *One Hundred Years of Economic Statistics*, The Economist Pub. Ltd., 1989, p.59.

政支出总额的 12.2%；1960 年增加到 9.1 亿英镑，占财政支出的 11.6%；1970 年增加至 20.3 亿英镑，占支出的 9.7%；1979 年增加至 86.7 亿英镑，占支出的 10.1%。① 1974 年，英国国债总额为 404 亿英镑，人均为 719 英镑；1979 年增至 869 亿英镑，人均为 1545 英镑。

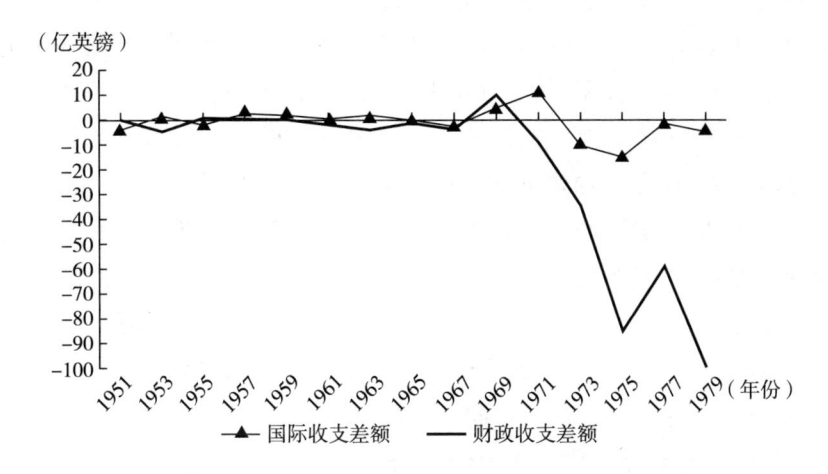

图 12-2　1951—1979 年英国国际收支差额与公共财政差额变化

资料来源：Thelma Liesner ed., *One Hundred Years of Economic Statistics*, The Economist Pub. Ltd., 1989。

第四，通货膨胀日益严重。财政状况的恶化，国债的增加，都埋下了通货膨胀的种子。从 20 世纪 50 年代起，通货膨胀就一直困扰着英国经济。1950—1959 年，消费品物价指数上升 48%，年通货膨胀率平均为 4%；1960—1969 年，物价指数上升 40.3%，年通货膨胀率为 3.9%；1970—1979 年，物价指数上升了 252%，年通货膨胀率高达 15% 左右。如果说在 20 世纪 70 年代之前，英国政府追求的经济政策是用较高的通胀率来换取较低的失业率，且在一定程度上控制住了失业的话，那么进入 70 年代以后，这种政策已越来越不管用了。20 世纪 50 年代的失业率平均为 1.19%，最高年份的失业人数只有 48 万人；60 年代的平均失业率增加到 1.82%，最高年份的失业人数增至 58 万人以上；70 年代前

---

① Thelma Liesner ed., *One Hundred Years of Economic Statistics*, The Economist Pub. Ltd., 1989, p. 59.

半期失业率升至 2.8%，最高年份的失业人数达 83.7 万人；70 年代后半期的失业率则高达 5.1%，最高年份的失业人数达 140 万人以上。从两位数的通货膨胀率明显可见英国经济政策的失败。

第五，与其他工业化国家相比，英国经济的效率不断下降。其中一个明显的标志就是，按就业人数平均计算的产出增长速度，或劳动生产率增长速度缓慢。有关测算显示，1953—1961 年，欧洲主要工业国的劳动生产率年增长率平均为 4.1%，其中法国为 6%，联邦德国为 5.2%，意大利为 5.5%，同期英国仅为 2%；1961—1973 年，欧洲工业国劳动生产率的平均增长率为 4.3%，其中法国为 4.6%，德国为 4.5%，意大利为 5.6%，英国也只有 2.9%；1973—1979 年，欧洲工业国劳动生产率年增长率平均为 2.3%，其中法国为 2.8%，德国为 3.2%，意大利为 1.5%，英国低至 1.2%。在上述三个时间段，英国的劳动生产率增长速度均远远低于欧洲主要工业国的平均速度，也低于 OECD 国家的平均增长速度；同三个时期，OECD 国家劳动生产率的平均增长速度分别为 3.3%、3.8% 和 1.5%。[1]

所有上述事实都表明，英国经济患病了，并且在一步步恶化。这种病就是早在战前就萌生了的"英国病"，它的集中表现是经济走走停停，它的恶化表现在"走"的时间越来越短，"停"的时间越来越长。比如，在 20 世纪 60 年代上半期的 60 个月内，英国经济"走"（即增长）的时间为 54 个月，"停"（即衰退）的时间为 6 个月；60 年代下半期，"走"的时间缩短为 52 个月，"停"的时间延长为 8 个月。而进入 70 年代，"走"的时间更短，"停"的时间更长：1971—1975 年的 60 个月中，"走"的时间只有 25 个月，"停"的时间长达 35 个月。

"英国病"的恶化意味着经济体制产生了新的问题。到 20 世纪 70 年代中期，"国有化""福利国家"这些昔日为英国人所标榜的英国式"社会主义"特征的缺陷日益暴露出来。其中最明显的是，国有化造成了英国工业结构的老化，"福利国家"则与生产要素的低效表现直接相关。

前已述及，国有化的大部分内容涉及对衰落的老工业部门的改造和扶持，其目的在于维持"充分就业"。在英国，19 世纪工业化后期形成

---

[1] Derek Morris, *The Economic System in the UK*, Oxford University Press 1985, p. 629.

第十二章 英国：从"福利国家"到医治"英国病"的体制调整

的几个骨干工业部门，在战前就已经在走下坡路了；战后初期，至少有三个部门陷入困境，它们分别是煤炭、钢铁和造船。这些部门当时存在的问题不仅是技术装备相对落后，还在于产品趋于过剩。如果不进行大规模的技术改造，就难以在国际竞争中获胜。以煤炭工业为例，1950年、1960年和1970年，英国煤炭产出分别占能源总产量的99.8%、99.5%和88.4%；但同期消费的能源中，煤炭只分别占89.6%、73.7%和46.6%。也就是说，英国煤炭产量的相当部分，得销往国际市场。然而由于国有化的主要目的在于维持"充分就业"，实行国有化以后，煤炭工业中的技术改造常常受到工会的抵制，因为这种改造就意味着裁减工人。因此，其技术改造和劳动生产率提高的步伐一直比较缓慢。直到20世纪70年代中叶，老矿井仍然是英国煤炭工业的主体。英国煤炭局在1974年对全国259个煤矿的统计表明，其平均矿龄为78年，其中20%的矿井为100年以上的老矿井，而70年以上的老矿井就占矿井总数的一半以上。同样的问题，还存在于钢铁和造船工业中。由于旧工业的拖累，到20世纪70年代，在英国的工业中，"夕阳工业"所占比重相对较高，这极不利于提高工业的国际竞争力。

"福利国家"在收入分配上强调公平有余而效率不足，这必然会导致生产要素的低效表现。为了维持庞大的社会福利支出，政府不得不对各种收入课以累进税收。从20世纪50年代初起，英国的个人所得税和公司税就在不断增加，到70年代，仅个人所得税就多达八个级别，最低税率为25%，最高为83%；企业所得税的税率平均在50%以上。此外，还须单独缴纳社会保险费。由于税收加重，结果是收入的"均等化"趋势加重。有研究表明，1964—1967年，在英国纳税后的个人货币收入等级中，已没有1万英镑以上的阶层了。[1] 美国经济学家钱纳里等的计算表明，到20世纪60年代末，英国的收入分配平等程度位列欧洲各工业国之首。1968年，它的"基尼系数"低达0.32，而同一时期（20世纪60年代），法国为0.5，德国为0.45，都比英国高得多。[2] 我

---

[1] A. H. Halsey ed., *British Social Trends since 1900: A Guide to the Changing Social Structure of Britain*, London: McMillan, 1972, p. 92.

[2] [美] M. P. 托达罗：《第三世界的经济发展（上）》，于同申等译，中国人民大学出版社1988年版，第210—211页。

们知道,"基尼系数"① 越低,表明收入分配越平等。然而,收入的平等化却不利于提高生产要素的配置效率。对于劳动者来说,它助长了"吃大锅饭"的思想。既然失业可以拿到救济,何必急于去找工作呢?既然加班收入的大半要缴税,何必去加班呢?对于资本形成来说,也十分不利,因为在对资本收益、利息收入课以重税的情况下,人们在投资与储蓄、储蓄与消费之间,会偏好后者。② 统计资料表明,1950年、1960年和1970年,英国的固定资本形成率分别为 13.2%、16.4% 和 18.9%,都远远低于法国(分别为 17.5%、20% 和 24%)、德国(19.1%、24.3% 和 25.5%)等西欧工业化大国。③ 这与收入均等化效应有关。

表 12-1　　　1950—1980 年英国经济表现与其他工业化大国的比较　　(单位:%)

	经济增长率					劳动生产率增长率				
	英国	美国	法国	德国	日本	英国	美国	法国	德国	日本
1950—1960 年	2.7	3.2	4.5	7.7	8.5	2.05	2.68	4.83	5.25	6.50
1960—1970 年	2.9	3.7	5.4	4.4	9.9	2.39	2.68	4.59	4.33	8.60
1970—1980 年	1.8	2.8	3.3	2.7	4.5	1.31	1.17	3.09	2.81	3.70

资料来源:Thelma Liesner ed., *One Hundred Years of Economic Statistics*, The Economist Pub. Ltd., 1989, pp. 304, 324—335。

第三节　宏观经济政策的调整与体制创新

进入 20 世纪 70 年代以后,英国经济受到了高通货膨胀率和高失业率的双重折磨,"英国病"明显恶化了。走走停停的经济已经表明,战后头 20 多年实行的需求管理政策,已到了山穷水尽的地步。然而,无

---

① 一般认为,基尼系数在 0.2 以下为绝对平等,0.2—0.3 为比较平等,0.3—0.4 为比较合理,0.4 以上表示一定程度的不平等。
② 罗志如、厉以宁:《20 世纪的英国经济》,人民出版社 1982 年版,第 161 页。
③ Thelma Liesner ed., *One Hundred Years of Economic Statistics*, The Economist Pub. Ltd., 1989, p. 8.

第十二章 | 英国：从"福利国家"到医治"英国病"的体制调整

论对保守党政府还是对工党政府来说，要放弃需求管理的宏观政策都难以接受。20世纪70年代的大部分时间，两党政府都在尝试改变需求管理的政策内容，还未考虑到与需求管理政策决裂。在这种政策调整尝试中，最突出的要数收入政策的引入。

收入政策的核心目标是试图用限制收入增长的办法抑制通胀，稳定就业。早在20世纪60年代，两党政府先后都使用过这种政策，但当时是为了对付国际收支危机，且实施时间不长。进入70年代，尤其是在"石油危机"发生前后，为了对付空前的通货膨胀，保守党政府才把收入政策当作一项经常性政策引入。1972年11月，希思（Edward R. G. Heath，1916—2005年，1970—1974年任首相）政府（1970—1974年）宣布冻结工资六个月，次年4月又规定了工资增长限额，标志着收入政策的正式引入。此后的整个70年代，收入政策始终是英国政府对付通货膨胀的一项主要政策，只是两党在收入政策的实施手段上有所不同罢了。比如，工党在1974年7月上台之后，将保守党政府对工资增长的强制管制改为"自愿限制"，即通过自愿的"社会契约"来限制工资增长。但不管是采用强制措施，还是用自愿办法，收入政策注定要失败，因为这种政策依然跳不出需求管理的旧框架。不仅如此，收入政策的目标也在于维持"充分就业"，无助于提高英国经济的运行效率。

收入政策的失效和"英国病"的急剧恶化，使凯恩斯需求管理加英国式"社会主义"的宏观经济政策和体制最终陷入危机之中。到20世纪70年代下半叶，一向靠工会支持的工党政府也不断受到罢工浪潮的冲击，工党政治家们也对以往的政策失去了信心。卡拉汉（Leonard James Callaghan，1912—2005年）政府（1976—1979年）在空前的通货膨胀与失业之间穷于应付，拿不出有效的解决办法。在这种情况下，经济政策的改弦更张成为必然。玛格丽特·撒切尔（Margaret Hilda Thatcher，1925—2013年）夫人为首的保守党正是利用了这一形势，提出新的经济政策，打出经济体制改革的旗号并赢得1979年的大选。由此开始了战后英国宏观经济体制和政策的一次最深刻的调整。

撒切尔夫人是以对英国工会发动的罢工和英国"社会主义"的批评而赢得选民支持的，她谴责工会所发动的罢工几乎使英国公共服务事业陷于瘫痪，她反对英国的"社会主义"，而拥护传统的保守党的自助理念。① 她宣布要改善英国经济的长期运行环境，为此不惜铲除英国的"社会主义"。从一开始，撒切尔夫人的经济政策就与战后以往经济政策存在明显的不同：以往的政策着眼于短期效应，核心目标是"充分就业"；撒切尔夫人的政策着眼于长期效应，核心目标是提升经济运行的效率。按照撒切尔夫人支持者们的解释，新的保守党政府拒绝以低生产率、低效率、高通胀率为代价维持"充分就业"，拒绝以资源的巨大浪费为代价维持"福利国家"，拒绝为保持"充分就业"而维持不经济的产业。② 因此，撒切尔政府给"英国病"所开出的处方，在于追求长期效率而非短期效应，为此不仅牵扯到宏观经济总政策的转型，而且涉及经济体制的改革。

在宏观经济总政策方面，撒切尔政府从一开始就反对继续采用凯恩斯主义的需求管理政策，反对把"充分就业"作为宏观经济政策的主要目标。在撒切尔夫人及其支持者看来，就业水平不是宏观经济问题，而是个"微观经济问题"；就业水平取决于在业人员的"创利性"（Profitability）。在劳动价格调整僵化的情形下，简单地将货币注入经济系统并不能导致就业增加，只会导致通胀上升。因此，撒切尔政府把对付通货膨胀、改善宏观经济环境作为其政策的核心目标，把控制货币供应量作为对付通货膨胀最有效的工具。这样，其宏观经济政策就带有鲜明的货币主义色彩。

按照货币主义的理论，货币部门的动荡是经济不稳定的主要原因。只要简单地把货币供应增长率保持在与经济的"自然增长率"相适应的水平，就会使经济自动恢复稳定增长。货币主义并不强调财政政策与货币政策的主次和分工，只要求这两大政策从属于一个总目标，即货币供应量。正是接受了货币主义的主张，撒切尔政府从一开始就把货币供应量指标作为宏观经济政策的核心目标。

在追求货币供应目标的过程中，撒切尔政府的经济政策演进大体上经历了三个阶段。第一个阶段始于1979年6月，终于1983年中，以紧缩政策为主，主要运用财政政策。1979年6月，撒切尔政府提出的第

---

① 《简明不列颠百科全书》第6卷，中国大百科全书出版社1986年版，第819页
② Geoffery Maynard, *The Economy under Mrs Thatcher*, Oxford：Basil Blackwell Ltd., 1989, p. 148.

第十二章│英国：从"福利国家"到医治"英国病"的体制调整

一个财政预算，就包括大幅度削减公共开支的计划，把公共开支的削减视为抑制货币供应量增长的关键。次年3月提出的"中期财政战略"（the Medium-term Financial Strategy），明确规定了接下来几年内货币供应量增长指标和公共部门借款需求占GDP的比重。按照"中期财政战略"提出的计划，1980—1981年，广义货币供应量M3（现金+活期存款+定期存款+英国居民持有的非英镑存款）①的增长率为7%—11%，1981—1982年应降为6%—10%，1982—1983年再降为5%—9%，1983—1984年进一步降为4%—8%。与此相适应，同期公共部门借款需求（Public Sector Borrowing Requirement，PSBR）在GDP中的比重应由3.75%下调至1.5%。实际执行的结果，虽然大大突破了原计划，但这两个指标在不断下降：1980—1981年M3实际增长率高达19.6%，1983—1984年降为9%，同期公共部门借款需求占GDP的比重，也由5.8%降为3.1%。②紧缩政策的效果带有强烈的菲利普斯规律特征，即失业与通货膨胀的互换，在抑制通胀的同时提高了失业率。1979—1983年，通胀率由13.6%降为5.1%，同期失业率由4.9%骤升至11.7%。

第二个阶段始于1983年中，终于1987年。这个阶段的政策发生了两个明显的变化。其一，由片面的紧缩政策变为松紧并用而以松为主的政策。这个变化发生在1983年下半年。由于通货膨胀已得到抑制，经济也处于回升之中，为了保持稳定增长，英国政府的宏观政策开始松动，不再片面强调控制货币供应量，而采取减税、增加公共开支等手段刺激经济增长。其二，放弃M3这个货币量指标，正式启用M0（现金+可转账活期存款），实际上是从紧缩型宏观政策立场进一步后退。与此同时，开始重视货币政策的效用。宽松的宏观经济政策促成了经济的稳定增长。

第三个阶段始于1988年，到撒切尔夫人下台（1990年11月）仍未见分晓。这个阶段，通货膨胀重新抬头。为了对付通胀，英国政府不得不重新采取紧缩型宏观政策，但与20世纪80年代初不同，这一时期

---

① 英格兰银行将货币供应量分多个档次：M0=流通中的现金；M1=M0（流通中的现金）+私人部门的英镑活期存款；M2=M1+商业银行的定期存款；M3=M2+英国居民的非英镑存款。

② Derek Morris, *The Economic System in the UK*, Oxford University Press, 1985, p.424.

的紧缩政策，更多地依靠货币政策工具。因此，由财政部控制的基本利率不断调整，成了这一时期英国宏观经济政策立场变动的一个主要标志。它的调整基本上与通货膨胀、英镑汇率的走势相联系。

货币主义宏观经济政策的实施，与经济体制尤其是供给方面的体制调整、改革是同步进行的。改革的目标是"使各种各样的市场发挥更多的作用"（时任财政大臣纳吉尔·劳森语）。这方面的调整与改革，主要涉及以下几项内容：

其一，以减税、减轻企业负担为主要内容的税制改革。其目的是创造一种环境，使个人的创造性和冒险精神受到奖赏，以振兴企业。从1979年到20世纪80年代下半期，个人所得税基本税率由33%降为25%，最高达83%的9个高税率等级简化为一个等级，税率降为40%。公司税由52%降为35%，其中小企业由42%降为25%，资本收益税（Capital Gains Tax）和投资所得附加税均被取消。与此同时，还取消了其他有碍投资的税收，减低了股票印花税（由2%降为0.5%）。

其二，以增加劳动市场竞争性和激励劳动者工作热情为主要目的的劳工制度改革。这主要由两方面的改革构成。一方面，限制工会的权力，采取的办法是，通过立法加强工会内部的民主，增加会员的权力，以制约工会领导者的权力。其中，最具代表性的是规定工会罢工须经全体会员投票决定。另一方面，改革工资制度。1986年3月宣布，把固定工资制改为分享工资制。在新的工资制度下，雇员1/3的工资直接与企业的经营状况挂钩。这无疑有利于调动职工的积极性。

其三，以金融自由化为主要内容的金融体制改革。1979年废除外汇管制，促进了货币市场的扩大；1986年取消了对证券交易所的管制，促成了资本市场"爆炸式"（big bang）发展。与此同时，还废除了对各专业银行经营业务的严格限制，促进了银行间的竞争。其中，最具代表性的是住宅信贷专业银行——建筑协会（Building Society）与一般商业银行之间业务界限的取消。

上述系列改革，减少了政府对要素市场，即劳动市场、货币市场和资本市场的干预，使这些市场上固有的激励因素得以释放，因而有利于增强经济的竞争力。如果说这方面改革的主要目的在于释放市场能量的话，那么对国有企业的私有化改造和对社会保险制度的改革，则试图彻

第十二章 | 英国：从"福利国家"到医治"英国病"的体制调整

底摆脱"社会主义"试验给英国经济体制留下的弊端。

国有企业的私有化改造始于1979年。该年10月，撒切尔政府宣布出售英国石油公司5%的资产，标志着私有化的开始。1981年私有化进入高潮，同年2月出售英国宇航公司51.6%的股权，6月出售英国石油公司的全部优先股。到1985年年底，英国部分或全部私有化企业达20家左右，私有化资产总额近100亿英镑。其中最有影响力的企业，包括英国电信公司（私有化股占50.2%，金额为39.16亿英镑），布里斯托尔石油公司（分两次全部出售，总额为10.52亿英镑），电报与无线电公司（分三次全部出售，总额为10.45亿英镑），英国宇航公司。到1989年中，国有部门企业的总资产比1979年减少了45%。大规模的私有化，减轻了政府对国有企业的财政负担。1978—1979年，政府提供给国有企业的财政补贴及投资为42亿英镑，1989—1990年降为11亿英镑，减少70%以上。

社会保险制度的改革是一项最棘手的工作。最初几年，撒切尔政府还不敢贸然去碰这个问题，只是在社会保险费的征收上做了小的调整。20世纪80年代中期以后，社会保险支出的不断上涨已到了难以维持的程度，迫使撒切尔政府进行改革。1985年，英国政府最终决定全面改革保险制度，为此成立了5个专门小组，分别就养老金、住房补贴、附加津贴、儿童和少年津贴、残疾人津贴的改革进行调查，提出改革方案。按照撒切尔政府的设想，社会保险制度改革的原则不外乎两个：一个是变政府统包社会保险支出的办法为政府、企业和个人分摊，并最终过渡到以个人、企业支付为主；另一个是，这种改革应有利于调动享受津贴的成年人的工作积极性。1986年颁布的《社会保障法》（Social Security Act），就是按上述原则设计的。根据该法案，由政府支付的退休金（即国家收入相关退休金计划）将减少一半。与此同时，引入新的退休金计划，其中最著名的是个人退休金计划（Personal Pension Scheme）和职业年金计划（Occupational Pension Scheme）。前者完全由个人筹付，享受金额与其所缴养老保险费直接挂钩，1988年7月引入，不到一年，就有350万人参加；后者由单个或多个企业联合为其雇员设立，完全由企业负担。政府的打算是，最终用这两项退休金取代国家退休金计划，为此，1986年的法案对职工自愿退出国家退休金计划持鼓励态度。在失业津贴方面,新法案更有利于鼓励失业者积极寻找就业机会。在社会保险费的支付方面,1985—1990年的一系列改革,已使其更有利于调动人们的工作积极性。比如在那之前的社会保险费收缴制下,一个人的加班费可能全被算入应缴费中,1989年10月的改革,彻底结束了这个"怪圈",使加班者的利益得到最大限度的保证,这无疑有利于调动职工的积极性。在医疗方面,最终的努力方向是逐步取消公费医疗,实行私人医疗保险。然而,直到撒切尔夫人下台,社会保险制度的改革仍然步履维艰,主要是由于社会保险制度与绝大多数人的切身利益息息相关,这方面的任何改革,都会受到工会的强烈抵制。

不仅改革阻力越来越大,而且到了后期,保守党内部的反对声迭起,撒切尔夫人被迫去职,于1990年11月卸任英国首相,结束了其将近12年的首相任期。继任者梅杰(John Major)曾为撒切尔政府的重要内阁成员,先后在撒切尔政府中出任外交大臣和财政大臣,积极支持撒切尔夫人的改革。梅杰任职期间,总体上延续了撒切尔夫人的改革和主要政策主张。巩固了撒切尔政府的货币主义改革。

经过撒切尔夫人将近12年坚持不懈的货币主义政策试验,到20世纪90年代初期,英国的经济体制的确发生了明显的变化。其中最突出的变化是,市场力量发挥作用的范围越来越大,政府干预的范围越来越小,"福利国家"对国民的福利关照也缩小了。在20世纪90年代的英国宏观政策运作中,充分就业已不再是头等的政策目标,取而代之的是经济效率和国际竞争力。为了提升经济运行效率,保守党政府甚至不惜触犯"众怒",关闭大批低效率的公营企业。这方面最著名的例子是1984—1985年之交对英格兰13座国有煤矿的处理,为了关闭这些效率低下的老矿井,撒切尔政府与强大的工会对抗,面对煤矿工人工会发动的长达一年多的罢工依然坚持了下去,不仅关闭了低效率的煤矿,而且几乎把煤矿业的工会拖垮。

客观来说,撒切尔夫人改善英国经济竞争环境和运行效率的目标部分地实现了。20世纪80年代头8年,英国经济的劳动生产率增长速度高于除日本之外的所有西方工业化国家,而它的制造业的劳动生产率增长速度高达5.2%,远远高于西方工业国的平均速度(3.6%)。它在劳动生产率方面与美国、德国和法国等国差距的缩小,无疑是其国际竞争

第十二章 英国：从"福利国家"到医治"英国病"的体制调整

力上升的一个标志。

然而，宏观经济政策的调整和经济体制的创新并未解决英国经济遗留下来的所有问题。到了撒切尔夫人执政后期，通货膨胀与失业的互换，或所谓的"菲利普斯规律"，成为困扰英国经济的又一个突出问题。政府干预经济主要依靠货币政策，要么是调高利率对付通胀，要么是降低利率刺激经济增长，然而目标的交替使经济重新出现走走停停的迹象。到梅杰1990年11月上台时，英国经济又一次陷入停滞。

第十三章　德国：社会市场经济体制及其创新

20世纪30年代的大萧条和纳粹法西斯政权的建立，集中暴露了德国经济体制的痼疾。同时表明，在现代工业社会的发展过程中，德国的社会经济体制与工业社会的客观要求严重脱节。工业社会所创造的巨大经济能量被纳入侵略战争的轨道，导致了人类历史上一场空前的浩劫。显然，解决德国富于侵略性的关键，在于改造它的经济体制，这是"二战"结束之初东西方政治家和经济学家们比较一致的认识。然而，通过什么途径来改造德国旧的经济体制，建立什么样的新体制来取而代之呢？事态的发展使德国选择了两种不同的经济体制：在东部苏军占领区，建立了苏联式的中央计划经济体制；在西部盟军占领区，建立了市场经济体制。东部和西部德国的政治分离，为这两种经济体制的同步试验创造了前提条件。客观来说，战后德国经济体制改造与创新的完整图画，是东部与西部德国两种经济体制的同步试验。本书仅以联邦德国为主线，阐述德国经济体制的变革。这种安排主要出于以下两方面的考虑：一方面，联邦德国经济体制是在德国固有的市场经济因素基础之上的创新，而不是按照外在模式重新移入的；另一方面，西部德国的体制改造和创新取得了巨大的成功，相比之下，东部德国的计划体制试验弊端百出，最后以失败告终。市场经济与计划经济体制的优劣，在德国东西两个经济体发展的对比中，得到最明确的显露。

第十三章 德国：社会市场经济体制及其创新

第一节 统制经济的终止与向社会市场经济转型

西部德国作为一个新型国家的产生是在 1949 年，这一年的七月，美、英、法三国将它们分别占领的三块德国领土合而为一，成立"德意志联邦共和国"。但是，在西部德国领土上进行的体制改革起点，则要早几年。还在一年多之前，即 1948 年 6 月，西方三个占领区下的货币改革就已经在一个统一机构的领导下，按照一个共同的方案在进行。而更早两年，西方占领区的经济改造方案也是按照一个调子进行的。

占领国关于西部德国经济改造的基本政策和方案，可以视为联邦德国经济体制改造的起点。这种政策和方案的变化，则是联邦德国得以形成一种新型市场经济体制的前提条件。西方国家关于德国战后经济改造的方案，经历了较长时间的争论。早在战争结束之前，美、英魁北克首脑会议就曾考虑接受一个彻底改造德国经济的"摩根索计划"（Morgenthua Plan）。该计划是由时任美国财政部部长亨利·摩根索（Henry Morgenthau Jr.，1891—1967 年）提出的，其基点是"强大的欧洲，虚弱的德国"设想，即主张把德国经济改造成在欧洲经济中完全处于从属地位的二流经济。为此，该计划主张拆除德国所有骨干工业企业，将其由工业国重新改造为农业国。这种"非工业化方案"一提出，便遭到西方舆论的强烈谴责，未及实施便归于"流产"。到占领之初，美英所确定的方案是"限制工业计划"。这个计划对德国仍然极为不利，因为它确定单是在西方占领区，就应拆除 1546 家骨干工厂，将德国居民的生活水平降低到 1932 年的水平，将其整个工业生产能力削减到大约为 1938 年水平的 50%—55%，其中钢的生产能力仅为 1938 年的 1/4，基本化学制品和重型机器制造为 1938 年水平的 1/3，车床生产仅为 1938 年的 1/10。此外，有些与军事相关的工业完全被禁止，如远洋船舶、飞机、合成汽油和橡胶工业等。

但是，随着"冷战"气氛的出现和东西方政治、军事对抗格局的形成，上述方案很快便被修改并最终放弃。1947 年 8 月，也就是在"限制工业计划"宣布后 5 个月，西方国家便对改造占领区德国经济的方案进行了大幅度修改，提出一份"修正的限制工业计划"。新方案立足于这样一种主张："一个有秩序富裕的欧洲，需要一个稳定和有生产力的德国进行经济合作。"① 基于这样的理念，该方案将计划拆除的工厂数目减少近一半，减至859家，并允许英美占领区的工业生产能力提高30%—40%。新方案的颁布标志着西方国家对德经济改造方案的转折：由削弱变为以扶植为主。那以后拆除速度放慢，被拆除的工厂多半是军工企业，民用企业数目不大。与此同时，对西部德国经济的扶植性援助政策开始出笼。1947年6月，美国提出的"欧洲复兴计划"即"马歇尔计划"，是把德国作为未来欧洲复兴的一部分来对待的。当时美国政治家中一种流行的看法是，如果德国在经济上继续受到限制，那么欧洲将在经济上动荡不安。

西方国家对德政策的上述转折，为德国西部地区的重建和体制改造奠定了前提条件。在1951年4月宣布永远停止拆除德国工业之前，拆掉的工厂只有683家，价值5亿多美元，而同期联邦德国接受的"马歇尔计划"援助价值近20亿美元。与此同时，按照市场经济的基本原则改造战时形成的统制经济体制的方向也已确定。1947年7月，美国政府指示占领区司令部，应"给予德国人民以机会，了解自由市场经济的原则和优越性"。② 实际上确定了这个即将诞生的国家的经济体制的基本走向。

西部德国经济体制按照自由市场原则进行改造的序幕是由货币改革拉开的。货币改革始于1948年6月，在那之前，德国经济陷入全面混乱之中。其中最突出的问题是，基本生活资料严重匮乏，黑市交易和物物交换盛行，配给食品远远低于最低生活需求。盟军占领当局为了对付物价暴涨，基本上继承了战时纳粹政府建立的配给制和价格管理体系。这虽然限制了物价的公开上涨，但造成了严重的隐蔽性通货膨胀。不仅如此，在市场正常交易价格受人为管制的情形下，生产成本的上升无法得到补偿，结果导致了物资生产的不足及供给的日益匮乏，占领当局不得不扩大配给物资的种类。战争结束近三年，几乎所有的生活资料都实

---

① ［联邦德国］卡尔·哈达赫：《二十世纪德国经济史》，扬绪译，商务印书馆1984年版，第96页。

② ［联邦德国］卡尔·哈达赫：《二十世纪德国经济史》，扬绪译，商务印书馆1984年版，第145页。

行凭票供应。上述情况表明，重建德国的唯一出路在于恢复市场机制，纠正扭曲的价格，而这又有赖于一种正常的适应市场经济要求的货币体系的确立。因此，货币改革成了德国由统制经济迈向市场经济的第一步。

1948年6月20日，美、英、法三个占领区同时颁布法令，宣布废止旧马克流通，发行新马克，每个公民按1∶1的比价分两次兑换60马克新币，并对银行存款按10∶1（个别地区按100∶6.5）折换成新币，其中50%予以冻结（后来宣布其中的70%作废，20%转入活期账户，10%投资于国家公债）。为了解决流通中辅币不足的问题，最初规定旧硬币可按原面值的10%在市面流通；为了防止货币改革影响正常的经济活动，规定从业人员每人可拥有60马克新币作为"业务款项"，各公用事业企业可得到1947年10月至1948年3月实际收入一定份额的新币。与此同时，还给各州和地方政府24亿马克费用，拨给邮政、铁路部门3亿马克新币作为"运转费"。

上述改革的第一个成果是流通中货币量的大幅度减少，进而为正常价格机制的形成奠定了基础条件。新旧货币的转换使流通中的货币量一夜之间减少了90%以上，"立即消除了混乱和道德败坏的'伪造货币'，为形成反映市场真实情形的价格创造了稳固的计算基础"①。这个成果是此后一系列改革得以顺利实行的前提条件。

西部德国经济由统制经济向市场经济转变的第二步也是关键的一步是价格改革，价格改革几乎与货币改革同时开始。在采用新马克六天之后，西方占领区的准议会——"经济管理委员会"便通过了第一个价格改革法令——《关于货币改革后经济管理和价格政策准则的法令》，正式宣告了价格改革的开始。该法令授权联合经济管理局采取一切必要措施，逐步取消对主要商品的价格管制。然而，与货币改革相比，价格改革的难度要大得多，持续的时间也长得多。

价格改革涉及一个问题的两个方面：一方面是取消基本消费品的配给制，另一方面是取消价格管制。配给制主要与居民的基本生活相联

---

① ［联邦德国］卡尔·哈达赫：《二十世纪德国经济史》，扬绪译，商务印书馆1984年版，第111页。

系，取消配给制始于1948年10月，最先取消土豆配给制，接着取消了面粉、肉类、黄油配给制，最后于1950年4月取消了食糖配给供应。解除价格管制采取的措施较果断，仅在1948年7月，就解除了对90%的商品的价格管制，让市场因素自由决定价格。到1948年年底，价格管制的范围仅限于供给在近期内难以大幅度增加的基本消费品，如食品和住房。食品的配给制虽然取消了，但其价格继续受到当局的严格控制，直到1955年才以间接管理取代直接控制。房租一直到1970年才最终由市场因素决定，因为战时德国住房遭严重破坏，住宅市场达到供求平衡需要较长的时间。即使这样，也可以认为，1948年年底之前，西部德国的价格改革就已基本完成了。

但是，价格改革最棘手的问题不在于放开物价本身，而在于放开物价后如何对付抢购风和通货膨胀。价格放开后不到半年时间，西部德国地区的平均物价水平就上升了17%，并出现了对某些物品的抢购和囤积之风。这样，能否抑制通货膨胀就成了价格改革成败的关键。在抑制通胀方面，德国联合经济管理局的对策主要有两个。一个是坚持稳定通货的政策。在新马克发行中，始终坚持紧缩性货币政策，不仅作废了旧马克中居民存款冻结部分的75%，而且还大力压缩了公共部门的非生产性开支。其中，大幅度裁减公共部门雇员是节省支出的一个重要手段，仅领导和组织改革的经济管理局就裁减了1/3的工作人员。与此同时，还提高了商业银行的存款准备金比率，把法定准备金比率由10%提高到15%，以便抑制信贷。另一个对策是抑制工资，以缓解需求对价格的压力。工资冻结是最初的措施，一直沿用到1948年年底。取消冻结之后，政府推行了有利于资方的某些雇佣政策，使劳动市场上的形势有利于资方而不利于劳方。因此劳资双方的工资协商，不利于工资上涨，结果使工资增长幅度落后于劳动生产率的增长幅度。比如，1948年12月至1949年12月，男工工资的平均增幅为9%，同期劳动生产率的增幅为13.6%，远远高于工资增幅。[①] 由于这种原因，需求对通胀的拉力逐步减缓。

---

① ［西德］路德维希·艾哈德：《来自竞争的繁荣》，祝世康、穆家骥合译，商务印书馆1983年版，第34页。

另外，经济管理局还采取一切可能的措施，改善供给状况，以减缓供给对通胀的推力。几乎在价格改革的同时，当局颁布了新的税法，间接降低了个人所得税和资本收益税，意在鼓励资本形成，增加投资和生产。与此同时，还鼓励企业提高折旧率，将利润用于再投资；政府甚至还将"马歇尔计划"的部分援助资金直接投资于某些关键生产部门。所有这些措施，加上价格改革本身的作用，都使西部德国经济的供给状况大为改善。到1949年联邦德国宣布成立时，物资的供求就已有很大的改善，价格改革取得阶段性成功。虽然在相当一部分商品市场上，仍然是卖方占优势地位，但买方市场正在形成，这是价格改革初获成功的一个重要标志。

到1951年，也就是联邦德国宣布成立后的第三个年头，西部德国的货币改革和价格改革取得完全的成功。成功的主要标志是，在几乎所有的消费品供应方面，都形成了买方市场，改革促成了经济的迅速恢复。1951年联邦德国的经济第一次超过战前1938年德国西部地区的水平，同年其工业生产产出比1938年西部德国工业产出高10.9%。1948—1951年，西部德国工业生产的年平均增长速度在30%以上。上述两大改革的成功，使联邦德国顺利实现了由统制经济向市场经济的体制转型。新的正在形成的市场经济体制是新自由主义经济学的杰作，被冠以"社会市场经济"的名称。但在1951年，这种经济体制刚刚开始形成，还有待完善，它的特征在以后年份得到充分发展和显露。

第二节　社会市场经济体制的成型与
　　　　工业社会的扩张

货币改革和价格改革虽然是在西方占领当局的领导下进行的，却是在一位德国经济管理专家的具体组织下实施的，且其主要步骤和措施也是根据这位德国经济专家的思想设计的，这位管理专家就是路德维希·艾哈德（Ludwig Erhard，1897—1977年）。他于1948年3月就任英美联合经济区管理局局长，货币改革、价格改革就是在这个管理局的直接组织下进行的。联邦德国成立后，他出任经济部第一任部长，得以使改革按照他所代表的经济思想继续下去。作为经济学家，艾哈德是德国社会市场经济的提出者和践行者。

社会市场经济是一种将资本主义自由市场经济体系与追求市场内公平竞争与"福利国家"的社会政策结合起来的社会经济模式,理论上属于新自由主义经济学的两大流派之一。新自由主义经济学另一个大的流派是"芝加哥学派"。社会市场经济源自两次世界大战之间产生的弗莱堡学派。① 这两个学派虽然都强调最大限度地发挥市场在资源配置方面的决定作用,但与芝加哥学派不同,社会市场经济学派不反对政府对经济生活的适度干预,认为没有国家一定程度的干预,正常的市场运行环境就难以维持,市场机制便无法充分发挥作用,因此主张政府应在维护竞争性市场环境和社会福利建设方面发挥积极的作用。

联邦德国的经济体制转型,在一开始就与社会市场经济建立了不可分割的联系,受到德国这一新自由主义经济学流派理论的深刻影响,而货币改革和价格改革正是朝着建立社会市场经济体制所迈出的决定性步伐。虽然头两步的改革初获成功,但体制转型一直持续到20世纪50年代末60年代初才基本完成。在这期间,体制改革主要涉及以下四项内容:

第一项改革是建立相对独立的中央银行体制,赋予中央银行以决定和制定货币政策的全权。按照社会市场经济理论,政府在维护竞争性市场方面的一个首要责任是维护通货的稳定。不稳定的通货,会导致不平等的市场环境,用艾哈德的话说,"这种做法无异于在暗中窃取人们储蓄的钱财,是一种恶劣透顶的坏办法"②。货币改革虽然奠定了一种稳定通货制度的基础,但货币政策仍然受到行政当局的控制,这就存在一个潜在通胀的隐患——行政当局有可能使用通胀政策追求某种近期经济目标。为了彻底杜绝这一隐患,艾哈德领导的联邦经济部力主建立一种有较高独立性的中央银行制度。1957年颁布的《德意志联邦银行法》,则为这样一种央行体制设定了法律基础。该法律规定设立高度自治的中央银行。根据该法律在同年8月开办德意志联邦银行,作为联邦德国的

---

① [美] D. 格林沃尔德主编:《现代经济词典》,翻译组译,商务印书馆1983年版,第76页。

② [西德] 路德维希·艾哈德:《来自竞争的繁荣》,祝世康、穆家骥合译,商务印书馆1983年版,第39页。

中央银行。联邦银行法赋予中央银行的主要职责,包括管理和维护马克的币值稳定、发行货币、代理联邦财政收支、保管公共企业的资本、管理外汇等。所有上述职能的实施必须在独立于行政当局的情况下进行。至于货币政策的制定和实施,则由中央银行委员会负责。中央银行委员会由17名委员组成,包括联邦银行正副行长、11个州中央银行的行长。央行委员会的执行机构是联邦银行管理委员会,其成员除了央行行长、副行长,还有四名央行董事。联邦银行管理委员会所有董事须经联邦政府提名,中央银行委员会听证后,方由联邦总统任命,任期八年。它比联邦政府首脑任期长一倍,可以保证货币政策的连续性。法律赋予中央银行委员会独立执行货币政策的权力,但同时给政府与央行之间的政策协调留有余地,它规定联邦银行有责任向政府提供货币政策方面的信息,联邦政府的官员有权参加中央银行委员会的会议,可以给该银行委员会提出建议,要求就某一货币政策问题延期两周表决,但政府代表没有表决权。同样,联邦银行代表有权参加政府的财政计划委员会和行情委员会会议,他们也没有表决权,只能提出建议。联邦德国的中央银行制度从一开始就存在很大的独立性,同时又与行政当局存在一定的协调性。

第二项改革集中在市场秩序的建立与维护上,具体措施是限制垄断组织的反竞争行为,重建与维护竞争性市场。在盟军占领时期,消除市场垄断因素是作为"非纳粹化"的一项重要政策被实施的。当时的西方政治家普遍认为,经济权力的过分集中,是德国富于侵略性的一个主要原因,因此力主解散德国的康采恩和卡特尔组织,有人甚至建议分割德国较大的农场,打破战前形成的合作性农业垄断组织。具体实施中,解散垄断组织的工作主要集中在三个行业。(1)金融业。将长期垄断德国银行业的"三巨头"(德意志银行、德累斯顿银行和商业银行)分割为30家独立的股份制银行,并严格限定了它们各自所活动的地区和业务范围。(2)化学工业。解散了所有具有垄断特征的化学公司,其中最大的法本化学工业公司被一分为四。为了照顾化学工业的生产特点,在解散公司时,一般将其分割成相互补充的企业,并允许它们之间保持正常的业务联系。(3)钢铁工业。战前和战争期间,这个工业的垄断程度最高,并且往往是从采煤到钢材的纵向联合企业。因此,其分散化受到占领当局的高度重视。最终的结果是,将控制德国 90% 钢铁冶炼加工能力和 50% 采煤能力的 12 家大型煤铁康采恩,分割成 28 家彼此独立的企业。

解散垄断组织的非集中化政策受到社会市场经济学家们的赞许,因为在社会市场经济学家看来,垄断和政府过度干预,是对自由市场机制的最大威胁,会造成不平等的竞争局面;而不平等的竞争则不利于资源的有效配置,因而不利于经济效率的提高。正是由于这些原因,艾哈德等不但不反对占领当局的分散化政策,而且还积极地利用这种政策,以图重建德国经济的市场竞争环境。早在货币改革之初,即 1948 年 7 月,艾哈德领导下的一个专家委员会便提出了一份保护竞争的法律草案,试图通过法律形式保护货币改革,同时维护价格改革后西部德国经济中正在形成的竞争因素。但由于两方面的原因,这种立法迟迟未获通过,滞后了十年左右。一方面,在联邦共和国作为一个独立的国家产生之前,德国的经济尚处在混乱之中,市场竞争局面尚未形成,用立法形式固定竞争性市场框架比较困难;另一方面,由于德国经济从工业化以来就趋向于卡特尔化,正是卡特尔化在一定程度上增强了德国工业的国际竞争力。如果立法一概禁止卡特尔组织的存在,就可能给德国工业的恢复与发展造成极大的困难。因此在德国经济界,对这样一种立法存在很大的抵触情绪。正由于这种原因,反限制竞争法草案一经提出,便成为德国经济界争论的一个焦点性问题。1952 年,内阁批准的《反限制竞争法》草案未经实施,便为联邦议院所否决。后来随着形势的发展,经过多次修改,方在 1957 年 7 月获议会通过,并于次年 1 月 1 日正式实施。

《反限制竞争法》的颁布,标志着德国社会市场经济体制的进一步完善。该法案对垄断组织或企业趋向垄断的协议并非一概禁止,它宣布只禁止和取缔那些"限制竞争""影响生产或商品流通的市场环境或工作效率"的卡特尔行为和协议,而那些有利于提高一个行业生产效率或发展的卡特尔协议例外。这样,既坚持了社会市场经济最大限度调动市场因素的指导思想,又照顾到了德国企业组织的历史和现状。根据该法案设立了联邦卡特尔局,具体负责该法案的实施。卡特尔局隶属联邦经济部,但具有相对独立性,它有权起诉并惩罚违反《反限制竞争法》

的企业，批准形成合法卡特尔组织。由于《反限制竞争法》的颁布，德国竞争政策的实施走上了法制化轨道。

第三项改革是建立一系列保持社会经济稳定和收入平衡的机制，包括社会保险制度、劳动保护制度、企业参与制度等。社会保险制度涉及的范围较广，从养老保险、失业保险到医疗保险、事故保险，应有尽有。养老保险以享受保险者本人贡献多少为转移，政府给予适当补贴，但失业保险和医疗保险则以政府支付为主。此外，生活在"贫困线"以下的家庭和无劳动能力的人，还可享受政府的转移支付。劳动保护制度的目的在于保护职工的基本权力，它鼓励职工参加工会等自我保护性组织。为此，《反限制竞争法》特别强调，工人参加工会，依靠工会组织的联合进行集体谈判，不应该被视为卡特尔行为，因为劳动是一种"特殊的商品"。与此同时，国家还通过具体的立法，规定各主要行业的工时，解雇职工的条件，等等。这种制度，使劳动者就业时增加了一定的安全感。企业参与制度又称共决制，是德国社会市场经济的独创，它起源于战后初期解散康采恩的改造过程中。当时西方占领当局在解散钢铁康采恩的过程中，为了监督这些企业的生产经营活动，建议由资方、工会和政府三方联合成立董事会，任命企业高级管理人员。这个临时制度一经试行，便显示出它的优越性。它吸收职工参与企业管理活动，不仅有利于提高职工的工作热情，还减少了劳资纠纷。基于这种试验，联邦德国成立后，便把建立职工参与制作为推行"工业民主化"目标的主要手段加以推广。所不同的是，除了国家持股企业以外，政府不再参与一般企业活动。1952年颁布的"矿业和冶金企业参与法"明确规定，在这两个行业，企业董事会劳资双方各自应占50%的席位。同年颁布的《企业法》，也规定工人有权参与私营企业的某些管理活动。

第四项改革是建立财政分权制。建立联邦共和国的"基本法"，给联邦、州和地方三级政府规定了各自的权限，为了维持它们各自职能的运作，从联邦共和国成立开始，德国政府就一直在建立一系列财政分权制。按照这种制度，三级政府各自有固定的收入渠道：乡镇（地方政府）可以得到工商税和地方税以及州政府的补助，州可以得到一般财产税、遗产税、车辆税和部分所得税、团体税，联邦政府则得到部分所得税、团体税、全部的关税、销售税和各种消费税。地方之间和州之间由于经济差异所产生的收入差异，则通过联邦和州一级政府的财政补贴实现平衡。各级政府也承担一些基本经济责任。财政分权制的建立使联邦德国的财政体制与政权体制实现一致。

上述改革最终促成了社会市场经济体制的成型，到20世纪50年代末60年代初，被后来的经济学家称作"社会市场经济支柱"的那些体制框架，几乎全部建立。改革之初所制定并写入联邦基本法的，"与社会市场经济的定义密切相关的三个社会目标，即社会平等、社会安全和社会进步"①，得到体制上的保证。反限制竞争、企业参与制保证了社会经济参与者的平等权利；社会保障制度保证了公民的生活安全；维护市场环境，最大限度地发挥市场因素的作用，据认为就能有效地促进经济发展，因而促使社会进步。正是从这个意义上，一般认为，德国的社会市场经济体制在20世纪60年代初即已基本成型。

社会市场经济体制的建立，促成了德国西部经济的高速发展。联邦德国经济部公布的统计资料显示，1950—1960年，以不变价格计算的联邦德国的GNP增长了1.26倍，年平均增长率为8.5%，创西欧国家最高增长纪录。1960—1965年，GNP又增长了62%，年平均增长率为5%。在上述年份，以市场价格计算的人均国民收入，由1602马克增加到6060马克，增长了2.78倍。经济的高速增长是以较低的失业率和通胀率为背景的。1951年，以生活费用衡量的联邦德国的通胀率曾高达7.7%，此后，随着社会市场经济体制的逐步建立，竞争性市场促进了供给的增加，有效地抑制了通货膨胀，致使通胀率直线下跌：1952年跌至2.1%；1953年不但未发生通胀，物价反而下跌了1.8%。此后通胀率一直保持在低水平上：1954年为0.2%，1955年为1.6%，1960年为1.4%，1965年为3.4%。同一时期，就业情况一直在不断改善：1950—1955年，失业率由8.2%猛降到2.7%；1956—1960年，又由2.2%降到0.6%；1961—1966年，失业率一直保持在0.5%以下。② 实

---

① [美] P.R.格雷戈里、[美] R.C.斯图尔特：《比较经济体制学》，林志军等译，生活·读书·新知三联书店1988年版，第370页。

② [联邦德国] 卡尔·哈达赫：《二十世纪德国经济史》，扬绪译，商务印书馆1984年版，第168页。

际上在整个20世纪60年代,都存在严重的劳动力供给不足的问题。为此,联邦德国不得不吸纳大量外籍劳工。经济的快速发展,进一步改变了德国的产业结构,提高了它的工业化程度。1950年,联邦德国第一产业就业人数占总就业人数的比重为25%,第二、第三产业分别为43%、32%;到1965年,第一产业的比重下降到14%,第二、第三产业则分别上升到48%、38%。

体制转型不仅促成了德国经济的高速增长,还使这种经济与国际经济尤其是西欧经济融为一体。货币改革的最终结果是在1958年实现了马克的自由兑换,而在那之前,联邦德国早已把国际资本市场当作一个主要的资本源泉在利用。20世纪50年代前半期,联邦德国最缺乏的生产资源就是资本,货币改革后绝大部分居民几乎一贫如洗,国内储蓄来源很少,不得不依靠国际资本市场。正是通过国际资本市场,德国筹措到了几百亿马克的外国投资,弥补了国内资本供给的不足。但是到了20世纪60年代,尤其是在货币改革之后,联邦德国又利用坚挺的马克积极进行对外投资;到60年代中期,对外直接投资与吸纳外来投资基本持平,使德国的资本市场与国际市场最终融为一体。市场取向的体制转型,大大提高了德国企业的竞争性,使它有可能推行低关税政策,以换取贸易伙伴的市场。1950年,自由化的进口占联邦德国进口总量的60%;1952年提高到81%,1953年4月提高到90%。由于贸易壁垒的撤除,换取了西欧别的国家以及美国对德国的市场开放,给德国企业角逐国际市场以广泛的机会。在国际竞争中,德国企业的竞争力迅速提高,出口量不断上升,到20世纪50年代末已出现外贸连年盈余的局面。与此同时,它在国际贸易中所占比重也不断上升。据计算,战前1937年,整个德国在世界贸易中的份额为8.3%;而到了1958年,仅联邦德国就占世界贸易总额的7.5%,1980年更进一步上升到10%以上。

体制转型和经济的迅速发展,使德国很快就以一个平等的成员参与欧洲经济一体化活动,它是最早成立的欧洲一体化组织——欧洲煤钢共同体的成员。正是积极参与西欧经济一体化活动,使联邦德国成了欧洲经济共同体的必然创始国之一。

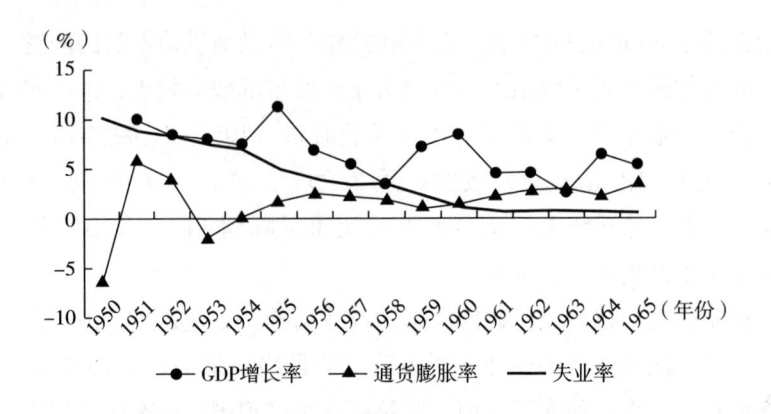

图 13-1　1950—1965 年联邦德国经济表现

资料来源：Thelma Liesner ed.，*One Hundred Years of Economic Statistics*，The Economist Pub. Ltd.，1989。

第三节　经济的周期性衰退与体制创新

在体制转型和经济恢复的过程中，联邦德国的经济恢复了市场经济所固有的周期性增长与收缩的特征。20 世纪 60 年代中期之前，联邦德国的经济曾经明显地出现过三个周期：1950—1954 年、1955—1958 年和 1959—1963 年。这些周期的一个共同特点是，在经济收缩期，只是个别部门的衰退，经济总体上仍然呈扩张趋势。比如在第一个周期，1953—1954 年是低谷年，但经济低潮仅表现为价格下跌和库存商品的增长，就业率和经济增长率则仍然保持在高位；在第二个周期，1958 年是低谷年，该年的经济收缩表现为经济增长率的下降，由以前的 6% 以上猛降到 3.3%；在第三个周期，1963 年是低谷年，经济衰退仅表现为个别工业开工不足，但 GDP 仍然扩张了 3.5%。也就是说，所有这些周期中的经济低潮，都表现为经济活动的相对收缩，而非绝对收缩。

但是，进入 20 世纪 60 年代中期以后，联邦德国的经济周期越来越与西欧其他市场经济国家一致起来，周期的谷底和收缩表现为真正的衰退。从 20 世纪 60 年代中期到 80 年代末，联邦德国经济曾发生过三次全面衰退。

第一次发生在1966年到1967年第三季度期间。1966年，即艾哈德担任联邦总理的最后一年，西德经济增长率迅速下降，全年工业产值仅增长了1.2%，GNP只增长了2.9%，这是货币改革以来增长率最低的一年。与此同时，就业人数第一次出现下降，虽然降幅只有0.3%，但此前就业一直呈上升之势；到了年底，经济形势进一步恶化，艾哈德政府也在竞选中败北，德国经济界则把正在发生的衰退归因于政府政策，称其为"艾哈德衰退"[①]。1967年上半年，情况更加恶化，工业库存急剧增加，企业开工不足越来越严重。结果，该年经济第一次出现绝对下降：全年实际GNP下降0.3%，工业生产下降2.7%，失业率由0.5%猛增到1.6%，这还不包括辞退数十万外籍工人。

第二次发生在1974—1975年。这次衰退是由石油危机引发的，它实际上达到了萧条的程度。1974年，工业生产比1973年下降了2%左右，1975年又下降了6.6%。若将1979年联邦德国工业总产出作为100，则1973年为92.4，1974年为90.7，1975年为84.7。同一时期，按1980年不变价格计算的GDP，由12716亿马克下降到12548亿马克，减少了1.3%以上。萧条期间，就业形势急剧恶化，失业率由1%猛增到4%。与其他西方工业化国家一样，这次萧条也表现为停滞膨胀，通胀率的上升实际上在20世纪70年代头几年就已发生了。据计算，按消费品价格衡量的年通胀率在整个20世纪60年代平均只有0.5%左右，1970年上升到3.7%，1974—1975年，平均每年为6%以上。

第三次严重衰退发生在1980—1982年，这是联邦德国成立以来持续时间最长、破坏性最大的一次萧条。1980年下半年发生萧条，全年工业生产零增长，部分工业产量大幅度减少。其中粗钢产量下降200多万吨，汽车产量减少35万辆，发电量减少34亿千瓦时。接着，1981—1982年，工业生产持续下降。若以1980年工业产出为100，则1981年降为98.3，1982年降为95。1980—1982年，总降幅达6%；同期，按不变价格计算的GDP由14789亿马克下降到14718亿马克，下降0.4%。萧条期间，失业率由1979年的3.3%猛增到1981年的5.5%、

[①] 一般认为，艾哈德（Ludwig Wilhelm Erhard）是一位非常杰出的经济部部长，但不是一位能干的首相。

1982年的7.5%和1983年的9.1%，创战后最高纪录。与此同时，通胀率也居高不下，1981年、1982年都在6%左右，也是战后货币改革以来最高水平。

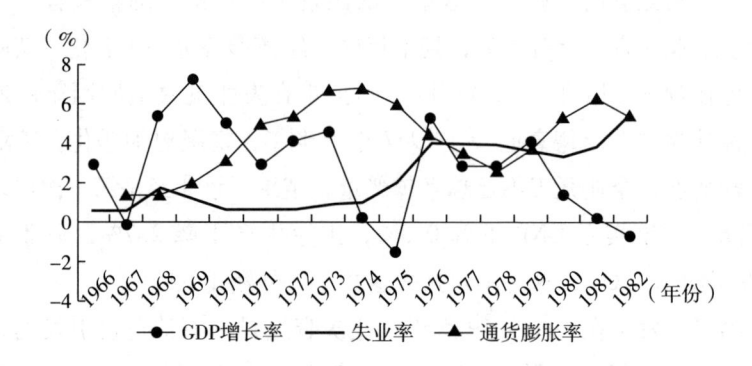

图13-2 1966—1982年德国经济：周期性繁荣与衰退

资料来源：Thelma Liesner ed., *One Hundred Years of Economic Statistics*, The Economist Pub. Ltd., 1989。

经济的每一次大的周期性衰退，都不同程度地暴露出了联邦德国社会市场经济体制的某些缺陷，促成了或大或小的体制创新。因此，考察社会市场经济体制形成以来德国经济体制的创新或改革，最好的线索便是几次大的衰退或萧条（注意，衰退和萧条在现代经济学家那里是两个不大相同的概念。一般认为，萧条比衰退严重，严重衰退可等同于萧条）。事实也的确如此，20世纪60年代中期的两次全面衰退，促成了社会市场经济体制第一次较大幅度的调整。调整的基本方向是向"左"转，即在自由竞争和国家干预两种选择上，从一味强调前者变为既强调前者，也强调后者。在1966—1967年衰退发生之前，联邦德国的体制改革一直是在社会市场经济的代表人物艾哈德的主持下进行的，他从就任经济部部长到联邦总理，始终不渝地强调在德国建立不受政府计划干预的自由市场经济。艾哈德曾明确写道，"我完全反对计划与管制的政策，这种政策无时无刻不给生产者和消费者带来祸害"；"只有自由竞争才能把人的力量解放出来，使经济上的进步与工作条件的改善都有保证，不致被更大的利润、私人收入和其他利益吞噬，而且使这些利益转移到消费者手里"。① 正是按照这种自由主义的思想，从阿登纳政府到艾哈德政府，德国行政当局的主要责任一直在于维护自由竞争的市场环境，而不大理会经济政策的短期效果。为此，财政政策在整个政府经济政策体系中，居于货币政策与竞争政策之后，其主要目标是维持收支平衡。然而，20 世纪 60 年代中期的"艾哈德衰退"，动摇了联邦德国经济界对艾哈德等坚持的极端自由的社会市场经济的信心，人们期望政府在维护自由竞争的市场环境的同时，能在促进经济增长和繁荣方面有所作为。适应了这种公众预期，新上台的基辛格（Kurt George Kiesinger, 1966—1969 年任总理）领导下的联合政府，对业已定型的社会市场经济体制进行了一系列的改革。改革最突出的特征是吸纳凯恩斯主义的某些政策主张，赋予政府以干预宏观经济的更多权力。在基辛格政府的极力主张下，联邦议会通过《促进经济稳定和增长法》（1967 年 6 月）。该法被称为"现代中期经济干预的伟大宪章"②，它为联邦政府干预经济提供了法律依据。根据该法案，联邦政府得到了干预经济的各种工具：它有义务制订五年财政计划和中期公共投资纲领，协调各级政府预算；它可以根据整个经济的五年目标提出年度财政政策目标；它可以根据经济情况，借助联邦银行的经济平衡基金停止支付联邦和各州的预算资金；它还可以给联邦、各州和地方贷款规定条件，向联邦银行借贷不超过 50 亿马克的资金以增加公共开支；它还可以通过修改税收允准的折旧额和通过减税等财政杠杆来影响私人投资规模，通过提高和降低所得税、企业税来影响消费需求。

由于获得上述干预经济的权限，联邦政府就可以对以下四个经济政策目标进行排序：（1）价格稳定；（2）充分就业；（3）对外经济平衡；（4）适度的经济增长。以此权限排定的 1968 年的政策目标是，年通胀率低于 1%，失业率低于 0.8%，出口顺差占 GNP 的 1%，以及年增长率为 4%。1970 年，上述数字调整如下：价格增幅为 1.5%—2%，失业率在 1% 以下，出口顺差占 GNP 的比重为 1%—2%，经济增长率为 4%—5%。

---

① ［西德］路德维希·艾哈德：《来自竞争的繁荣》，祝世康、穆家骥合译，商务印书馆 1983 年版，第 85、112—113 页。
② ［联邦德国］卡尔·哈达赫：《二十世纪德国经济史》，扬绪译，商务印书馆 1984 年版，第 213 页。

由于上述改革,在联邦德国的社会市场经济体制中,加进了凯恩斯主义的政府干预成分,或者说更多地偏向政府干预。为了适应政府干预经济的需要,财政政策的地位有所提高,它的头等目标不再是收支平衡,而是经济稳定与增长。与此同时,竞争政策和其他社会经济政策也作了某些调整。比如,20世纪60年代中期以后,联邦德国对《反限制竞争法》进行了修改,允许企业在面临行业危机时,成立"结构性卡特尔";在必须成立卡特尔才能在某一行业引进新技术时,可以成立"合理化卡特尔"。① 这种体制改革并没有排除社会市场经济的积极因素,正是在改革的同时,还加强了货币政策的独立地位。

这次体制调整,在最初几年的确取得了明显的成效。1968—1969年,联邦德国的经济增长率再次升至8%以上,失业率下降到1%以下。由于采用的是凯恩斯主义的经济政策手段,其效应必然与这种政策在美英等国的效应相似:(1)伴随着经济稳定增长和失业率下降的是物价水平的上涨,消费价格年增长率由1967年的1.4%上升到1969年的2.8%和1970年的3.7%;(2)政府支配的国民收入在总额中的比重不断上升,1965年为39.5%,1975年上升到42.8%;(3)财政赤字不断扩大,1967年为80.27亿马克,1981年增加到398亿马克。

20世纪70年代中期的衰退,也引起经济体制和政策的某些调整,但其变动幅度要比60年代下半期小。这次调整主要表现为,政府政策在社会市场经济与凯恩斯主义之间摇摆不定。面对经济停滞与通货膨胀的并发症,联邦政府的政策时而偏重社会市场经济,时而偏重凯恩斯主义。为了对付工资与物价的轮番上涨局面,1976年,联邦政府力主修改《企业参与法》,把"共决制"推广到几乎所有工业企业。根据这一法律,凡拥有2000人以上的企业,都要建立共同决策制,企业董事职务须由劳工代表和资方股东平均分担。这样做的目的,就在于让职工更多地参与企业决策,自觉限制工资增幅。这些政策明显属于社会市场经济政策。另外,为了对付失业,联邦德国不断加强财政政策的地位,增加财政支出,将凯恩斯主义的需求管理体制发展到一个新的高度。因

---

① 关于联邦德国的竞争政策,参考赵伟《美、日、德三国市场竞争法规的比较》,《外国经济与管理》1992年第9期。

第十三章 | 德国：社会市场经济体制及其创新

此，总的来看，从20世纪70年代中期到80年代初，在联邦德国的经济体制中，凯恩斯主义的成分进一步增大了。

20世纪80年代初的严重经济衰退，促成了社会市场经济体制形成以来的第二次较大幅度的体制调整。与60年代中期以后的体制调整不同，这次调整是向"右"转，即减少国家对经济的干预程度，恢复社会市场经济的某些因素。这次调整，是与社会市场经济在80年代的代表人物赫尔穆特·科尔（Helmut Kohl，1930—2017年）的名字联系在一起的。1982年10月，在德国经济正在经历战后以来最严重的萧条的情势下，科尔领导的基督教民主联盟在大选中获胜上台。当时，正值美国和英国大力推行去凯恩斯主义的政策，自由主义政策在西方世界返潮。因此，科尔政府提出的重返社会市场经济的主张，受到较为普遍的拥护。刚一上台，科尔政府便明确亮出其改革方略："新政府的经济革新方向，是不要更多的国家干预，而要更多的市场经济。"[①] 后来的事实表明，科尔政府的改革，的确是按它所宣布的这一方针进行的。

为了减少政府对经济的干预和控制程度，科尔政府主要采取了以下两项措施。其一，压缩公共开支规模。具体办法是进行大幅度的减税，切断政府扩大公共开支的财源。1984年公布"减税法"，1986年开始第一阶段减税，两年内减税110亿马克；1988年开始第二阶段减税，至1990年减税140亿马克。减税迫使政府缩减开支，其结果是一方面抑制住了财政赤字不断扩大的趋势，另一方面降低了公共开支在GDP中的比重。1981年，联邦、州、地方三级政府加总的赤字高达765亿马克，1984年降至400亿马克左右，1985年又缩减到275亿马克；同一时期公共开支在GDP中的比重由50%以上降至47%左右。其二，积极推进国有企业的私有化进程。战后初期，联邦德国政府曾从战时政府手中继承了一大批国有企业，按照社会市场经济政策的最初框架，国有企业应分期分批实行私有化。1959—1965年，艾哈德政府曾掀起第一次私有化运动，出售了一大批企业的国有股份。但由于后来的经济衰退和艾哈德政府的下台，私有化未能继续下去。1970—1976年，又搞过

[①] 转引自钟耕深《社会市场经济理论的两次变化及其启示》，《联邦德国研究》1988年第1期。

269

一次私有化运动,但重点是市镇等地方政府持有的企业股,而再未触及联邦、州政府所拥有的国有企业。在科尔政府上台之前,国家仍持有一批大型企业的股份,且达到控股程度。比如,在联邦德国最大的煤钢康采恩——德国煤钢联营公司中,国有股占26.35%;在最大的汽车制造公司——大众汽车公司中,国有股占40%;而汉莎航空公司则基本由国有股控制。科尔政府认为,国有股增强了国家控制、干预经济的能力,尤其是当国家控股公司多数为盈利企业的时候,干预能力更强;为了减少国家干预经济的能力,就应该进行坚决的私有化,而私有化的对象首先应该是盈利的国有企业。正是基于这一政策目标,联邦德国在20世纪80年代的私有化运动中,出售了一大批国有大中型企业的股份,其中正在盈利的企业占绝大多数。著名的有大众汽车公司、德国煤钢联营公司、"费巴"公司(电力与矿山联合股份公司)、汉莎航空公司等巨型企业。它们的年营业额都在数百亿马克,年净利润从十几亿到几十亿马克不等。

  公共开支的压缩迫使政府裁减了干预经济的机构,缩小了干预的范围。与此同时,它还会使财政政策影响经济活动水平的能力降低,因为在公共支出规模相对缩小的情况下,经济"内在稳定器"的效应也会降低。而私有化则直接削弱了政府控制经济的程度,这更是不言而喻的事。

  为了充分发挥市场经济在调节经济活动水平和资源配置方面的决定性作用,科尔政府放弃了其前任所追求的充分就业第一的经济政策目标,将主要精力用在校正被扭曲的市场机制上。为此,重新将稳定物价、增强企业竞争力作为头等政策目标。为了稳定价格水平,科尔政府重新提高了货币政策的地位,加强了联邦银行在实施货币政策方面的相对独立性,严格控制货币供应量。20世纪80年代,尽管联邦德国的失业率居高不下,但联邦政府和联邦银行一直追求适度紧缩的财政、货币政策,终于制服了通货膨胀这匹危害西方几乎所有工业国经济的"野马"。1973—1982年,联邦德国的年通胀率曾高达5%以上,1983年降至3.2%,1984年降至2.4%,1985年降至2.1%,1986年接近-0.2%,1987年只有0.25%,是同期西方工业国最好的纪录。稳定的通货和价格水平,为企业创造了较为公平的竞争环境。这种环境,加上减税效应,不仅促成德国国内企业投资的增加,还吸引了巨额的外来投资。不断增加的私人投资,带动了联邦德国经济的复苏和重新繁荣。1983年,联邦德国经济走出20世纪80年代初的衰退,当年GDP增长1.5%,1984年提高到2.8%,1988年提高到3.4%,1989年和1990年分别达到4%和5%(见表13-1)。

表13-1　　　　1982—1990年联邦德国主要经济指标变化　　　　(单位:%)

	GDP增长率	失业率	通货膨胀率
1982年	-0.7	7.5	5.36
1983年	1.5	9.1	3.21
1984年	2.8	9.1	2.42
1985年	2	9.3	2.11
1986年	2.3	9	-0.17
1987年	1.9	8.9	0.25
1988年	3.4	8.7	1.4
1989年	4	7.9	2.8
1990年	5	7.2	3.4

资料来源:World Bank Data。

市场因素促成的德国经济繁荣与以前通过财政政策引导的繁荣的一个最大区别是,企业的技术水平和竞争力得到较大程度的提高,这最终使德国经济的国际竞争力进一步上升。其表现是国际收支由逆差转入顺差,且顺差出现不断增大的趋势。科尔政府上台之前,德国国际收支连续三年半出现逆差,科尔政府上台之后,连年出现顺差,顺差不断增加:1983年为103.4亿马克,1984年增至178.52亿马克,1985年增至393.2亿马克,1986年猛增到823.6亿马克,1987年略微回调至795.42亿马克,但1988年和1989年又连续增长,分别达到1280.4亿马克和1346.9亿马克。国际收支顺差扩大的主要原因是贸易盈余的扩大。1982年,联邦德国出口余额为512.8亿马克,1986年达到1126.2亿马克,翻了一番以上。出口余额的增加,表明德国经济尤其是企业的国际竞争力在稳步上升。

德国企业国际竞争力的增强，不仅是由更富竞争性的内在市场促成的，还与政府在中微观经济领域的适度干预分不开。与宏观经济政策的非干预化相对照，在中微观领域，政府的干预则丝毫未有放松。比如，在能源和交通等基础设施建设方面，政府投资继续发挥着巨大的影响力；在科技、教育和人力资源培训方面，政府投资则占主导地位；而在弥合德国各区域之间经济发展差距方面，政府的区域经济政策更是不可缺少的。但所有这些干预，都从属于一个目标，即创造经济运行的优良环境，这和凯恩斯主义的宏观需求管理政策存在着明显的差别。

然而，经济体制和政策的社会市场趋向调整并没有也不可能解决联邦德国所面临的所有经济问题。科尔政府虽然实现了物价和经济增长率的双重稳定目标，但是以高失业率为代价的。科尔政府任内，联邦德国的失业率一直维持在9%左右，是战后以来最高的。与此同时，与除美、英之外的所有西方工业国一样，20世纪80年代联邦德国的劳动生产率提高速度比以前年份有所下降：总劳动生产率年均增长率由70年代的2.81%降为1.81%。

上述问题，直到1990年10月两德统一和该年年底科尔政府第二任期期满，仍未得到解决。不仅如此，统一后的德国，20世纪80年代初曾经经历的一些老问题，曾一度以更严重的情形重现，统一两三年之后才有所减缓。

然而，若对民主德国和联邦德国分治期间两个德国的经济绩效尤其是大众生活略作比较，便不难看出两种经济体制对于经济成长所起效应的巨大反差。按照有关统计数据计算，1950—1988年，民主德国的国民生产净值（NNP）由291亿马克增加到2680亿马克，增加了8.2倍，年平均增速为6%。同一时期，联邦德国按照不变价格计算的GDP由1130亿马克增加到16930亿马克，增加了14倍，年平均增速接近7.4%。[①] 实际上在经济增速差距后面隐藏的，还有经济结构的巨大差异。前者在前苏联控制的"经互会"计划体制合作框架下，作为苏联东欧产业分工的一个环节，倾向专业化和重工业化，技术进步缓慢乃至

[①] ［英］B. R. 米切尔：《帕尔格雷夫世界历史统计（1750—1993）：欧洲卷》（第4版），贺力平译，经济科学出版社2002年版，第996、937页。

停滞，消费品供给严重不足。后者在自由市场体制下，各产业获得充分发展，技术创新层出不穷，消费品与消费服务业发展充分，由此导致了两国国民生活水平形成巨大差异。这当是导致柏林墙被推倒和之后民主德国并入联邦德国的重要基础因素。

两个德国经济的强烈反差，尤其是民主德国的败亡，再次证明市场经济体制不仅远远优于计划经济，而且是一国走向繁荣富强的不二选择。

第十四章　法国：政府计划与市场体制的共容

20世纪30年代法国经济的持续萧条，在很大程度上暴露了其经济体制的弱点。在面临德国的重新崛起与侵略战争威胁的情况下，政府采取的一次次干预经济的措施，不是无效便是归于失败。就当时情形来看，法国国家所控制的经济成分虽不及德国多，但远高于其他西方国家。然而法国政府干预经济的效果，却与德国大相径庭。这种状况表明，在法国，经济体制的突出缺陷是缺乏政府干预经济的有效渠道或工具。战争初期的失利和法国独立地位的暂时丧失，迫使其有识之士去重新审视本国以往的经济体制。其结果是，在战争一结束，法国便开始迅速建立一整套"计划"干预体制。这种体制给政府干预自由市场经济创造了比较方便而有效的渠道，它在一定程度上借鉴了中央计划经济的某些有益成分，使之服务于政府对市场经济的宏观调节，赋予法国经济体制以新的特点和新的活力。新型的市场经济体制促成了法国经济战后以来的较快发展，正由于这种原因，在20世纪80年代西方主要市场经济国家经济政策自由化浪潮中，法国的计划虽然一度虚置，但并未被完全放弃。市场经济体制的多样性，为法国经济体制的特色所进一步证明。

第一节　计划指导型市场经济体制的形成及其特点

法国经济体制改革的思想准备，实际上是在"二战"前就开始了的。20世纪30年代的长期萧条，已促使相当一部分国民放弃了传统的自由放任主义观念，而期待着政府的较大规模干预。甚至在工会方面，已出现要求政府进行计划干预的呼声。战争对法国经济的严重破坏和战后恢复经济的巨大压力，使干预主义为较多的人所接受。还在德军占领期间，夏尔·戴高乐（Charles J M de Gaulle，1890—1970年）领导的法国流亡政府和抵抗运动组织就在秘密策划战后以广泛的政府干预为特点的经济新体制。1944年3月15日，经法国全国抵抗运动委员会通过的经济改革计划，就带有强烈的干预主义色彩。然而，最初的改革计划，并没有把建立计划指导型干预机制作为体制改革的目标或主要内容。它所确定的主要任务有两项。其一，实现重要产业的国有化。戴高乐在1945年3月曾明确表示："国家的任务是主要能源（煤、电、油）的供应，主要运输工具（铁路、轮船、飞机）以及它们所依赖的汇划调拨手段都归国家利用。"① 其二，建立广泛的社会福利制度。战时法国人民饱受侵略军蹂躏，生活极其困难，战后渴望过上平安和有保障的生活，而在战争期间从民众中发展起来的抵抗运动政府，显然是不会无视这一公众情绪的。

　　正是按照1944年3月所确定的改革计划，法国光复后的最初改革，主要围绕着国有化和建立社会保障制度展开。国有化运动开始于1944年年底，第一批被国有化的企业是在战时积极服务于德国占领当局的私营企业。其中有代表性的是雷诺汽车公司，它由于在战时为德军制造坦克和飞机发动机而在1944年9月被政府接管，次年1月宣布为国有企业。第二批被国有化的企业主要是对经济恢复有重要意义的一些企业，采取的方法是国家收买私人股份，实行全行业或行业部分国有化。1946年5月宣布煤炭生产全行业国有化，主要是由于这个行业在法国战后经济恢复中具有基础性作用，依靠私人投资无法保证能源供给。以同样理由宣布国有化的行业还有煤气、电力等基础工业和航空、铁路等重要运输业。在此过程中，国家还实现了对金融、保险事业的国有化。1946年1月宣布法兰西银行国有化。而在保险业，则将34家大型保险公司收归国有。到1946年年底，国有化涉及几乎所有基础产业部门，公营

---

① ［意］卡洛·M. 奇波拉主编：《欧洲经济史（第六卷）——当代各国经济（上册）》，李子英等译，商务印书馆1991年版，第70页。

部门的实力空前壮大。

　　社会保障制度的基础是在1946年奠定的，该年开始实施的"社会保险计划"，将保险范围扩大到所有公民，不论他们是工资收入者与否。这个计划的实施，奠定了法国"福利国家"的基础。

　　但是，以国有化为主要内容的改革从一开始，就使计划干预体制的建立不可避免：首先，由于国有化，国家控制了基础部门，为了协调国有基础工业企业的活动，建立相应的政府协调机构显系大势所趋；其次，由于战后欧洲各国都要恢复经济，生产资源尤其是资本、原材料、能源的稀缺性加剧，为了避免资源的浪费或低效使用，就有必要建立一个统一的机构来规划产业重点，排列恢复的先后顺序；最后，经济恢复工作本身需要政府强有力的领导，其中"马歇尔计划"的落实，就需要有一个政府计划。正是由于经济恢复工作的需要，战后不久，法国便开始建立指导性计划机构，制订中长期经济发展计划。1946年1月，戴高乐将军签发了关于建立国家计划委员会的命令，随后建立了这个计划机构，而第一个计划到1946年年底才制订出来，这便是1947—1950年计划。后来由于实施"马歇尔计划"的需要，延长到1952年。

　　第一个计划"是作为一个特别紧急的措施提出来的"，[1] 它的名称是"现代化和装备计划"。由于是在经济学家让·莫内（Jean Monnet, 1888—1979年）的领导下制订并实施的，因此又称为"莫内计划"。这个计划所提出的目标是，使工业和农业产量超过1929年的25%并显著提高人民的生活水平。为了实现这个目标，计划强调要加强对能源、原材料和交通运输业的投资，使这些部门得到较快的恢复和发展，以克服经济发展的"瓶颈"。计划所列举的关键部门是煤炭、电力、钢铁、水泥和运输。计划是在计划总署主持下，经过政府各经济部门之间，政府部门与公营企业、私营部门大企业及工会之间的广泛协商之后产生的，它实际上是一种"集体预测"，比中央计划经济国家的计划要简单得多。

　　客观来说，在当时法国的经济环境下，这个简单的"集体预测"

---

[1] ［意］卡洛·M.奇波拉主编：《欧洲经济史（第六卷）——当代各国经济（上册）》，李子英等译，商务印书馆1991年版，第37页。

式的计划，存在保证其实施的物质条件，以下四方面的物质条件最明显：（1）金融业的国有化使国家成了信贷资本的分配者之一，利用中央银行的信贷政策和四大商业银行的业务，政府在资本市场的上影响比任何时候都大；（2）经济恢复时期，较大的战略性工业都实现了一定程度的国有化，私人经济的相对实力有所下降，这为政府通过国有企业的投资示范影响私营部门活动创造了条件；（3）"马歇尔计划"项下援助的分配，本身成为政府指挥各种企业按计划行事的一根强有力的指挥棒。正由于这些条件，"莫内计划"的实施方法与后来的计划存在明显的不同。它"以直接控制为基础"，而非仅仅停留在间接干预地步。①

虽然如此，"莫内计划"的实施结果并不是非常理想。到1952年，法国的工业生产只比1929年高出9%，远未达到计划所预计的25%。关键部门的产出水平也低于原计划数字：煤产量为5740万吨，只比战前最高纪录（1931年为5510万吨）多出4%；粗钢产量为1090万吨，比1930年产量（970万吨）高出12%。由于推行这个计划，法国的经济得到较快的恢复，农业和第三产业的发展，弥补了工业恢复与增长的相对缓慢。从宏观层面来看，法国经济的增长速度基本达到计划要求。1952年，按不变价格计算的GDP比战前最高年份（1930年）多出27.6%。在实施"莫内计划"的五年期间，法国经济的某些微观环境也有所改善，其中比较突出的标志就是就业状况比较稳定，劳资关系趋于缓和。这五年期间，失业率一直稳定在1.5%之下，导致罢工的劳资纠纷，由1947年的2000多起减少到1952年的1000多起。② 同一时期，由于经济的较迅速增长和人口增长的相对缓慢，法国国民的人均收入有了比较明显的增长，加上社会保险制度的不断完善，使人民的生活水平的确有了比较显著的改善。这对于一个历经数年战乱折磨的民族来说，是非常及时的。正由于这些原因，"莫内计划"的社会评价是积极而肯定的。尽管"莫内计划"实施期间，法国的通胀率居高不下，投资率不断下降，大多数法国人仍认为

---

① ［美］P. R. 格雷戈里、［美］R. C. 斯图尔特：《比较经济体制学》，林志军等译，生活·读书·新知三联书店1988年版，第341页。

② 以上经济表现数据参考Thelma Liesner ed. *One Hundred Years of Economic Statistics*, The Economist Pub. Ltd., 1989, pp. 179、181、193；增长率为笔者计算。

它是成功的。

对"莫内计划"的积极评价产生了两方面的效果：一方面，使法国公众接受了政府对市场经济的计划式干预；另一方面也增强了法国政府通过某种形式的计划来干预市场经济的信心，从而使法国市场经济体制按照一种独特模式发展成为必然。不仅如此，经过第一个计划的制订和实施，法国的计划制度和机构初步创立。在制度方面，计划的提出以"集体预测"为前提，政府有关部门的计划既要取得各经济部门、公私企业有关决策人士和劳工代表的支持，又要通过国民议会的审查，取得议会批准。在计划机构设置方面，设立了国家计划委员会（又称现代化委员会）和计划总署，分别作为计划的协调机构和制订、组织实施机构。与此同时，还设立了一系列支持计划制订与实施的经济管理机构，其中最重要的机构有两个：一个是 1945 年设立的"国家信贷委员会"，它的主要职能是制定国家信贷政策，参与制定和实施政府的货币政策，后来这个机构通过其信贷政策工具的灵活运用，成为计划干预的有力支持者；另一个是"国家统计与经济研究所"，它的前身是国家统计局，1946 年以后集统计与分析、预测法国经济走势于一身，后来成为计划总署制订计划的主要"智囊"机构。计划机构设置方面最具深远影响的成果是，确立了计划总署和现代化委员会这两个核心计划组织的人员构成制度。计划总署人员由经济专家和政府官员共同组成，以专家为主。现代化委员会的人员由四方面人士组成：（1）企业组织的代表，从 20 世纪 40 年代中期起，各主要产业的业主都结成了各种协会性组织；（2）工会组织的代表；（3）财政、统计、金融等与计划有直接关系的政府部门的代表；（4）由计划总署推荐的专家，这些专家还须总理直接任命，以增加其权威性。

由于以上开创性的制度调整，可以认为"莫内计划"奠定了法国计划干预体系的基础。但是，"莫内计划"的制订和实施，都带有明显的"权宜之计"特征：其一，计划制订中参与人员和部门较少，主要由政府官员决定；其二，计划实施主要采用直接控制方法，因而许多方法与市场力量相冲突。这是因为，"莫内计划"是在战后百废待兴的非常情况下产生的，当时等待恢复与发展的部门很多，而资源供给相对不足，为了保证基础部门的及时恢复，政府不得不借助各种直接控制方法干预计划的实施,加之当时基础部门、资本供给方面的国有经济力量较强,直接控制方法比较管用。随着第一个计划的实施和国民经济的恢复,私营部门的经济实力迅速增强,竞争性市场经济的特征重新恢复,在这种情况下,政府的直接控制会妨碍自由市场经济的正常运作。于是,逐步放弃直接控制方法,更多地采用间接方法,成为计划工作者面临的新问题。方法的变化本身反映了这样一个事实:从第二个计划起,法国政府始将计划作为长期经济体制调整的一项主要内容来对待,目的在于建立一套既能最大限度地发挥市场经济的长处,又能有效利用中央计划来防止"市场失灵"等体制缺陷的新型市场体制。为此,在第二个计划期间,法国政府专门设立了由内阁直接领导的"部际委员会"(全称"经济与社会发展委员会"),负责提出计划的战略目标,并在计划的制订和审议过程中起协调作用。这个机构的许多工作,都与按照指导性计划要求进行的体制调整有关。与此同时,参与计划的经济部门和人员大为扩张,计划的"集体预测"特征进一步明朗化,与苏联式中央计划的区别进一步加大。实际上从第二个计划实施起,计划体系的建立从属于整个经济体制的调整。

法国计划体系建立和计划指导型市场经济体制形成的最重要年份,是戴高乐任法兰西第五共和国总统的11年间(1958—1969年)。在戴高乐政府时期,法国一共制订并实施(或基本实施)了三个计划。在制订和实施这些计划的过程中,法国的计划理论日益成熟,计划机构日益健全,计划方法越来越与市场经济体制的要求相适应。在计划理论方面,戴高乐的思想逐步为法国经济界所接受,这种计划思想包含三个层次:(1)计划具有防止自由市场经济本身固有"风险"的作用;(2)计划是"指示性的",而不是强制性的,但只要让"负责人员甚至群众"理解它、认识它,就会使之具有"义不容辞"的作用;(3)"计划能补偿自由市场经济的缺点,而同时又不使它失去优点。"[1] 不晚于20世纪60年代中期,戴高乐的这一思想,成为法国计划工作的指导思想,并且在1964年12月发表的第五个计划文件中,得到更明确而系统

---

[1] [法]费尔南·布罗德尔、[法]欧内斯特·拉布鲁斯主编:《法国经济与社会史(50年代至今)》,谢荣康等译,复旦大学出版社1990年版,第115页。

的表述。该计划的引言报告把计划归结为三种手段,即"教育手段""安排次序的手段""发展的手段"。作为"教育手段",计划力求使所有参与它的制订和实施的人员对各种经济机制有更明确的理解,以及对人的权力和这种权力的范围有更正确的看法。作为"安排次序的手段",计划能使经济单位的设想与国家的设想更协调一致,并使它们有一个经济和社会平衡发展的前景。作为"发展的手段",计划能通过相互支持激励首创精神,能防止浪费,又能扩大增长的幅度。① 法国经济学家认为,上述思想是与"新圣西门主义"相一致的。

在计划机构和计划产生的程序方面,戴高乐时期的发展非常重要。这一时期,不仅继续坚持第一、第二个计划时期确定的"集体预测"原则,还进一步增加了参与制订和审议计划的部门和人员。第五个计划时期,参与计划制订、审议的政府机构达十几个,人员达数千人。为了使计划工作有条不紊地进行下去,第三至第五个计划期间,计划组织机构的分工日益制度化,逐步形成四组机构:(1)计划决策机构。以部际委员会为核心,但该委员会的月度会议均由总统主持,总理及重要经济部门的部长也必须参加。(2)计划规划机构。以计划总署为核心,该署下设7个部,分别就总体经济、资金、社会事务、工业、农业、第三产业、区域经济七个层面的发展,提出具体计划。(3)计划协调机构。以现代化委员会为核心,这是一个参加人员最庞杂而广泛的机构,最多时设有20多个委员会、3000多名委员。(4)计划咨询机构。以"经济和社会委员会"为核心,设立于第四个计划时期。参加人员与现代化委员会相似,但其职责不同。这些机构的职责都经法国议会的立法而固定下来。与此同时,在计划的制订和实施程序上,也日益制度化。一般情况下,计划的宏观目标由决策机构提出,计划的制订则由规划机构具体负责,在制订过程中,要广泛吸纳协调机构和咨询机构的意见。最后,计划交决策机构审定,再提交国民议会批准。这个过程,保证了计划制订中参与人员的广泛性,从而保证了它"集体预测"的准确性。

---

① [法]费尔南·布罗德尔、[法]欧内斯特·拉布鲁斯主编:《法国经济与社会史(50年代至今)》,谢荣康等译,复旦大学出版社1990年版,第115—116页。

在计划实施方法上，不断减少直接控制方法，越来越多地采用间接控制方法。其中，"合同制"的实施则具有典型意义。合同制创行于第三、第四个计划期间，它通过政府与大型企业签订合同的形式，保证了计划的实施。第五个计划时期，改为政府与主要行业协会之间订立合同，各行业协会又与所在行业的企业订立合同。这种合同或协定不仅要求行业和企业在投资、生产方面达到一定指标，还规定了职工培训、价格制定方面的要求，而政府对签订合同的行业和企业，则提供优惠贷款或税收激励。合同制在一定程度上使计划的实施得到保障，但同时又不影响市场因素正常发挥作用。

在戴高乐政府卸任之前，法国独特的计划指导型市场经济体制最终形成。这种体制的特点主要表现在以下三个方面：其一是资源配置方面，仍以市场为基础，政府计划主要利用市场因素来实现。在资本、劳动、自然资源的配置上，价格因素起头等作用。价格的形成是市场竞争的结果，而非政府计划的结果。政府计划不但不限制企业间的竞争，反而试图加强竞争。用戴高乐的话来说，计划"不压制首创精神，不压制竞争和损害合理的利润"[1]。正是在计划系统形成过程中，法国强化了反不正当竞争的立法。1953年、1956年和1963年，法国不断颁布法案，禁止企业在销售方面的不正当竞争行为。

其二是在属性上，计划本身是指导性（或"指示性"）的，用第六个计划引言报告的解释来说，"计划是国家对自己许下的一项庄严的诺言"[2]。这个"诺言"的产生是广泛征求企业、政府部门、劳工代表和经济专家意见的结果。它的实施是非强制性的，而以参与者的广泛理解为基础。

其三是在法国的经济体制下，计划实施的微观主体是私营部门。从资本形成来看，戴高乐时期，政府机构直接投资在社会总投资中的比重不足15%，而英国1960年的数字是20%，20世纪70年代还有所上

---

[1] 转引自李玉平《法国的经济计划运行机制与计划体制改革》，《西欧研究》1992年第3期。
[2] ［法］费尔南·布罗德尔、［法］欧内斯特·拉布鲁斯主编：《法国经济与社会史（50年代至今）》，谢荣康等译，复旦大学出版社1990年版，第116页。

升。① 这一点表明，法国计划体制下资本形成的主渠道依然是私营部门。公共部门支出在国民生产中的比重，也显示出同样的特征。1970年，法国公共总支出在 GDP 中所占的比重为 22.7%，远远低于美国（31.3%）、英国（40.5%）和德国（29.1%），只比日本（11.2%）高。② 不仅如此，私营部门的经济活动完全按照市场经济的要求进行，政府计划只是一种建议，它并不要求企业把完成计划指标作为头等目标，企业的头等目标依然是利润最大化。如果政府计划与某些企业的经济利益相冲突，就不会为这些企业所理会。至于国有企业，也是完全按照市场经济的原则来管理和经营的，它与私有企业的唯一差别在于，服务于国家的宏观管理目标。上述特点，使法国的计划指导型经济体制与苏联式的中央计划经济体制存在根本性区别。

第二节 工业社会的扩展及其面临的新问题

指导性计划干预体系的形成，使法国的市场经济体制获得新的活力。整个 20 世纪 50 年代和 60 年代，法国经济出现了前所未有的稳定增长局面。这 20 年间，与西方其他主要工业化国家一样，法国经济未曾发生过大的衰退，只出现过几次小的调整性波动。波动的主要表现是工业生产增长率的相对下降和物价的不均匀变动，而未曾出现过工业生产的绝对萎缩和价格崩溃等萧条症状。就宏观层面来考察，1950—1969 年，法国的 GDP 由 7556 亿法郎增加到 19189 亿法郎（按 1980 年不变价格计算），增加 1.54 倍，年增长率平均在 5% 以上。同一时期，工业生产增长 2.05 倍，年平均增长率超过 6%。按照增长因素来分析，20 世纪五六十年代的经济稳定增长主要得益于较高的投资率。从第二个五年计划开始，法国的投资率便由持续下降转为稳步增长。20 世纪 50 年代的平均毛投资率不低于 20%，净投资率保持在 10% 以上。1957—1960 年，投资率高达 21.2%；而整个 60 年代，住宅投资除外的投资率

---

① [美] P. R. 格雷戈里、[美] R. C. 斯图尔特：《比较经济体制学》，林志军等译，生活·读书·新知三联书店 1988 年版，第 343 页。

② Thelma Liesner ed., *One Hundred Years of Economic Statistics*, The Economist Pub. Ltd., 1989, p. 316.

保持在 17% 左右，仅次于日本和联邦德国，名列西方工业国第三位。① 较高的投资率保证了工业中固定资本的更新和新型技术设备的采用，其结果是劳动生产率的稳步上升。统计资料表明，1954—1960 年，法国总劳动生产率的年平均增长率为 1.83%；1960—1970 年为 4.59%，远高于英、美等国，与联邦德国不相上下。②

经济的稳定增长，首先与政府计划的准确和干预方法运用得当联系在一起。20 世纪五六十年代所制订和实施的几个计划，都比较顺利地完成了主要预定指标。其中，第二个计划曾规定，总投资增加 24%，GDP 增长 24%，工业生产增长 30%，农业生产增长 20%，出口贸易增长 21%。实施结果，上述指标大都超额完成：实际投资增长 17%，GDP 增长 30%，工业生产增长 45%，出口贸易增长 41%。只有农业一项未完成计划，只增长了 17%。第三个计划的预测数字和实际完成数字比较接近，但大部分指标只接近完成，超计划的现象较少。第四、第五个计划的关键指标，都按期实现。同一时期，各个计划所强调的重点产业和核心目标，都比较成功地得到发展和保证。比如，第二个计划强调提高劳动生产率，结果到该计划结束时，法国的劳动生产率曾创造了战后增长最快的纪录；第三个计划强调增长速度和对外贸易，在实施该计划过程中，法国经济的年平均增长率得到明显的提高，出口年平均增长率保持在 10% 以上，创造了巨额的国际收支顺差。第四个计划强调的基础设施建设、第五个计划强调的科技开发等重点，也都在实际实施中得到不同程度的体现。

计划始终不渝的核心目标是"现代化"，而工业化则被当作现代化的灵魂。直到实施第六个计划，法国政府仍然坚持在计划中加进工业化的提法，当时的计划总署委员多·瓦隆解释说，之所以"使用'工业化'这个术语，表明这样的事实：在工业部门中，国际竞争最为激烈"③。客

---

① ［法］费尔南·布罗德尔、［法］欧内斯特·拉布鲁斯主编：《法国经济与社会史（50 年代至今）》，谢荣康等译，复旦大学出版社 1990 年版，第 5 页。
② Thelma Liesner ed., *One Hundred Years of Economic Statistics*, The Economist Pub. Ltd., 1989, p. 304.
③ 转引自毛永林主编《当代各国宏观经济管理比较分析》，中国展望出版社 1989 年版，第 143 页。

观地分析，在制订第六个计划时，法国的工业化实际上早已完成。因此，这里的"工业化"显然是一种以工业为中心的发展战略。在一个个"现代化与装备计划"的推动下，法国的工业社会得到迅速扩展。

工业社会扩展的第一个标志是现代化工业体系的健全及其规模的迅速扩大。用法国经济界的话来说，是"工业基础"的扩大。按增加值计算，1952—1972 年，全部工业的年平均增长率在 6% 左右，其中能源、设备、中间产品等基础工业的增长率最高。

能源不足历来是制约法国工业化进程的一个突出因素，因此，战后这个工业部门的扩张具有十分重要的意义。能源工业的扩张，可以从两个方面来考察。一个方面是其规模的扩大。按不变价格计算，这个工业在 20 世纪 70 年代之前的平均增长率高达 7.2%。也就是说，平均每 10 年扩大一倍。另一个方面是要素生产率的不断提高。法国有关部门的计算表明，1959—1963 年，能源工业中全部要素的生产率平均增长速度为 5.6%，其中劳动生产率年平均增长速度高达 11%。1963—1967 年，这两项指标分别为 3.6% 和 8.4%，1967—1969 年分别为 5.0% 和 11.8%。1959—1969 年，平均增长速度分别为 4.7% 和 10.1%。[①]

劳动生产率的迅速提高，首先与巨额的技术设备投资联系在一起。早在 1959 年，这个工业部门的人均固定资本占有额就高达 39.6 万法郎。当年法国全部工业的平均人均固定资本占有额只有 5.3 万法郎，其中以重化工业为核心的"中间性工业"的这一数字为 11.5 万法郎。"设备工业"是法国工业统计部门对机械工业和电器工业的总称。在第二至第五个计划期间，这个部门的年增长率高达 7.2%，居所有工业之冠。其中，扩张最快的是电器和电子制造业，20 世纪五六十年代它的年平均增长率均在 10% 以上。其次是航空工业，它的发展主要得益于国家的巨额投资。第五个计划曾明确提出，应使"航空工业在民用飞机市场上建立立足点"。为此目的，从 20 世纪 60 年代初期开始，法国曾先后颁布了三个计划：(1)"水星计划"，(2)"协和式"飞机计划，(3)"空中客车"计划。其中计划(1)由达索飞机公司承担，计划

---

① [法] 费尔南·布罗德尔、[法] 欧内斯特·拉布鲁斯主编：《法国经济与社会史 (50 年代至今)》，谢荣康等译，复旦大学出版社 1990 年版，第 262 页。

（2）、计划（3）则由国家航空航天公司承担。这些计划的实施，大大促进了法国航空工业的发展和其国际竞争力的提高。到20世纪70年代初，法国航空工业的规模仅次于美国而雄居西方世界第二位。最后是汽车工业。1960—1970年，这个工业部门的年增加值增长速度为9.3%，资本增长率为8%，劳动人数增长率为2.9%。

法国工业统计中的所谓"中间产品工业"，包括冶金、有色金属、化学、橡胶、建筑材料等工业部门。从总体上看，1952—1972年，这个工业的年增长率达到7%左右，高于平均数。20世纪70年代初，它的产出规模相当于1952年的四倍，其中，化学工业的增长率要高于其他中间产品工业部门。按不变价格计算，化学橡胶工业在20世纪50年代的增长率为8.2%，60年代为7.6%。在这两个时期，"基础化学工业"的年增长率分别为11%和7.5%。这些主体工业的高速扩张，极大地增强了法国工业的实力。到20世纪70年代初，法国的主要工业部门都可以与欧洲其他工业化国家相抗衡，而在尖端工业技术领域，与美国的差距业已缩小。

工业社会扩展的第二个标志是产业结构的变化，是非农产业比重的迅速上升。20世纪30年代，农业曾经是法国最大的经济部门，其产值占GNP的1/3以上，就业占总劳动人数的30%左右。甚至在战后初期的经济恢复时期，农业依然是仅次于服务业的第二大产业部门，制造业创造的就业机会仍低于农业。1946年，以农业为主的第一产业雇佣的劳动力占法国劳动人口总数的34%；而以制造业为核心的第二产业雇佣的劳动力，占总劳动人口的比重只有30%。但是，从第一个计划实施开始，第一产业的相对地位就呈急剧下降之势。1964—1968年，农、林、渔业的男劳动人口净减少216万人，第一产业劳动人数在所有产业中的比重猛降到15%。与此相对照，第二产业的劳动力比重上升到38.8%，第三产业则由35%上升到46.2%。实际上，以就业人数衡量，第二产业超过第一产业的时间在20世纪50年代初。1954年，第二产业就业人数在总就业人口中的比重已上升到35.4%，当年第一产业的这个比重降为26.6%。产值的变化也呈这一趋势。1952年，农业增加值在GDP中的比重为12%，高于最大的制造业"设备工业"（11.4%）。20世纪60年代末70年代初，农业增加值在GDP中的比重降至所有主要制造业部门之下。1972年,在法国统计部门分类的11个产业部门中,农业增加值比重排在第八位,只有6.7%,而"设备工业"的比重则高达16.1%。①

工业社会扩张的第三个标志是城市化率的迅速提高和大众消费时代的到来。人口统计资料表明,战前法国的城市化率还未过半,1946年刚刚超过一半,达到53.2%。此后20多年间,城市化速度急剧加快,到1968年,城市化率达到66.2%。其中,几个工业中心城市人口的增长速度更快。大巴黎在1954—1962年的人口增长率高达14%,1962—1968年为7.9%。到1968年,巴黎一个城市的人口就占到全国总人口的16%。里昂、马赛等城市的人口也急剧增加。

推动法国城市化加速的主要因素是农业劳动生产率的提高和非农产业的扩张。农业劳动生产率的提高是与机械化进程密不可分的。1950—1965年,仅拖拉机就由13.7万台猛增到99.6万台,联合收割机由4900台增加到10.2万台。这些劳动节约型设备的普及,不仅改变了农业社会的面貌,而且使大部分人口摆脱了农业生产和农村生活,进入城市和二、三产业。随着城市化加速和非农产业的急剧扩张,法国国民的物质生活水平和文化生活水平迅速提高。按1980年法郎计算,人均GDP战前最高水平为14746法郎(1936年),1950年为18059法郎,1970年达到39963法郎,20年中增加了1.2倍。② 同一时期,一般劳动者的工薪收入增加更快,结果使工资在家庭总收入中的比重进一步上升:1950年为36.5%,1959年为42%。1949—1959年,家庭总收入年平均增长率为11.4%,1956—1973年为10.9%;在这两个时期,法国家庭可支配收入的年增长率分别为11.1%和10.7%。

收入的增加,反映在"恩格尔系数"的大幅度下降上。1950年,包括外出就餐在内的吃喝消费,平均占法国家庭总支出的近一半(49.6%)。1959—1973年,食品消费年增长率仅为2.9%。增加的收入

---

① [美]西蒙·库兹涅茨:《现代经济增长》,戴睿、易诚译,北京经济学院出版社1989年版,第78、95页;[法]费尔南·布罗德尔、[法]欧内斯特·拉布鲁斯主编:《法国经济与社会史(50年代至今)》,谢荣康等译,复旦大学出版社1990年版,第16—17、250页。

② Thelma Liesner ed., *One Hundred Years of Economic Statistics*, The Economist Pub. Ltd., 1989, p. 305.

基本上用于四种消费：保健、居住、交通和娱乐。其中，居住方面支出的年平均增长率为 6.9%，医疗卫生费用支出的增长率为 8.9%，私人汽车购买和维护费用的年均增长率为 10.7%。1953 年，拥有小轿车的家庭只占法国家庭总数的 20%，1960 年这一比重上升到 30%，1964 年达到 40%，1967 年超过 50%，1970 年达到 60% 左右。私人小轿车的普及，集中反映了法国国民生活水平的提高。

在物质生活急剧丰富的同时，法国国民的文化生活水平也得到大幅度提高，这方面有代表性的发展当属中高等教育的普及。1950—1970 年，受中高等教育的学生人数增加四倍以上，是法国历史上教育发展最快的年份。学生人数增加如此之快，"以致人们可以称之为学生'爆炸'"①。同一时期，法国家庭在文化娱乐方面的支出占总支出的比重，上升了 8 个百分点。生活水平的普遍提高，使法国工业社会真正进入了所谓的"大众消费时代"。按照经济成长阶段论的创始人罗斯托的论证，这个时代在法国开始于战前，但在战后才迎来高潮。②

然而，与所有工业化国家一样，工业社会的扩展并未解决法国社会的所有经济问题。伴随着这种扩展而来的是通货膨胀、失业、贫困等此类工业社会旧问题的重现和新问题的频发。在战后重建时期到 20 世纪 70 年代初的大部分年份，通货膨胀始终是令经济部门头痛的一个问题。重建前期，即 1945—1950 年，按消费品价格衡量的年通胀率高达 35%，1950 年降到 9.7%。此后 20 年间，平均保持在 4.8% 的水平。其中 20 世纪 50 年代平均为 4%，60 年代后期超过 5%，远高于同期多数西方国家。以致法国一些经济学家认为，"在 20 世纪 50 年代，通货膨胀好像是法国特有的现象"，而在 60 年代下半叶至 70 年代头两年，法国的"通胀加速"比其他西方国家"显著"。③

通货膨胀并不是均匀持续的，而是周期性地变化的。于是，围绕对付通货膨胀，政府的经济政策不得不进行周期性调整，以致整个经济活

---

① [法] 费尔南·布罗德尔、[法] 欧内斯特·拉布鲁斯主编：《法国经济与社会史（50 年代至今）》，谢荣康等译，复旦大学出版社 1990 年版，第 15 页。

② Walt W. Rostow, *The World Economy: History and Prospect*, Austin and London: University of Texas Press, 1978, p.400.

③ [法] 费尔南·布罗德尔、[法] 欧内斯特·拉布鲁斯主编：《法国经济与社会史（50 年代至今）》，谢荣康等译，复旦大学出版社 1990 年版，第 37 页。

动都和通胀走势联系在一起。以20世纪50年代为例,通胀变化与经济活动水平明显地呈五个阶段,每个阶段恰好持续两年时间。

第一个阶段即1950—1951年,可称为高增长与高通胀阶段。GDP在这两年中先后增长了8.7%和9.6%,消费品价格分别上涨了7.7%和15.1%。

第二个阶段为1952—1953年,属于低增长与通胀下降阶段。这两年的GDP增长率分别为2.3%和3.1%,通胀率由14.1%猛降到0.4%。

第三个阶段为1954—1955年,是个难得的高增长低通胀阶段。两年间GDP增长率分别为5.4%和6%,通胀率分别为0.9%和1%。

第四个阶段为1956—1957年,又是个高增长与高通胀的阶段。两年的GDP增长率由5.1%升为6.4%,通胀率由4.4%升到5.3%;

第五个阶段即1958—1959年,属于低增长与高通胀阶段。这两年的GDP增长率分别只有2.6%和3%,通胀率却高达12.2%和5.8%(见图14-1)。

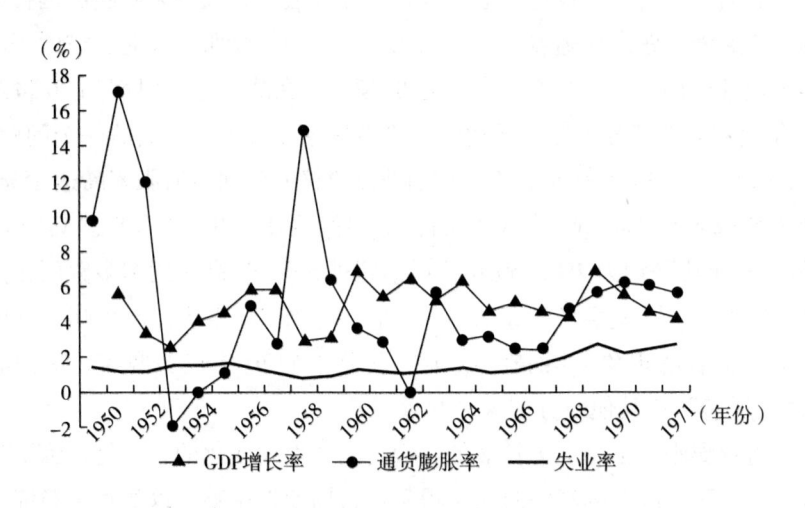

图14-1　1950—1972年法国主要经济指标

资料来源:World Bank Data。

这五个变化周期表明了一个事实:20世纪50年代初,法国的GDP增长率和通胀率是呈"正"相关的,高通胀往往与高增长相联系;但到了50年代最后两年,GDP变化与通胀水平的联系成了"负"相关,高通胀与低增长并存。这实际上是20世纪70年代之后困扰西方工业国经济的"滞胀"。从这个意义上来说，早在20世纪50年代，法国经济就曾受到滞胀的困扰。

20世纪60年代前半期，通胀率和GDP增长率都比较稳定，二者之间又恢复了某种正相关联系。其中突出的表现是1964年第二季度物价涨幅大降，次年第二季度的经济活动几乎停止扩张。20世纪60年代后半期，滞胀特征重新显露。1968—1970年，物价的平均涨幅高于GDP增长率。其中1968年的GDP增长率只有4.3%，消费物价上涨率却超过5%。

较早孕育的滞胀一旦遇到世界经济的动荡，必然会迅速恶化。这正是20世纪70年代中期法国滞胀特别严重的内在根源。如果说通胀曾是法国经济发展中早就存在的一个老问题的话，那么滞胀则是法国体制调整与工业社会扩展过程中孕育的一个新问题。正是这个新问题，迫使法国政府不得不重新审视战后形成的计划指导型市场经济体制。

第三节 经济"滞胀"与体制创新

虽然在20世纪50年代末和60年代末法国经济曾经两度出现过滞胀的苗头，但由于滞胀持续的时间较短，因而未曾引起人们的足够注意。与其他工业化国家一样，法国滞胀的持续化，也是与1973年10月以后发生的"石油危机"联系在一起的。"石油危机"对法国经济的影响，由于其经济资源结构特点和经济增长对能源的依赖性，比之别的工业化国家更为广泛。法国经济资源的结构特点是能源自给率低，缺乏石油。但是早在20世纪60年代，法国就实现了以固体能源为主向石油等液体能源的需求结构转化。1960年，在法国的能源消费中，前者降至32%，后者升至51%。到1973年"石油危机"发生时，石油已构成法国能源消费总量的66.5%。与此同时，经济增长对能源的依赖性不断增加：20世纪50年代能源消费量的年平均增长率为4%，60年代升至5.3%，1968—1972年达到5.8%。同GDP增长率相比较，能源的需求弹性呈上升之势：1958—1964年弹性系数为0.93，1965—1971年为1.02。在弹性系数大于1的情况下，能源供给的任何变化都无一例外地会影响到经济活动水平。正是在这样的情况下，法国迎来了1973—1974年的"石油危机"。

"石油危机"对法国经济的第一个打击是，导致了物价的大幅度上升和战后最严重的一场衰退。1973年当年批发价格就上升了12.8%，消费品价格上涨了7%，1974年、1975年连续两年，以消费品价格计算的通胀率达到两位数，先后为14%和11.5%。这三年中，GDP的年增长率由5.3%猛降到-0.3%。按年度计算，1975年是战后以来GDP的第一次绝对收缩年。严重的经济衰退也使法国的就业状况急剧恶化。仅以官方公布的失业率为依据，20世纪50年代平均低于1.5%，60年代平均低于2%，70年代头五年低于3%，1975年首次突破4%，此后便一直居高不下。

以石油危机引发的严重衰退为转折，法国战后的相对稳定发展阶段最终结束。从20世纪70年代中期开始，低GDP增长率、高通货膨胀率、高失业率成了法国经济的经常性特征。1975—1980年，GDP的年平均增长率只有3.1%，远低于70年代初和60年代下半期，在这两个时期，GDP的年平均增长率曾分别达到4.8%和5.2%。同一时期，消费物价年上涨率平均在10%以上，其中最低通胀年份的通胀率为8.96%，最高通胀年份为13.6%；失业率则以递增之势变化：1976年为4.4%，1977年为4.9%，1978年为5.2%，1979年为5.9%，1980年为6.3%。其中最突出的问题表现在，自20世纪70年代中期起，GDP增长率和通货膨胀率越来越频繁地呈明显的反方向变化，即高通胀率和低GDP增长率同时出现。比如在1975年，通胀率为11.5%，GDP增长率为-0.3%；1980年通胀率为13.6%，GDP增长率为1.6%。相比之下，1976—1978年，通胀率低于10%，GDP增长率反而有所上升。这是典型的滞胀型经济特征，它在20世纪70年代中期之后持续化了。

经济滞胀给法国计划指导型经济体制的最初震动是以计划失灵的形式表现出来的。1971年开始实施的第六个计划，曾经是法国战后制订的一系列计划中最完备、参与人数最多、方法最健全的一个计划。为了制订这个计划，现代化委员会之下新增数十个委员会，参加制订计划的人员超过4000人，"每一个行业都有本行业组织的代表参加，而每一个部主管由其负责或监护的各个活动部门"①。也是在制订这个计划的过程中，计划部门首次全面引入计量经济学方法。其中最具代表性的是"菲菲模型"（FiFi modele）的设计和采用。"菲菲"（FiFi）是实物与财政的法文缩写，"菲菲模型"即为"实物—财政模型"。该模型由1600个方程组成，与这些方程相联系的是4000个参数，它的公式翻译程序和指令程序说明书就长达100多页。在这之前，即第五个计划期间，计划已由追求实物的单一平衡转为价值、财政与实物的三重平衡并重，第六个计划则继续运用了这种方法，并使之与模型化相结合。然而，正是这个以更广泛的集体预测为标志、以计量经济学科学计算为基础的计划，在实施中遇到的麻烦最大，完成的程度最差。计划预期的许多指标都未实现。比如，计划预期国家资本年增长率应为6.4%，实际只达到3.5%；计划预计GDP年增长率为5.9%，实际只有3.4%；计划的出口和进口年增长率分别为10%和9.3%，实际只增长了8%和6.2%。②

　　计划的落空固然主要是由于国际经济形势变化等不确定因素导致的，却引起了法国公众和经济决策者对计划本身的怀疑。事实上，计划实施的机制，多数与不可预见因素有关。西方经济学界的考察认为，法国计划实施的保障机制有三个，其中只有一个是客观因素，另外两个均属主观因素。客观因素是"预算和公共所有制"，这是国家促使计划实施的主要工具。主观因素之一是，"如果按照计划进行决策符合企业的最佳利益，企业就倾向于按计划行事"；之二是，"如果那些将要实施计划的人在制订计划时有发言权，这个计划就有可能被实施"。③ 上述三个机制，到了20世纪70年代初越来越不起作用。国家预算赤字连续多年，依靠政府拨款带动私人投资的作用越来越小；公共经济尤其是国有企业与私营经济相比，实力一直在下降，不足以给经济带来太大的影

---

① [法]费尔南·布罗德尔、[法]欧内斯特·拉布罗斯主编：《法国经济与社会史（50年代至今）》，谢荣康等译，复旦大学出版社1990年版，第120页。

② 复旦大学世界经济研究所法国经济研究室：《法国经济》，人民出版社1985年版，第337页；GDP增长率引自Thelma Liesner ed. *One Hundred Years of Economic Statistics*, The Economist Pub. Ltd., 1989。

③ [美]P. R. 格雷戈里、[美]R. C. 斯图尔特：《比较经济体制学》，林志军等译，生活·读书·新知三联书店1988年版，第43—344页。

响。至于占主要地位的私营企业，对计划的兴趣则越来越小。这部分地是由于，第五、第六个计划时期参与人员数量的膨胀，把预测计划的机构变成了"追求特殊利益的伙伴之间进行较量的场所"；部分地还在于，计划的复杂化增加了企业界理解它的难度，人们甚至怀疑参与制订计划的人员本身是否吃透了"菲菲模型"。① 正是在上述情况下，国际经济不确定因素的剧烈变化，导致了法国朝野对指导型计划体系作用的普遍怀疑。

面对日益恶化的经济形势和越来越难以发挥作用的计划，法国政府不得不对以往所形成的计划指导型市场经济体制进行调整，由此开始了新一轮的体制创新进程。

新一轮的体制创新开始于1974年，它是由该年就任法兰西第五共和国第三任总统的吉斯卡尔·德斯坦（Valery Giscard d'Estaing, 1926—2020年）政府发起的，以1981年密特朗领导的社会党重新上台为标志，分为前后两个大的阶段。

第一个阶段，即吉斯卡尔·德斯坦领导的右翼保守党派执政时期，体制调整带有明显的应急性和试探性特征。当时最紧迫的问题是对付滞胀等短期经济难题，而无法顾及中长期经济目标，因为长期经济发展中的许多因素难以预料。针对这种形势，德斯坦政府采取的措施是两方面的：一方面，终止了第六个计划的实施，将政府的财政、金融政策引向对付空前的通货膨胀和经济停滞的形势上；另一方面，缩小计划的范围，降低计划部门的地位。1974年12月开始制订第七个计划时，大大缩小了现代化委员会的机构设置，最初只设立了四个委员会，即增长、就业与资金供给委员会，对外贸易委员会，社会不平等委员会，国土整治委员会，并将这几个委员会的工作纳入为政府对付滞胀提供政策咨询的轨道，要求它们所讨论的议题应与政府所关注的问题相一致。与此同时，降低了计划部门在左右政府决策方面的作用，其中一个突出的改变是，"计划总署不再成为协调或较量的机关，它变成了根据政府需要而从事工作的一个研究室"。由于这种变化，第七个计划在很大程度上只

---

① ［法］费尔南·布罗德尔、［法］欧内斯特·拉布鲁斯主编：《法国经济与社会史（50年代至今）》，谢荣康等译，复旦大学出版社1990年版，第120、121页。

是行政当局对付滞胀战略的某种具体化形式。鉴于当时法国相当一部分经济人士认为法国的通胀是结构性因素引起的，该计划便要求对工业进行结构性调整，优先发展机械、电子、核能、宇航、化学和石油等工业。为此，计划提出"25条优先行动纲领"，作为保障手段。计划还为政府的干预规定了六大方针，即保持经济持续增长，实现充分就业，达到国际收支平衡，减少社会不平等程度，提高生活质量和发展科学技术。然而，由于持续的经济滞胀形势，政府和企业穷于应付紧迫的眼前问题，很少有人去认真对待这个计划，因此第七个计划形同虚设，并未发挥应有的指导作用，充其量只是一份协调各行政部门经济政策的文件。正是从这个意义上，法国经济学家们认为，第七个计划不再是"为国家制订"的计划，"而是由行政机构"为自己制订的计划。事实上，到了吉斯卡尔·德斯坦政府后期，计划本身的含义也与以往大相径庭。计划化虽然未能被抛弃，但"它确实不再是过去的计划化了"①。新计划真正有意义的部分，是它的紧缩与调整产业结构的方案，因为这符合以对付滞胀为最高目标的财政政策和货币政策的要求。计划与两大宏观经济政策之间的关系发生了变化：以前财政、货币政策是实施计划的有力工具，现在计划则成了实现两大宏观政策目标的工具。计划的地位变化由此可见一斑。

为了对付通货膨胀，德斯坦政府初期实施"双紧"政策，即紧缩型财政政策加紧缩型货币政策；为了对付经济萧条，则在1976年之后改用松紧搭配的宏观政策，主要是紧的财政政策和松的货币政策。在主要依赖这两大宏观政策的同时，20世纪70年代之前计划部门创行的一些用来保证计划完成的方法也被沿用。其中，最具典型意义的是"合同制"的沿用。20世纪70年代下半期，法国政府与各主要地区、各主要产业部门、国有大型企业签订了众多的合同，合同对企业的产品价格、工资升幅提出限制性要求。实际上合同制也成了对付通胀和滞胀的工具，因为它本身是被当作价格政策、收入政策的一种工具来使用的。但是，总的来说，直到德斯坦政府下台，体制调整仍然带有试探性特征。

---

① ［法］费尔南·布罗德尔、［法］欧内斯特·拉布鲁斯主编：《法国经济与社会史（50年代至今）》，谢荣康等译，复旦大学出版社1990年版，第120—121页。

1981年5月密特朗（François Mitterrand，1916—1996年；1981—1995年任法国总统）领导的社会党政府的上台，标志着法国计划指导型经济体制创新的一个新阶段的开始。在这个阶段的前期，体制调整的基本方向是加强国家对经济的控制，恢复与改善被德斯坦政府大大削弱了的国家计划调节机制。为了加强国家对经济活动的控制，1981年年底和1982年年初，密特朗政府宣布了一项新的国有化方案，由此掀起了法国战后第二次国有化浪潮。这次国有化浪潮的成果是，将12家大型私营企业、3家非银行金融公司和36家私营商业银行变为国有。新政府执政仅一年，就使公营部门在铁矿业中的比重从零上升到71%，在钢铁业中的比重由1%上升到79%，在非铁金属业的比重由16%上升到66%，在基本化工业中的比重由16%上升到52%，在合成纤维业中的比重由零上升到75%。国有化使政府更深地卷入经济活动之中。

关于计划，密特朗政府的态度比较明确，认为在法国经济陷入滞胀境地的情况下，没有政府的广泛干预和参与，就很难摆脱困境，而计划化仍不失为一种有效的干预体制。这在一定程度上可以视为是对戴高乐计划思想的承袭。但密特朗政府同时还认为，旧的计划体制必须改变，用时任总理雷蒙·巴尔（1924—2007年，1976—1981年任法国总理）的话来说，"再也不能把计划归纳为标准的中心预测"[1]。而政府的一份文件说得更具体："要使计划进入新的发展阶段。"[2] 正是基于上述思想，密特朗政府上台伊始，便积极着手改革旧的计划体制，为此设立了"计划体制改革委员会"，颁布了"计划政策法"。改革是与第八、第九个计划的制订和实施同步进行的，早在密特朗政府上台之前，第八个计划（1981—1985年）已在制订之中，密特朗政府一成立，便立即对之进行了重大改动，将扩大政府投资、推行进一步国有化以启动经济作为计划的主要内容。

这样不难看出，20世纪80年代初法国经济体制调整的方向正好和英、美等工业化国家相反，前者是加强国家对经济的干预，后者则是减

---

[1] 转引自李王平《法国的经济计划运行机制与计划体制改革》，《西欧研究》1992年第3期。

[2] 转引自李王平《法国的经济计划运行机制与计划体制改革》，《西欧研究》1992年第3期。

少乃至放弃相当一部分国家干预，实行自由主义的经济政策。如果说英、美等国20世纪80年代体制调整的方向一开始就是向右转的话，那么法国则是向左转的。

然而，向左转的体制调整不仅未使法国摆脱滞胀，反而导致了滞胀的进一步恶化。密特朗政府执政头四年，法国经济的主要指标全面恶化：1981—1985年，GDP增长率平均只有1.5%，失业率则高达8.8%，通货膨胀率年平均达9.6%。而在它的前任德斯坦执政的最后四年（1977—1981年），GDP的年平均增长率为2.3%，失业率平均为5.57%，通胀率平均为8.1%。面对急剧恶化的经济形势，法国政府的经济体制调整加快了步伐。1984年年底通过的第九个计划（1986—1990年），把经济结构调整作为计划的核心内容。与此同时，配合第九个计划的实施和第十个计划的制订，法国开始对计划体系进行较大幅度的改革。其中最重要的改革是，广泛吸收各地区的代表参与计划的制订。全国22个大区的行政长官，均被接纳为中央计划委员会委员，同时还鼓励各地区制订自己的计划，试图将计划化推广到地区一级经济。另外，简化计划的宏观指标，计划只提出战略性目标，以作为协调各经济部门活动的手段。在计划的实施上，则把部分权力下放给地方。与此同时，还广泛推行计划部门与企业的合同制。显然，这种改革旨在改善计划体系的运作效率，它在事实上加强了计划干预经济的程度。从这个意义上来说，法国20世纪80年代中期以后的经济体制调整，仍然在沿着左的方向进行。

但与此同时，20世纪80年代中期之后，法国政府却掀起了一场规模巨大的私有化运动。1986年7月2日颁布的《私有化法》，正式宣布对部分国有经济实行私有化，同年8月颁布补充法令，规定了私有化的具体方法，成立私有化委员会，正式开始私有化。到1988年1月，历时一年半时间。其间，被私有化的企业共为29家，包括圣戈班公司、法国通用电气公司等大型集团公司与法国兴业银行等大型银行和金融公司。转移到私营部门的国有企业总资产，达1200亿法郎之巨，涉及的就业人数超过50万人。私有化削弱了国有经济的力量，因而减弱了公共部门影响市场经济的能力，带有鲜明的自由主义经济政策特征。私有化使法国20世纪80年代下半期的体制调整，又带有右的特征。事实上，私有化是在以希拉克为总理的右翼政府的倡行下发起的，后来为密特朗总统所制止。

左右兼顾的体制调整使法国经济在20世纪80年代末有了一定程度的好转，1986年和1987年，经济年增长率由1985年的1.6%分别提高到2.1%和2.2%，消费物价上涨率由1985年的5.8%分别降至2.6%和3.1%。1988—1989年，情况继续好转，这两年的GDP增长率分别为4.5%和4.1%，通胀率则保持在较低水平。然而在这些年份，就业状况一直在不断恶化。官方宣布的失业率，1984年为9.7%，1985年超过10%，此后一直维持在两位数上。即使有轻微好转，持续时间也很短。

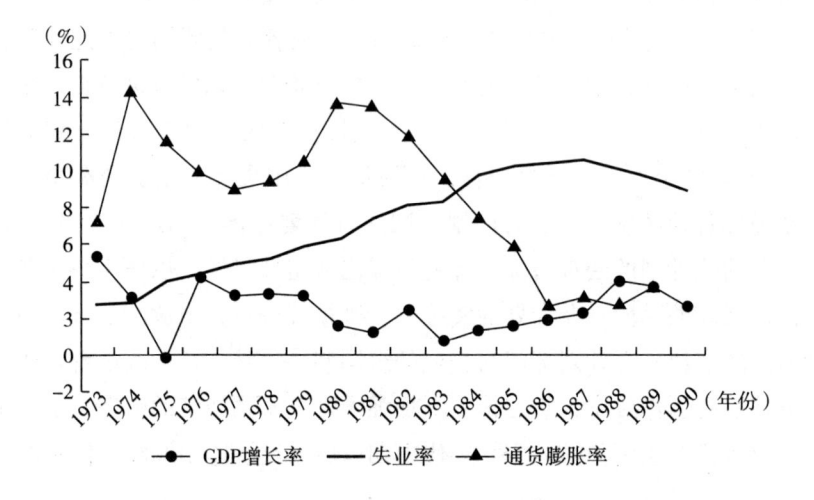

图 14-2 1973—1990年法国经济表现

资料来源：World Bank Data。

第十五章　日本：政府指导型市场经济体制的形成及其变化

　　战前日本富于侵略性的根源，深植于它自明治以来所形成的经济与政治体制中。就经济体制来说，决策权力的过分集中是最大的祸根，它与现代工业社会所要求的经济决策的民主化和权利的分散化相矛盾。其结果是，工业化所创造的巨大社会经济能量，被少数战争冒险分子利用，成了他们发动对外侵略战争的物质"资本"，但对外侵略战争最终把日本推入绝境。战争的惨败和经济崩溃，则为真正的市场经济体制乃至政治民主的重建扫清了道路。

　　事实上，战后日本经济体制的转机，正是以消除其体制中富于侵略性因素为起点的。对这种因素的消除，使日本得以按照现代工业社会本身发展的要求，建立一套全新的市场经济体制。这种经济体制，既是对西方先进工业化国家经济体制的模仿，又是对日本传统经济体制的改造。因此它既适应了工业社会经济发展的要求，又顺应了日本民族传统文化的特点。正是经济体制的变革和创新，促成了日本战后的经济"奇迹"。但是，经济"奇迹"的发生和工业社会的扩张，对它的经济体制又提出新的要求。于是，在日本这个被公认为建立了较高效率的经济体制的国家，体制的创新也是必需的。

第一节　统制经济的终结与市场经济基础的确定

　　日本是在1945年8月15日宣布无条件投降的，8月30日，美军代表盟军占领日本本土，此后直到1951年9月签署《日美安全条约》，日本始终处在美军占领之下，历时约6年半。这六年多时间，既是日本进行民主改革的关键年份，也是其经济恢复年份。民主改革奠定了战后日本经济体制的基础，经济恢复则为后来的迅速发展创造了条件。因此，要阐明战后日本市场经济体制的再造，不能不以对美军占领时期的改革与恢复的考察为起点。

一　民主改革与市场经济基础的重新确定

美军占领初期，由盟军最高司令部统管对日占领行政事务，由道格拉斯·麦克阿瑟（Douglas MacArthur，1880—1964年）任盟军最高司令，日本的民主改革正是在以麦克阿瑟为代表的美国政府直接监督下进行的。1945年10月11日，麦克阿瑟代表盟军总部给战后日本第一届内阁下达民主改革指令，要求日本立即推行民主化五大制度改革：（1）赋予妇女和男子一样的参政权；（2）保障工人结社权；（3）教育制度自由化；（4）撤销秘密审讯和压制民主的各种制度，废除专制政治；（5）促使经济民主化。显而易见，占领当局所要求的民主改革，涉及政治、经济、文化等许多方面。但对日本战后的经济体制发展来说，最具深远影响的改革则是经济民主化。

经济民主化的主要内容有三项。第一项内容是农地改革。1945年12月，日本国会根据麦克阿瑟的建议提出第一个土地改革法案——《调整土地法修正案》，主要精神包括：凡在村地主拥有的租佃土地面积超过全国平均水平，即每户五公顷的，超过部分应强制征用；佃租土地的地租应按地价以金钱代替实物缴纳。这个法案未获盟军总部批准，因为它与该总部的土改要求不符。按照盟军总部的要求，土地改革的中心目的是铲除寄生性的地主制。在占领当局的压力下，日本政府又拟定了第二个土改法案，并于1946年9月得到盟军总部的批准，同年11月开始实施。第二个土改法案的主要原则及其内容有四。

其一，耕者有其田。法案规定，国家出钱征收不在村地主的全部土地，征收在村地主超过一町步以上的所有出租土地，即只给在村地主保留一町步出租土地。

其二，低价有偿均地。国家征收的地主土地，以低价售予佃农和"有能力的经营者"，地款分30年付清。

其三，货币化低地租。法案宣布彻底废除实物地租，改行货币地租,同时降低地租率。具体规定是,水田地租不得超过总收获的25%,旱田地租不得超过总收获的15%。

其四,民主化管理实施土改。法案授权成立由地主、自耕农、佃农三方代表共同组成的农地委员会,具体负责推行农地改革。

农地改革从1946年年底开始,历时三年,到1949年年底宣布结束。改革基本上是成功的,改革中重新处置的地主土地达193万町步,相当于改革前租地面积的80%,涉及的土地总户数为125万户,买到土地的佃农为430万户,相当于总农户的3/4。结果,比较彻底地铲除了日本农村旧的地主经济,取消了束缚农业生产力的地租负担。

经济民主化的第二项内容是劳动民主化,即以法律的形式保证劳动者的基本民主权利。这方面的改革主要包括如下内容。(1)制定和颁布有关法律,承认工人成立工会和结社的自由权利。1945年12月颁布的《劳动组合法》(或译《工会法》)是这一改革的基本依据,它允许工人自由组织工会。(2)颁布《劳动标准法》,保证工人不受恶劣劳动条件的侵害。该法案禁止强制劳动,规定男女同工同酬;要求资方在雇佣工人时应订立合同,以合同方式规定工资和劳动时间等雇佣条件。同时宣布八小时工作制和休假制。工人基本劳动权力的确认,是经济民主化的基础之一。(3)颁布《职业安定法》《失业保险法》,以保证工人就业的稳定和经济生活的安定。

经济民主化的第三项内容是解散财阀和禁止垄断。这是占领当局最为重视同时也是最困难的改革,因为美国和其他西方国家一致的看法是,经济力量过于集中是日本富于侵略性的根源之一。美军占领日本本土仅一个月,即1945年9月,美国政府在其发表的声明《美国初期对日方针》中,就明确宣布要解散日本大的联合公司。同年11月,盟军总部颁布命令,冻结三井、三菱、住友、安田等15个大财阀的资本。第二年4月,成立负责解散财阀事宜的执行机构——"控股公司整理委员会",正式开始解散财阀的工作。1947年7月,宣布解散三井、三菱等大财阀资本。结果,三井物产被分割成184家独立的企业,三菱商事被分割成139家独立企业。与此同时,还明确规定解散后的财阀,课长以上的职员不许联手设立新社。同一时期,还制定和颁布了《禁止私人垄断和确保公平交易法》,成立了"公平交易委员会"。这一法案基本上是美国《反托拉斯法》的照搬，它的目的在于防止财阀资本的复活。然而，解散财阀的工作在实施中走了样，到1950年3月改革宣布结束时，最初排定的325家大企业，只有18家被解散。即使如此，也对日本经济的民主化起到了较大的推动作用，因为被解散的18家财阀，均属战前操纵日本经济的家族企业。

经济民主化重新确定了日本市场经济的基础：农地改革使日本农村成了小农经济的乐土，农业生产自由竞争局面初步形成，彻底消除了封建农业关系的遗患，解放了农业生产力，这无疑有利于日本农业的发展，并有利于它的资源的更合理配置；劳动民主化保障了劳动者的基本权利，使较为公平的劳动力市场得以形成。而解散财阀则对消除垄断、促进竞争性市场的形成具有深远影响。

二　经济生活的极度混乱与战后统制经济

经济民主化是关于日本经济体制基础性变革的举措，它的影响需要较长的时间才能显示出来。但是，在美军占领初期，日本面临的最紧迫问题是经济生活的极度混乱，它的集中表现是物质生活消费品的匮乏。

物质生活消费品的匮乏是战争所造成的，日本军国主义者所发动的侵略战争以失败告终，结果把日本经济引入灾难性混乱之中。战争末期，本土不断遭到美军空袭，包括原子弹的袭击，致使全国119座城市化为废墟，战火烧毁的住房达200多万间，总共使全国20%左右的人口失去一切财物；战争一结束，760万军人复员，150万海外殖民者被赶回，立刻使就业问题尖锐化，500万人不得不回到农村自谋生路。更为严重的是，战时日本已将朝鲜、中国大陆和中国台湾被占领土作为其重要农矿产品供应地，战争的结束和被占领土的丧失，立刻引起日本生活资料供给不足，加之战败造成国民普遍的绝望情绪，经济恢复一时不可能展开，结果更加剧了物资供给紧张形势。1945年，国民生产总值降至战前1934—1936年平均水平的60%左右。

物资匮乏本身就意味着通货膨胀的不可避免，然而这还不够，日本政府在战争结束前夕和战后头几个月所推行的货币信用扩张政策，则埋下了严重通货膨胀的种子。早在战争后期，日本军国主义政府就一直在靠发行国债来筹措战费，财政赤字不断增加，积聚了很大的通货膨胀压力。战争结束之初，日本临时政府赶在美国占领当局拿出有效的政策之前，又发行了几百亿日元的临时军费支出，主要用于发放复员军人津贴和给军需工厂转产补贴，结果使通货膨胀骤然加剧。战争结束时，批发物价已是战前平均水平的3.5倍，零售物价上涨了3倍。仅仅过了一年，批发物价又上涨了4倍，零售物价上涨了5倍。这还是公定价格，至于黑市，有些物品的价格上涨则达几十倍乃至百倍。

极度混乱的经济生活，迫使占领当局不得不沿用战时日本军事统制经济体制的某些做法，并利用其整顿经济秩序，消除物资匮乏，从而使战后统制经济的建立成为必然。1946年3月，为了对付空前严重的通货膨胀，盟军总部指示日本战后内阁拿出具体方案，其结果是"经济紧急对策"的实施。这是由当时的大藏省、商工省等经济部门协同拼凑出来的一个方案，其核心内容是管住货币：冻结旧日元存款，兑换新日元；个人兑换额予以固定。结果一举收回了500亿日元的银行券，缓和了通货膨胀。但是，这一货币紧缩的结果却加强了统制经济，因为它给每个家庭的基本生活费都是500日元，且沿用配给制发放食品等基本生活资料。因此，"经济紧急对策"的实施，被当作战后统制经济的起点。战后统制经济体制的正式建立，则不早于1946年8月，即"经济安定总部"的成立。

"经济安定总部"是在麦克阿瑟的直接干预下成立的，它是一个不受日本国内任何政治变动干扰，直接对盟军总部负责的经济权力机构，是实施战后统制经济的总管。安定本部的总裁由内阁总理大臣兼任，总务长官由国务大臣兼任，其权力大于任何经济部门，甚至有权命令检察官和警察严格执行经济统制法令，取缔违法行为，被日本人称为"令人闻风丧胆的安总"。有这样一个权威性极强的机构，才使战后统制经济得以正常运作。

"安总"在对付匮乏经济和治理通胀方面，主要诉诸于两项对策。第一项是推行"倾斜生产方式"，就是从供给方面入手，缓和物质生活资料匮乏的局面，从而缓和通胀的压力。所谓"倾斜生产方式"，是由东京大学教授有泽广已提出的一种临时产业政策，其基本立论是，日本经济恢复的最大障碍在于煤炭供给，应将国内所产煤炭重点地用于增产钢铁，而所增产的钢铁，又转用于生产煤炭；煤炭不足，则进口重油予以补充。这一政策建议基本上符合战后初期日本经济的实情，指出了经济恢复的突破口，因而为"安总"所采纳。为实施这一政策，日本政府从金融、财政、价格等方面采取一系列措施，主要做法是，给重点产业以低息贷款、财政补贴和物资供应的保证。这一政策的效果也是积极的。实施倾斜生产方式的头一年，工业生产便有所恢复。日本投降时，其工矿业生产只及战前平均水平的8.7%，1946年恢复到30.4%。第二年，粮食等基本生活资料的生产也被列入"重点产业"。到1948年，工矿业生产已恢复到战前水平的72.9%。"倾斜生产方式"取得明显的成果。

第二项是推行"基础物资价格"政策，从物价—工资体系入手，消除通货膨胀。这个政策是由1947年上台的片山哲内阁提出，经"安总"认可而实施的。具体做法是，先确定煤、铁、钢等"基础物资"的"价格线"，再比照这个价格线确定农产品、水产品等基本生活资料的价格，最后，把公务员的工资水平与基本生活资料价格和最低生活水平等因素联系在一起予以确定，引导私营部门去仿照。这个政策实际上是以提高基础物资价格和降低工资为主要内容的。按照这项政策所确定的"基础物资"价格，相当于战前1934—1936年平均价格的65倍，而工资只相当于战前同期平均水平的27.8倍。可见，这一政策实际上旨在从工资增幅上消除通胀压力，因此属于一种收入政策。

实施上述政策的整个过程中，日本还得到可观的美国援助。据日本外务省统计，战后初期至1949年，日本接受的美国援助总额达13.19亿美元。这些援助全是实物，其中大部分是粮食。[1]

临时产业政策、收入政策加美国援助共同促成了日本经济的初步恢复和通胀的缓和，同时也使统制经济发展到无所不包的地步。统制经济的核心内容体现在它的价格体系上，价格体系完全靠各种各样的补助金来支撑。早在1946年，即经济安定总部设立之前，日本内阁实施的经济紧急对策，就把价格补助制度作为对付通胀的有效办法。当时确定的官方大米、煤炭等消费价格，比生产者价格还低，差额部分由财政支出补助金补偿。后来，为适应"倾斜生产方式"，"安总"制定了新的价格体系，这个价格体系依然靠补助金维持。当时规定，对"基础物资"

---

[1] ［日］内野达郎：《战后日本经济史》，赵毅等译，新华出版社1982年版，第58页。

（又称"安全线物资"）和大米，按生产成本加适当利润计价，当市场价格低于此价格时，给生产者以财政补贴。补贴制得到确立，补贴连年增加。政府的价格补助金支出在一般会计支出中的比重，1946年为11%，1947年为21%，1948年增至24%，其中的40%付给了钢铁企业。①

补贴价格造成了国内商品价格的混乱和扭曲，扭曲的价格在外贸方面尤为突出。直到1948年，日本的贸易是以政府和美军之间的货物交换形式进行的：日本政府以国内价格从民间收购产品交由美国占领当局出口，美国占领当局从海外购入的商品，则交日本官方按国内价格出售。汇率则因每种进出口商品的不同而各异，随时变动。比如，按照1949年（昭和24年）1月出口商品官方汇率，棉织品可按1美元兑240—420日元结汇，丝织品按1：420结汇，罐头、陶瓷则分别按1：300和1：600结汇。而进口品汇率，则远高于出口品汇率，最高的棉花，汇率为1：80，最低为煤炭，也达1：178—267。

补贴价格体系和进出口的运转还离不开美国援助，美国援助不仅提供了国内部分基本物质资料供给，使统治经济管理局有足够的财力维持补贴价格体系，而且还作为平衡进出口贸易的重要手段。

上述经济特征，被后来主持日本货币改革的美国金融家道奇（Joseph Dodge，1890—1964年）形象地称为"竹马经济"。"竹马"即日式高跷，道奇把日本经济比作踩竹马，两脚不着地。竹马的一只脚是各种各样的价格补贴，另一只脚是来自海外的美国援助，极不稳定：竹马的脚过高，就会跌倒，折断颈骨。这个比喻形象而明了，它切中了日本统制经济各种弊端的根源，很容易为人们所接受，被后人称为"竹马经济论"。

三 财政货币改革与统制经济的终结

约瑟夫·道奇给"竹马经济"开出的整治处方是，砍断竹马的双腿，让经济靠自己的双腿走路。就是说，应取消各种价格补助，取消外援，走经济自立之路。道奇的"竹马经济论"是在美国政府对日政策发生了根本性转折的情况下提出来的。因为在20世纪40年代下

---

① ［日］竹内宏：《日本现代经济发展史》，吴京英译，中信出版社1993年版，第130页。

半期，东西方冷战开始，中国革命的迅速成功改变了亚洲的形势。为了遏制共产主义的扩散，美国不得不重新考虑对日政策。新政策的着眼点在于扶植日本经济，以便将其变成遏制共产主义的桥头堡。为了稳定日本经济，美国政府在1949年2月委派底特律银行总裁道奇赴日，充任占领军当局的经济顾问，由此开始了对战后日本经济体制的大幅度调整。调整的总方向是取消各种管制，恢复市场机制的作用。道奇的"处方"就是迈向市场经济的代表性方案。这个方案涉及内容较广，但就其对日本结束统制经济、恢复自由市场机制而言，最重要的内容莫过于两项：其一，建议编制超平衡预算，以便彻底消灭财政赤字；其二，改革货币制度，确定日元对外单一汇率，以恢复正常的进出口价格。

为了实施上述方案，道奇亲自审定了1949年的日本预算。这个预算的收入项目提高了国税，使其在国民收入中的比重由前一年的20%上升至22.3%。预算的支出则取消了各种各样的补助金支出，增加了价格调整费和政府投资，预算最重要的特点在于强调盈余。这个预算实施的后果，是财政在战后第一次出现盈余，从而彻底消除了通货膨胀的隐患。

货币改革最重要的成果是确立了1美元兑换360日元的单一汇率，日元对外单一汇率的确定，成为按照市场经济要求重振出口贸易的基础。

上述改革的直接效应是物价的骤然稳定：1948年之前，日本一直存在严重的通胀压力，黑市交易十分活跃。实施预算改革后的第一年，物价不但未涨，反而有所下降。其中消费品价格平均下降了10%，猖獗一时的黑市交易几近消失。与此同时，按市场汇率确定的日元对外单一汇率对日本的出口极为有利，因而推动了出口的增加。

几乎在实施道奇改革方案的同时，美国占领当局也在筹划日本的税制改革。1949年5月，美国政府委派哥伦比亚大学教授肖普（Carl Sumner Shoup，1902—2000年）率团考察日本税制，提出改革方案。同年9月，该考察团提出税制改革建议，即所谓的"肖普建议"。主要内容有四：（1）废弃大部分间接税，而将整个税制改为以直接税为主；（2）改革所得税和法人税，累进税率最高为55%，并对高额收入者加征"富裕税";(3)引进蓝色收入申报制度,以求税务制度的合理化;(4)加强地方财政,改革地方税制,建立转移支付制度。

"肖普建议"成为1950年日本税制改革的基本原则,正是按照上述建议所进行的改革,确立了战后以来日本的税制。这种与市场经济相适应的税制,奠定了日本各级财政的稳固基础,为政府利用财政政策干预经济创造了前提条件。

随着财政盈余的出现、货币改革的完成和税制改革的深入,"竹马经济"的一只脚——补贴完全被砍去了,市场经济的各种机制开始发挥作用,日本经济开始由统制经济向市场经济过渡。

"竹马经济"的另一只脚——"美援",也随着国际形势的变化而逐步被砍去。朝鲜战争爆发之后,"美援"由美军的"特需"订货所代替。随着战争的持续,日本出口贸易方面取得突破:1950年下半年的出口就比上半年增加了55%。这主要是因为,当时欧亚各国都竞相扩充军备,采购战略物资,世界市场一时由买方市场变为卖方市场,商品供不应求,这推动了日本的出口。特需订货和出口激增这两个因素,使实施道奇超平衡预算的紧缩效应——萧条被摆脱了,日本经济出现了两年多时间的"特需景气"。到1951年,GNP已与战前最高水平持平,同时有了可观的外汇储备。据统计,1949年日本政府从占领军那里接过经济决策权时,只有2亿美元的外汇储备,1951年年底,猛增到9.4亿美元。在这种情况下,"美援"便没有继续存在下去的理由,于是美国宣布停止对日本的直接援助,时在1951年6月。

结束了"竹马经济",就意味着日本已基本达到经济自立。一年之后,即1952年,日本取消了对重要物资的管制和统销,废除了绝大部分"公定价格",让市场在价格和资源配置方面起决定作用。也是在这一年,为实施统制经济而专设的"经济安定总部"被改组,改组后它丧失了经济决策权,变成了一个分析、预测经济状况的务虚机构。它的名称最初叫作"经济审议厅",1955年之后改称"经济企划厅"。"安总"活动的终止标志着统制经济的结束。

第二节　政府指导型市场经济体制的形成与工业社会的扩张

在统制经济结束之前，即1951年，美国出于其全球战略利益的需要，说服西方及亲西方势力的48个国家在旧金山签署了所谓的"媾和条约"（全称《旧金山对日和约》），条约宣布给予日本独立国际地位。次年4月该条约生效，年底之前，美国正式宣布结束对日占领。远在所谓的"媾和条约"签署之前，从1949年起，占领当局已开始将一些控制、监督经济的权力移交给日本政府。在权力移交过程中，日本政府开始有目的地重新审视占领初期的各项经济改革和政策立法，对其进行某些调整。占领期结束后，这种调整加快了步伐。调整一直持续到20世纪50年代中期，它既是对占领时期改革和政策立法的有选择接受，又意味着对战前日本体制中某些有利于经济发展的因素的恢复。正是这种调整，确立了日本政府指导型市场经济体制的基本框架。

对占领时期改革和政策立法的调整涉及范围较广，但与日本经济体制形成联系最紧的调整，主要有三个方面。

第一个方面是修改"禁止垄断法"（全称《关于禁止私人垄断和保护公平交易的法案》），给战前财阀资本以重新组合的机会。1949年，日本政府对该法进行了第一次修改，允许事业性公司持股，并放松了对企业经理相互兼职的限制；1953年进行了第二次修改，宣布该法不适用于"萧条卡特尔"和"合理化卡特尔"。在这前后，还通过《产业合理化法》等法案，宣布反垄断法在许多产业部门不适用，结果使该法的适用范围大大缩小。而早在1951年7月，日本政府便宣布解散财阀的工作已经结束，并解散了控股公司整理委员会。接着，又允许财阀恢复以前的商号。这为财阀企业的重新联合扫清了道路。不出几年，占领时期曾被强行解散的财阀企业，纷纷恢复。比如，曾被分割为184家企业的三井物产和被分割成139家公司的三菱商事，就是在20世纪50年代初以企业集团的形式重新联合起来的。这里需要指出的是，重新恢复后的新财阀资本与旧的财阀资本不同，它不是特权资本，而是一种巨型企业集团，后者有利于资本形成和国际竞争。

第二个方面是建立受政府控制的企业融资制度，这是对统制经济前期"复兴金融金库"融资制度的继承和扩充。占领中期，为了推行"倾斜生产方式"，经盟军总部批准，日本政府颁布《复兴金融金库法》，据之成立该金库。这实际上是一个官方投资银行，它靠发行债券筹集资本，债券大部分由日本银行承购，所筹资本则以优惠条件贷给"重点产业"的大企业。复兴金融金库的运作，造成了重点产业部门企业对官方融资渠道过分依赖的局面，在道奇推行"超平衡预算"方案期间停止了活动。但是，日本政府在从盟军总部手中接过金融管制权之后，便立即以另一种形式恢复了这种企业融资体制。1951年通过《日本开发银行法》，成立"日本开发银行"。该银行继承了复兴金融金库的债权和债务，全由政府出资。它的贷款则完全从属于政府产业政策的需要。与此同时，日本政府还指示其中央银行——日本银行，利用"道奇财政紧缩"造成的资本供给紧张局面，给商业银行发放超额贷款，商业银行则对工商企业发放超额贷款。由此，在战后形成了一种独特的融资体制——超额融资体制。在这种体制下，几家企业向同一商业银行贷款，所贷款项可以超过个别企业的资产净值，这家商业银行则转向日本银行，申请超额贷款。作为最后贷款者的中央银行，成了融资渠道至高无上的控制者。不仅如此，为了管理各类企业的融资渠道，日本政府还成立了一批专业银行，如日本输出入银行、住宅金融金库、中小企业金融金库、农业渔业金融公库等。

通过这些银行与所在部门的金融联系，日本建立了较为完整的中央银行控制系统。

第三方面的调整是摹仿"经济安定总部"，组建"通商产业省"，全面负责产业发展事宜。经济安定总部是统制经济的权力中心，随着统制经济的结束，它的使命也归于完结。但是，在这个机构存在的6个年头中，它所进行的某些干预却十分有效。其中，最突出的是其临时产业政策——倾斜生产方式的实施。正是从临时产业政策的实施中，日本政府看到了产业政策的威力，认识到设立一个集工商计划、管理权于一体的经济权力机构的必要性。于是在1949年，一经从盟军总部手中接过经济决策权之后，便以商工省和贸易厅为基础，组建了通商产业省；1952年美军占领结束时，日本议会通过新的"通商产业省设立法"，大大加强了这个机构的权力，使它在经济决策方面的权力超过其他部门，甚至经改组后的经济企划厅也由它控制。自成立之日起，通产省便成为日本经济政策尤其是产业政策的核心管理部门。过渡时期它的最重要成果是制定出"产业合理化"的政策，而1952—1965年，"至少有58项有关产业政策的法令在通产省的支持下执行"①。它的相当一部分权力是直接从"经济安定总部"手中接过来的，这种权力，除了制定与管理产业政策实施，还包括外汇管制、外贸政策和外资政策。它是所有重要经济政策的管理者。正由于其地位的特殊性，日本和西方经济学界将其称为"经济参谋部"。

正是在对占领时期改革与政策法规的选择性接受中，形成了战后日本市场经济体制中最具特色的成分，其中三个方面最为突出。

一为企业制度，巨型垄断企业与分散的中小企业并存，而典型的日本大企业的组织形式，则是企业集团。企业集团的迅速兴起增强了日本企业的国际竞争力，但同时处在政府的控制之下。

二为金融体制，中央银行具有绝对控制权，它利用超额贷款制控制着绝大部分商业银行，商业银行则利用同样的贷款制控制着众多的企业。甚至那些由财阀资本改组而成的企业集团，也不得不听命于一家商业银行。正是这种金融体制，成为后来日本"窗口指导"式金融政策手段行之有效的保障。

三为政府经济政策体系中产业政策的突出地位。产业政策事实上占据了核心地位。其背景是，从战后经济恢复开始，日本政府就设立了一个占据特殊地位的产业政策规划、实施机构。这个机构的突出地位与日本政府干预产业的传统相结合，将产业政策提升到一个新的高度，一度左右着日本产业的发展。

上述特征的市场经济体制，正是20世纪50年代中期之后日本经济高速增长的重要保障，因此有研究者称其为"高增长体制"，并认为这种体制是在1949—1954年一步步建立起来的。② 事实上，还在这种体

---

① ［美］查尔默斯·约翰逊：《政府到底该干什么？——有形与无形的手之争》，安佳、肖遥译，云南教育出版社1990年版，第182页。
② ［美］查尔默斯·约翰逊：《政府到底该干什么？——有形与无形的手之争》，安佳、肖遥译，云南教育出版社1990年版，第168页。

制形成过程中,它对经济发展的推动作用就已经显示了出来。随着这种体制的形成,日本经济迅速摆脱了战后混乱局面,得到完全的恢复。

一般认为,战后日本的经济恢复经历了三个阶段:第一个阶段是在朝鲜战争爆发之前,经济在很大程度上靠黑市和"美援"支持,恢复前景暗淡;第二个阶段是在朝鲜战争期间,经济得到"意外起爆剂"——特需订货的刺激,开始恢复;第三个阶段从朝鲜战争结束到1955年,主要靠自身的体制调整达到"无特需均衡"。从这个意义上说,第三个恢复阶段最为重要。在该阶段的所有体制调整中,对经济恢复起直接推动作用最突出的调整,至少有两个:一个是确立了激励企业投资与扩张的一整套制度,如特别折旧制度、扣除出口收入制度、补偿出口损失准备金制度和价格变动准备金制度等;另一个是把产业政策的实施制度化,即通过《企业合理化促进法》、"产业合理化计划",积极实施以"集中生产方式"为特征的产业政策。1951年之后,钢铁、汽车、煤炭、化工、造船、电力等基础工业部门,纷纷制订了3—5年的"产业合理化计划"。这些计划得到政府财政、金融部门的全力支持。正是在上述体制调整的推动下,朝鲜战争结束后不久,日本便掀起了战后第一次"消费景气"和第一次"投资景气"。

"消费景气"发生于1952年,这同时也是由朝鲜战争期间"特需景气"所促成的。1952年,国民消费水平在扣除通胀因素之后上升了16%。投资景气则紧跟"消费景气"而来,1953年,民间企业的设备投资率则由1952年的11.4%猛升至36.6%。二者合计,总固定资本投资在1952年的增长率为18.8%,1953年为29.4%。[1] 这两次大的景气过后,日本经济最终达到"无特需均衡"。到20世纪50年代中期之前,日本经济已完全摆脱战后混乱局面,得到充分恢复。统计资料显示,按不变价格计算的GDP在1954年超过"二战"结束前历史最高水平,工业生产在1953年超过战前1937年的水平;工业中实际工资在1952年达到战前1934—1936年的平均水平,1955年则超过战前水平的

---

[1] [日]竹内宏:《日本现代经济发展史》,吴京英译,中信出版社1993年版,第152、153页。

18%，人均 GNP 在 1946 年只及战前平均水平的 57%，1955 年升至 105%。① 1954 年，日本发生了战后第一次生产过剩危机，这意味着它的经济周期已恢复正常。正是基于以上事实，日本政府在 1956 年的《经济白皮书》中宣布，"现在已经不是'战后'了，……恢复性的增长已经结束，今后的增长要靠现代化来支撑"②。

表 15-1　　　　　　　1955 年日本主要经济指标

	恢复到战前平均水平的年份	1955 年相当于战前的水平 *
GNP	1951	136
工业产值	1951	158
农业产值	1949	148
出口量	1959	75
进口量	1957	94
人均 GNP	1955	105
人均个人消费	1953	114
人均工业产出	1953	122
人均农业产出	1952	115

注：以 1934—1936 年水平为 100。

资料来源：[日] 内野达郎：《战后日本经济史》，赵毅等译，新华出版社 1982 年版。

然而，经济恢复之后的日本经济实力依然很弱。1955 年，日本的 GNP 只有美国的 1/15、联邦德国的 1/2，人均 GNP 不足 250 美元。就业结构方面，一半左右的劳动力仍然以农业为生。出口结构方面，纺织品等轻工产品占 90%以上。在欧美主要工业化国家眼里，日本是一个靠低工资倾销廉价商品的国家，是个典型的不发达国家。正由于这一原因，日本在媾和之后是以低收入国家的身份加入国际货币基金组织（IMF）和关贸总协定（GATT）的。但是，由于一种有利于经济增长的

---

① Thelma Liesner ed., *One Hundred Years of Economic Statistics*, The Economist Pub. Ltd., 1989, p. 253.

② [日] 竹内宏：《日本现代经济发展史》，吴京英译，中信出版社 1993 年版，第 158—165 页。

体制的形成，自20世纪50年代中期起，日本经济便进入前所未有的高速增长时期。高速增长一直持续到20世纪70年代初，其间曾出现过三个超高速增长阶段。

第一个超高速增长阶段即所谓的"神武景气"。"神武"为传说中的日本第一位天皇的名号，用此命名此次景气，意在表示这样的繁荣具有开拓性。"神武景气"开始于1955年1月，结束于1957年6月，经济连续出现30个月（两年半）的空前繁荣。繁荣最初是由民间"投资热"引起的，投资实际增长率在1954年曾发生短暂的下降，1955年猛增至23.6%，1956年为23.2%，1957年仍高达17.2%。"投资热"直接推动了工业的扩张，1955—1956年，工业生产增长了22.7%，1956—1957年又增长了17.3%，其中机械工业在1956年的一年之内就增长了59%。工业的扩张带动了整个经济的繁荣，实际GNP增长率在1955年达到12.1%，1956年为8.5%，1957年为9.7%。超高速增长并未引起物价的同步上涨，而是以较低的通胀率为代价实现的。1955年的批发物价不但未上涨，反而下降了1.8%；1956年、1957年的通胀率分别为4.4%、3%。正由于通胀率低，这次繁荣被认为是一次"数量繁荣"，区别于高通胀为代价的"价格繁荣"。

第二个超高速增长阶段是所谓的"岩户景气"。借用日本皇室祖神"天照大神"传说中有关"天之岩户"的"岩户"一词，意在赋予此次繁荣以开创新局面的寓意。"岩户景气"开始于1958年6月，结束于1961年12月，持续了42个月（三年半）。这次景气最初是由一场新的"消费景气"引起的，后来受到政府的重视，并适时提出"收入倍增计划"，进行大量的公共投资。最后，企业则面对贸易自由化的挑战掀起新的设备更新热潮，其结果是一场持续时间较长的大繁荣的发生。繁荣期间的实际GNP增长率均为两位数，其中1959年为11.2%，1960年和1961年均为12.5%。这次繁荣还导致了一场"消费革命"，繁荣之后，日本的国民消费水平得到大幅度提高，到20世纪60年代中期之前，黑白电视机、电冰箱、洗衣机的普及率均超过70%。

第三个超高速增长阶段是"伊奘诺景气"。"伊奘诺"为日本神话故事中的诸神之父，用以命名此次繁荣，含有无与伦比的寓意。的确，此次繁荣在战后日本经济史上创造了纪录。繁荣始于1965年10月，到

1970年7月结束，持续时间长达57个月（四年零九个月）。在这期间，经济平均增速为两位数。这次繁荣是由贸易自由化之后出口扩张和公共开支增加共同启动的。从1960年开始的贸易自由化到1965年取得突破性进展，该年进口自由化率已达到93%。自由化使企业的原材料进口成本下降，出口竞争力加强，因而促进了贸易大发展。1964—1970年，出口额由84.5亿美元增加到193.1亿美元，增长了1.2倍。与此同时，1965年日本政府推出《中期经济计划》，1967年推出《经济社会发展计划（1967—1971年）》，强调了高速增长目标，政府干预产业发展的支出不断增加。正是在出口拉动和政府政策的推动下，经济再次进入超高速增长之中。景气的直接推动力，依然是设备投资。1966—1970年，民间企业设备投资实际年增长率高达21.1%。设备投资总额在GNP中的比重，1955年为15.4%，1970年升至20.5%。① 不断增加的投资推动了经济的全面迅速扩张，1965—1970年，GNP实际增长率高达12.1%，其中工业生产年平均增长率突破15%。

在上述三次超高速增长的间歇期，经济虽然出现过短暂的波动，但从年度记录来看，其增长速度仍然较快。其中，1957—1958年虽然经过一年时间的衰退（1957年6月至1958年6月），经济增长率仍达到5.7%，而在"岩户景气"与"伊奘诺景气"之间的四个相对波动年头（1962—1965年），GDP的年增长率平均达8.3%，其中1964年的增长率达11%。② 由此可以认为，1955—1970年，日本经济一直处在高速增长过程中。这16年间，按不变价格计算的日本GDP年平均增长率为9.4%，其中工业产出年平均增长率高达14.3%。③

经济的高速增长不仅使日本迅速实现了由半工业化国家向工业化国家的转化，还促成了其经济的现代化，使日本挤进了发达工业化国家的行列。

1955年，日本还是个半工业化国家，1965年它已基本实现工业化。

---

① [日]高桥龟吉：《战后日本经济跃进的根本原因》，宋绍英等译，辽宁人民出版社1984年版，第153页。

② Thelma Liesner ed., *One Hundred Years of Economic Statistics*, The Economist Pub. Ltd., 1989, pp. 338—339, 255.

③ Kazushi Ohkawa, Hirohisa Kohama, *Lectures on Economic Development*, Tokyo University Press, 1989, p. 217.

第十五章 | 日本：政府指导型市场经济体制的形成及其变化

就业统计资料显示，在 1961 年，日本广义的工业中的劳动力比重已超过农业，同年工业就业人数占总就业人数的比重达到 34.8%，服务业占 34%，农业占 31.2%。[1] 而按三次产业的就业结构衡量，转折性变化也发生在 20 世纪 60 年代上半叶。1960 年，第一产业就业人数为 1424 万人，第二产业就业人数为 1276 万人，第三产业就业人数为 1671 万人，它们在总就业人口中的比重分别为 32.6%、29.2%、38.2%，也就是说，第一产业人数比第二产业人数多。但是到了 1965 年，第一产业在总就业人口中的比重降至 24.6%，第二、第三产业分别升至 32%、43.3%，[2] 初步具备工业化国家的就业结构特征。与此同时，工业化国家的其他特征也已具备，其中两个特征最为突出。一个是国民产值的产业部门结构和欧美主要工业国工业化完成时期的结构相似。1962 年，农业在日本国内净产值中的比重降至 14%；1965 年，第一产业创造的国民总收入在国民收入中的比重降至 11.2%。这与英、美等国工业化完成时期农业在总产值中的比重接近。库兹涅茨收集的横向比较资料显示，英国农业在国民收入中的比重降至 10% 左右，是在其工业化完成时期的 19 世纪下半叶，美国则发生在 20 世纪头 20 年间，也是在工业化完成时期，其时美国农业、工业、服务业三个产业部门的产值结构为 12∶40∶48，日本在 20 世纪 60 年代上半期的产值结构为 14∶49∶37。[3] 就农业的产值比重来看，与美国 20 世纪 20 年代的情况不相上下，具有工业化经济的结构特点。另一个是对外贸易尤其是出口结构发生了转折性变化。20 世纪 60 年代之前，日本的出口商品主要是轻纺工业产品。1955 年，出口额的一半以上是由轻工业产品支撑的。其中，纺织、纤维产品出口就占了出口总额的 37.2%，而重化工业产品的出口只占 38%，机械产品只占 13.9%。到 1965 年，重化工业产品的出口已超过轻工业产品，当年日本出口总额的 62.5% 是由重化工业品创造的。其中，机械工业品占出口总额的比重升至 35.1%，第一次超过纺织、化纤品出口。

---

[1] [日] 正村公宏：《日本经济论》，东洋经济新报社 1978 年版，第 136 页。
[2] [美] 西蒙·库兹涅茨：《现代经济增长》，戴睿、易诚译，北京经济学院出版社 1989 年版，第 78—83 页。
[3] 转引自金明善《现代日本经济问题》，辽宁人民出版社 1983 年版，第 265 页。

然而，工业化完成时期的日本经济，仍然处在增长的高潮时期。当时的国内外形势都有利于经济的持续增长：20世纪50年代中期到60年代中期的大规模投资，为赶超西方工业化国家准备了雄厚的物质技术基础；60年代中期贸易与外汇的自由化和加入OECD（经济合作与发展组织）这个"发达国家的俱乐部"，使日本经济与发达工业国融为一体。利用这些有利的内外形势，日本政府不失时机地推行了以国民收入倍增计划为核心内容的产业政策，促使经济在20世纪60年代下半期和70年代初跃上一个新的高度——赶上欧美发达国家，实现经济现代化。

1970年，日本的GDP已上升到西方世界第二位。同一年，若将美国的GDP作为100，则日本的GDP为19.8，联邦德国为18.9，法国为15.0，英国为12.2。至于它的工业实力，则在1968年就已超过联邦德国而居世界第二位。但是由于日本的人口多于联邦德国，因此在1970年，日本的人均GDP与欧美主要工业化国家之间还有差距。经合组织按可比价格计算的结果表明，1970年，日本人均GDP为2811美元，位居西方工业国之后。1975年，这一数字方接近意大利，但仍比美、德、法、英等工业国低（见表15-2）。但无论怎样来看，20世纪70年代上半期，日本已经作为西方世界的第二经济大国初露头角。国民消费方面，进入所谓的"三C"时代，即彩电（Colour T. V.）、空调（Conditioner）和小汽车（Car）时代。1970年，上述三种耐用消费品的普及率分别为26%、6%和22%。然而日本经济的实力真正体现在令世界震惊的强大工业和极富竞争力的金融组织上。20世纪70年代初，日本汽车工业形成两大集团——日产和丰田，它们完全可以和美国的通用、德国的大众等汽车公司相抗衡。小汽车的出口在1970年达到85万辆，1971年猛增到142万辆；1970年，富士、八幡两家大型钢铁公司合并，组成新日本制铁公司，其规模居世界第二位，仅次于美国的联合钢铁公司。1971年出口钢3102万吨，占世界出口总量的1/4。一时间，日本被称为"世界钢铁供给基地"。在金融业，1971年，日本第一银行与日本劝业银行合并，成立了第一劝业银行。它不仅是日本最大的商业银行，而且不久之后跃升为世界第一大银行。随着日本经济的崛起，东京也作为一个主要的国际金融中心得到迅速发展。20世纪70年代初，它的重要性仅次于纽约，与法兰克福不相上下。

表 15-2　　日本人均国内生产总值与其他工业化国家比较

（单位：美元/人，%）

	美国	英国	法国	德国	澳大利亚	意大利	日本	日本/美国
1970 年	4920	3273	3215	3413	3465	3045	2811	57.3
1972 年	5735	3743	3871	3953	4043	3461	3375	58.8
1974 年	6810	4631	4826	4797	4894	4427	4070	59.8
1975 年	7334	5053	5287	5287	5462	5204	4531	61.8

资料来源：OECD National Accounts，1988。

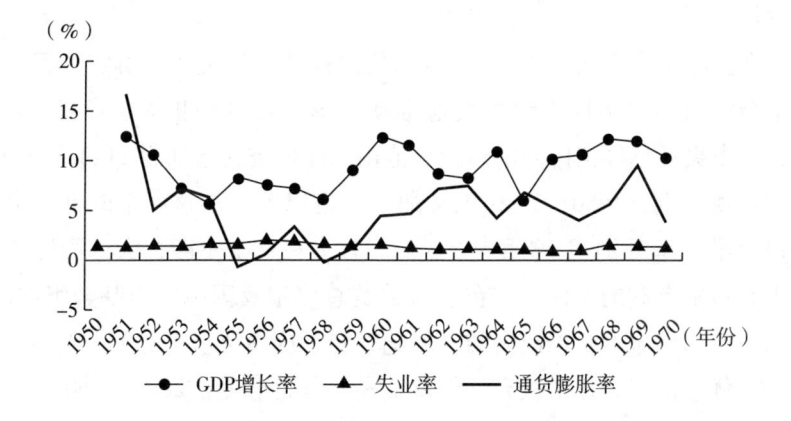

图 15-1　1950—1970 年日本主要经济指标变化

资料来源：Thelma Liesner ed.，*One Hundred Years of Economic Statistics*，The Economist Pub. Ltd.，1989。

第三节　经济动荡与体制创新

在经济持续十几年的高速增长之后，日本经济进入了一个动荡时期。动荡的前兆在 20 世纪 60 年代末已开始显露，其中最突出的就是物价不断上升，通货膨胀率不断爬高。1965—1968 年，日本的消费物价上涨率平均为 4.6%。这已高出大部分工业化国家的上涨幅度。1969 年进一步上升到 6.4%，1970 年上涨到 7.3%。与此同时，长期以来比较稳定的批发物价，在进入 20 世纪 70 年代前夕也出现大幅度上涨之势：1965—1968 年，年平均上涨率为 1.6%，1969 年升至 3.4%，1970 年亦为 2.3%。

物价的上升显然是经济持续过热造成的。过热的经济促使工资尤其是第三产业工资不断大幅上涨，结果使消费物价的涨幅远高于批发物价。然而，这仅仅是 20 世纪 70 年代经济持续动荡的前兆，动荡的展开则始于日本经济的国际方面，多半由日本经济高速增长期间形成的对外依赖条件的变化引出。客观去看，20 世纪 50 年代下半期和 60 年代日本经济的高速增长，主要得益于两个有利的国际经济因素：一个是迅速扩大的国际商品市场和有利于日本的国际贸易条件；另一个是廉价的石油供给。

在国际贸易方面，20 世纪 50 年代之前建立的关贸总协定、国际货币基金组织等协调性组织极大地推动了国际市场的扩大。1848—1960 年，非中央计划经济国家的出口总值由 533 亿美元增加到 1123 亿美元，翻了一番以上，1960—1970 年又翻了一番以上。在这两个时期，世界出口年增长率分别在 6% 和 9% 以上。日本在这个不断扩大的国际市场上占有特别有利的条件：它在加入关贸总协定及国际货币基金组织时，是以欠发达国家的身份出现的，因此享受了这两个组织对于发展中国家的许多优惠待遇，比如被允许保留贸易和外汇管制。20 世纪 60 年代上半期，日本虽然迫于形势的压力不得不实行贸易和金融自由化，但这种自由化是勉强的、不完全的。直到 1968 年，日本保留的进口限制项目仍远多于其他工业化国家。该年在日内瓦和东京举行的谈判，确认日本保留的进口限制项目达 121 项，而联邦德国只有 43 项，美国只有 22 项。[①] 这就是说，直到上升为第二经济大国，日本的贸易保护主义仍然十分强烈。正由于这种有利的国际贸易条件，日本得以实施其"贸易立国"的政策，以出口带动经济的高速发展。1950—1970 年，日本出口贸易的年增长率高达 19%，不仅高于同期世界出口总量的扩张速度，而且高于同期其国内经济的成长速度。1970 年，日本的出口贸易上升至世界第三位。该年在 11 个工业化国家的出口额中，日本的比重为 11.7%，美国为 18.6%，联邦德国为 19.9%，英国为 10.6%。

---

① [日] 内野达郎：《战后日本经济史》，赵毅等译，新华出版社 1982 年版，第 239 页。

第十五章 | 日本：政府指导型市场经济体制的形成及其变化

在日本贸易的扩张中，低估而稳定的日元汇率也起了重要作用。自1949年之后的20多年间，日元对美元的汇率一直保持在360日元兑1美元的水平上。

在国际能源供给方面，廉价的石油供给成了日本经济增长的主要动力。直到石油危机之前，原油价格一直低而稳定。1973年1月，阿拉伯轻质原油的价格，每桶只有2.591美元；而在整个20世纪60年代，原油价格一直稳定在两美元左右。低廉的石油价格刺激了日本在能源方面对石油的过分依赖，1955年在日本的全部能源消费中，石油只占20.2%，1970年提高到70%以上，其中99%以上靠进口。由于油价低廉，因而日本的工业在一定程度上是靠高能耗得以迅速发展的。1969年，每1000美元GNP的能耗成本，美国为40.6美元，法国为37.5美元，意大利为56美元，联邦德国为60美元，英国为58美元，而日本高达75.9美元，在工业化国家中是最高的。[①] 高能耗的发展也使日本的工业结构呈重型化趋向，20世纪70年代初，工业以冶金、石油、化工为主体，产品以"重、厚、长、大"为特点。在其出口中，重工业产品占70%以上。

然而，有利的国际贸易条件和廉价的石油供给在促成日本经济迅速成长的同时，却使其过分依赖国际经济，因而国际经济的任何动荡，都将首先引起日本经济的动荡。事实正是如此，20世纪70年代日本经济的一系列动荡，几乎全是由国际因素引起的。而在所有的国际因素中，贸易条件和石油价格变动的影响最大。

贸易条件的急剧变化是由"尼克松冲击"引起的。1971年8月15日，美国总统理查德·尼克松发表电视讲话，宣布实行紧急经济政策，其内容有五：（1）停止黄金同美元及其他货币的兑换；（2）对所有进口物品征收10%的附加税；（3）削减10%的对外援助；（4）冻结国内物价、工资90天；（5）减税以刺激经济回升。这个紧急经济政策侧重于改善美国的国际经济条件，它要求日本和西欧存在巨额贸易盈余国家的货币升值、开放市场、抑制出口，以消除对美贸易顺差。在美国的压

[①] ［日］中山伊知郎、［日］篠原三代平编：《日本经济事典》，讲谈社1973年版，第475页。

力下，同年12月，西方10国财政部部长达成协议，决定美元贬值，把黄金的官价由35美元一盎司提升至38美元一盎司，其他货币不同程度对美元升值，其中日元升值16.88%，由1美元兑360日元变为1美元兑308日元。这就是"斯密森协定"（Smithsonian Institution Agreement）。但"斯密森协定"并未阻止美元的继续贬值和日元、马克等货币的升值，也未能改善美国的外贸逆差。该协定签署后的第二年，美国的贸易赤字由前一年的20亿美元猛增到60亿美元，日本的贸易盈余由前一年的77.87亿美元上升到89.71亿美元。结果给日元带来更大的升值压力。此后在大部分年份，日元升值是令日本政府头痛的事，因为升值不仅会使日本的出口条件恶化，而且使宏观经济政策陷入两难境地：为治理通胀而采取紧缩政策，国际收支余额会扩大，会引起对外贸易摩擦；为减少国际收支余额而采取景气扩张政策，则会加剧通胀压力。

"尼克松冲击"之后，便是石油危机。20世纪70年代的两次石油危机，都使日本经济受到严重冲击。1973年10月发生的第一次石油危机，在不到三个月时间，使石油价格足足上涨四倍。该年10月1日，阿拉伯轻质原油的牌价每桶尚维持在3美元左右，10月16日涨至5美元以上，次年1月1日又涨至11.65美元。到2月，一些日本公司签订的供货合同竟高达每桶20美元。石油危机引起日本消费者恐慌，掀起抢购风和挤兑存款风，将日本经济推入战后恢复以来最严重的萧条之中。1974年，日本经济经历了真正的"滞胀"。该年GDP下降1.2%，是战后恢复以来的首次负增长。物价则狂涨不止，1974年2—3月，批发物价指数比1973年同期高出37%，消费物价指数高出26%。其中，洋白菜价格上涨了4倍，其他蔬菜价格上涨了2—3倍，一般食品价格上涨了0.5—2倍。1979年7月，欧佩克宣布石油大幅度提价，引发了第二次石油危机。第二次石油危机前，油价本已稳定在每桶11—12美元的水平上，1979年年初伊朗发生政变，石油再次涨价，7月涨至每桶18—23.5美元，次年每桶突破30美元。第二次石油危机给日本经济造成的震荡与第一次相同，然而程度要弱些，它只使日本经济增长率有所下降，却未出现负增长；通胀率明显上升，1979—1980年，消费物价上升8%，批发物价上涨17.8%。

"尼克松冲击"和第一次石油危机宣布了日本经济高增长、低通胀

第十五章｜日本：政府指导型市场经济体制的形成及其变化

时代的结束。整个20世纪70年代，按GDP衡量的日本经济年平均的增长率只有4.6%，按消费物价衡量的通胀率则超过9%，而在上一个10年，这两项记录分别为9.9%和5.7%。更为糟糕的是，自"尼克松冲击"之后，日元对外有利的固定汇率时代一去不复返了。1973年2月之后，它和西方主要货币一样，变成了无限期自由浮动的货币。与此同时，美国和欧洲不再视日本为二三流国家，在国际贸易领域加强了对"日本威胁"的防范。这样一来，日本面对的国际经济环境更加恶化。事实上，整个20世纪80年代和90年代初日本经济面临的主要问题，一直是日元升值和对外贸易摩擦。一般的情形是，在日本外贸和国际收支巨额盈余的情况下，美欧工业国便压日本抑制出口，开放市场，同时联合干预日元升值。日元升值的外贸出口收缩效应和市场开放效应，则是经济的衰退。这三个因素之间相关性最突出的表现，莫过于20世纪80年代下半期的日本经济走势。1985年之前，日本从第二次石油危机中恢复之后，形成了巨额的外贸顺差。1985年9月，西方五国财长举行会议，达成"广场协议"（以会议召开的旅馆命名），决定采取联合行动，干预外汇市场，迫使日元汇率上浮。结果在不到两年的时间，使日元对美元的汇率上浮了88%以上："广场会议"之前，日元汇价尚在1美元兑260日元的低水平上；1986年3月19日，上升到1美元兑174.2日元；5月12日，进一步升至1美元兑159.99日元；而到了1987年，受油价下降和美欧各工业国对日元汇率观望政策的影响，日元对美元的汇率突破了1美元兑140日元大关。与此同时，迫于国际压力，日本不得不实行抑制出口、开放市场的某些措施，1986年1月起实施"市场开放行动计划"，下调1853种商品的关税，改善88种商品的进口程序。日元升值和开放市场最终导致日本经济在1986—1987年度发生严重衰退，该年度的工业生产为零增长。

面对国际经济环境的急剧变化，从"尼克松冲击"之后起，日本政府便不断地调整着以往所形成的经济体制。调整的基本方向是，加强政府干预经济的能力，推进经济结构的变化。

在政府对经济干预的政策体系中，日本加重了财政政策的作用。1972年上台的田中角荣（1918—1993年，1972—1974年任首相）政府，曾积极鼓吹"日本列岛改造论"，意在通过扩大政府财政支出，刺激经济增长，促成产业的重新布局，缩小区域经济差异。次年2月，田中政府公布了以"日本列岛改造论"为基调的《经济社会基本计划》，该计划提出以政府在交通运输、通信等基础设施方面的投资为主导，使经济在1973—1977年的平均增长速度达到9.4%。为支持该计划而制定的1973年日本预算支出，比1972年增加了1/4，财政投资规模增加28%左右。这个计划虽然由于石油危机而落了空，但它是一个标志，表明日本政府在采用凯恩斯主义需求管理政策方面迈出了较大的一步。一般认为，日本从单独依赖金融政策调节景气程度转向财政、金融政策并举始于1965年。该年日本修改了《财政法》，新的法案允许政府发行国债以平衡预算，从而部分地放弃了道奇为日本确立的"超平衡预算"体制。但在"尼克松冲击"之前，财政政策的作用依然是受到限制的。以田中政府的"日本列岛改造论"计划为开端，日本政府越来越多地依靠财政政策甚至赤字财政政策来刺激经济。这种政策调整趋向，直到20世纪90年代仍未见大的变化。从20世纪70年代中期到整个90年代，日本政府一直在用广泛的财政干预政策来平息经济衰退。其中在20世纪80年代末之前，大的干预行动就不下两次。

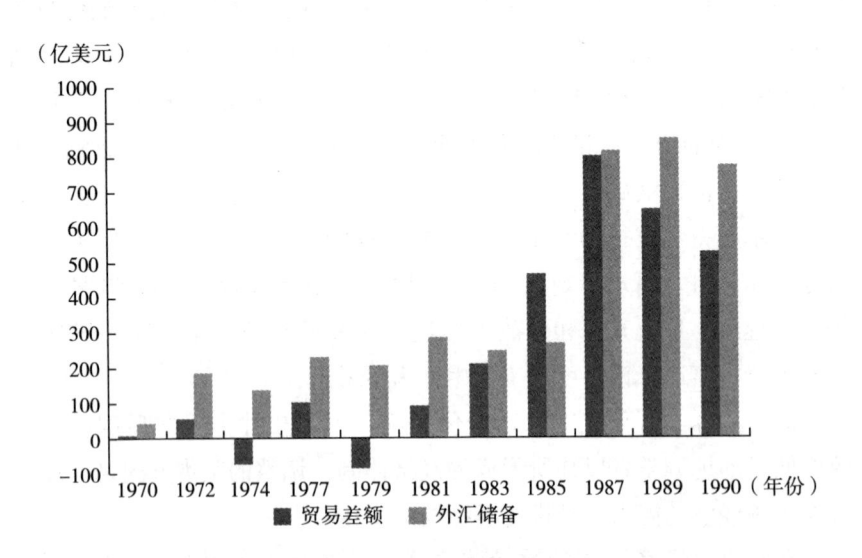

图15-2　1970—1990年日本外贸差额与外汇储备变化

资料来源：[日]通产省编：《通商白皮书》，转引自宋绍英《日本经济国际化》，东北师范大学出版社1997年版，第100—101页。

第十五章 | 日本：政府指导型市场经济体制的形成及其变化

第一次是针对20世纪70年代的"滞胀"采取的。具体做法是大幅度增加国债发行量，以发行国债收入增加政府公共投资，带动经济景气回升。1975—1978年，国债年度发行额由5.3万亿日元猛增到11.3万亿日元，四年累计发行国债33.3万亿日元。[①] 发行国债所筹财政收入，全部用于公共投资和其他支出。巨额的公共支出，刺激了经济的回升，使经济在1974年出现负增长之后，很快恢复到中速增长水平。1976—1978年，实际经济增长率回升到5.7%—5.9%。干预的效果是明显的。

第二次是针对20世纪80年代中后期的衰退采取的。为了对付1986—1987年日元升值导致的经济不景气，1987年5月，日本政府出台了一项"紧急经济对策"，增加6万亿日元财政支出，旨在促使经济摆脱衰退，步入回升。与此同时，还运用了金融政策，多次降低官方利率：1987年降至2.5%的历史最低水平，且一直维持到1989年6月，结果促成了经济的另一次繁荣。1987年，工业摆脱零增长，增长率为3.39%，1988年、1989年分别增长了5%、2.4%。而经济总体的增长率比工业还高，按GDP增长率计算，1987年为4.4%，1988年为5.9%，1989年为4.9%，1990年为5.5%。[②] 这次干预的效果也是明显的。

财政政策的干预，在很大程度上是从属于产业政策目标的，因为财政政策属于短期政策，产业政策才是一种长期政策。从20世纪70年代"尼克松冲击""石油危机"起，日本的产业政策一改往昔鼓励"重、厚、长、大"型工业尤其是能源、资源密集型工业的政策，而推行积极的适应变化了的国际经济环境的产业结构政策。新的产业结构政策致力于三个目标：其一是促进建立在高技术基础上的新兴产业的发展，如精密仪器、电子计算机、工业机器人、集成电路、信息处理和家用电器产业，这些产业的产品具有"轻、薄、短、小"的特点，与高速增长时期的主导产业——钢铁、石化、船舶、汽车产业的产品不同，后者则被称为"重、厚、长、大"产业；其二是促进第三产业的发展，以增

[①] ［日］竹内宏：《日本现代经济发展史》，吴京英译，中信出版社1993年版，第271页。

[②] 国家统计局编：《世界主要国家和地区社会发展比较统计资料（1990）》，中国统计出版社1991年版，第39、27页。

加经济的内需能力,提高国民的生活水平;其三是发展节能型产业,加快向海外输出能源消耗型产业。

上述产业政策的实施产生了两个效应。第一个效应是促成了产业结构的巨大变化。就三次产业的大结构来看,1970年,第二产业和第三产业平分秋色,该年第二产业在总产值中的比重为46.4%,第三产业为47.5%;到了1987年,第三产业远远超过第二产业,第二产业产值比重为41%,第三产业为57%。这两个产业的就业结构也反映了上述变化:1970年,第二、第三产业的份额分别为27%、40%;1986年,第二产业就业份额减至25%,第三产业增至48%。[1] 就工业内部的小结构来看,高速增长时期发展起来的"重、厚、长、大"工业迅速衰落,代之而起的是新技术、高技术工业。20世纪80年代下半叶,钢铁工业推行合理化计划,鼓励职工"暂时回家"和"自愿退职"。几年之内,主力企业缩减了20%—30%的人员,非铁金属的大批企业被关闭,仅1986年关闭的矿山就达19座。然而由于高新技术产业的兴起和第三产业的扩张,日本的就业率一直保持在较高的水平上,失业率一直在2.5%之下,比美国和西欧好很多。同一时期,日本经济的内需水平大为提高,这提高了日本经济抵御外部动荡的能力。

产业结构政策实施的第二个效应是,在经济体制中,政府干预经济的能力增强了,范围扩大了。20世纪70年代以来的日本经济,在很大程度上是依靠政府的积极干预才渡过一次次难关的,公共投资成了摆脱一次次萧条的"起爆剂"。但与此同时,产业政策的手段或干预方法越来越具有间接特征。迫于国际贸易摩擦的压力,日本政府越来越难以采用直接补贴、政府资助等手段来干预产业的发展,而更多地通过减税、优惠贷款等手段。

然而,以财政政策为支撑点的产业政策的实施,也给日本经济带来诸多不稳定的因素。每一次财政干预行动,虽然都不同程度地将经济引出谷底,但又造成新的困难。比如,20世纪70年代下半期为刺激经济回升、资助产业结构调整而采取的赤字国债政策,到80年代初演变为

---

[1] Thelma Liesner ed., *One Hundred Years of Economic Statistics*, The Economist Pub. Ltd., 1989, p. 308.

一场财政危机。1980—1985年，国债余额在GNP中的比重由28.2%猛增到42%，而1975年只有9.8%。① 这迫使日本政府不得不实施财政改革，而财政改革对日元升值则起了推波助澜的作用。同样，20世纪80年代中后期的大规模财政景气政策，在把经济引出衰退的同时，却埋下了后来被称为"泡沫经济"的祸根：高股价、高地价使经济呈现虚假繁荣，使经济再次呈踩高跷式特征——靠高股价、高地价两条腿支撑。当股价、地价崩溃之后，繁荣的泡沫便被戳穿了，这便是20世纪90年代日本经济走走停停的基本原因。

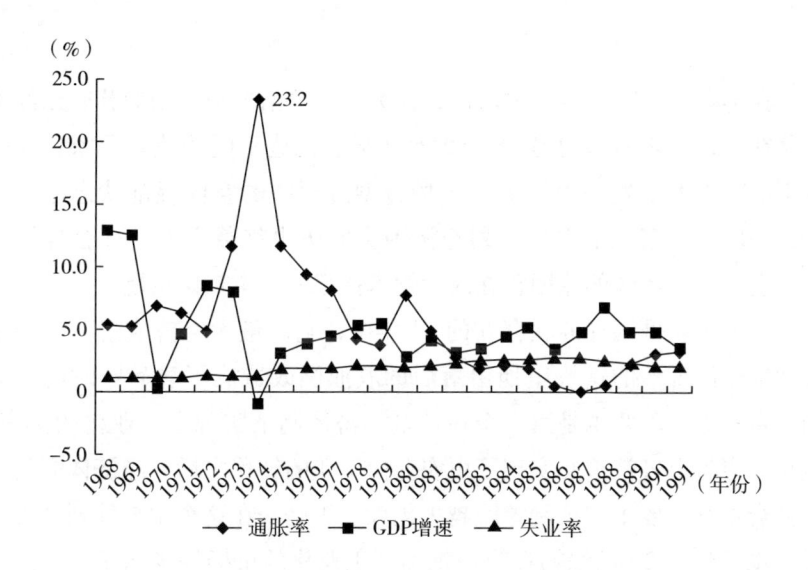

图15-3　1968—1991年日本主要经济指标变化

资料来源：World Bank Open Data（https://data.worldbank.org/）。

---

①　[日] 竹内宏：《日本现代经济发展史》，吴京英译，中信出版社1993年版，第271页。

第十六章　苏联：计划经济体制的创新及其失败

在笔者动手写作本书的时候，作为一个政治经济大国的苏联已经不复存在了，代之而起的是 15 个大小各异、民族不同的独立国家，这些国家的经济大多处在由计划向市场转型过程中的空前混乱状态中。但是，苏联作为第一个中央计划经济国家的历史将载入人类社会经济史册，它产生和解体的原因正在成为学术探索的一个热门话题。

在苏维埃俄国加苏联存在的 74 年中，它的最大经济成就莫过于把前沙俄帝国统治的这块土地由落后的农业国改造成了显赫一时的工业国。事实上，苏联也是第一个在计划经济体制下实现了工业化的国家。但是，当整个经济重心实现了由农业向工业的转移之后，经济体制与工业社会本身所要求的体制差距越来越大。于是，在这个中央计划经济国家，也发生了 20 世纪初在第一批实现工业化的市场经济国家曾经发生过的事情——经济发展趋于缓慢。经济发展趋缓要求体制创新，但是在苏联，理论的教条和制度的僵化本身决定了经济体制改革的局限性，滞后的经济体制最终与工业社会进一步发展的要求势不两立，于是这个体制本身的崩溃便成为必然。然而事情并非这样简单，在苏联，计划经济体制一直被当作社会主义乃至共产主义的唯一经济体制，它同时还是苏联中央政府约束各加盟共和国与各级地方政府的有力工具。随着这个体制崩溃而来的，必然是国民的信仰崩溃，是联盟的解体。因此不难看出，苏联的解体在很大程度上是由经济体制危机发端的。

第十六章｜苏联：计划经济体制的创新及其失败

第一节　经济体制的僵化及其最初表现

"二战"一结束，战前取得工业化突破的几个西方国家都在着手进行经济体制的大幅度调整，其中德国、日本和法国几个受战争破坏严重的国家体制改革最为突出。但是，苏联则是另一种情形，战争一结束，第一个重大的经济决策便是原封不动地恢复战前所确立的计划经济体制。

战争时期，苏联也在事实上建立了一种军事统制的经济体制。德国入侵苏联后的第八天，即1941年6月30日，苏联便组成以斯大林为主席的国防委员会。这个委员会是战时唯一的最高权力中心，它集中了党政军的一切权力，统一领导前线和后方，它的任务是"变全国为统一的军营"。它的决议和指令，在战时具有绝对的权威，任何组织和个人均须无条件服从。但和某些市场经济国家的战时军事统制经济不同，苏联的军事统制经济是以高度集中的计划经济体制为基础的，而高度集中的计划体制的决策权本身就很集中，因此从平时向战时的转变也比较容易。还在德国入侵之前，面对欧洲日益紧迫的战争形势，苏联政府就已开始在计划中加强军工生产的比重。1940年前后，联共（布）中央政治局就相继作出了一系列决定，命令在国家计划中加大某些军工产品的生产，其中重要的有《关于1940年生产T-34坦克的决定》《关于改造现有飞机厂和建设新式飞机厂的决定》等。这些决议精神都在"三五"计划中有所体现。在德国入侵之前，苏联的军事实力就已得到加强。1939年，它的飞机产量达10382架，名列各大国之首；它的国防开支在国民收入中的比重，在1937年就仅次于日本而高于德国，而它的"相对战争潜力"仅比德国低0.4个百分点。[1] 德国对苏联突然袭击之后，苏联经济向战时转变的步伐也是非常快的，国防委员会一经成立，便把以前人民委员会和国家计划委员会的计划权收归为己有，且加强了对各个工业部权力的集中管理。由于企业本身早已属国家所有，因此国

---

[1] [美]保罗·肯尼迪：《大国的兴衰——1500—2000年的经济变迁与军事冲突》，王保存等译，求实出版社1988年版，第399、408页。

防委员会的指令在企业畅行无阻，企业的撤迁、转产都完全按国防委员会的指令进行。它们向后方撤迁和由民用向军用转产的速度，是任何市场经济国家所无法比拟的。正是靠了战前的计划体制，苏联在战争初期就成功地将1360个大企业东迁，保存了战略反攻的经济实力。这被西方学者称为"苏联战时组织工作方面的最惊人的人间奇迹"[①]。战时的军工生产也是在高度集中的计划管理下进行的，东部地区一大批企业的建立，民用工业向军事工业的转产，新式武器的研制试验，都有专门的计划作保障。正是靠了这种高度集中的战时经济统制，才保证了战争物资的生产和供给，为卫国战争的胜利奠定了物质基础。

事实证明，在集中有限的人力、物力、财力于某一个方面，以应付外敌入侵等社会危机上，计划经济体制不失为一种高效率的体制。但就社会稀缺性资源的有效配置而言，则未必如此。然而在卫国战争结束之后，苏联共产党和政府的决策者们显然丝毫未认识到这一点；相反，卫国战争的胜利，助长了他们对高度集中的计划经济体制以及斯大林片面强调重工业发展的工业化战略的过分肯定乃至迷信。其根据是，正是这种体制，使苏联在短期内实现了由平时经济向战时经济有条不紊的转化；正是重工业优先发展的工业化战略，使苏联在短期内具备了较强的军事实力。

上述形势和认识使计划经济的全面恢复成为必然，而这种体制的恢复本身并不复杂。在后方，它主要涉及高层管理部门之间的权力移交；在企业层，除取消军方某些直接干预外，组织机构几乎不用作任何改变。

计划体制的恢复任务主要集中在遭受德军占领和破坏的地区。战争前半期，苏联欧洲部分的大片国土为德军所占领，被占领地区的工业生产能力占战前苏联整个工业生产能力的一半以上，耕地占总面积的47%。它同时还是苏联农业集体化程度最高的地区，战前有9.8万个集体农庄、1876个国营农场和近3000个拖拉机站。德军占领之后，解散了集体农庄，毁坏了拖拉机站，加上大批居民逃往后方，经济陷入一片

[①] [苏]萨姆索洛夫主编：《苏联简史》第二卷，北京大学俄语系翻译组译，生活·读书·新知三联书店1976年版，第454页。

混乱。苏联红军在反攻过程中，国防委员会就开始着手恢复这些地区的集体经济和计划体制的基层组织。1943年1月，苏共中央通过了《关于恢复解放区机器拖拉机站和集体农庄的措施》决议，指示给收复领土调拨大批农业机械、农机手和管理人员，帮助这些地区重建集体农庄和国营农场，到德军被全部赶出苏联领土为止，已建立了8.5万个集体农庄和1.8万个国营农场。与此同时，苏联还在新扩张的领土主要是波罗的海三国，推行了全面集体化运动，建立了实施计划的基层机构。到1945年"二战"全面结束之前，被占领土的集体农庄和国营农场组织已基本恢复完毕，国营工商企业的重建也已全面铺开。与此同时，各级计划机构和经济管理机构也已基本恢复，国防委员会的设立再也没有必要了。于是在该年9月4日，苏共决定取消国防委员会，把它的大部分经济权力移交给人民委员会，原封不动地恢复了战前高度集中的计划管理体制。

"人民委员会"由各产业部门负责人——"人民委员"组成，人民委员实际上相当于部长，1946年3月，正式改称部长，同时"人民委员会"也改称"部长会议"。这个委员会成员还包括各加盟共和国的部长会议主席，它直接在苏共中央政治局的领导与监督之下行使经济权力。人民委员会接过经济决策权后的第一项任务，便是制订1946—1950年的五年计划，即"四五"计划。于是，经济体制又恢复到战前状态。

第四个五年计划的产生过程也和战前三个计划的产生过程完全一致。它按照苏共中央提出的一个10—15年的长期规划定调。后者是在1946年3月由斯大林亲自宣布的，该规划提出的目标是，在10—15年内将苏联的煤产量由1.5亿吨提高到6亿吨以上，石油产量由2000万吨提高到6000万吨以上，钢产量由1200万吨提高到6000万吨以上。根据这个长期规划的精神，第四个五年计划的各项经济指标均很高。该计划规定，到1950年，苏联的国民收入应超过1940年水平的38%，工业生产超过48%，农业生产超过27%，铁路货运超过28%，职工平均工资超过23%，工业劳动生产率超过36%，物价下降60%以上。在这个五年计划之下，是年度计划和各种专项计划。年度计划逐年制订，其中第一年即1946年的计划，主要集中在恢复基础设施方面。专项计划较多，其中最受到重视的计划莫过于1947年2月发布的"发展畜牧业两年计划"和1948年10月公布的"斯大林改造自然计划"。前者规定在1947—1948年内要大力发展集体农庄和国营农场的家畜饲养业，后者规定了宏大的改造自然任务：建造八条总长5300千米、宽30—60千米的防风带，以保护苏联欧洲部分的草原；在32万公顷土地上进行筑堤和绿化工作，整治4.4万个水库等。有些专项计划还跨越两三个五年计划。

然而，计划的执行从一开始就遇到困难，1946年频频发生自然灾害，致使农业生产计划受挫，但更为严重的问题则是该年发动的一场带有政治色彩的运动导致的，这便是针对国营农场和集体农庄中私人自留地的运动，目的在于限制农民自留地经济的发展。加上工业的转产损失，结果1946—1947年度计划完成得很差。据估计，工业生产只完成了计划的70%左右，农业恢复也远低于计划，因而原定1946年取消的战时配给制便不得不推迟到1947年实施。基于这种情况，1946年年底至1947年年初，苏联政府不得不对计划做一定的调整，比如在1946年12月颁布了关于调整生产日用消费品的轻工业的法令，1947年2月公布了关于重振农业的一些政策法令。这些调整，加上1947年后的一些专项计划的出台，方保证了五年计划的实施。按照1951年4月16日苏联官方公布的"胜利公报"，第四个五年计划"超额"18.9%完成。但这是根据一些很不完善的战前"可比性"基数计算的，并且在工业统计中大大压低了成本，因此其"水分"是可想而知的。根据西方学者的估计，第四个五年计划的完成率只有89.2%，实际上属于第一个未曾完成的五年计划。[1]

第四个五年计划的主要任务是恢复遭受战争破坏的经济，这方面的进展则是顺利的。到1950年，官方公布的国民收入已相当于1940年的164%，即使按照西方学者的保守估计，GNP也超过1940年规模的21.4%。但是在国民收入总额和GNP恢复与增长因素中，必须考虑到这一时期的两个附加条件。一个是苏联国土面积的扩大。1945年，除

---

[1] [法]皮埃尔·莱昂主编：《世界经济与社会史》，谢荣康等译，上海译文出版社1985年版，第219页。

了重新确立了在波罗的海三国的统治，苏联还从东欧一些国家获得大片新的领土，新并入苏联的领土面积达 67 万多平方千米，人口为 2000 多万人。这些地区在战前都是工业化程度较高的地区，其经济潜力巨大。另一个条件是苏联掠自外部的资源。战争一结束，苏联便开始有计划地拆迁东欧苏占区的工厂，抢夺技术人员。从德国东部乃至东欧新兴民主国家拆运回大批工厂、机械，征来大批工程技术人员。仅在德国，到 1948 年为止，苏占区就拆除了 1900 家工厂，其中 1700 家工厂是完整地拆除并运至苏联的。许多被拆迁工厂的职工也随厂移往苏联，直到 20 世纪 50 年代才得以返回家园。[1] 如若考虑到这些因素，那么苏联战后经济的迅速恢复，就不应全部归功于计划经济体制的恢复。

事实上，从经济恢复开始，计划经济体制的僵化就已经开始显露。其中最明显的表现，莫过于以下两点。其一，计划的编制已失去了从下到上的特征，而几乎全是自上而下层层下达任务式的。这就使计划在很大程度上失去了科学性。在计划的实施过程中，各级政府和企业往往是当作一种政治任务来接受上级计划指标的，他们对中央所订计划不得有任何怀疑，只能盲目执行。其二，计划体系越来越庞大，除了五年计划和年度计划，又加进了许多专项计划，而许多专项计划又是跨五年计划的，于是计划之间的协调越来越困难，尤其是一些高指标的计划落空之后，引起的问题更多。庞大的计划体系使计划人员的工作量大幅度增加，结果计划的编制周期越来越长，许多年度计划只是在该年度工作过半之后才被拿出，而第五个五年计划直到 1952 年 8 月才有正式文本，此时计划本身已被实施了 20 个月。滞后且在很大程度上脱离实际的计划，事实上对国民经济发展的指导作用越来越有限了。20 世纪 50 年代中期之前的苏联经济，实际上主要靠一些专项计划和已经形成的结构在发展。这部分地可以解释如下的事实：尽管从恢复经济开始，苏联政府就一直在强调农业和轻工业的重要性，力图在这方面有所突破，但经济的结构依然朝着重型化在发展。1950 年，生产资料工业已超过 1940 年规模的一倍以上，消费资料工业只超过 21%；1955 年，前者超过 1940

---

[1] ［联邦德国］卡尔·哈达赫：《二十世纪德国经济史》，扬绪译，商务印书馆 1984 年版，第 113 页。

年水平的近3倍，而后者只超过1.1倍。[1]

体制的僵化集中表现在价格的扭曲上，价格的扭曲从农产品的价格与成本严重脱节上可见一斑：谷物的强制收购价格在1929—1935年只提高了10%，1935—1953年一直未做变动，而同期农民购买工业品的价格却上涨了10倍左右。到1953年，谷物收购价只相当于生产成本的1/4—1/3。价格的严重扭曲必然损害农民的利益，造成城乡居民收入和生活水平差距的迅速扩大。另外，僵化的体制也严重地忽视了城市人民的生活，其中尤以住房紧张为烈。据计算，1923年，苏联城市居民的人均住房面积尚有6.45平方米，1950年减少到4.67平方米。也就是说，这20多年间一直在下降。至于消费品供应的紧张、持币待购，则是一个经常现象。然而，这些仅仅是计划经济体制弊端的最初表现。

第二节　经济体制的危机与早期改革

斯大林统治后期，苏联计划经济体制的僵化虽然已经有所表现，但还不至于对宏观经济的总体成长产生大的危害。除了农业发展缓慢以外，经济增长的速度则一直居高不下。这主要是因为，自卫国战争胜利起，斯大林的个人威望空前上升，苏共的权力控制体系得以强化，斯大林和他所领导的苏共一直把计划经济体制当作社会主义唯一可供选择的经济体制推崇备至，没有任何人敢去怀疑这种体制的优越性，再不合理的计划也受到各级政府和所有企业的全力支持，这就保证了计划的实施。另外，在斯大林时代后期，中央各种计划几乎完全通过强硬的政治手段来贯彻。在计划的制订和实施过程中，条（中央）、块（地方）之间的权限划分虽然不是十分明确，但它们之间扯皮的事情较少。一般情况下，往往是"块块"服从"条条"的统一安排，因为任何地方主义的要求都可能受到政治上的严厉处置。这也保证了计划实施的效率。

但是，随着斯大林的逝世（1953年3月6日）及其影响力的淡化，计划经济体制在政治约束方面的保障开始减弱。一是因为在斯大林之

---

[1] 苏联部长会议中央统计局编：《苏联国民经济六十年》，陆南泉等译，生活·读书·新知三联书店1979年版，第156页；增长倍数由笔者根据指数计算得出。

后，苏共再也没有一位领导人具有斯大林那样的绝对权力，实现全党思想的高度统一。相反，苏联党和政府领导层内部的权力斗争逐渐抬头，这无疑削弱着计划体制的运作效率。二是以赫鲁晓夫为首的苏共中央对斯大林个人崇拜的批判，导致了对以往政策的普遍反思乃至怀疑。人们不会看不到这种被标榜为"最优越"的经济体制的某些"失误"，尤其是五年计划和年度计划的失误。

事实上，斯大林逝世仅几个月，即1953年夏，实行"集体领导"的苏共中央就在试图对第五个五年计划进行修改，修改后的计划加大了对消费品生产的投入，并宣布逐步提高农产品的收购价格，增加农业投入。这一修改实际上已抽去了"五五"计划的实质内容。尽管如此，"五五"计划的实施效果仍然不如前一个计划。按照苏联官方公布的统计数字，第四个五年计划"超额"18.9%完成，但第五个五年计划只"超额"7.1%，超额幅度大为降低。[①] 与此同时，经济的增长速度也大为降低。根据苏联公布的《国民经济统计年鉴》，"社会总产值"在"一五"至"二五"时期年平均增长率在16%以上，"四五"时期为14.2%，但到了"五五"时期，降至10.8%。经济成长速度的明显下降，对这个高度重视建设速度的国家来说，无疑是个巨大的打击。它标志着僵化的经济体制已经开始危害经济增长，预示着苏联中央计划经济体制危机的开始。

体制危机的第一个表现则直接反映在经济增长速度的递减上。"五五"之后的苏联经济，各主要指标增长速度无一例外地均呈递减之势。统计资料表明，从"五五"（1951—1955年）到"六五"（1956—1960年）时期，社会总产值的成长速度下降了1.7个百分点，国民收入增长速度下降了2.3个百分点；从"六五"到"七五"时期，社会总产值增速和国民收入增速同步下降了2.6个百分点；"八五"时期，情况略有改善，但工业产值增长速度仍然呈下降之势；而"九五""十五"时期，经济增长速度递减之势则更为明显（见表16-1）。

---

① ［法］皮埃尔·莱昂主编：《世界经济与社会史》，谢荣康等译，上海译文出版社1985年版，第219页。

表 16-1　　1951—1980 年各五年计划时期苏联经济平均增长速度　（单位:%）

	社会总产值	国民收入	工业总产值	农业总产值
"五五"计划（1951—1955 年）	10.8	11.4	13.1	5.5
"六五"计划（1956—1960 年）	9.1	9.1	10.4	3.1
"七五"计划（1961—1965 年）	6.5	6.5	8.6	2.4
"八五"计划（1966—1970 年）	7.5	7.7	8.4	4.2
"九五"计划（1970—1975 年）	6.3	5.7	7.5	0.5
"十五"计划（1976—1980 年）	4.2	4.3	4.5	1.5

资料来源：1951—1980 年的《苏联国民经济统计年鉴》，转引自王跃生《苏联经济》，北京大学出版社 1989 年版。

　　体制危机的第二个表现是，产业部门结构比例严重失调，且无法扭转。从战后经济恢复之后开始，苏联政府出于缓和国内市场消费品供应紧张的目的，一直在试图加快乙类工业（消费资料工业）和农业的发展速度，改变过重的产业结构，但结果适得其反。1950—1980 年，产业结构继续朝着重型化方向发展，消费品供应短缺的局面一直未见改善。根据苏联官方公布的统计数据，1953 年，甲类工业（生产资料工业行业）的产值占工农业总产值的 51.3%，乙类工业（消费品工业行业）占 23.2%，农业占 25.5%。1953—1980 年，乙类工业和农业在工农业总产值中的比重均有所下降。其中，乙类工业比重下降了 1.8 个百分点，农业比重下降了 7.3 个百分点，唯有甲类工业比重在不断上升——同一时期上升了 9.1 个百分点。结果到 1980 年，这三个产业部门的产值比例是 60.4∶21.4∶18.2①。甲类工业也就是生产资料工业，在产业结构中的地位得到进一步加强。就工业内部结构来看，轻、重工业之间比例失调的状况更为明显。1965 年，直接与居民消费品生产有关的轻工业（包括食品工业）在全部工业中的比重只有 40%，1975 年降至 35.1%，1980 年进一步降至 31.8%。②

　　表面上看，产业结构比例的严重失调似乎只是计划安排不周造成

---

① 资料来源：相关年份的《苏联国民经济统计年鉴》。
② 金挥等主编：《论苏联经济：管理体制与主要政策》，辽宁人民出版社 1982 年版，第 145 页。

的，但实际上它反映了整个体制的弊端：在计划经济体制下，企业的生产并不是直接以社会需求为导向的，而是以完成和超额完成计划部门的计划指标为导向。产业结构一旦呈重型化特征，就很难矫正，因为无论是计划部门还是企业，都希望本部门本企业的生产不断扩大。至于农业部门，不切实际地瞎指挥和为适应中央计划而强制实行的集体农庄、国营农场制，则是造成农业生产缓慢发展乃至停滞的根本原因。严重失调的产业部门结构所造成的结果是居民消费品供应的紧张。消费品供给不足在赫鲁晓夫提出与西方"和平竞赛"的口号之后，成为对苏共经济政策的一个严峻挑战。按照赫鲁晓夫在1961年10月苏共第22次代表大会上提出的纲领，在那一年之后的20年内，苏联按人口计算的物质生产要超过最发达的资本主义国家，国民的生活水平将跃居世界第一位，并消灭城市与乡村、工业与农业、脑力劳动与体力劳动之间的"三大差别"。然而20年之后的1981年，苏联人均实际GNP的估计数，还不到美国的一半[1]。1980年，苏联城市居民消费支出的"恩格尔系数"高达31.7%，而同年美国只有10%左右。至于城乡、工农、脑体之间的差别，也没有明显缩小。与西方工业化国家无法弥合的生活差距，不能不引起人民大众对计划经济体制的失望。

体制危机的第三个表现，同时也是令计划决策机构深感头痛的问题是计划机构日益庞大，各种机构之间的责权界限日益模糊化，机构之间的扯皮越来越多。斯大林时期形成的计划体制，是以中央对企业的直接领导为特征的，但由于取消了市场，本该由供求关系决定的企业产出水平、产出种类、生产手段以及价格等问题，不得不由计划部门来决定，由此建立了计划、物资供应、价格和劳动工资等相对独立的管理系统，每个系统专司一职，它们在企业层次却汇合在一起，令企业管理者应接不暇。不仅如此，由于计划的复杂化，这些系统之间，它们和各地区之间，经常陷入无休止的扯皮之中。随着苏联经济规模的扩大，生产品种的增加，计划机构越来越庞大，人员需求越来越多。据估计，如果按照斯大林时期的计划要求和赫鲁晓夫时期的机构设置，不到20年时间，

---

[1] 当年苏联GNP为美国的37%—43%，人均消费水平为美国的28%—43%。参见［美］P. R. 格雷戈里、［美］R. C. 斯图尔特《比较经济体制学》，林志军等译，生活·读书·新知三联书店1988年版，第356页。

苏联的所有劳动人口都将为计划部门所占用。① 当然这是一种夸张的说法，但由此亦可见体制庞大化之趋势。问题更糟的是，计划部门机构和人数的增加并不会引起管理效率的提高；相反，却是管理效率的下降。因为庞大的计划管理部门本身增大了部门间扯皮的几率。

上述体制危机，迫使斯大林之后的苏联决策层重新审视这个国家的经济体制，进行体制改革的某些尝试。由此开始了苏联计划经济体制创新的时代。

改革的准备工作是在赫鲁晓夫（尼基塔·谢尔盖耶维奇·赫鲁晓夫，1894—1971年）领导下进行的。从1953年取代马林科夫（格奥尔基·马克西米连诺维奇·马林科夫，1902—1988年；1953年3月至1955年2月任苏共中央总书记、苏联部长会议主席）任苏共和苏联政府最高领导人起，赫鲁晓夫就开始了体制改革的准备，最初主要是局部的、零星的改革试验，如扩大共和国及地方政府与企业在制订计划方面的参与权，按企业完成计划指标的优劣对某些贷款实行有区别的利率，精简中央管理机构，等等。1957年2月，赫鲁晓夫在苏共中央全会上提出一份比较全面的改革纲领，即《关于进一步改进工业和建筑业管理组织》的报告。该报告的中心改革思想是，重新划分中央和地方在管理工业和建筑业方面的权限，将工业和建筑业日常领导工作的重心转移到地方。按照这次全会的决议，同年5月，最高苏维埃主席团颁布了一系列带有法律性的文件——"进一步改进工业和建筑业管理组织"法令，宣布撤销绝大部分中央一级的部，按地区组建"经济行政区"，每个行政区设立一个"国民经济委员会"，把以前属中央各部的大部分权限下放给经济行政区。根据这些改革法令，苏联共撤除了数十个联盟一级的部，100多个共和国一级的部。到1963年，部长会议的部长人数由改革前夕的52人减至12人；与此同时，在全苏组建了一大批经济行政区。经济行政区的数目最初有106个，后来经过不断撤并，减至41个，在1965年又增至47个。

然而，由于这次改革仅仅局限于中央与地方在管理经济方面权限的

---

① ［法］皮埃尔·莱昂主编：《世界经济与社会史》，谢荣康等译，上海译文出版社1985年版，第200页。

重新划分，没有触及计划经济体制的核心问题——以行政命令代替经济规律，因而它注定是要失败的。改革虽然解决了中央统得过死等某些老问题，但又引出了一大堆新问题。其中最突出的问题莫过于，因中央失去了对工业的统一管理权，各区域经济处于分割状态，陷入空前混乱的局面。随着赫鲁晓夫的下台（1964年10月11日），苏联官方宣布了这次改革的失败，重新恢复了部门管理体制，时在1965年。

但是，赫鲁晓夫的改革却引发了苏联经济理论界和企业界对体制改革的关心和讨论。关于体制改革的理论探讨曾经触及苏联经济体制的一些实质性问题，它为20世纪60年代中期之后的经济改革，进行了思想和舆论的准备。

改革的理论讨论始于1962年，该年9月9日，苏联哈尔科夫工程经济学院教授利别尔曼在《真理报》上发表了一篇题为"计划、利润、奖金"的文章，首次表示了对当时苏联计划体制的某些批评意见，主张企业应该在生产经营方面拥有最大的自主权，可以自行确定一系列指标，如平均工资、录用职工数、生产成本、投资数额等；计划部门不应该以企业完成计划指标的好坏作为评价和奖励企业的依据，而应该以企业的盈利状况为依据，因为企业活动的目的是追求尽可能多的利润。他还提出了计算企业盈利程度的一种新方法，即以利润与企业的固定资产加流动资产相比较的办法来衡量盈利率，传统的做法是以利润与"成本"相比较，而成本则由企业任意确定。利别尔曼的建议引发了一场关于经济管理体制的大讨论。讨论虽然历时不长，到次年1月，否定利别尔曼建议的观点一度占据上风，但它的确触及了苏联体制在企业层次上的某些实质问题，为实际的改革准备了条件。1963年年初，苏联成立了一个专门委员会就这次讨论提出的问题进行研究；1964年1月，该委员会提出的改革试验方案，采纳了利别尔曼的某些建议。在赫鲁晓夫下台之前的1964年7月，以扩大企业自主权为核心内容的体制改革试验业已开始。被选准进行试验的企业是两家服装厂，分别位于莫斯科市和高尔基市。

赫鲁晓夫之后，新的苏共领导人虽然批判了赫鲁晓夫撤部建立地区经济委员会的宏观行政体制改革举措，但并未否定微观层次上的改革试验。1965年10月，苏共中央通过决议，宣布全国实行体制改革，建立

"新经济体制"。按照苏联官方的解释,所谓"新经济体制"的特征,就是"集中的计划领导同企业和全体职工的经营主动性相结合,同加强发展生产的经济杠杆和物质刺激相结合"。为此应实行"全面经济核算",扩大企业自主权。[1]

  这次改革,在宏观管理体制方面并没有明显的突破,改革也未解决长期困扰苏联经济的条块分割问题,但在微观体制即企业管理体制方面,却有一定的突破。其中,比较大的突破有两项。(1)扩大企业自主权。改革条例明确宣布国营企业是国民经济的一个基础环节,其活动要体现集中领导和企业自主二者间的协调,它的经济核算应自主进行。按照这一精神,计划部门下达给企业的指标大为减少,企业取得某些自主权,如自主决定平均工资、雇佣人数、生产率和成本等。扩大企业自主权的最重要举措是,给企业财务上以自主权,企业内部财务不再受计划部门的直接干预,只受其监督,尤其是银行的监督。(2)改变考核企业的指标,全面推行"物质刺激"原则。原来作为衡量企业成绩的总产量计划完成情况,在改革后为两个新的指标所代替:一个是计划销售完成情况或计划总利润完成情况,另一个是企业盈利率。前一个指标实际上是两个指标中的任意一个,可由企业任选;后一个指标实际上是利别尔曼建议的具体化。标准的盈利率按照"计划利润总额"与企业所用固定资本、流动资本平均额之比来确定。在这两个新考核指标的基础上,重新设立企业基金。同时,把企业基金一分为三:物质刺激基金、社会福利基金和企业发展基金。对于完成和超额完成上述指标的企业,从利润中提出一定比例予以奖励,以增加企业基金;对于未完成指标的企业,则扣除企业基金提取的一定比例,以作为惩罚。可见,通过这次改革,苏联已确立了一种与企业盈利状况联系在一起的奖惩制度。这无疑是个进步。

  但是,由于整个体制的僵化,微观方面的突破性改革在实施中困难重重,中央政府试图给企业的某些自主权,落到实处的并不多。比如,改革条例虽然宣布企业在决定就业人数、平均工资和成本方面有自主权,但计划部门所下达的各项指标使这些自主权名存实亡了。计划部门

---

[1] 梅文彬:《苏联经济管理体制的沿革》,人民出版社1981年版,第173—174页。

下达的总产值指标和体制本身决定的用工制度，本身就决定了企业的用工规模，上级下达的工资基金额和用工标准又决定了平均工资水平，而计划利润指标又决定着企业的成本计划。此外，企业基金的使用还受到上级主管部门的严格监督。

即使如此，改革的效果仍然是明显的。到1970年年底，苏联84%左右的国营企业实行了改革，这些企业占全苏工业产值的93%、工业就业的92%和利润完成总额的93%。由于改革，1965—1970年，工业中的总利润增加了2.5倍。同期留归工业部门的企业利润，在总利润中的比重由29%提高到38%，作为奖励基金的利润在总利润中的比重由6%提高到14%。[1] 对苏联工业劳动生产率的纵向考察也表明，改革最初几年，工业劳动生产率曾有过明显的提高：劳动生产率的年增长速度由1963—1965年的4%左右，提高到1966—1968年的5%以上，而1970年的劳动生产率增长速度高达7%，为20世纪60年代以来的最高数。[2]

上述效果持续的时间并不长，进入20世纪70年代中后期，工业劳动生产率的增长率重新放慢，工业生产的扩张速度重新呈递减之势。之所以会发生这种情况，一个重要的原因是宏观计划体制难以克服的弊端束缚了微观企业层次上的改革。1965年企业改革的某些成果，很快为宏观体制方面的僵化所抵消，失去了激励作用。比如按规定，企业基金中的"奖励基金"应全部用于发放奖金，但中央计划部门同时规定工资的提高不能快于劳动生产率的提高速度。结果企业按规定得到的相当一部分奖励基金被扣，1968年奖励基金真正兑现的只占该基金的一半；至于社会福利基金，要改善职工住房和福利，还得取决于计划部门的物资供应安排。另外，企业在用工方面的自主地位从未得到落实，因为自主的用工制就意味着企业可以解雇工人，被解雇工人的重新安排又成为计划部门头痛的事，因此这方面的改革只在极少数企业中试验过，并未

---

[1] [法]皮埃尔·莱昂主编：《世界经济与社会史》，谢荣康等译，上海译文出版社1985年版，第209页。

[2] 王跃生：《苏联经济》，北京大学出版社1989年版，第226页；另见苏联部长会议中央统计局编《苏联国民经济六十年》，陆南泉等译，生活·读书·新知三联书店1979年版，第169页。

大面积推广。

事实上，直到20世纪70年代末，苏联官方所坚持的改革仅限于改善计划管理的方法，而对计划经济体制本身所无法克服的弊端，却没有任何认识。当局只承认社会主义计划经济下可以允许"有限的商品生产"，而对任何主张实行"社会主义商品生产"或"市场社会主义"的学术观点，则予以严厉的斥责和压制。理论认识上的僵化导致了改革的局限性，而局部修修补补式的改革是注定不会有好结果的。到20世纪70年代末，60年代中期开始的改革实际上已走进了一个死胡同。经济理论界的讨论连利用市场经济都不敢提了，只讨论怎样"完善"计划经济体制了。

第三节　体制改革的失败与苏联解体

事实上，对计划经济体制修修补补式的改革一直持续到20世纪80年代上半期。1979年7月，苏共中央和苏联部长会议通过的改革文件，名称本身就冠以"改进计划工作"的前提，因此它没有也不可能突破中央高度集中、排斥市场力量的体制框架，"只是在原来体制的大框架下面，针对存在的具体问题提出的一些具体措施"[1]。1982年勃列日涅夫去世后继任的安德罗波夫（尤里·弗拉基米罗维奇·安德罗波夫，1914—1984年，1982年10月至1984年2月任苏共中央总书记兼最高苏维埃主席），由于执政时间太短（仅15个月），也不可能推出突破性改革举措。1983年7月，苏共中央和部长会议通过的决议——《关于扩大工业生产联合公司（企业）在计划和经营活动方面的权力以及其对工作成果的责任补充措施》，显然是对1979年7月决议精神的发展。它只提出扩大企业在制订计划方面的权限，而没有新的内容。至于安德罗波夫的继任者契尔年科（康斯坦丁·乌斯季诺维奇·契尔年科，1911—1985年），思想上更为保守。他所执政的一年多时间（1984年2月至1985年3月），基本上处在维持摊子的状态，连对计划体制修修补补式的改革也止步不前了。

---

[1] 周新城等编：《苏联经济改革概况》，中国人民大学出版社1981年版，第17页。

由于经济体制问题未能解决，苏联的经济状况迅速恶化了。1979年近乎出现停滞。该年的国内生产总值增长率由1978年的5.1%猛跌至2.2%，创造了战后以来的最低纪录，工业生产实际增长率也跌到了3%以下，工业劳动生产率的增长速度则由1978年的3.6%，跌至2.4%。[1] 至于农业，20世纪70年代中期以来就一直处在慢性危机之中。

1979年显然是个分界线，这以后直到20世纪80年代中期，苏联经济呈现出真正的低速增长之势。1980—1985年，国内生产总值的最高年增长率只有4%，最低则达1.6%，而在上一个五年，最高增长率曾达5.9%（1976年）。按照苏联公布的统计资料，从1976到1980年的"十五"计划时期，经济的平均增速就已经是历史上最低的了，然而比起1981—1985年的"十一五"计划时期的低增长，还不算低。"十五"时期的社会总产值年增长率为4.2%，国民收入为4.3%，工业总产值为4.5%，"十一五"时期上述指标分别降至3.7%、3.6%和3.7%。更为严重的是，20世纪60年代中叶以来修修补补式改革所一再强调的工业劳动生产率，从70年代末起，其提高速度也越来越慢。即便按照苏联官方夸大的统计数据，增速下降也很明显：1974—1978年平均为4.6%，1979—1985年平均为2.7%[2]。至于可以抵消劳动生产率增速下降的资本生产率，则呈绝对下降之势。按照苏联官方公布的统计资料计算，每100卢布固定生产基金所产生的国民收入，在1960年时超过70卢布，1970年超过55卢布，1980年超过40卢布，1985年则跌至35卢布左右。照此下去，投资代价大得无法承受。

经济形势的急剧恶化表明旧的行政命令式中央计划经济体制已陷入空前严重的危机之中，修修补补式的改革难以解决这种体制所固有的弊端，也不可能把苏联经济引出危机。这可以看作20世纪80年代中期苏联经济体制改革不得不有所突破的内在压力。

另外，从外部来看，日益衰落的苏联经济所承受的竞争压力，也在急剧增加。其中最大的压力莫过于，在东西方的冷战对抗中，苏联集团

---

[1] 国家统计局国际统计信息中心编：《世界主要国家和地区社会发展比较统计资料（1990）》，中国统计出版社1991年版，第28页。

[2] 1975—1985年的《苏联国民经济统计年鉴》。

的经济实力,越来越难以与西方国家相抗衡。根据可比性经济指标计算,20世纪70年代中期之前,苏联无论在军事上还是在经济上都是当之无愧的世界第二超级大国,但进入70年代中期之后,其经济增长速度低于美国、日本等西方工业国。1975—1980年,美国GNP的年平均扩张速度是3.7%,日本为5.1%,苏联只有2.7%。1980—1985年,苏联的实际经济增长速度低于2.5%,同期日本经济增速在4.5%以上。结果到20世纪80年代中期,日本取代苏联成为世界第二经济大国。根据一些国际经济组织的估算,1980年苏联的实际GNP相当于美国的46.5%,日本则相当于美国的44.6%;到20世纪80年代中期,苏联与美国相比的相对经济规模基本没有上升,日本的经济实力却迅速扩张了,它的GNP总规模在1985年已相当于美国的一半强。[1] 第二经济大国地位的丧失,越来越无法支撑的庞大军事机器,不能不使苏联领导阶层增加加快发展经济的紧迫感。按照戈尔巴乔夫的话来说,"加快社会经济发展是解决'苏联所有问题'的关键"[2]。

表16-2　　苏联与美国的经济竞赛:按两种方法计算的GDP

	按照现价及当年汇率计算			按照可比价格及1990年"国际元"计算		
	美国 (亿美元)	苏联 (亿美元)	苏联/美国 (%)	美国 (亿国际元)	苏联 (亿国际元)	苏联/美国 (%)
1970年	10733	4334	40.4	30819	13518	43.9
1975年	16849	6859	40.7	35168	15614	44.4
1980年	28573	9400	32.9	42306	17092	40.4
1985年	43389	9441	21.8	49403	18636	37.7
1990年	59631	7908	13.3	58032	19880	34.3

资料来源:联合国数据库;荷兰格罗宁根大学麦迪逊项目。

正是在上述内外形势下,20世纪80年代中期上台的戈尔巴乔夫等

---

[1] [美]P.R.格雷戈里、[美]R.C.斯图尔特:《比较经济体制学》,林志军等译,生活·读书·新知三联书店1988年版,第21—522页。

[2] [美]保罗·肯尼迪:《大国的兴衰——1500—2000年的经济变迁与军事冲突》,王保存等译,求实出版社1988年版,第606页。

苏联新一代领导人，试图以突破性经济体制改革促进经济的较快发展，从而把苏联的经济体制改革推入了一个新阶段。

戈尔巴乔夫（米哈伊尔·谢尔盖耶维奇·戈尔巴乔夫，1931—2022年）是在1985年3月就任苏共中央总书记的，他发起的改革，开始于1986年2月召开的苏共第27次代表大会。在这个大会的政治报告中，苏共第一次以官方文件的形式肯定了商品货币关系在社会主义经济中的积极作用，承认企业是"社会主义的商品生产者"，并宣布在价格形成中将引入供求关系原则。这表明苏联改革在开始阶段与中国的改革相似，首先是从对商品货币关系的肯定开始的。苏联一位评论家说得更明确："计划只有建立在商品—货币关系的基础上，才能成为经济的而不是行政的行动。"[①] 但类比只能到此为止，因为苏联改革的突破口或战略选择是工业和城市，而不是农业和农村。

从1986年2月到1991年年底苏联正式解体，改革历时近六年时间。在这期间，苏共的改革方针曾经经历过两个大的转折。这两个转折既反映了苏联改革的基本进程，又反映了改革所遇到的挫折。

第一个转折是关于改革的总体战略安排，即在处理经济体制改革与政治体制改革进程之间的关系上，由以经济体制改革为主转向以政治体制改革为主。苏共27大所确定的改革总体战略以经济体制改革为核心内容，而在经济体制改革上，是以扩大企业自主权为开端的。这方面最重要的决策反映在1987年6月颁布的《根本改革经济管理的基本原则》和《国营企业法》中。前者是苏共中央的决议，它被当作当时苏联经济体制改革的一份总纲领。该决议宣布将彻底改革苏联旧的行政命令式计划经济体制，建立一种以指导性计划手段为主的、以企业自主经营为基础的全新的计划经济体制。后者是最高苏维埃的立法，它以法律形式规定了苏联国营企业在未来体制下的权利和义务，明确宣布国营企业是"社会主义商品生产者"，应"在完全经济核算制、自筹资金和自治的情况下完成工作和提供劳务"[②]。然而，以扩大企业自主权为主要

[①] 转引自林水源《苏联向"可调节市场经济"过渡的基本设想》，《世界经济》1990年第4期。

[②] 转引自林水源《苏联向"可调节市场经济"过渡的基本设想》，《世界经济》1990年第4期。

内容的经济体制改革，从一开始就遇到极大的阻力。

首先，已经习惯根据上级计划安排组织生产的企业领导人，一时无法适应自主经营、自负盈亏式的经营方式，一旦离开主管部门的计划安排，便不知所措，因为他们从未有过自主组织原材料、自主销售产品的管理经验。

其次，从中央到基层长期形成的庞大的经济计划与管理体系，一时不可能有所改变。中央给予企业的自主权，经过这个官僚体系的层层"过滤"，最后便所剩无几。不仅如此，改革本身意味着一大批管理部门权限的丧失，这些部门"不想或不可能抛弃行政命令方法"，往往以"不彻底的措施来限制改革的革命内容"[①]。这是改革所遇到的最大、最顽强的阻力。

最后，几十年的计划经济体制磨灭了市场经济存在的基本条件，经济中既缺乏交易主体，也缺乏有效率的市场，企业彼此处于分隔状态，即使取得生产和销售方面的自主权，由于缺乏竞争性市场将企业联为一体，便立刻陷入混乱之中。

由于这些困难和阻力，尤其是来自管理部门的阻力，经济体制改革的进程极其缓慢，到 1988 年上半年，几乎处于停顿状态。面对这种情况，1988 年 6 月召开的苏共代表大会决定将政治体制改革提到首位，以政治体制改革推动经济体制改革。自那以后，苏联改革的重心，显然已从经济体制改革转移至政治体制改革。

第二个转折是关于经济体制改革本身的目标选择，由建立商品货币关系基础上的计划体制向市场经济体制过渡。从改革起步到 1990 年年初，苏共中央和苏联政府所主张的经济体制改革，依然离不开传统的计划经济体制，试图在计划经济体制中引入市场经济某些有效的做法，以使这种经济体制的效率得到根本改善。然而事实证明，这两种体制的结合是不现实的，中央在宏观、中观层面的计划管理本身与企业层面的市场经济原则相矛盾，其结果往往是，管理部门通过计划卡死了企业之间的联系，恶化了企业的外部环境。随着政治体制改革的起步、思想禁锢

---

① 转引自林水源《苏联向"可调节市场经济"过渡的基本设想》，《世界经济》1990 年第 4 期。

的彻底解除，苏共在政治上开始提出"走向人道的民主的社会主义纲领"，甚至提倡搞多党制、总统制，在经济上则最终决定全面向市场经济过渡。

向市场经济过渡的总体设想是由总理雷日科夫在 1990 年 5 月召开的第三次最高苏维埃会议上提出的。雷日科夫报告的题目是《关于经济状况和向可调节市场经济过渡的构想》。这个报告经过数十天的争论，直到 1990 年 6 月 1 日方形成决议。但这个时候争论的主要问题是如何向市场经济过渡，而不是要不要过渡的问题。至此，苏联经济体制改革发生了根本性变化。它的最终目标不是完善计划经济体制，而是用市场经济体制取而代之。

客观地说，抛弃计划经济体制，重新选择人类社会迄今所创造的最有效率的经济体制即市场经济体制，本身是一种进步。然而由于政治秩序的混乱等因素，任何好的改革方案都没能得到有效实施。其结果是，经济改革往往引起经济混乱，它首先不是导致建设，而是导致破坏，改革的每一步，似乎都加剧了经济形势的恶化。

第一是经济增长由滑坡转入停滞，由停滞转入危机性下降。1986—1988 年，经济增长速度进一步下滑，到 1989 年实际上已处于停滞状态。按照苏联官方公布的统计资料，工业生产在 1986 年的增长率曾达 5%，1987 年、1988 年分别降至 3.2%、3.8%，1989 年进一步降至 1.4%。农业生产指数在 1986—1988 年几乎没有任何变化[1]，产值年平均扩张速度低于 3%，1989 年只增长了 0.8%，社会劳动生产率 1986—1988 年的提高速度平均为 3.8%，1989 年降至 2.3%。而作为苏联粗放式经济增长主要动力的投资，在 1986 年、1987 年连续大幅度增长之后，1988 年猛跌至 6.2%，1989 年进一步跌至 0.6%，几乎停止增长。[2]

经济由停滞转入危机性下降，则始于 1990 年。该年除物价和国民货币收入等指标以外，几乎所有的经济指标均呈负增长。其中，国民收入收缩 2%，社会劳动生产率下降 1.5%，工业产值下降 0.7%，农业产

---

[1] 国家统计局国际统计信息中心编：《世界主要国家和地区社会发展比较统计资料（1990）》，中国统计出版社 1991 年版，第 39、42 页。

[2] 《评苏联的经济改革》，《国际经济评论》1991 年第 10 期。

值下降1.9%，投资减少7%，国民经济利润减少6.7%[①]。

第二是财政、金融形势每况愈下，通货膨胀迅速抬头。改革头三年，苏联财政连年赤字，平均为430亿—440亿卢布，1989年猛增到920亿卢布，1990年仍在500亿卢布之上，1991年则接近3000亿卢布。同期，政府所欠内债呈几何式增长。1985年之前微不足道，1990年达到1500亿卢布以上，1991年则达到6000亿卢布左右。为了弥补巨额的债务，苏联政府不得不扩大信用发行。1989年货币发行量达180亿卢布，已经相当于1985年发行量的4.5倍；1990年增加到270亿卢布，1991年进一步增加。这一年首次发行了面额为1000卢布的纸币。增发的纸币基本上没有商品作保障，因为在1989年，每1卢布货币仅有0.18卢布的商品保证，在货币发行量和流通量成倍增加而物质生产收缩的情况下，其代表的商品价值之低就可想而知了。巨额预算赤字和滥发纸币的必然结果是通货膨胀，1989年，在物价尚受管制的情况下，通胀率达7.5%，1990年进一步上升，1991年则超过400%。

第三是食品和其他一些基本消费品的供给越来越趋于紧张，进口依赖程度不断提高。消费品供给方面，粮食供求矛盾丝毫未得到缓和。统计数字表明，1980年，苏联人均粮食产量为765千克，1985年降至745千克，1986—1987年虽然有所增加，但是1988年又跌至698千克，1989年也只有758千克。更为突出的问题是，在废除了旧的粮食征购制度后，新的制度不可能一下子形成，大量农产品无法运出产地以售给消费者。结果在1990年，发生了十分荒谬的事——丰收年闹饥荒。该年粮食产量达到创纪录的2.18亿吨，同年，苏联的食品进口量也创了纪录：全年进口粮食4000万吨、肉类100多万吨、食糖450万吨。而在戈尔巴乔夫改革的五年多时间，主要消费品的供给全面恶化。苏联200个城市的一份调查资料显示，在1200种主要消费品中，改革前只有100种左右的商品脱销，到了1991年年初，几乎全部脱销，只有20种基本上能应付需求。1989年，全社会商品供需总值之差为700亿—1400亿卢布，苏联官方不得不宣布在33个大中城市实行对某些基本食品的定量供应。改革的初衷是消除物资短缺，尤其是定量供应、配给制

---

① 《评苏联的经济改革》，《国际经济评论》1991年第10期。

等短缺经济特征，在苏联却适得其反。

经济形势的急剧恶化，反映在戈尔巴乔夫改革时期的第三个转折上，即经济发展战略的转折，由"加速战略"转为"反危机战略"。在1986年2月召开的苏共27大上，戈尔巴乔夫提出的经济体制改革方案是与新的经济发展战略——加速国民经济发展战略相辅相成的。二者之间的关系是，试图以改革促进经济的高速发展。所谓加速战略，按照戈尔巴乔夫的解释，"首先是提高经济发展速度"，并认为"其实质在于发展新的质量：在科学技术进步、经济结构改造、有效的管理、劳动组织和刺激形式的基础上尽一切可能使生产集约化"①。加速战略的总目标是到20世纪末，使国民生产和工业总产值增长1倍。这就意味着，1986—2000年，苏联国民收入（或生产）的年平均增长速度至少应达到4.5%。为此，苏共中央决定进一步加强对机器制造业的投资。戈尔巴乔夫特别强调，"为该部门的更新拨出的投资要比前5年多80%"②。为了贯彻加速战略，1987年，重工业投资增加到665亿卢布，是1985年投资的141.8%；轻工业投资增加到85亿卢布，是1985年的132.8%。然而由于改革本身未获成效，加速战略的命运是可想而知的。它并未引致经济规模的加速扩大，经济效率的加速提高，只不过是导致了产业结构的进一步重型化和物资供应的进一步紧张。统计资料表明，1986年，苏联甲类工业、乙类工业、农业三者的结构比例为59.3∶19.5∶21.2，到1990年变为61.5∶20.5∶18。也就是说，农业所减少的比重，几乎为重工业所占据。这不难理解前述事实：改革加剧了物资尤其是消费品的供应紧张。因为加速战略本身过分强调了重工业的发展，轻视了轻工业和农业的发展。不仅如此，在体制改革一再失败的情况下，加速战略还导致了基本建设规模的膨胀和投资的巨大浪费。1986—1990年，基建未完成工程急剧增加，到1991年上半年，突破1800亿卢布，占年度投资总额的94%左右。这造成了物资的巨大浪费，加剧了物资供应紧张状况。面对严峻的经济形势，尤其是1990—1991年的危机局面，苏联领导人不得不重新考虑其经济发展战略。1991年4

---

① 转引自王跃生《苏联经济》，北京大学出版社1989年版，第209页。
② 转引自王跃生《苏联经济》，北京大学出版社1989年版，第209页。

月 22 日，总理帕夫洛夫正式宣布了"反危机纲领"，即《使经济摆脱危机的行动纲领》。次日，戈尔巴乔夫同九个共和国领导人发表联合声明，宣布支持反危机纲领。这个纲领还未来得及全面实施，苏联就发生了政治变故，其后归于解体。但"反危机纲领"的提出本身表明，戈尔巴乔夫加速战略已归于失败，因为在这个纲领中，苏联政府第一次明确承认经济已陷入空前严重的危机之中。至此，苏联的经济体制改革事实上已归于失败，用后来"八·一九事件"[①] 组织者发表的《告人民书》的话来说，就是戈尔巴乔夫的改革已"走入死胡同"。

体制改革失败导致的后果是灾难性的。它首先引起人民对苏共当权者的失望和强烈不满，对苏联社会主义政治制度的不满；进而是民族主义势力的迅速抬头和民族离心力的加强，最后是苏联作为一个统一国家的解体。1991 年 12 月 25 日晚，戈尔巴乔夫宣布辞去苏联总统职位，几乎在这同时，苏联的国旗从克里姆林宫降下，代之以俄罗斯联邦国旗。次日，"苏联最高苏维埃共和国院"举行了最后一次会议，在法律上宣布苏联作为一个整体停止存在，同时也就意味着此前已经相继宣布独立的 15 个前加盟共和国的独立地位获得正式认可。

俄罗斯帝国几个世纪扩张政策所创造的这个庞大帝国，在社会主义制度下继续存在了几十年之后，由于经济体制选择的错误和体制创新的失败，而最终归于解体。

关于苏联经济体制改革失败的原因，中国国内经济学界有许多说法。早些年最流行的一种做法，是把苏联的改革与中国的改革进行比较，凡是苏联改革与中国改革不同的地方，都解释为它的"失误"。比如，认为苏联改革没有从农村改革开始，而从城市开始，就是一大失误；认为在经济改革开始不久，即搞政治改革，又是一大失误；等等。这显然是一种简单化的做法。客观地分析，苏联当初选择工业和城市作为经济体制改革的突破口，并非脱离实际，而恰恰是从苏联经济与体制

[①] "八·一九事件"是前苏联保守派领导人发动的一次失败的政变，1991 年 8 月 19 日，国防会议副主席巴克拉诺夫、克格勃主席克留奇科夫、国防部部长亚佐夫、总理帕夫洛夫、副总统亚纳耶夫、内务部部长普戈、苏联农民联盟主席斯塔罗杜布采夫、苏联国营企业和工电设施联合会会长季贾科夫 8 人联手，趁戈尔巴乔夫休假之机，组成"紧急状态委员会"，掌控了部分军队，软禁了戈尔巴乔夫。试图以武力阻止戈尔巴乔夫的改革，结果因缺乏民意支持而招致失败。政变失败加速了苏联解体的进程。

当时所处的实际出发的。在改革之前的苏联经济中，工业和城市经济占绝对优势，工业企业管理体制的改革已进行了20多年，积累了一定的经验，从工业和城市改革入手，比较有希望成功。这和中国经济体制改革从农村、农业入手道理一样，因为改革前中国的经济尤其是人口重心，依然在农村，农村的管理组织形式也是1949年以来改动最多的部分。不仅如此，苏联的农业生产力水平和组织形式，也与中国大相径庭，按照中国的模式选择农业作为改革突破口，成功的可能性也不大。20世纪80年代中期，苏联农业的主体组织是大型国营农场和分工较细的集体农庄。这些农业组织的生产手段与中国农村大不相同，机械化程度较高，客观上要求发展大农场式的经营，而不是退回到一家一户的小农经济。而把计划经济体制下机械化程度较高的农场转化为适应市场经济环境的农场，其难度无疑比把用传统方法生产的、实行了集体化的小农经济变为个体经济的过程要大得多。至于苏联的改革何以从经济改革为主转为以政治改革为主，更是形势所迫。因为在20世纪80年代的苏联政治中，其缺乏像中国"第二代领导集体"那样具有非凡影响力的领导者。苏联改革的政治阻力比中国大得多，不进行政治改革，经济改革往往寸步难行。

　　中国经济体制改革的历史经验证明，改革起步阶段应选择受计划体制束缚最小，技术装备水平与劳动生产率相对较低的部门，方能获得成功。改革前的中国农业和农村，正是这样一个部门。农业中除粮食统购统销政策外，生产受计划干预的程度并不大，农业集体化的组织形式，最容易过渡到个体形式。相比之下，工业中国营企业占绝对优势，改革牵涉的实际问题和理论问题最多，最不容易改革。这正是中国国有企业尤其是国有大中型企业长期未完成经营机制转换，不时陷入困境的原因所在。在苏联，改革之前几乎所有的经济部门都受计划经济严格控制，都是国营企业和生产力水平较高的大型集体企业（农庄）占绝对优势，这样的经济本身就增加了改革的难度。时至20世纪90年代初，中国虽已成功地进行了十余年的经济体制改革，但在国有大中型企业改革方面，尚未探索到行之有效的方法，还没取得明显的成功。对于苏联来说，一开始面对的就是这样的企业、这样的部门，成功的希望之小就可想而知了。

现代工业社会与经济体制选择

苏联改革的失败在某种程度上表明，一种错误的经济体制一旦发展到近乎完善的程度，要改革并非易事。

有一种说法，认为在苏联作为一个国家存续的70多年中，其经济增速与欧美工业化国家相比并不算低，试图以此证明其体制的某种优势。的确，单就GDP历史统计数据来看，这个说法并非夸张。麦迪森团队建立的国际比较数据库（Maddison Project Database）中的相关数据显示，1920—1991年，美国人均GDP由10153美元增加到36464美元，增加了1.59倍；英国由7017美元增加到25792美元，增加了2.68倍；法国由5144美元增加到28294美元，增加了3.5倍；德国由4457美元增加到26770美元，增加了5倍；日本由2974美元增加到30837美元，增加了8.37倍。同一时期，苏联由917美元增加到10388美元，增加了9.3倍（见图16-1）。

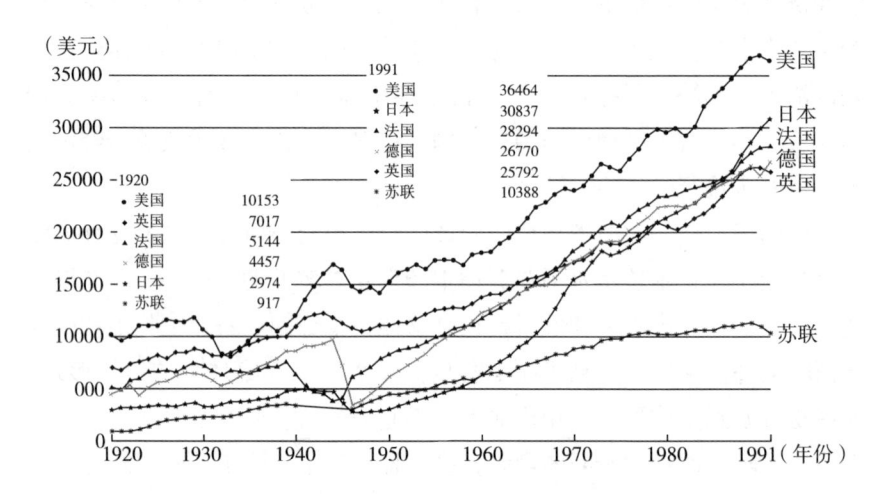

图16-1 1920—1991年苏联与其他五大工业化国家人均GDP变化趋势

资料来源：Our world in data（https://ourworldindata.org/economic-growth），笔者根据Maddison Project数据库计算。

然而值得指出的是，苏联时期的GDP结构尤其是宽泛的工业结构，不同于一般工业化国家。一般工业化国家，工业化完成之后，消费需求往往占到GDP的70%以上，与此相一致的是最终消费品的生产也占七成以上。然而苏联工业化期间以及工业化完成后相当长的时期内，GDP

的大头一直是资本品或生产资料。反映在宽泛的工业结构上，是轻重工业产出比重的严重失衡。直到苏联解体前一年的1990年，以生产资本品为主的重工业产出占了全部工业产值的74%，而以生产消费品为主的轻工业比重被挤压得仅占26%。不仅如此，冷战时期，为了与美国争霸，支持第三世界的亲苏政府，苏联军费开支长期居高不下，以相当于美国近40%的GDP，支撑着明显大于美国的核武库和常备军。军费开支常年维持在GDP15%—18%的水平，而同一时期的大部分年份，美国军费开支占GDP的比重在5%以下。这意味着，苏联GDP结构呈现明显的"要大炮不要黄油"偏向。偏向重工业和军事工业的经济结构，消耗了大量能源和资源，长期忽略了人民的生活。反映在现实中，就是前面已经看到的那样，在一个宣布已经完成工业化甚至步入"发达社会主义"阶段的国度，就连普通国民的一般消费品都难以满足供应。这里，再次看到一种错误的体制导致的最终恶果。

主要参考文献

一　中文文献

［美］埃冈·纽伯格等：《比较经济体制——从决策角度进行的比较》，荣敬本等译校，商务印书馆1984年版。

［法］保尔·芒图：《十八世纪产业革命：英国近代大工业初期的概况》，杨人楩等译，商务印书馆1983年版。

［美］保罗·肯尼迪：《大国的兴衰——1500—2000年的经济变迁与军事冲突》，王保存等译，求实出版社1988年版。

［美］查尔默斯·约翰逊：《政府到底该干什么？——有形与无形的手之争》，安佳、肖遥译，云南教育出版社1990年版。

［法］费尔南·布罗代尔：《十五至十八世纪的物质文明、经济与资本主义》第三卷，施康强、顾良译，生活·读书·新知三联书店1993年版。

［法］费尔南·布罗德尔、［法］欧内斯特·拉布鲁斯主编：《法国经济与社会史（50年代至今）》，谢荣康等译，复旦大学出版社1990年版。

［日］高桥龟吉：《战后日本经济跃进的根本原因》，宋绍英等译，辽宁人民出版社1984年版。

［英］G. C. 艾伦：《近代日本经济简史（1867—1937年）》，蔡谦译，商务印书馆1959年版。

［美］H. N. 沙伊贝等：《近百年美国经济史》，彭松建等译，中国社会科学出版社1983年版。

［美］赫伯特·斯坦：《总统经济学：从罗斯福到里根以及未来总

统经济政策的制定》，刘景竹译，中国计划出版社1989年版。

［美］吉尔伯特·C. 菲特、［美］吉姆·E. 里斯：《美国经济史》，司徒淳、方秉铸译，辽宁人民出版社1981年版。

［日］加田哲二：《德国社会经济史》，徐汉臣译，商务印书馆1936年版。

［美］杰里·本特利、［美］赫伯特·齐格勒：《新全球史（第五版）：文明的传承与交流（1750年至今）》，魏凤莲译，北京大学出版社2014年版。

金挥等主编：《苏联经济概论》，中国财政经济出版社1985年版。

金明善：《现代日本经济问题》，辽宁人民出版社1983年版。

［联邦德国］卡尔·哈达赫：《二十世纪德国经济史》，扬绪译，商务印书馆1984年版。

［英］克拉潘：《1815—1914年法国和德国的经济发展》，傅梦弼译，商务印书馆1965年版

罗志如、厉以宁：《二十世纪的英国经济："英国病"研究》，人民出版社1982年版。

马克思：《资本论》第一卷，人民出版社1975年版。

［日］内野达郎：《战后日本经济史》，赵毅等译，新华出版社1982年版。

［美］尼古拉·梁赞诺夫斯基、［美］马克·斯坦伯格：《俄罗斯史（第八版）》，杨烨等主译，上海人民出版社2013年版。

［加拿大］诺曼·赫伯特：《日本维新史》，姚曾廙译，吉林出版集团有限责任公司2008年版。

［法］皮埃尔·莱昂主编：《世界经济与社会史》，谢荣康等译，上海译文出版社1985年版。

［美］斯塔夫里阿诺斯：《全球通史——1500年以后的世界》，吴象婴、梁赤民译，上海社会科学院出版社1999年版。

宋绍英：《日本经济国际化》，东北师范大学出版社1997年版。

苏联部长会议中央统计局编：《苏联国民经济六十年》，陆南泉等译，生活·读书·新知三联书店1979年版。

王跃生：《苏联经济》，北京大学出版社1989年版。

［美］W.W. 罗斯托：《经济增长的阶段：非共产党宣言》，郭熙保、王松茂译，中国社会科学出版社 2001 年版。

［美］西蒙·库兹涅茨：《现代经济增长》，戴睿、易诚译，北京经济学院出版社 1989 年版。

［法］夏尔·贝特兰：《纳粹德国经济史》，刘法智、杨燕怡译，商务印书馆 1990 年版。

［英］约翰·克拉潘：《简明不列颠经济史：从最早时期到一七五〇年》，范定九、王祖廉译，上海译文出版社 1980 年版。

赵伟：《干预市场——当代发达市场经济政府主要经济政策理论分析与实证研究》，经济科学出版社 1999 年版。

赵伟等：《通向市场经济工业国之路——工业化比较研究》，西北大学出版社 1993 年版。

周新城等编：《苏联经济改革概况》，中国人民大学出版社 1981 年版。

［日］竹内宏：《日本现代经济发展史》，吴京英译，中信出版社 1993 年版。

二 外文文献

Robert C. Allen, *Global Economic History: A Very Short Introduction*, Oxford University Press, 2011.

Rondo Cameron, *A Concise Economic History of the World*, Oxford University Press, 1989.

Stuart Gregory, Robert Paul, *The Global Economy and its Economic Systems*, South-western College Press, 2013.

Kazushi Ohkawa, Hirohisa kohama, *Lectures on Developing Economies*, University of Tokyo Press, 1989.

Thelma Liesner ed., *One Hundred Years of Economic Statistics*, The Economist Pub. Ltd., 1989.

Geoffery Maynard, *The Economy under Mrs Thatcher*, Oxford: Basil Blackwell Ltd., 1989.

Derek Morris, *The Economic System in the UK*, Oxford University Press, 1985.

Albert W. Niemi Jr. , *U. S. Economic History*, Chicago: Rand Mc. Nally College Publish Company , 1975.

Glenn Porter, *Encyclopedia of American Economic History*, New York: Charles Soribnerg Sons, 1980.

S. A. Smith, *Red Petrograd, Revolution in the Factories, 1917—1918*, Cambridge University Press, 1983.

Nicolas Spulber, *Managing the American Economy from Roosevelt to Reagan*, Indiana University Press, 1989.

Walt W. Rostow, *The World Economy: History and Prospect*, Austin and London: University of Texas Press, 1978.

Glenn Porter, *Encyclopedia of American Economic History*, New York: Charles Soribnerg Sons Press, 1980.

第一版　后记

　　本书是我十多年以来从事外国近现代经济史、发展经济学教学与研究工作的一个结晶，在它终于脱稿并为中国社会科学出版社接受付梓之际，面对尺余厚的废稿，一大摞读书札记和资料卡片，回想本书从最初的研究准备到最后完成的全部过程，我感到有许多话要说，有许多人值得感谢，现将其略以记之。

　　这本书首先是时代的产物，没有近几年这样一种空前自由而活跃的学术环境，尤其是经济学界的自由学术讨论的环境，它是不可能问世的，因为书中的许多观点乃至其基本立论，在十几年前无疑属"异端邪说"，甚至在两三年前，也是不适于公开发表的。

　　社会科学尤其是涉及西方发达国家基本经济制度的社科研究，在中国曾经是一件极不易做的事，其之不易倒不是由于中国学者外文学力不济，而是由于缺乏一种时代的气氛。试想，在那种思想禁锢无处不有，当代西方经济学一概被斥之为"庸俗经济学"，市场经济被视为洪水猛兽的年代，要客观公正地研究和解释西方工业化国家的经济发展与体制演进问题，是不可能的；同样，在中央计划经济体制神圣不容置疑的时代气氛下，要想以批判的态度，试图寻找苏联经济成长过程中许多问题的体制原因，也是不可能的。然而，作为一名中青年学者，我与我的许多同辈人一样，赶上了一个好的时代。这个时代越来越有利于科学探索，有利于创造性学术思维的萌发。虽然这种时代气氛的形成，并不是在一天之内发生的，而是经历了较长时间的准备，其中，单是对市场经济与计划经济体制肯定与否定位置的互换，在改革开放起步之后就经历了 14 年时间的准备。但这一民族认识上的历史性突破还是发生了，由

第一版｜后　记

于这一突破，不仅使困扰中国经济体制改革的许多理论与实践问题得以解决，而且为中国学者重新认识西方国家和前苏联的经济体制，打开了新的禁地。

　　本书的最初研究计划是在 20 世纪 80 年代中期提出的，当时曾准备撰写一部关于几大工业国家工业化史的书，以为中国的现代化建设提供某些"借鉴经验"。然而，当我一开始这项工作，便感到困难重重。一方面，要以否定西方经济体制为前提来解释其经济发展的成功经验，本身就存在无法自圆其说的隐患。另一方面，以我当时的学力，要写出一部有特色的工业化史专著是难以胜任的。庆幸当时我没有勉强去写，而是将该计划予以"冻结"，先埋头于艰苦的研究与搜集整理资料工作。几年之后，当我决定动笔以实现该计划时，不仅对它的整体框架有了新的认识，对它的主线有了新的选择，而且面对的是又一种新的时代气氛：苏联解体了，整个前苏联集团国家无一例外地宣布放弃计划经济体制，中国也决定放弃传统计划体制，走市场经济之路。于是，以经济体制演进为主线考察当代六大工业国的经济发展，成为本书的宗旨。这样一部书的问世，无疑得益于新的时代气氛。

　　在本书即将出版之际，我感到"欠了"许多人和组织的情，恰如西方学者出书时在前言中所常说的一句话，有一种"负债感"（be conscious of debts），必须一一致谢。

　　首先我要感谢两位已故去的学界前辈：一位是已故兰州大学教授、国务院学位委员会委员刘天怡先生，另一位是已故复旦大学教授夏炎德先生。刘先生是我的研究生导师，是他将我领入外国经济史与现代经济学的学术殿堂，教给我为教治学的许多至理；夏先生曾主持我的硕士论文答辩，并在其后数年间不断来信给我的学术研究以热情鼓励和指导。两位先生虽已先后故去，但他们对我的教诲和影响，将使我终身受益，在我治学终于有些许成果的时候，感到无比怀念他们。

　　其次我要感谢"中英友好奖学金"委员会。由于该委员会的慷慨资助，方使我得以赴英国进行访问研究，广泛地接触了西方高校经济学科的教学和研究内容，读到了一大批西方经济学新著。

　　我还要感谢北京大学经济学院教授、中国外经史学会秘书长朱克烷先生，他在百忙之中为本书作序，并向出版社写了推荐意见。此外，北京第二外国语学院李育良教授、甘肃省委政策研究室刘新陆先生，曾翻阅过本书初稿，并提出过一些宝贵意见；兰州大学历史系李建教授，则就苏联经济史部分问题给我以极富启发性的建议，在此一并表示感谢。

　　最后，我还要向出版此书的中国社会科学出版社和本书责任编辑马长山先生表示诚挚的谢意。本书手稿曾经该社四位编辑审阅，而责任编辑马长山阅稿之细，给我的印象极深。别的不说，单就讨论审稿中发现问题及疑惑的书信就有十几封。该社这种一丝不苟、严肃认真的社风，给拙著增加了一层质量保障。

　　当然，以经济体制演进为主线考察当今几大工业国的经济发展是一种新的尝试，新尝试出现纰漏的概率往往较大，尽管我写作时慎之又慎，但仍难以保证没有错漏；同时，本书内容涉及六个独立国家和五种文字，资料的采用不可能全部建立在原文基础上，二手、三手资料的引用亦不可避免，这也增加了出现错漏的可能。对本书可能存在的错漏，我诚恳地期待着读者的批评指正。

赵　伟
1994 年 6 月 10 日

第二版　后记

本书第一版印行于1994年秋，时隔30年后得以修改再版，是一件令人欣慰的事。30年后，随着多年学术知识的积累和社会科学研究的历练，笔者不仅对书中所述六个工业化大国的历史事实积累了更多的知识，而且对这些国家经济发展与经济体制演进之间的互动关系有了更深的认识，相信这一版能够经得起历史的考验和读者的检阅。

当然，这一版的修订工作并非在一两年内完成的，而是断续经历了多年。实际上从本书第一版问世不久，我就刻意在外国经济史教学过程中鼓励学生寻找错误或提出质疑，开始了下一版的准备。后来由于学术兴趣的拓展，更多地致力于国际经济学和区域经济学的研究，分散了对外国经济史的关注，本书的修订也一度中断。大约五六年前，随着我指导博士研究生、硕士研究生人数的收缩和工作量的减少，感觉有了余力，这才重新恢复一度中断了的外国经济史研究，重新开始了这一版的修订，终于在2023年夏脱稿。

在本书第二版即将付梓之际，我想要集中表达两层意思。一层是自我感觉。就是很幸运地赶上了邓小平开启的改革开放，给了我们这一代人脱颖而出的机会。就我个人而言，恰是受益于邓小平提倡的不拘一格降人才，大学一度可以跳级，同等学力可以考研等政策，才能够以高中文凭考取了研究生，进入学术研究之门。也恰是得益于国家恢复公费派遣出国留学制度，我才在出国大潮中赴英国深造，系统地研修了现代经济学理论，提升了经济史研究的能力。

另一层是感谢。首先要感谢的是我的母校兰州大学和我的研究生导师刘天怡先生，在我人生的关键时刻，是母校兰州大学伸开双臂接纳了我，是刘天怡先生将我引入学术之门。而我毕业后第一份工作，也是母校给我的，一留校就走上了讲台，恰是讲授外国经济史的压力和动力，促使我在这个领域努力探索。

其次要感谢的是老一辈经济学家们的鼓励。本书第一版框架初步形成之后，1992年在张家界召开的全国经济史年会外国经济史分会上，我在发言中谈了撇开"主义"重构外国经济史体系的想法，受到与会的宋则行先生（辽宁大学）、池元吉先生（吉林大学）和朱克烺先生（北京大学）等前辈学者的一致肯定，并鼓励我们几位年轻人编写一部新的外国经济史教科书。年会还委托我起草个大纲。虽然编写教科书的事后来因参与者意见分歧而作罢，但他们的肯定和鼓励，坚定了我完成这本书的信心。在我的书稿完成之后，朱克烺先生还欣然为该书作序，予以充分肯定。而今这几位前辈均已作古，但他们提携后学的美德令人难忘。

最后要特别感谢的是本书第一版的责任编辑马长山先生。1994年春，我从大西北的兰州坐火车一天一夜去北京开会，顺道背着一大摞手写的书稿去找出版社。在第一家碰了钉子，人家不看稿子，先问有没出版经费，而报出的数额吓了我一大跳，我只好知趣地退出。接着查地图摸去中国社会科学出版社，直接去了编辑值班室，那天值班的就是马长山，四十岁出头，中等偏低的个子。他接过我的书稿，做了登记，说书名很新颖，待他抽空看看再谈。我留下招待所的电话就告辞。过了两天，接到马编辑的电话，说书写得很好，他居然一口气看完了，认为完全可以出版。接下去便是讨论出版事宜，那年头出版社都在改制，商业化大势所趋。出版费少不了，但马编辑报出的费用低得出乎我的预料，也是我能够付得起的。令人感动的是马编辑的专业性和敬业精神，在书稿编辑过程中，每发现错漏或疑问就写信给我，前后来信十五六封。那年月没有电脑，信件全得靠手写。从兰州到北京，一来一去得个把礼拜。这样，我们在讨论中纠正了书稿的一些错漏，完善了一些表述，最终得以付印。然而让人遗憾的是，这样有才华且敬业的编辑，后来却放弃了编辑工作，下海经商去了。那是我的书出版一年后，借着去北京开会的机会，专门去拜访马编辑。打电话去出版社，说他在家里，一路打听到他家后才知，他爱人出了车祸腿断了，但交警判定个人负全责，因此没有任何赔偿。爱人治伤需要一大笔钱，编辑的工资很低，只好下海经商，希望能多赚点钱。后来打电话联系，说在推销百威啤酒，再后来就断了联系。那年头没有手机，私人家里安电话的也很少，人与人很容易失联。不知他后来去了哪里？挣到钱没有？希望好人一生平安。

赵伟

2024 年 5 月 17 日写于杭州